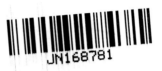

纏足から天然足へ

–日本統治前期台湾の学校女子体育

金　湘　斌　・大久保英哲　著

不昧堂出版

まえがき

本書は2013（平成25）年3月、金沢大学大学院人間社会環境研究科へ提出された学位論文、チン シャンピン（金湘斌）「纏足から天然足へ：日本統治前期（1895－1925年）台湾における学校女子体育に関する研究」（「博士（学術）」）を加筆修正したものである。刊行に当たっては、日本学術振興会平成26年度科学研究費助成事業（研究成果公開促進費）「学術図書」（課題番号265228、交付金額1600千円）の助成を受けた。

1895年日本が統治を開始した当初の台湾社会には、近代文明社会で非難の的となった三つの悪習が存在した。纏足、辮髪、アヘン吸飲である。本書はその中の纏足に焦点を当て、天然足への解放過程の中で、近代体育がどのように関わってきたのかを明らかにした研究である。日本統治開始当初、日本の小学校に当たる台湾の公学校の女子纏足は9割に及んでいた。したがって、日本植民地政府が台湾へ女子体育を導入しようとした時、真っ先に直面したのがこの纏足問題であった。纏足は女性の足を「三寸金蓮」に改造する残酷な身体加工風習ではあったが、一方で女性の所属階級が富裕であることのメルクマールでもあり、婚姻と結びついた美の追求手段でもあったという。この女生徒たちの纏足がほぼ解消されて天然足に至るのはおよそ1925年である。本書はこの30年間に、初・中等学校を中心に如何なる女子体育施策が展開されたのかを明らかにする。これには従来から知られていた中国語・台湾語・英語による文献・資料に加えて、近年公開されるに至った台湾総督府時代の日本語公文書類という第一級史料を利用できたことが大きな力となった。またその結果、従来の台湾体育史に飛躍的な進展をもたらすことになった。

一例を挙げよう。これまで台湾体育史では、日本統治期には遊戯が中心に行われたと指摘されていたが、本研究によって、それは纏足状況の推移と体操科の教材内容の具体的対応関係のなかで理解されるべきであることが明らかとなった。すなわち台湾に女子体育が導入された当初、纏足の女生徒たちは単独で移動を伴う運動や体操を行うことは困難であり、数名が組んで互いの手や腕をつなぎ、体を支え合って行う運動が遊戯として工夫され、教材化された結果だったのである。

また1907年に浜崎伝造が「異常状態ノ矯正＝特殊ノ方法」という観点で作った「台北庁体操法教程」は纏足女生徒の身体状況に配慮した纏足・解纏足に向けた体操法をまとめたものであり、これまで知られていなかったが、世界唯一の纏足者・解纏足者向けの体操指導書として位置づけられる。

とはいえ、もちろん台湾の纏足習俗の解放が植民地政府の体育施策のみで展開されたわけではない。体育的施策は学校や社会において総合的に展開される植民地教育施策のひとつであったし、さらに学校や社会において総合的に展開される教育的な施策は、台湾がおかれた国際的な政治・経済・軍事・文化など、社会背景の中で展開されたきわめて歴史的な植民地政策の産物だったのである。例えば1895年「日清講和条約」によって、台湾と澎湖列島は日本に割譲されたが、台湾の人々はこれに悲憤、抗日軍が組織された。日本の台湾統治はこれらの武力鎮圧から開始されたのであった。当時の台湾社会の民心にとって、日本は実力も本体も極めて不明瞭な存在であり、日本の台湾領有が一時的なものである可能性も高かった。国際情勢から次に予想される日本とロシアないし欧米帝国主義諸国との争いの中で、台湾は再び清の支配に復する可能性も高いし、またその待望論すらあったのである。このような政治的・社会的背景の中では、日本の植民地政策や教育政策、解纏足運動などが容易に受け入れられるはずもなかった。しかるに1905年、ともかくも日露戦争の日本勝利により、台湾の清国復帰の夢は破られることが決定的になった。この結果は台湾社会民心にも大きな影響を与え、日本の国際的地位の向上と共に、日本の施策を受け入れるべく、台湾社会民心の不安動揺は漸次静穏の方向に向かうこととなった。やがて台湾社会の産業、交通、衛生、教育などの近代化が促進されるにつれ、台湾の人々の中に元々存在していた解纏足運動も次第に大きな機運となり、日本の教育政策や解纏足運動を受け入れる土壌を形成した。学校における女子体育の実施や展開はこのような台湾社会の変化や学校教育の導入に伴い、漸進的に行われていったに過ぎない。つまり、政治的・社会的な状況の中で台湾の人々が自分たちの未来をどう描いたのか、その未来への課題が教育や学校に何を求めたのか、また地域の人々や学校がそれにどう応えようとしたのか、経済的、行政的支援がそれにどう加えられたのかという文脈の中で理解されねばならない。

1925年、台湾の圓山運動場において開かれた第六回全島陸上競技大会は初めて台湾において女子競技が加えられた競技会であった。纏足を解き、あるいは天然足で疾駆跳躍躍動する女性たちの姿は「纏足のお婆さん達を狂倒させ」る新しい時代の到来を告げる象徴でもあった。

本書は元来が金湘斌の学位論文であり、単著として刊行することが本来のあるべき姿であろう。もちろん、本論文の作成過程で研究構想や史料の解読などには大久保英哲も全面的に関わっているが、それは指導教員の当然の責務である。金は2013年大学院の修了と共に台湾に帰国、国立高雄師範大学助理教授就任後、それまで留学などで猶予されていた兵役義務（2014年2月～2015年1月）に服するなど、身辺多事多忙となった。また日本国内での出版にこぎつけるには、日本学術振興会の出版助成を受けることが最も近道であると考えられた。これらの手続きや出版社との打ち合わせ等を円滑に進めるために、金と大久保が著作権を共有することとし、その行使を大久保が代表して行う形を取って出版に至ったものである。共著者としての責任と義務は大久保が負うことは言うまでもないが、本書の研究業績は専ら金湘斌に帰するものであることを明記したい。

金は2005年3月～2006年2月及び2010年4月～2013年3月までの4年間金沢で研究生活を過ごした。その生活はどんなものであったのだろう。帰国の翌年2014年5月、長女誕生との報を受けて思わず微笑んだことである。何と「金　澤凛」との命名であった。いつか大きくなった金澤凛ちゃんが命名由来の地金沢を訪れてくれることであろう。楽しみに待ちたい。

最後になったが、度重なる台湾訪問の毎に世話になった学兄、元台湾師範大学教授蔡禎雄氏（故人）、同台湾師範大教授林玫君氏、いつもながら出版の労をとってくださる不昧堂宮脇陽一郎氏はじめ多くの方々に心から御礼申し上げたい。

2014年12月　大久保英哲　金沢の凛とした空気の中で

目　次

第二章　解纏足移行期の学校女子体育（1906-1914 年）

第三章　天然足普及期の学校女子体育（1915-1925 年）

結　章

序　章

1．研究の動機及び目的

1925年、台湾の圓山運動場において開かれた第六回全島陸上競技大会に初めて女子競技が加えられた。これを契機に台湾の女子体育・スポーツは競技スポーツの段階に発展したと評価されている。この大会は単なる競技記録の向上の基点となったというだけではない側面を持っていた。台湾体育協会陸上競技部幹事であった石塚長臣は、次のように述べる。

「台北第一高女の選手諸嬢が最も活躍されたが遥々彰化高女から本島人諸嬢が参加して甘氏翠釵嬢が五十米（記録七秒二）に、黄氏芸嬢が走高跳（記録一米三〇）に優勝、纏足から開放された本島女性の意気を示すと共に本島女子スポーツ界に一紀元を劃したのでありました。あの本島人諸嬢の活躍は纏足のお婆さん達を狂倒させた事と思います」[1)]

当時の一世代前の台湾人女子には纏足[2)]という社会風習が幅広く存在しており、そのようなお婆さんたちからみると、「狂倒」するような台湾人女子たちのスポーツが行われるようになったと述べられており、台湾における女子の纏足から天然足[3)]までの著しい変遷の状況が窺える。

日本による統治が開始された1895年当時の台湾社会には、近代文明社会で非難の的となった三つの悪習が存在していた。纏足、辮髪、アヘン吸飲である。これらの習慣は、日本の植民者を通じてもたらされた近代の医学、衛生、健康及び文明に触発されながら、台湾の人々の努力によって、次第に克服されていった[4)]。

また、この三つの悪習の中で、特に纏足の問題は、身体活動を伴う近代体育と密接な関係にあった。したがって、1895年に成立した日本植民地政府が、台湾において近代女子体育を導入し始めた当初、纏足という社会風習の存在は、女子体育の実施に大きな障害となった。その後、日本植民地政府及び台湾社会のリーダー的階層による解纏足運動[5]は順調に台湾社会に浸透し、1915年4月15日、台湾総督府は全面的に纏足禁止と解纏足奨励を実施した。これによって、台湾における女子の「三寸金蓮」の時代は終結し、以後台湾人女子は新しい時代に踏み出したといえよう。

このように、台湾総督府は全面的に纏足の風習を禁止したものの、纏足の影響は台湾社会からすぐ消えたわけではなかった。例えば、1917年頃には、国語学校附属女学校[6]では纏足者はなくなったが、解纏足者はまだ存在していた[7]。同校の『創立満三十年記念誌』には、1898年から1920年代にかけて、纏足の風習が女子体育あるいは競技スポーツの発展を阻害したとの記述が見られる[8]。すなわち、纏足の風習は1915年以降も女子体育に様々な影響を及ぼしたのである。

これまで、日本統治下台湾における纏足に関する研究は、ほぼ1895-1915年を中心に扱ってきた。その多くは、この20年間の過程における纏足の歴史、纏足と解放、纏足と女子の地位、纏足と女子の身体などについて論じたものである。女子体育と纏足に関する研究はいくつかみられるが、その多くはやはり1895-1915年における制度史研究である。これでは1915年以後の解纏足者への体育を含めた纏足から天然足への対応過程は把握することはできない。つまり、日本植民地政府が台湾における女子体育の中で教授すべき内容や教授法を模索した過程は、解纏足運動という一大植民政策の陰に埋没してしまい、台湾における女子体育史研究においてこれまで十分に明らかにされてこなかったのである。日本統治前期（1895-1925年）に展開された台湾における学校女子体育の変遷過程は、纏足に象徴される台湾女子体育固有の近代化過程を解明する上で、実証的に検討されなければならない重要なテーマである。

上記の問題を解決するためには、まず台湾における纏足の起源と状況を理解する必要がある。次に台湾における纏足と女子体育の問題に着目し、日本植民地政策と解纏足運動がどのような推進の方針と施策を展開していたのかを検討することにより、台湾における学校女子体育を行った目的、内容、方法及び評価が明らかにされねばならない。さらに、台湾総督府による全面的な纏足風習の禁止策及び相前後して捉えた女子体育の実施に果たした役割、またその限界を考察することにより、纏足と体育の関連性や植民地における女子体育史的意味を明らかにする。以上が本書の目的である。

2．先行研究の検討

本研究は、日本統治下台湾における学校女子体育の纏足から天然足への変遷過程を明らかにすることを試みる研究である。したがって、本研究の位置づけに際し、従来の研究を纏足研究と近代学校女子体育研究という二つの視点から検討する必要がある。

1）纏足に関する研究

（1）中国における纏足に関する研究

纏足に関しては、これまでに多くの研究が蓄積されてきた。これらの研究は、主に纏足の歴史、纏足の方法、纏足の理由、解纏足運動（あるいは放足運動、天足運動と称された）、女性の貞節、身体の解放、纏足と女性解放、女権の意識、女性の社会的地位などの問題に注目している[9)]。以下、いくつかの主要な著書を取り上げて、検討してみたい。

1936年、姚靈犀が編集した『采菲録』は、中国纏足の歴史、解纏足運動の推進、纏足婦人の纏足経験、及び纏足禁止の条例などの貴重な史料を収集しており、中国の纏足研究にとって基本的入門書籍と言われている[10)]。また、高洪興は千年にわたる纏足という旧中国最大の奇習を全般的に検討し、纏足の起源と発展、小脚と小脚鞋、纏足をした理由、纏足時代の特殊集団、纏足時代の社会生活、解纏足運動などを明らかにしている。高氏の著書は、纏足の歴史について初めて本格的に取り組んだ通史として評価される[11)]。さらに、岡本隆三の『纏足物語』では悲劇的な観点から纏足の方法、魅力、芸術、効用、貞節、解放を概観し、旧中国が生んだ纏足風習は「人間の家畜化」「人体の改造手術」という非人道的な風習であると指摘している[12)]。

一方、従来の悪習、野蛮という観点から纏足を非難する研究に対して、『纏足の靴—小さな足の文化史』『Cinderella's sisters: A Revisionist History of Footbinding（纏足：「金蓮崇拜」盛極而衰的演變）』を著した高彦頤（Dorothy Ko）の研究は、「纏足風俗を体現するのは首枷ではなく、特権である」という文化の視点から纏足の起源と普及の歴史を明らかにし、新たな纏足像を提示している。このような研究の観点は、阿片戦争以来の纏足女子を国恥・悪習とする観念を批判しており、纏足は単に「女性は美の被害者であった」ことや「男性が小さな足を崇拝した」ということではないと指摘している。要するに、もちろん纏足は確かに残酷であるに違いなく、しかも纏足が女性に障害をもたらし、身体を虚弱にするものであったが、しかし、女性中心の世界から纏足習慣をみれば、旧中国の纏足時代の女性にとって「三寸金蓮」という風俗は、下層階級から上層階級へと上昇する機会という特別な社会階級の標記であり、女性たちが美しさを追求する一つの象徴であったという側面を持っていた[13]。

解纏足運動と女性解放の方面では、夏暁虹、劉慧英は纏足が中国女性の解放を阻害しており、纏足反対と女子教育提唱が常に密接に関連していたと指摘している。すなわち、教育を受ける権利、男女平等、参政権などを目指す前に、纏足を解いたことは中国女性を解放する第一歩だと考えられる。ちなみに、この二冊の本には、1900 年頃の中国の女学校規約がはっきりと纏足禁止をうたっていたことが述べられている。例えば、1899 年の中国女学校書塾規約では、「とくに不纏足を第一の要義とする」と強調された。1904 年の愛国女学校も「纏足禁止（すでに纏足せし者は、入学の後徐々に解いていくこと）」と規定している。こういった纏足を禁止する規定は、1907 年 3 月 8 日に清朝学部が公布した「学部奏定女子小学堂規則」に採用された[14]。しかし、『遭遇解放：1890-1930 年代的中国女性』、及び『中国女性の 100 年―史料にみる歩み』には、愛国女学校の規則と清朝の「学部奏定女子小学堂規則」において体操は必修教科と規定されていたが、実際の女子体育に関する授業の内容、目的、方法などの問題にはまったく触れられていない[15]。

また、異文化接触の研究視野からリトル夫人という英国女性を通じて中国女性の纏足問題を研究した東田雅博は、1840 年代頃に外国人女性宣教師が中国における近代女子教育を推進する際には、最大の障害はやはり何といっても纏足であったと述べ、学校に行けたとしても、体育の授業を受けることなど不可能だったであろうと推測している。さらに、東田は、1860 年代頃に至るまで、纏足に反対する女性宣教師は多かったが、彼らは纏足を禁止することで生徒を失うことを恐れたため、学校の規則として纏足を禁止することはあまりなかったようであると指摘している[16]。以上に基づくと、1840 年代頃から、キリスト教会系統の女学校（ミッションスクール）に入学した中国の纏足女性がいるはずであり、これらの纏足女生徒は近代教育の一環としての体育の指導も受けていた可能性があると推測できる。中国における纏足と近代学校女子体育に関する先行研究については、本項の「2）近代学校女子体育に関する研究」で検討する。

（2）日本統治下台湾における纏足に関する研究

1895 年、日清戦争の結果、台湾は日本帝国の植民地になった。その後の日本統治下台湾における纏足の状況は少なからず中国とは違う展開をみせた。日本植民地政府が解纏足運動に様々な改革手段を講じたためである。まず日本統治下台湾における纏足に関する研究を検討してみよう。

『日治時期台湾的社会領導階層（邦訳：台湾の社会的リーダー階層と日本統治）』を著した呉文星は「第五章社会領導階層与社会文化変遷―以放足断髪運動為例（日本語訳：社会的リーダー階層と社会文化の変遷―解纏足断髪運動を例として）」で、台湾の社会的リーダー階層の態度が解纏足運動の推進過程にどのように影響を及ぼしていたかを中心課題として、日本統治下台湾における纏足の発展状況を全般的に明らかにしている。また、同章は「纏足の漸禁政策と自発的に解纏足する」「社会的リーダー階層と解纏足運動の推進」「社会的リーダー階層と新観念の普及」「社会的リーダー階層と解纏足の励行」の四つの段階に区分して論述している。加えて、植民地政策の変遷、解纏足運動の推進背景、及び解纏足者の統計的数値の分析などの内容は、この著書のポイントであり、日本統治下台湾における纏足に関する研究の重要な参考文献である[17)]。

一方、日本統治下台湾における女子教育を研究した游鑑明は、台湾総督府が公表した公文書、及び当時の各学校の関係資料、雑誌記事を参考にしながら、半世紀の台湾女子教育の流れの中で、政治、社会及び文化の変容を背景に、植民地教育政策を中心として、台湾人女子に対する教育の進展過程を明らかにした。この論文は日本統治下台湾における纏足問題を中心に検討する研究ではないが、台湾人女子が近代学校教育を受ける状況を説明する中で、纏足女子が近代学校教育を受ける様子や纏足がどのように近代学校女子教育の発展を阻害していたかについても述べている[18)]。

また、『近代台湾女性史　日本の植民統治と「新女性」の誕生』を著した洪郁如は、この書において日本統治下台湾における「新女性」の形成を通じ、台湾社会の変容過程を考察し、近代台湾女性史を再構成する研究を行った。この著書の「第一章解纏足運動」「第二章植民地女子教育の展開」の部分には、台湾の纏足状況、統治側と被統治側からの解纏足運動の推進状況、統治側の植民地女子教育、台湾家庭の女子教育観などの課題を次々に明らかにしており、解纏足とほぼ同時期に開始された台湾女子教育問題について論じている。特に、統治側の理念に則して述べるだけでなく、被統治側の立場に立った実状を述べている部分はこの著書の特徴であり、日本統治下台湾における女性史の総合的論述であると考えられる。ちなみに、解纏足を論述する部分には、いくつかの体育の授業状況や運動会の例も取り上げられている[19]。

2）近代学校女子体育に関する研究

（1）中国における纏足と近代学校女子体育に関する研究

1840年代の阿片戦争以後、清国の門戸が開かれると共に、近代体育・スポーツを含めた様々な西洋の近代文明が中国に持ち込まれた。また、キリスト教各派が中国各地に設立した教会学校を通じて近代体育・スポーツも中国に導入され始めた。

しかし、纏足の風習がまだ盛んだった19世紀の中国において、纏足によって身体動作が不自由な女子に体育を実施することは、非常に困難であっただろうと思われる。近代体育・スポーツが中国に導入され始めた初期の頃、西洋人は中国女子纏足の問題に対してどのように対処したのだろうか。また、纏足は中国における近代女子体育の発展にどのような影響を与えたのだろうか。これらの問題に対して、今までの中国における纏足と近代学校女子体育に関する研究状況について、いくつかの主要な著書を取り上げて、検討してみたい。

①笹島恒輔『中国体育史』『近代中国体育スポーツ史』

この二つの著書では、中国における女子体育の発展状況についてはあまり触れられていない。しかし、笹島恒輔は『中国体育史』で、「近世の女子体育」の状況を論述する時に、まず「近世の女子体育は清末になり清朝が門戸開放するまでは、まことに中国体育史上におけるもっとも悲惨な時代なのである」と述べ、纏足の習慣、方法、影響、弊害を論じ、「この纏足のお蔭で、近世の中国の女子体育は殆んど行なうことが出来なかったといえるのである」と述べている[20]。

また、この二つの著書の中で「近代学校の成立」及び「教会学校の体育」を取り上げ、1884年江蘇省鎮江に設立された美以美会（Methodist Episcopal Church, North）

の教会学校鎮江女塾の教科目、並びに校則の中に体育教科が含まれていたこと、及び休憩時間に遊戯を奨励していた事例を紹介している[21]。しかし、どのような種目を週何時間くらい行っていたのかは不明であり、同校の女生徒の纏足、解纏足の比率も不詳である。後に、游鑑明は中国における近代学校女子体育に関する研究を行った際には、この鎮江女塾の事例を引用している。

②游鑑明「近代中国女子体育観初探」「近代華東地区的女球員（1927-1937）：以報刊雑誌為主的討論」『運動場内外：近代華東地区的女子体育（1895-1937）』

游鑑明は1980年代頃から中国、台湾における女性史に関する研究を行い、女子体育の問題についても強い関心を持っていた。游はいくつかの女子体育の研究成果を世間に公表していた。これらの著述は、中国、台湾における近代女子体育に関する研究の重要な参考文献である。しかし、中国における纏足と近代学校女子体育に関する問題はわずかに扱っているのみである。例えば、游の著書ではA.近代女子体育の推進は、多くの女生徒の纏足による行動不便の理由で容易ではないため、学校は女生徒に運動させる目的で遊戯を採用した[22]。B.当時の学校は女生徒が遊戯を行うことを奨励するのみならず、女生徒の父兄に纏足の不便を自分の眼で確かめさせるために、戸外活動を行う場合には父兄を招待した[23]。C.1905年『順天時報』の「纏足の悪習を打破し、体操の練習を以て母体の健康を増進すること」を引用し、当時の知識階級が体育を通じて女性を解放する主張を行っていたことを紹介している[24]。

しかしながら、上述の引用は殆んど二次資料であり、また明確な年代も示されていない。

③Fan Hong　Footbinding, feminism and freedom: the liberation of women's bodies in modern China. - (Sport in global society)

樊紅（Fan Hong）は、1840年から1949年までを研究対象とし、「後封建時代下中国における文化の挑戦と改変：理想と現実の衝突」「宣教師と改革者：近代中国における女性の再概念化」「壮健な身体：中国における女性の啓蒙運動」「新時代の新女性：五四運動」（以上：筆者訳）と時代区分し、中国における女子体育の発展過程を明らかにしている。結論として、西方の宣教師と中国共産党は体育政策を実施したことによって、中国女性が解放され、自由運動の権利を取得することができたと述べている。

この著書は、中国における近代女子体育に関する研究を行うに当たって、重要な英文の参考文献である。

一方、この著書は中国における纏足と近代学校女子体育に関する内容について、A.宣教師たちは纏足が中国における将来の国力発展に大きな影響を与えるとして批判的であったこと、B.宣教師たちは体育を中国に導入する時に、纏足が体育実施の障害になるという認識があったこと、C.宣教師たちは解纏足運動を推進し始めた後、中国女性は学校において体育活動に参加する機会が徐々に増えていたこと、D.中国女性が体育に参加する一つの重要な条件は解纏足であったこと、などを明らかにしている。また、樊紅は解纏足者であった秋瑾が日本の実践女学校において体操を受けた事例も紹介している[25)]。上述の内容は中国における纏足と近代学校女子体育の状況を明らかにしたが、游鑑明の研究と同じように、その引用した史料は殆んど二次資料であり、明確な年代も書いておらず、纏足と女子体育に関する具体例には殆んど触れていない。

以上の先行研究をまとめれば、中国における纏足と近代学校女子体育の研究については、一次史料の発掘なども含めて、さらに検討する必要がある。

（2）日本統治下台湾における纏足と近代学校女子体育に関する研究

日本統治下台湾における30年間(1895-1925年)の中で、女子体育と纏足に関する研究はいくつかみられるが、その多くは台湾社会の纏足背景や初等教育機関の実施概要などを中心とした制度史の観点からの研究であり、纏足と近代体育に関する問題は十分には検討されていない。また、教師や生徒の実態や心性に触れた社会史的観点からの研究は少ない。わずかに次の3点がこの問題を扱っているのみである。

①「日治時期台湾学校女子体育的発展」を著した游鑑明は、植民地国民の身体改造や身体育成などの視点から研究を行い、日本統治下(1895-1945)における台湾学校女子体育の発展を概観している。結論として、日本統治下における台湾女子体育は、欧米の経験を参考にしつつ、台湾の社会環境に合わせて、植民地政府がまず纏足の悪習を一掃することに着手した。台湾の女子体育の内容は、初期には遊戯活動、中期には体操と競技の訓練、後期には軍事体育を続々と実施していた状況を明らかにしたが、纏足と女子体育に関する具体例には殆んど触れていない。また、当時の台湾社会には纏

足と体育の関係に注目した論述は少ないと指摘している[26]。

②「日治初期(1895-1916)台湾公学校的女子体育與放足運動」を著した謝仕淵は、当時初等教育機関であった台湾公学校[27] の女子体育と解纏足運動を中心として、主に1907 年の「台北庁体操法教程」を 1916 年の「体操科教授要目取調委員報告書」と比較し、殖産興業と人力資源などの視点から研究を行い、解纏足運動と女子体育の関係を明らかにしている。結論として、1910 年前後には、台湾女子体育は「歩くこと・走ること・跳ぶこと」に対する便宜的手段を採用しており、1916 年頃の台湾公学校の女子は「歩くこと・走ることはできるが、跳ぶことができない」と述べている。そして、女子体育の実施が解纏足運動に対して良い効果を与えていると指摘している[28] 。しかし、1916 年段階における纏足と体育の関係についての検討は不十分であり、また、「台北庁体操法教程」「体操科教授要目取調委員報告書」の解釈などに誤りもみられる。

③「日本統治初期（1895-1906 年）台湾における纏足と女子学校体育に関する研究」を著した金湘斌は、日本統治初期（1895-1906）の台湾における纏足と体操科実施に関する議論や体操科の実施状況を中心として、纏足と学校における女子体育の関係を明らかにしている。結論として、1895-1906 年には、台湾人女子に体操を実施することは困難を極めたと述べ、このような状況から、体操に代わって遊戯を適宜実施するという方針に変更されたと指摘している。また、国語学校第一附属学校女子分教場、国語学校第三附属学校、国語学校第二附属学校(以上、台北第三高等女学校[29] の前身)の事例を取り上げたが、その多くは初等教育機関に相当する本科の部分に着目しており、中等教育機関に相当する手芸科の纏足と女子体育の関係については簡単に触れているだけである。さらに、この研究対象は 1895 年から 1906 年までの期間であり、1906 年以降については扱っていない[30] 。

以上のことから、この三つの論文は日本統治下台湾における女子体育史において重要な研究である。しかし、研究の対象は主に初等教育機関が中心であり、研究の範囲も台湾総督府が纏足の風習を禁止した 1915 年前後に留まっている。また、纏足と女子体育の実状については具体例を欠いており、当時の纏足女子がどのような体操科の授業を受けていたのか、体育が纏足女子にどのような影響を与えたのかなどは詳しく述べられていない。さらに、台湾で最も古い女子中等教育機関—台北第三高等女学校中の纏足と女子体育に関する問題については殆んど触れられていない。

3．研究の意義及び課題

1）研究の意義

先行研究の検討に基づき、本研究の意義は次のように捉えることができる。

（1）纏足の研究

これまでの纏足に関する研究は、数多くみられるものの、その多くが纏足の歴史、伝統的な良妻賢母観、身体の解放、女権の意識、女性の社会的地位などを巡って論じられている。すなわち、纏足史の研究は纏足の変遷や社会的な批判の視点からの研究が多かった。また、纏足から天然足に至るまでの解放過程についての研究では、いずれも宣教師による反纏足運動、中国人による反纏足運動及び解纏足運動の経緯に着目したものであり、歴史としては初歩的な概観に止まっている。さらに、纏足女子に関する身体活動について検討されておらず、近代体育・スポーツという観点から行った研究も少ない。

本研究では纏足女子についての身体活動を検討し、日本統治下台湾における学校女子体育に関する記述内容により、纏足の研究に新しい視野を提供することができると考える。

（2）日本統治下台湾における植民地の女性史の研究

日本統治下台湾における植民地史に関する研究は近年増えてきたが、女子体育に関する研究はまだ十分に検討されていない。先行研究に、女子体育と纏足に関する研究はいくつかみられるが、その多くが制度史、つまり日本統治下台湾における帝国主義や植民地政策に着眼した研究であるため、注目点は身体解放、殖産興業、人力資源の問題に置かれた。したがって、教師や生徒の実態や心性に触れた具体例からの実施状況は十分明らかになっておらず、実際の女子体育の実施過程、植民地の特殊な風俗の纏足状況、あるいは女子体育と纏足の関係が具体的に取り上げられることはなかったのである。そこで、本研究では当時の史料から、纏足と体操科実施に関する議論、体操科の実施状況を明らかにし、日本統治前期（1895-1925 年）の台湾における纏足と学校における女子体育の関係を正確に捉えておきたい。

以上のことから、本研究は、今までの日本統治下台湾における植民地の女性史を補う研究として位置づけられ、台湾における纏足の習慣を撤廃することで、その後の学校女子体育がどのような変遷をみせていったのか、その歴史的意味を導く上で寄与できる研究である。

（３）女子体育・スポーツ史の研究

近代スポーツと文化帝国主義の観点からみると、日本帝国期において、日本は積極的に取り入れた近代的体育・スポーツの概念を、その勢力拡大と共に当時植民地であった台湾へと伝えた。しかしながら、台湾へ体育・スポーツを伝播し始めた頃は、台湾の伝統的な社会文化や風俗習慣に大きな衝撃を与え、多くの軋轢を生じさせた。例えば、女子の場合は纏足という風俗であり、男子は体操科が徴兵に関連する訓練と誤解し、体操科の授業を拒否した。その中でも纏足の習慣は、女子体育を普及させるにあたり、最も厄介な問題となった。日本植民地政府は台湾人女子に対する体育指導では、まず纏足をした女子を考慮した上で実施することが必要であり、その内容や方法などを大幅に調整しなければならなかったと考えられる。結果、植民地における台湾の女子体育・スポーツを取り入れた状況や発展は日本内地と大きな相違点が生じたことが窺える。この、日本帝国期の女子体育の伝播は、近代体育・スポーツ文化伝播の特殊な事例である。

また、本研究では近代女子体育・スポーツにおける台湾への伝播過程の痕跡を、植民地の特殊な風俗習慣と女子体育の実施内容から考察する。これは世界各地方の女性の風俗習慣（例えば、コルセット、日本人の跪座、中国の纏足など）に関する体育・スポーツ史的研究がまだなされていない現状において、今後の国際的視野に立つ研究に何らかの示唆を与えることができると考える。

2）研究の課題

本研究では前述の目的を達成するために大きく次の二つの課題を設定し、さらにその下に必要な小課題を設定する。

（1）第一の課題は、日本の植民地政策に基づく解纏足運動と学校女子教育の概要を捉えることである。そのために、以下の３点を明らかにする。

①台湾における纏足の起源と状況を明らかにする。

②台湾における解纏足運動の推進状況を明らかにする。

③台湾における学校女子教育の状況を明らかにする。

（2）第二の課題は、纏足から天然足へ移行する時期の学校女子体育について、法規的側面と教育現場における実践展開を解明することである。そのために、以下の３点を明らかにする。

①台湾における学校女子体育の嚆矢を明らかにする。

②日本統治前期(1895-1925 年)台湾において学校女子体育を行った目的、内容、方法及び評価を明らかにする。

③日本統治前期(1895-1925 年)台湾における学校女子体育の発展に纏足→解纏足→天然足の移行が与えた影響や意義を明らかにする。

4．史料及び研究の方法

本研究では、纏足慣行期(1895-1905 年)、解纏足移行期(1906-1914 年)、天然足普及期(1915-1925 年)に区分し、台湾における学校女子体育と纏足との関連について検討を試みた。

①纏足慣行期：台湾総督府は纏足に対して 1895 年 7 月に「放任主義」という政策を暫らく採用することとした。1897 年に至り、台湾総督府は「漸進主義」を採用し、纏足を漸次禁止する政策を取り始めた。しかし、解纏足運動は遅々として進まず、台北天然足会成立から約 5 年を経た 1905 年に至っても、台湾社会の解纏足率はわずか 1.09%に過ぎなかった。また、1905 年の統計資料によれば、台北庁下各公学校には 9 割以上の女生徒に纏足がみられ、解纏足率はわずか 1.1%に過ぎなかった。すなわち、纏足という風習は根強く強固だったのである。さらに、この時期の台湾人女子に対する学校体育制度面からいうと、初等教育機関としての公学校は 1898 年から体操が必修と

定められたが、模範女学校としての「国語学校第三附属学校規程（本科【初等教育】、手芸科【中等教育】、1902 年に国語学校第二附属学校と改称）」には、体操が必修教科に含まれなかった。つまり、1905 年前には、台湾人の学校女子体育の必修制度が全面的に確立されていなかった。ちなみに、1905 年前には、体育学の観点を通じて台湾社会に呼びかけて解纏足を勧誘する言論は、まだみられなかった。このように、1895 年の日本による台湾統治開始から 1905 年までの時期は纏足が慣行として行われ続けていたため、本研究では「纏足慣行期」とした。

②解纏足移行期：1905 年の日露戦争後、台湾社会民心が次第に静穏になり、台湾社会の解纏足気風も徐々に盛り上がっていた。この時期、台湾総督府は纏足慣行期と同様に纏足に対して強制的な禁止措置を採用しなかったが、学校教育、マスコミ報道、民間団体などの様々な施策を通じて、間接的に解纏足運動を奨励していた。そのため、台湾社会の解纏足者は徐々に増加してきた。こうして、1906 年に至り、「国語学校第二附属学校規程」には、体操が初めて必修となり、すべての台湾人の学校女子体育の必修制度が確立された。また、纏足の問題に配慮した 1907 年の「台北庁体操法」の作成、1912 年の「台湾公学校規則」の女生徒に対する体操実施内容の改正、1914 年の『公学校教授細目』の「体操科教授細目」の刊行などのことから、この時期の台湾女子体育の実施は次第に軌道に乗っていっただけでなく、纏足の影響から徐々に抜け出し始めていたと言えよう。したがって、1906 年から 1914 年までの時期を「解纏足移行期」とした。

③天然足普及期：1915 年 4 月 15 日に台湾総督府は台湾の各地方の保甲制度を通して全面的に纏足禁止を実施した。その後、解纏足者及び天然足者の数字は逐年増加の傾向を示し、台湾における纏足風習は徐々に終焉へ向かっていった。しかし、1920 年頃に至るまでは纏足が女子体育・スポーツの発展の弊害となったとの記述がみられる。また、1925 年の第六回全島陸上競技大会では台湾人女子が初登場した。このことから、1925 年には、台湾女子体育は纏足の影響から完全に脱し、競技運動への障壁を打破するに至ったとみられる。したがって、1915 年から 1925 年までの時期を「天然足普及期」とした。

以上のことから、本論文では、1895－1925 年までを研究対象とし、纏足慣行期、解纏足移行期、天然足普及期の三つに時期を区分して学校女子体育の変容をみて行きたい。

本研究では、前述した二つの課題を解明するため、日本統治前期（1895-1925 年）の植民地政策に基づき、台湾における纏足→解纏足→天然足の移行と学校女子教育の発展状況を対応させつつ、台湾人女子に対する植民地教育当局が学校体育をどのように実施していったのかを、主に初・中等学校を中心に、史料実証的に明らかにする。その際、纏足と体育の実際面については、可能な限り教師や生徒の実態や心性に触れた具体例からの実施状況を加え、台湾における学校女子体育の纏足から天然足への全体の変遷過程を検討して行きたい。

1）第一の課題：日本の植民地政策に基づく解纏足運動と学校女子教育の概要

解纏足運動と学校女子教育の概要については、既に先行研究がほぼ明らかにしているが、社会及び学校において実際の纏足・解纏足・天然足の状況については簡単に触れているだけである。そのため、本研究は『台北庁第一統計書』『台湾総督府学事年報』『創立満三十年記念誌』『台湾日日新報』『台湾教育会雑誌』『台湾統計協会会報』『台湾各種学校生徒及児童発育統計（明治四十三年四月調査）』『[大正六年四月］台湾総督府学校生徒及児童身体検査統計書』に掲載されている統計資料を用い、社会及び学校側の纏足・解纏足・天然足の実際を解明していく。また、学校側の解纏足運動の推進状況及び学校女子教育の実際をさらに深く掘り下げるため、『台湾教科用書国民読本』『創立満三十年記念誌』『公学校用国民読本』『台湾日日新報』『漢文台湾日日新報』『台湾協会会報』『近代日本のアジア教育認識・資料編　明治後期教育雑誌所収中国・韓国・台湾関係記事』などの関係史料を利用する。

2）第二の課題：纏足から天然足へ移行する時期の学校女子体育について、法規的側面と教育現場における実践展開

纏足から天然足へ移行する時期の学校女子体育については、体操科に関する諸法規は主に『台湾教育沿革誌』『台湾総督府官報』を用い、体操科に関する諸教材は 1907

年の『台湾総督府公文類纂』の「台北庁体操法教程」、1914年の『公学校教授細目』の「体操科教授細目」、1917年の『台湾総督府公文類纂』の「体操科教授要目取調委員報告書」、1919年の『台湾公学校体操教授要目』、1921年の『公学校教授細目上編』の「体操科教授細目」が主史料となり、学校女子体育の実際面は『創立満三十年記念誌』『台北第三高等女学校創立三十五周年記念誌』『台湾日日新報』『台湾教育会雑誌』などの教育関係の史料を利用する。これらの史料から、台湾における学校女子体育の規則面、教材面の変遷を究明することができるのみならず、今まで殆んど注目されることのなかった官員、教育者、生徒たちによる纏足慣行期から天然足普及期までの学校女子体育に関する見解も窺い知ることができる。

5. 用語の説明

① 纏足：纏足とは、幼い時から布で女性の足を緊縛して成長をとめ、むりやり小さく特殊な形に変形させる人体改造施術であった。また、正常な身体の発育を妨げた旧中国独特の奇習である。

② 解纏足：解纏足とは一度纏足をした足を解き、再び天然足の状態に戻そうとすることである。しかし、纏足は一種の不可逆的な身体の改造過程であったため、すでに変形した足を完全に改造前の天然足の状態に戻すことは非常に困難である。解纏足者の天然足への治癒速度に関しては、纏足の期間及び骨の変形の度合によって個人差がみられた。また、高齢者や骨が酷く変形した女子は、解纏足が行えず、纏足を解くことが不可能であった。ちなみに、解纏足の方法については、数年間纏足をした女子がすぐに纏足を解くと痛みや苦痛を伴うため、3-6ヶ月の時間をかけ、纏布を除いた後、足を高く上げることやマッサージを施すことで、苦痛を伴わないよう工夫して行われていた[31]。

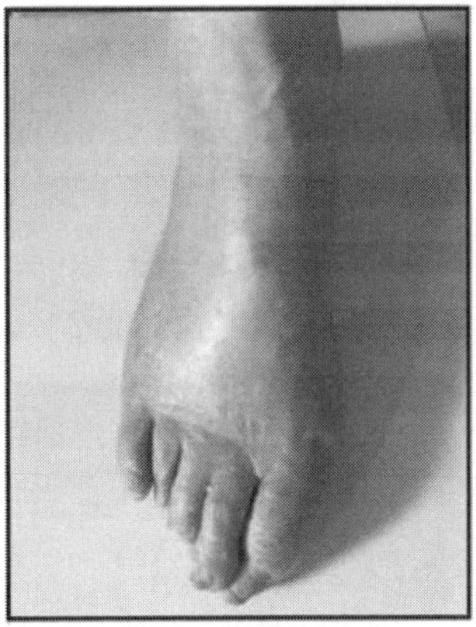

図序-1：解纏足者の足（一）
出所：金湘斌撮影, 2011年8月30日.

③ 天然足：天然足とは身体を改造しない、ありのままの足という意味である。

④ 解纏足運動：解纏足運動とは纏足習慣に反対し、解纏足及び天然足を支持する運動である。当時の解纏足運動団体は、天足会、不纏足会、放足会、戒纏足会、天然足会など多くの名称が存在しており、解纏足運動の名称についても、様々な表現がなされていた。本研究では、その意味を変質させない限りで、解纏足運動という用語を使用する。

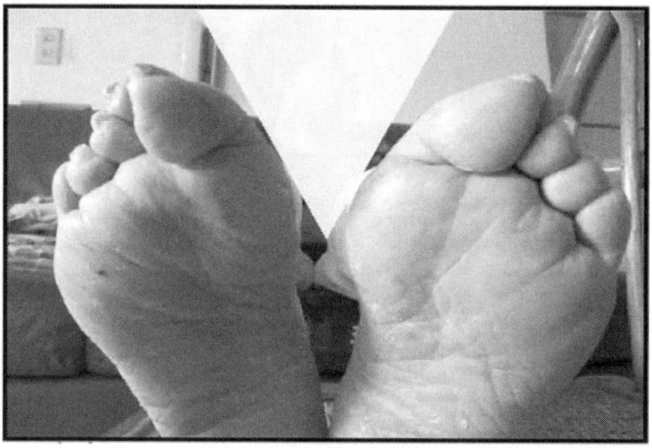

図序-2：解纏足者の足（二）
出所：金湘斌撮影, 2011 年 8 月 30 日.

図の説明：

朱沈花さん（筆者金湘斌の祖母）は浙江省大陳島出身、1931 年 2 月 8 日生まれ。7、8 歳の頃に纏足、約 2 年に及ぶ纏足の後、10 歳頃に解纏足した。身体活動の状況については、纏足期間は、足の痛みのため、外出を嫌った。解纏足後約 70 年を経た、現在の足のサイズは 17.5 ㎝、足の指が曲がり、骨が変形して人差し指が隠れている。インタビューによると、解纏足後、通常の歩行や軽い跳躍が可能となったが、支えをなくしての左右転回は現在に至ってもできない。（本人の同意を得て掲載）

⑤ 本島人：日本統治以前に台湾島に在住していた福佬人（福建系）、客家人（広東系）の総称。但し、当時の先住民族（蕃人）を含めない。

⑥ 内地人：日本統治下では、本島人に対する当時の日本人の総称。

⑦ 国語伝習所：日本統治後最初に設置された本島人専用の教育機関。1898 年「公学校令」の公布に伴って廃止された。

⑧ 公学校：本島人専用の初等教育機関。1919 年以後、「台湾教育令」によって、内地人の入学が許可された。

⑨ 小学校：内地人専用の初等教育機関。1919 年以後、「台湾教育令」によって、本島人の入学が許可された。

⑩ 台北第三高等女学校：台北第三高等女学校は、1919 年以前の台湾唯一の本島人女子中等教育機関である。1922 年以後、「台湾教育令」の改正によって、内地人女子の入学が許可された。台北第三高等女学校の沿革については、1897 年 5 月 25 日に国語学校第一附属学校女子分教場が設置され、1898 年 10 月 1 日に国語学校第三附属学校と改称、1902 年 3 月 31 日に国語学校第二附属学校と改称、1910 年 4 月 1 日に国語学校附属女学校と改称、1919 年 4 月 1 日に台湾公立台北女子高等普通学校と改称、1922 年 4 月 1 日に台北州立台北第三高等女学校と改称された。

【引用・参考文献】

1）石塚長臣「女子スポーツとしての陸上競技」『台湾婦人界』第 4 巻 8 号，台湾婦人社,1937 年 8 月,p.6

2）纏足について、「5.用語の説明（p.27）」を参照されたい。

3）天然足について、「5.用語の説明（p.28）」を参照されたい。

4）金湘斌「台湾近代初等学校体育的開端」『体育学報』第 40 巻 2 号,中華民国体育学会,2007 年 6 月,pp.109-122.

5）解纏足及び解纏足運動について、「5.用語の説明（pp.27-28）」を参照されたい。

6）国語学校附属女学校について、「5.用語の説明（p.29）」を参照されたい。

7）「面目改れる附女」『台湾日日新報』,1917 年 5 月 4 日:7.

8）小野正雄編『創立満三十年記念誌』台北：台北第三高等女学校同会学友窓会,1933 年.

9）例えば、岡本隆三『纏足物語』東京：東方書店,1986 年.林維紅「清季的婦女不纏足運動（1894-1911）」『台大歴史学報』第 16 号,台大歴史学系,1991 年 8 月,pp.139-180.姚靈犀編『采菲録』上海：上海書店,1998 年.夏暁虹『纏足をほどいた女たち』東京：朝日新聞社,1998.高洪興『纏足史』台北：華成図書,2004 年.東田雅博『纏足の発見―ある英国女性と清末の中国』東京：大修館書店,2004 年.劉慧英編『遭遇解放：1890-1930 年代的中国女性』北京：中央編譯出版社,2005 年.関西中国女性史研究会編『中国女性史入門―女たちの今と昔』京都：人文書院,2005 年.Dorothy Ko, Cinderella’s sisters: A Revisionist History of Footbinding. California: University of California Press, 2005.ドロシー・コウ（小野和子,小野啓子訳）『纏足の靴―小さな足の文化史』東京：平凡社,2005 年.洪宜媜「《萬國公報》對清末戒纏足運動的提倡」『政大史粹』第 8 号，政大歴史学系,2005 年 6 月,pp.1-34.高新偉『凄豔的歳月：中国古代婦女的非正常生活』鄭州：河南人民出版社,2006 年.高彦頤（Dorothy Ko）（苗延威訳）

『纏足：「金蓮崇拜」盛極而衰的演變』台北：左岸文化,2007 年.陳存仁『被閹割的文明　閒話中国古代纏足与宮刑』桂林：広西師範大学出版社,2008 年.高洪興（鈴木博訳）『図説　纏足の歴史』東京：原書房,2009 年.

10）姚靈犀編『采菲録』上海：上海書店,1998 年.

11）高洪興『纏足史』台北：華成図書,2004 年.高洪興（鈴木博訳）『図説　纏足の歴史』東京：原書房,2009 年.

12）岡本隆三『纏足物語』東京：東方書店,1991 年.

13）Dorothy Ko, Cinderella' s sisters: A Revisionist History of Footbinding. California: University of California Press, 2005.ドロシー・コウ（小野和小,小野啓子訳）『纏足の靴―小さな足の文化史』東京：平凡社,2005 年.高彦頤（Dorothy Ko）（苗延威訳）『纏足：「金蓮崇拜」盛極而衰的演變』台北：左岸文化,2007 年.

14）夏暁虹『纏足をほどいた女たち』東京：朝日新聞社,1998.劉慧英編『遭遇解放：1890-1930 年代的中国女性』北京：中央編譯出版社,2005 年.

15）劉慧英編『遭遇解放：1890-1930 年代的中国女性』北京：中央編譯出版社,2005 年,pp.25-34.中国女性史研究会編『中国女性の 100 年―史料にみる歩み』東京：青木書店,2004 年,p.25.

16）東田雅博『纏足の発見―ある英国女性と清末の中国』東京：大修館書店,2004 年,pp.144-145.

17）呉文星『日治時期台湾的社会領導階層』台北：五南,2008 年,pp.209-256.呉文星（所澤潤訳）『台湾の社会的リーダー階層と日本統治』東京：財団法人交流協会,2010 年,pp331-420.

18）游鑑明「日據時代台湾的女子教育」台北：国立台湾師範大学歴史研究所修士論文,1987 年.

19）洪郁如『近代台湾女性史　日本の植民統治と「新女性」の誕生』東京：勁草書房,2001 年.

20）笹島恒輔『中国体育史』東京：逍遥書院,1960 年,pp.121-122.

21）笹島恒輔『中国体育史』東京：逍遥書院,1960 年,p.108.笹島恒輔『近代中国体育スポーツ史』東京：逍遥書院,1966 年,p.23.

22）游鑑明「近代中国女子体育観初探」『新史学』7 巻 4 号,《新史学》雑誌社,1996 年 12 月,pp.122-123.游鑑明「近代華東地区的女球員（1927-1937）：以報刊雜誌為主的討論」『中央研究院近代史研究所集刊』32 号,中央研究院近代史研究,1999 年 12 月,pp.64-65.

23）游鑑明『運動場内外：近代華東地区的女子体育（1895-1937）』台北：中央研究院近代史研究所,2009 年,pp.83-84.

24）游鑑明「近代中国女子体育観初探」『新史学』7 巻 4 号,《新史学》雑誌社,1996 年 12 月,pp.133-134.

25）Fan Hong, Footbinding, feminism and freedom: the liberation of women' s bodies in modern China. - (Sport in global society). London: Frank Cass & CO. LTD, 1997, pp.54-55, p.58, pp.66-68, p.91.

26）游鑑明「日治時期台湾学校女子体育的發展」『中央研究院近代史研究所集刊』33 号,中央研究院近代史研究,2000 年 6 月,pp.1-75.

27）公学校について、「5.用語の説明（p.29）」を参照されたい。

28）謝仕淵「日治初期(1895-1916)台湾公学校的女子体育與放足運動」『台湾文献』55 巻 2 号,国史館台湾文献館,2000 年,pp.206-230.

29）台北第三高等女学校について、「5.用語の説明（p.29）」を参照されたい。

30）金湘斌「日本統治初期（1895-1906 年)台湾における纏足と女子学校体育に関する研究」『体育学研究』56 巻 2 号,日本体育学会,2011 年,pp.413-422.

31）詳しい解纏足の方法については、筆者不詳「本島婦人の纏足と其歴史」『台湾始政紀念号』7 号,台湾雑誌社,1911 年 4 月,p.65.を参照されたい。また、解纏足の足の状態については、図序-1,図序-2 を参照されたい。

第一章
纏足慣行期の学校女子体育
(1895-1905 年)

第一節　纏足慣行期下台湾の社会的背景

第一項　日本による台湾統治の開始

1．日本領有前の台湾

本研究ではまず、台湾に対する基本知識、歴史、社会状況などを知る必要がある。以下、日本領有までの台湾の歴史的背景の概要を説明する。

台湾は、台湾本島と中国大陸を隔てる台湾海峡の中間に位置する澎湖列島、及び他の附属島嶼からなっている。また、台湾本島は、中国大陸福建省と台湾海峡を隔て、東方約200キロメートルの距離にあり、南北約400キロメートル、東西約200キロメートルのサツマイモのような形をした島である。台湾の面積は約3万5,834平方キロメートルであり、日本の九州よりも稍小なる島だが、その極東海上交通の要衝を占める地理的位置、及び天然資源が豊富であるがゆえに、近世初期重商主義時代から十九世紀末帝国主義時代にかけて、日本人、オランダ人、スペイン人、イギリス人、アメリカ人、フランス人などが相次いで台湾に現れ、相互に角逐し、何度も各植民国の獲得競争の渦に巻き込まれてきた[1)]。

1662年2月、鄭成功がオランダ植民者を台湾から駆逐し、オランダの三十八年にわたる台湾の支配が終結し、漢民族による鄭氏政権の統治がはじまった。しかし、1681年10月、清国は中国全体の反清勢力の撲滅を目指し、台湾鄭氏政権の打倒に向けて全力を傾注するようになり、二十三年に及んだ鄭氏政権は1683年に清国によって倒され、鄭克塽が文武官員を従えて、正式に清国に降伏した。そして、台湾はオランダ、鄭氏政権につづいて、清国の統治時代を迎え、その後日本が台湾を領有するまで約二百年間清国の版図となった[2)]。その後、清国は日清戦争に敗れ、下関条約で台湾は日本に割譲・統治されることとなった。当時の台湾在住民は90%以上が中国からの漢民族であった。そのため、台湾の言語、文化、宗教、風俗習慣、社会制度などは中国大陸とほぼ同様であった。

1683 年から 1895 年までの清国領有二百十二年の間、台湾在住民の人口（主に中国本土からの移民）は年ごとに増加し、鄭氏政権滅亡頃の約 15 万人から、日本が台湾を領有した 1895 年には、約 254 万 5,731 人にまで達した[3]。当時の台湾住民の構成を種族別に分類すると、主に①中国人が移住する前の原住民（日本統治下では「蕃人」あるいは「高砂族」と称された）と、②十二世紀より中国本土の福建、広東両省から移住し始めた漢民族（日本統治下では「本島人」あるいは「台湾人」と称された）の二つの種族に分けられる[4]。

十七世紀頃から、大量渡航してきた漢民族は、およそ台湾の西海岸に在住し、農業を中心に生活していた。台湾の土地の開墾については、おおむね十八世紀後半から本格化し、南部地区から北部地区に向かって開拓し、十九世紀初期に一段落した[5]。

しかし、その漢民族の中では、閩族《びんぞく》（あるいは福佬《ほーろー》）と称される福建省系の台湾人は、先祖の移住が比較的に早かったため、豊沃な平野地帯に定住し、生活と文化の水準が比較的高かった。これに対して、粤族《えつぞく》（あるいは客家《はっか》）と称される広東省系の台湾人は、先祖の移住が比較的遅かったため、開墾が容易ではない山麓地帯に定住し、生活と文化の水準が比較的低かった。その上、粤族の人口は閩族の約 15%に過ぎず、閩族に差別され、圧迫を受けた。

一方、漢民族が内陸に駆逐させた原住民は、漢民族に同化され、山岳地帯と平野地帯の中間の山麓地帯に農民として定住した「熟蕃（あるいは「平埔（ぺいぽ）蕃」）」と称される一部の原住民を除き、その多くの「蕃人（あるいは「生蕃」）」は、一般人の立ち入りを厳禁した山嶽地帯（「蕃地」と称された）に棲居した[6]。そのため、蕃人は平地に在住する漢民族との交流は少なく、侵略者である中国人移住者に対する攻撃、馘首などの「蕃害」とされる情況が時々発生した。また、『台湾治績志』では「改隷前の台湾」の社会状況を「古来移民の種類は農民の外に、主として福建省泉彰地方及広東地方よりの犯罪逋逃の無職無頼の徒大部を占め、就中独身の男子は多く党を作り、乱を為し、殺生を恣にし、支那民族の三大特色である烟（阿片）、賭、嫖の悪風が盛に流行すると同時に、社会の秩序は紊乱し…」[7] と述べている。

このように、当時台湾在住民族間の相互競争、及び社会関係は非常に複雑である。加えて、漢民族と原住民の間は、恒常不断の武力闘争が起こるのみならず、漢民族間の異家族、異郷部落、閩族と粤族など各種の血縁的・地縁的社会集団間に分類械闘と称される武力闘争が頻発した。清国はこうした治安が極めて劣悪な情況であった台湾を領有したが、1683年から1874年までの台湾統治の間は、いわば「治めざるを以って治める」といった無為放任の消極的な経営状態であった[8]。

十九世紀中葉、阿片戦争中の1841年9月を最初として、イギリス艦隊は台湾附近へ数度にわたって姿を現し、1854年7月にはアメリカのペリー艦隊も基隆港に約十日間停泊した。また、1858年清国と英仏との天津条約により、台湾の安平、淡水、打狗、基隆が開港せられた。さらに、1874年には、「牡丹社事件」が起こり、日本軍は台湾南部の恒春近辺に上陸した。特に、日本の台湾出兵事件は、それまでの清国政府の消極的な台湾経営への態度に大きな影響を与えた。その結果、清国政府による台湾に対する経営態度は、消極政策から積極政策へと変わったのである[9]。

1884年には、フランスが清国の属領であるベトナムの領有を狙い、清仏戦争が始まり、同年4月にフランス艦隊は基隆、淡水、及び澎湖を砲撃封鎖した。このフランスの台湾に対する軍事行動は、清国に台湾防備の重要性を感じさせた。清仏戦争後の1885年には、台湾を独立の一省として専任巡撫を置き、初代の巡撫に劉銘伝が任命された[10]。

劉銘伝は台湾巡撫に就任した後、外国列強侵入の事情に鑑み、行政組織を整備しはじめ、富国強兵、列強の侵入に対抗する方針などの改革を推進した。その巡撫在任期間の六年間（実質五年）に①軍備の拡充と刷新②交通と通信の改善③産業の開発④財政の充実⑤教育の奨励⑥衛生の改善⑦高砂族の制御などの事績を着々とあげた[11]。しかし、劉の改革は清政府の干渉と急激な改革により、人民の反抗を招き、結局、在任六年にして劉巡撫は辞職した。その後間もなく、日清戦争は清国の敗北を以て終りを迎えることになり、台湾及び澎湖列島は日本の植民地となったのである。

2．日本の台湾領有

1894年5月8日、朝鮮の内政紊乱（甲午農民戦争）が起きた後、朝鮮の独立をめぐる争いで、日清両国はついに開戦の決意を固め、同年8月1日、日本の対清国宣戦布告を経て日清戦争が勃発した。開戦後、日本陸軍が中国大陸の遼東を席捲し、日本艦隊が黄海で北洋艦隊を撃破し、翌1895年2月12日には威海衛を占領した。八ケ月間の日清戦争で、衰弱した大清帝国は新生の日本帝国に敗れた。そして、勝利の勢いに乗る日本帝国政府は、将来の大陸作戦を念頭におく陸軍の要望、及び将来の南進を念頭におく海軍の要望により、1895 年 4 月 1 日、日清講和会議で清国側に対して遼東半島・台湾両地の割譲要求を含める講和草案を手渡したのである[12)]。

こうして台湾は、1895 年 4 月 17 日「下関条約（日清講和条約）」により、清国より日本へ正式に割譲されることとなった。同年 5 月 8 日にこの条約の批准交換が完了し、台湾は法的に日本帝国の領土になった。5 月 10 日に、内閣総理大臣・伊藤博文は海軍大将樺山資紀を台湾総督に任命し、5 月 24 日、樺山資紀は文武高等官員以下約百余名と共に、横浜丸に乗船して台湾へ向かった[13)]。

一方、「日清講和条約」によって、台湾と澎湖列島を割譲した事情を知った台湾士紳は台湾の割譲に反対し、悲憤した。特に、台湾士紳邱逢甲らは、徹底的に抗戦すべきだと主張し、台湾独立の意向を決意した。そして、1895 年 5 月 23 日、「台湾民主国独立宣言」が公布され、台湾巡撫であった唐景崧が「台湾民主国」の総統となり、約五万の旧清軍と民軍を組織した[14)]。

しかし、5 月 29 日に北白川宮能久親王の率いる近衛師団が台湾上陸を開始すると、台湾抗日軍の抵抗は日本軍によって殲滅されてしまった。また、日本軍が 6 月 6 日に基隆を占領すると、台湾民主国の総統である唐景崧は厦門に逃亡し、台湾北部の重要な拠点も次々と制圧されていった。そして、日本軍の先遣部隊は同月 7 日に台北城に入城した。続いて同月 17 日には台湾総督府（日本植民地政府）が設置されて日本の統治が始まり、樺山総督は台北城内において始政式を行った[15)]。このようにして台湾は半世紀に及ぶ台湾総督府の支配に入った。

しかし、その後、台湾全域制圧のための南進過程において、日本軍は台湾人の執拗な抵抗に遭い、日本の台湾統治は、台湾人に対する武力鎮圧から始められた。そして、1895 年 11 月 18 日に樺山総督が大本営に「全島平定」を報告できるまで、五ケ月にわたる軍事行動を要した[16)]。また、台湾民主国は崩壊した後も台湾人の抵抗は続いた。このようにして、日本は台湾全島を平定したが、台湾人による局地的な抗日運動（ゲリラ）は、その後も続き、これの鎮圧は極めて困難であった。1902 年に台湾総督府がこれを完全に鎮圧するに至るまで、実に前後八ヶ年が費やされた。しかし、当時の台湾社会の民心は日本なるものの実力も本体も極めて不明瞭であり、日本の台湾領有が一時的なものであると考えていた[17)]。

第二項　恩威並行政策の開始と展開

1．恩威並行政策の開始

1895年の日清講和会議の当初、日本全権伊藤博文と清国全権李鴻章との第三次会見において、台湾の割譲要求に対して、李鴻章は当時の台湾社会状況を「人民の慓悍にして治め難く蕃民の御すべからざる」「阿片の禁じ難き」「素と瘴癘の域疫病の流行（マラリヤ）」などと述べ、「日本は之を引取るも甚だ不利なることを悟るべし」と冷笑し、一時日本朝野に台湾売却論を生じたことがあったのである。また、欧州先進国は日本の台湾統治を危ぶみ、あるいは植民思想に甚だ乏しく、殆んど無経験であると評していた[18)]。

確かに、植民地統治の経験がなかった当時の日本は、参考とすべき政策も法令も有しておらず、台湾に対する明確な統治方針や植民地政策も示せなかった。また、台湾は日本に割譲された後、独立運動が勃発し、反乱の状態を呈していた。このような種々不利な形勢は、日本の最初の植民地経営、及び台湾の統治を非常に困難にしたと推測できる。しかし、台湾は日本帝国主義下において最初の植民地であったことは事実であり、日本は新領土に対する統治の基本方針の制定に苦心するほかなかったのである。そこで、日本は欧米列強の植民政策を参考に台湾統治の基本方針を制定した。また、台湾植民地において日本内地の憲法を適用せず、台湾統治に関することは、台湾総督に全権が委ねられた[19)]。

1895年5月、日本政府は樺山資紀を台湾総督に任命した際、「臨機専行」という台湾接収及び統治方針の訓令を与えた。この訓令とは、台湾総督は行政、軍事を統轄する長官として、台湾統治にあたり緊急の際には本国政府に問い合わせずともよいという「土皇帝」の権限を与えるものである[20)]。この訓令に基づき、樺山総督は台湾に対する施政方針を次のように述べている。

「台湾は帝国の新版図にして…亦須らく恩威並行、所在人民をして、狎侮の心を生ぜしめざるを要す…一時或は兵力を用ひて、不逞の徒を鎮圧するの必要なきを保ざるなり…

若し頑民の我に抗敵する如き不慮の変に遭遇せば、速に撃攘して、膺懲敢て假借する所なかるべし。又其の順民に対しては、専ら之を愛撫するに怠らざるべし…」[21)]

上述より、初代樺山総督は統治の貫徹に向けて「恩威並行政策」[22)] を打ち出し、「抗敵撃攘」と「順良撫育」という施政方針で統治を展開した。

2．恩威並行政策の展開

1895 年 11 月 18 日、樺山総督は大本営に「全島平定」を報告したが、台湾の武装抗日運動（日本統治下では「土匪」あるいは「匪徒」と称された）が終息したわけではなかった。そのため、台湾総督府は台湾全島を制覇するため軍隊を動員し、北部から南部へと徹底的な武力鎮圧を行った。また、1896 年 3 月、日本政府は「土匪ノ反乱」、風俗人情の相違などを理由として、帝国議会に「台湾ニ施行スヘキ法令ニ関スル法律案（通称「六三法」)」を提出して採用され、台湾総督に法律を制定する権限も与えられることになった。これにより台湾総督は、軍事権をはじめ、行政権、司法権、財政権をも掌握し、権利が集中した[23)]。さらに、第三代台湾総督に就任した乃木希典は、台湾の治安維持のため、台湾全土を①危険地帯②不穏定地帯③安全地帯に区分し、警察、憲兵、軍隊をそれぞれに討伐隊として配置し、いわゆる「三段警備」という措置を採用した。しかし、この三段警備体制は、相互間の意志疎通や協同歩調に欠け十分に機能せず、抗日運動の抵抗の鎮圧はさほどの効果を上げなかった[24)]。この頃、日本の有識者たちは台湾を一億円でフランスあるいは他の国に売却すべしという「台湾売却論」を主張した[25)]。

1898 年 3 月、児玉源太郎が第四代台湾総督として着任すると、まず同年 6 月に「三段警備」を廃止し、続いて同年 11 月に「匪徒刑罰令」を発布し、軍隊を排して警察を中心として鎮圧・招降の硬軟両策を使い分けていった。また、同年 8 月頃には、清国時代の「保甲制度」[26)] をさらに完備させて取り入れた[27)]。すなわち、台湾総督府による警察の管轄下で連座制、相互監視、相互密告を強化し、各町、村に本島人を組織化し、管理するという体制を確立した。これにより、警察力は台湾全島の各地方隅々にまで浸透したのである。

なお、武力鎮圧を行いながらも統治初期から、台湾総督府は本島人に対して税金徴収の免除、救恤金を与え、流民の招来、保良局の設置などの措置を実施し、本島人の風俗習慣を尊重すべきことも軍人や警察に指示した。さらに、1898年から台湾人に対して徹底した弾圧と同時に、当時の民政長官であった後藤新平は、懐柔策の手段を思案し、種々の「招降策」を実施した。このようにして、台湾人の反日陣営が続々と投降し、1902年末までに台湾西部は平定され、この年をもって日本の台湾支配は確立されたとみられる[28)]。

一方、児玉源太郎は台湾総督に就任した後、1898年度から日本母国政府の補助金が削減されたため、産業開発による財政の独立を最大の急務とした。台湾総督府は経済の自給自足をはやめに達成するため、児玉総督時代の民政長官後藤新平は、「異民族の慣習や社会制度に無知であっては統治に円滑を欠くし、日本の法令制度を導入するさい、大きな摩擦はさけられない。したがって、台湾の旧慣に習熟する必要がある」と考えていた[29)]。また、後藤はその持論である「生物学的植民地経営」[30)] を実践し、台湾財政の独立の基礎工事を着々と進行させていった。そこで、1898年から、本島人の旧慣調査をはじめ、人口調査、土地調査、林野調査などを実施した。そしてこれらの調査と研究を基礎に、台湾統治の政策と法制を立案した。さらに、阿片、食塩、樟脳及び煙草の専売制度を実施し、度量衡、貨幣制度、交通の建設及び製糖業の振興などの必要な基礎工事が行われた。これら一連の調査及び基礎工事の整備によって、1905年に台湾財政は独立した[31)]。

この約10年間に、恩威並行政策の実施によって、台湾財政の独立と統治の基礎が確立され、一方で、各種の調査に基づいて、1905年以後の40年間に、台湾は完全に台湾総督府の支配に入っていった。

第二節　解纏足運動の展開と停滞

第一項　纏足の歴史について

1．阿片戦争以前の纏足

纏足とは、女子の足を人為的に小さくする旧中国の悪習であり、三、四歳の時から足を緊縛して成長を止め、足の親指を除く四指を足底に折り曲げて布できつく縛った上、小さい靴を履かせて発育を妨げるものである。結果、成年段階において、踵から爪先までの長さが約 10 センチで成長が止まることが纏足としては理想的な状態とされている。当時、このような小さい足は「三寸金蓮」[32] と呼ばれた[33]。また、岡本隆三は旧中国社会では女子に対して纏足を実施することは、婦人の家畜化をねらった非人道的な風習であり、人体改造施術の一つと指摘している[34]。こうした纏足の悪習は旧中国の女子に対し、心身共に極度の苦痛を与え、旧中国社会の中で「男尊女卑」と「扶陽抑陰」の観念を植えつけることとなった。

纏足の起源については諸説紛々としている。一般的には、纏足の起源は五代の南唐の李後主（在位 961-975 A.D.）の時に始まって上流階級に流行し、南宋ともなると庶民にも広まったという。その思想的背景として宋朝の儒学が女性の貞節を奨励したことが指摘されている。その風潮は元朝、明朝、清朝にわたって徐々に盛んになっていったとされる。特に明朝以降に入って、社会で女子が纏足をすることが広まり、「三寸金蓮」という小さな足がいたるところでみられるようになった。また、清朝の時代、纏足をする観念はさらに強まり、貧富の差に関係なく誰もが纏足をするようになっていった[35]。このような女子の纏足に対する崇拝と関心がますます強くなっていった理由の一つには婚姻への影響があった[36]。

2．阿片戦争以後の纏足

1840年代の阿片戦争後、清国の門戸が開かれたのち、ますます多くの西洋人が中国にやってきた。その頃から、中国女性の纏足習慣が世界的に注目を集めており、西洋人は纏足という奇異な悪習を野蛮、残酷、不文明、非人道的な行為と見なした。また、纏足は女子に対する迫害であると指摘し、明確に反対を表明した西洋人もいた37)。さらに、纏足反対運動のきっかけについては、外国人が中国でキリスト教学校を設立した時、多くの女性宣教師が纏足習慣に反対し、纏足改革論も出された38)。

一方、纏足に対する身体への影響について、ある中国の纏足女子を観察した欧米人は、纏足が女子の心身に大きな危害を及ぼしていると述べている。Edward A. Rossによれば、それは次のようなものであった。

①足の筋肉が発達しないため、足は枝のように細く、長時間の歩行・跳躍ができない。

②纏足をし始めた頃は、強い痛みを伴う。よって苦痛を軽減するために、アヘンを吸う者もいた。

③纏足の婦人の生活はほぼ家から出ることはなく、あまり運動もしない39)。

これにより、纏足という状況は女子に対する心身の発育、健康、衛生、及び行動の自由など多くの点で危害を及ぼしていたことがわかる。また、纏足に反対する西洋人の近代的な健康の文明観は、少なくとも当時の中国社会に影響を及ぼした。

1870年以後、纏足反対の叫びが日増しに高まり、外国人宣教師たちがようやく反纏足運動を推進し始め、1874年に厦門で最初の反纏足運動の組織であった「戒纏足会（解纏足会のこと：筆者）」が結成され、外国人宣教師が纏足習慣への批判を次々に公表した。1895年には、英国商人の妻リトル夫人が「天足会（「天足」とは身体を改造しない、ありのままの足という意味：筆者）」を成立させ、女性解放思想を中国社会に呼びかけていた。また、1895年、日清戦争で日本に敗れた後、救国と富国強兵のため、中国人による反纏足運動は大いに盛り上がることになり、中国各地で次々と不纏足会が設立された。1911年、中華民国の時代に入ると、反纏足運動はさらに発展、深化した40)。

これによって、中国の女性たちは、「三寸金蓮」の旧時代から徐々に抜け出し、新しい時代に向かって踏み出したと言えよう。

第二項　台湾の纏足状況

1．纏足習慣の由来

台湾における纏足女子はどのような歴史を持つのであろうか。十七世紀末、台湾の農地が本格的に開墾され始めたばかりの頃、女性労働力も必要とされていた。そのため、纏足習慣はまだ普及しておらず、台湾社会の纏足者の数は極めて少なかった。その後、台湾における農地開拓が一段落するに至って、士紳階級（知識人・上流階級：筆者）が形成され、纏足の風習は徐々に浸透してきた。十九世紀中葉に至り、纏足習慣は台湾にほぼ根を下ろしたようである[41]。1900年の「台湾婦人の纏足」は次のように述べている。

「台湾は雑処の地にして、対岸福建省泉漳二府の民最も多きに居り、広東人之に次く、全台の人口を以てすれば、広東人其十分の一に過ぎずして、彼等は殆んど裹足（纏足のこと：筆者）の風なしと雖も、自余地方の婦人に至ては悉く斯風に染むの有様なり、然れども此間亦多少の区別なきにあらず、彼の泉州府五県（晋江、南安、恵安、安溪、同安：筆者）二州の内、晋江恵安の二地、及漳州府七県一庁（龍溪、漳浦、南清、長泰、平和、詔安、海澄、雲霄庁：筆者）内、各城市を除きては概ね裹足の風なし、而して彼等が台湾に移住落籍するの後と雖ども、亦故籍の習俗を襲へり…之を要するに台湾婦人中纏足せる者其八に居り、斯風熾んに行はるゝの地なりと謂ふ可し」[42]

これによれば、およそ福建省の泉州府（晋江、恵安二県のみ）、漳州府管轄下の各県からの移民は、古くから纏足風俗があり、彼らが纏足習慣を台湾に持ち込んだことを指摘している。また、台湾に移住した後、纏足習俗を踏襲し、この習俗が纏足をしていない台湾人女子に徐々に盛行するようになり、纏足慣習は台湾社会に幅広く普及していったようである。

また、『[明治38年] 臨時台湾戸口調査記述報文』の「本島ノ纏足」は、「本島ハ支那各省人雑居ノ地ニシテ福建省ヨリ移住セル人民最多キニ居ル彼等ハ其ノ移住後ニ於テモ祖国習俗ヲ蹈襲スルノミナラス他ノ種族ノ間ニモ此ノ悪習ヲ伝播スルニ至レリ」[43]と、台湾における纏足習慣の来歴だけでなく、他の種族への伝播の様相も述べている。

さらに、『台湾』を著した武内貞義は、「台湾の閩族に於ては中流以上は勿論、以下にも労働に従事せぬ限りは大半行はれた。然して粤族にはこの風習が全くなかったのである」[44]と、台湾社会において種族間の纏足習慣の有無、及びその中でも上流階級から労働階級まで幅広く普及していたことを述べている。

上述より、台湾における纏足女子の習慣が主に中国福建省の移民（閩族）からもたらされ、他の種族へも伝播していたこと、十九世紀末の台湾社会では纏足女子の割合が八割強を占めていたことが窺える。また、中国広東省の移民（粤族）には、纏足の風習が少なかったことがわかる。

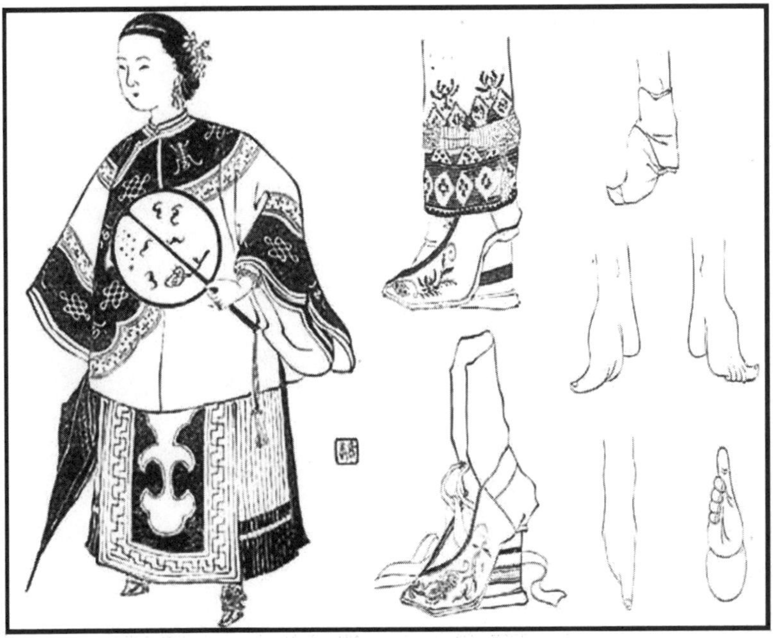

図 1-1：台湾の纏足婦人、小さな纏足鞋、纏脚布を解いた纏足
出所：差不多翁,「纏足」『台湾土語叢誌』4 号, 台湾語学同志社, 1900 年 5 月, pp. 13-15.
（国立台湾図書館所蔵）

2．纏足の方法と理由

中国では、纏足といっても各地方の生活習慣や気候や環境によって、方法や特徴に地域差があった[45]。したがって、台湾における纏足女子の身体状況を理解するために、台湾での纏足方法を説明することが必要と思われる。

『[明治 38 年] 臨時台湾戸口調査記述報文』の「纏足ノ時期及方法」は、次のように述べる。

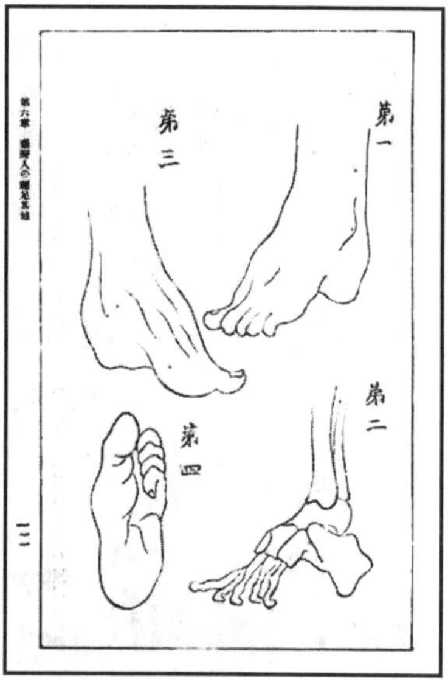

図 1-2：台湾婦人の纏足

出所：台湾慣習研究会「漢人婦人の纏足」『台湾慣習記事』第 5 巻第 9 号, 台湾慣習研究会, 1905 年 9 月, p. 33. 片岡巌『台湾風俗誌』台北：台湾日日新報社, 1921 年, p. 111.（国立台湾図書館　所蔵）

注：図中第一は予備期（第二指以下各指を蹠面に屈曲させる）である。図中第二、三は本期（完全に蹠骨屈曲に変形させる）である。図中第四はその変形した足の骨格である。

「纏足ノ方法タルヤ女子生レテ四五歳ニ至レハ先ツ足ノ第二指以下ノ各指ヲ強ク蹠面ニ屈曲シ先端ノ尖レル小鞋ヲ穿クシメ次ニ七八歳ニ及ヒ尚蹠骨ヲ屈折シ舟状骨ノ脱臼ヲ来サシメ白布ヲ以テ全足面ヲ縛シ更ニ小形ノ短鞋ヲ穿クシメ爾後毎日纏布ヲ解キ足部ヲ洗滌シ而シテ毎回緊束ノ程度ヲ強クシ努メテ足面ヲ小ナラシメムコトヲ希フ」[46]

これより、台湾における纏足の方法は、四、五歳と七、八歳の二段階に分けて行い（図 1-2 の注を参照）、足の組織や骨を破壊して小さな足を人為的に再構成する方法が用いられていたことがわかる。

また、『台湾風俗誌』を著した片岡巌は、纏足時の詳しい足の変化過程を次のように述べている。

「…回一回毎に緊縮の度を強くするなり、為めに足蹠腐爛し、痛苦を感ずる甚しく、日夜悲泣し、其の畸変の癒著を為すまでは殆ど歩行すること能はざる者あり、此の変形の結果は常態の歩行を為すを得ざるが為め、主として身体の全重を支持するに足蹠尖端の小面と拇趾蹠面とに於て平均しつゝ歩を運ばざるべからずして、漢族女子の中流以上に在る者が、概ね深窓閨裡蟄伏するも、此の不自由なる歩行の障碍によりて愈々度を高め、習ひを成すの已むなき一因ならんか…」[47]

以上のことから、纏足という人体改造施術は、女子の足を変形させるのみならず、身体の重心、歩き方、行動の自由、日常生活など多くの点で台湾の纏足女子に影響を及ぼしていたことがわかる[48]。

纏足をすると、その部位には相当な痛みを伴い、歩行さえ困難になるにも関《かか》わらず、どうして台湾人女子は纏足という習慣を受け入れなければならなかったのだろうか。その理由をいくつかの記事からみてみよう。

①纏足の習風ある家にては、貴賤貧富に論なく、競ふて女脚を纏小し、唯だ其小ならざらんを恐る有様なり、俗に纏足の美を称して、三寸の金蓮と云へども…[49]。
②明治の末年までは美人の一要件として甚だしい苦痛を忍んで決行した。否親が強制したものである[50]。
③夫レ斯ノ悪習ハ深ク人心ニ染ミテ脱セス故ニ纏足ノ小ナルモノハ婚嫁ノ容易ナルニ反シ其ノ大ナルモノ粗俗不文トシテ鄙笑セラレ婚嫁甚困難ナリ…[51]。

上述より、台湾における纏足には、「美観」と「婚姻」が大きな理由となっていることがわかる。また、台湾社会では、足が小さいほど美しく、良縁に恵まれるという価値観から、大勢の台湾人女子は貴賤貧富を問わず、親に強制されて纏足を行っていたことがわかる。そのために、纏足をする時の大変な痛みに耐えなければならず、女子にとってはずいぶん惨酷なことで、日常生活にも非常に不便を感じたと思われる。

さらに、1905 年頃、台湾総督府国語学校が同第二附属学校内の台湾人女生徒に対して、「台湾少女の知能」に関する調査を実施した時、「纏足ハ何ノ為メカ」という問いを設けた。その回答の内容は表 1-1 の通りである。

表 1-1：「纏足ハ何ノ為メカ」に対する台湾人女子の回答

		纏　足　ハ　何　ノ　為　メ　カ
本科	第一学年	足小ナレバ美観ナリ
	第二学年	足小ナレバ人之ヲ賞シ大ナレバ人之ヲフ笑故ニテ小ニシ美ナランコトヲ欲ス
	第三、四学年	足ヲ小ナラシメテ美観トナスノミ
	第五学年	美観ヲ装ハントスルニ過ギズサレド是レ悪習ナレバ後来纏足ヲ禁ズベキナリ
手芸科	第一学年	美観ヲ装フニ在リ
	第二、三学年	美観ヲ装フニ在リ
専修科		古来足ノ小ナルヲ以テ美人トナス故ニ纏足シテ其美ナランコトヲ欲スルノミ
参照（ママ）	不就学少女	纏足セザレバ人見テ以テ軽侮シ下婢視スルガ故ナリ
	普通老女	美観ヲ装フナリ

出所：筆者不詳「台湾少女の知能（一）」『台湾慣習記事』第 5 巻 3 号,台湾慣習記事会,1905 年 3 月,p.71.
注：①各学年生徒の平均年齢は、本科一年生は九歳五ケ月、本科二年生は九歳十ケ月、本科四年生は十歳十ケ月、本科五年生は十二歳三ケ月、手芸科一年生は十五歳五ケ月、手芸科二三年生は十六歳、専修科生は十九歳九ケ月。②専修科生なるものは手芸科卒業生中の有志者を以て組織せるものをいう。

上述の調査により、1905 年に至るまで、当時国語学校第二附属学校の女生徒は纏足をする理由として、ほぼ「美観」と答えた。このような回答には、小さな足が美しいという意識が台湾人女子の心に浸透しており、伝統的な台湾社会の根強い価値観が反映していると考えられる。しかし、本科の第五学年が「美観ヲ装ハントスルニ過ギズサレド是レ悪習ナレバ後来纏足ヲ禁ズベキナリ」という回答から、女生徒の中には纏足すべきという考え方、及び纏足が美しいとする価値観の変化が窺われる。特に、この第五学年の変化は『台湾教科用書国民読本　巻九』の第十五課「纏足」の影響が考えられる。その内容については、本章の第三節第五項で検討する。

3．纏足の影響

台湾における纏足女子は美観を求める際、痛みに耐え足を変形させ、さらにはこれによって生活習慣を改変しなければならなかったと考えられる。こうした生活習慣の改変は台湾社会、及び纏足女子にどのような影響を与えたのだろうか。纏足の影響を『[明治

38 年］臨時台湾戸口調査記述報文』から検討してみよう。

まず、『［明治 38 年］臨時台湾戸口調査記述報文』の「人工的不具トシテノ纏足及其救済法」では、次のように述べている。

> 「本島ノ婦人ニ特種ノ不具アリ纏足ト称ス其ノ足繊小ニシテ…下脚ハ蒼白ニシテ羸痩シ一見恰モ枯骨ノ観アリ此ノ如キ不具的状態ハ全然人為ヲ以テ茲ニ至ラシメタル悪習ニシテ實ニ人道ニ反シ天理ニ悖レル甚シキモノナリ…此ノ故ニ身躰ノ活動十分ナラス随テ炊事裁縫等ノ如キ家内ノ勤務若ハ坐ナカラ従事シ得ヘキ小手工ヲ除ク外普通ノ労役ニ服セムコト頗ル困難ニシテ其ノ体形ノ変畸ト活動ノ闕如ヨリ延テ…社会上又経済上ニ及ボス影響ト…本調査ノ結果ヲ記述スルニ際シ纏足ヲ以テ特種ノ人工的不具ト看做ス所以ナリ」[52)]

上述より、日本植民政府は台湾の纏足風俗を特種の人工的な障害であり、身体活動が十分に行えず、身体活動を伴う労働が非常に困難な状態として、社会上、経済上に影響を及ぼすと認識していた。そして、同調査記述の「纏足ノ由来及其ノ害」では、三つの具体的な纏足の影響を述べている。

はじめに、「心身に及ぼす害」では、「…其ノ初ニ於テハ疼痛ノ為概ネ食ヲ減シ寝ヲ廃シ或ハ皮肉腐爛シテ尺寸モ歩行スル能ハサル者アリ甚シキハ腐爛ノ餘遂ニ指頭ヲ失フ者アリ且纏足ハ身体ノ発育旺盛ナル時期ニ於テ行フモノナルカ故ニ大ニ其ノ発達ヲ妨ケ纏足女子ハ身体羸痩シ面貌倉白ト為リ動作不活溌ニシテ欝優性ニ陥ル者アリ…又ハ糜爛ヲ生シ疼痛忍フ能ハス加之圧迫ノ為循環停止シテ脱疽ト為リ時ニ趾頭ヲ脱落スル者アリ而シテ皮膚ノ損傷ハ各種ノ伝染性病毒ヲシテ其ノ侵入ヲ容易ナラシムルカ故ニ本島婦人ニシテ「ペスト」病等ニ罹ル者多キカ如キ或ハ之ニ起因スルニ非サルカ」[53)]と述べている。

また、1900 年の「台湾婦人の纏足」では、「総て纏足女子は運動自由ならざるため、筋肉の發育を妨げ、血液の循環食物の消化共に不活溌にして、全身の新陳代謝作用を亢進せしむる能はざる等、衛生上に害を與へ身体を累弱せしむること少なからざるなり」[54)]と、纏足の弊害も述べている。

以上のことから、纏足という習慣が、心身の発育、健康、衛生、行動の自由など多くの点で台湾人女子の心身に悪影響を及ぼしていたことがわかる[55)]。特に、留意したいことは、日本植民地政府が纏足女子にして「各種ノ伝染性病毒」「ペスト病」にかかる者が多いと指摘していたことである[56]。すなわち、この点から、当時台湾の衛生の向上政策として、纏足問題は日本植民地政府の注目を浴びていたことを示している。

図 1-3：纏足女子ができる仕事の一例（右は炊事の様子；左は茶選の様子）

出所：右は、台湾総督府『台湾教科用書国民読本　第六巻』出版地不詳：台湾総督府 1912 年, p. 4.（国立台湾図書館　所蔵）．左は、台湾総督府『台湾教科用書国民読本　第七巻』出版地不詳：台湾総督府, 1912 年, p. 17.（国立台湾図書館　所蔵）

次に、「社会上に及ぼす害」では、「纏足ハ唯直接婦人ノ心身ニ不良ノ結果ヲ与フルノミナラズ…其ノ社会上ニ及ホス影響亦鮮少ナラス加之其ノ行動ノ敏活ヲ缺ケルカ故ニ天災地変ニ際会シテハ之ヲ避クルコト困難ニシテ不測ノ災害ヲリ非命ニ斃ルルコト多ク暴行迫害ニ遭遇シテハ之ニ抗スルノ力足ラスシテ不慮ノ災禍ヲ招キ往往婦節ヲ残フカ如キコトナキニ非ス是皆纏足ノ結果ニシテ大ニ考慮ヲ要スヘキ問題ナリトス」[57] と述べている。

また、「経済上に及ぼす害」では、「又纏足婦人ハ其ノ歩行スルニ当リ僅ニ足蹠ノ尖端ニ於テ身重ヲ支持シ甚シキハ人肩若ハ杖ニ倚ルカ如キ状態ナルヲ以テ普通婦人ノ如ク十分ナル動作ヲ為ス能ハス是ニ於テカ力役若ハ運動ヲ要スル職業ニ従事スルコト能ハス…経済上ニ及ホス影響亦大ナリトス本島ニ労力ノ欠乏ヲ告ケ工業ノ発達セサルカ（故縁ハ）

婦人ノ纏足亦其ノ一因タラスムハアラス」[58] と述べている。

以上より、台湾人女子は纏足による行動の不自由によって、災害で生き延びる能力や身体活動を伴う労働能力を失うなど（図 1-3 は纏足女子ができる仕事の一例）[59]、社会的や経済的に様々な影響を受けていたことがわかる。

第三項　解纏足運動の開始と停滞

日本による統治以前の台湾社会には、近代文明社会で非難を招いた纏足、辮髪、アヘン吸飲という三つの旧慣が存在していた。そこで、日本統治初期、日本植民地政府は台湾の統治に向けこれらの旧慣に着目し、様々な台湾の旧慣に関する調査を展開した。例えば、1903 年の「阿片癮者體格検査第一回報告」では、アヘンを吸うことが身体の発育に影響を及ぼすと指摘した。また、台北病院の医師角田秀雄は纏足が婦人の体と骨盤を変形させ、子どもが産まれにくくさせていることを明らかにした[60]。

なお、『台湾保甲皇民化読本』には、「ペスト流行時には、病毒を纏足から四方に伝染せしめたといふので、問題になったことさへあります。かく誰れでも悪いと云ふ風習なのでありますから、領台と同時に、日本政府は断然之を禁止して了へばよかったものでありますが、これをしなかったのは民情の変化を憂へた為めであります」[61] とあり、纏足が伝染病をもたらすという衛生上の問題から、日本政府は領台初期から纏足風習を改革すべきであると考えていたことがわかる。

このような調査と論述は、おおむね台湾人の文明的な低落と人種的な退化を指摘し、さらに社会での悪習と文化を改善することが必要だと述べている。恐らく、文明化の観点から、これら悪習を改善するために、日本植民地政府は台湾人の身体を改善することから始めたと考えられる。

上述の観点に基づいて、日本植民地政府は台湾領有の当初から、台湾人女子纏足の問題に対してどのように対処したのだろうか。また、日本統治初期の約 10 年の間に、台湾人女子を纏足から解放させようとした解纏足運動はどのような経緯を辿ったのだろうか。これらの問題を明らかするため、以下、解纏足運動の開始と停滞について、検討していこう。

1．解纏足運動の開始

1895年、台湾領有当初の日本の世論は、「阿片を厳禁し、台湾人の辮髪を断ち、婦人の纏足を解くを以て、台湾統治上の三大主義なりと標榜し、此政策を断行するにあらずんば、台湾を領有するも其詮なしとすら言ふものありたりき」[62] という状態で、台湾社会の三大悪習を改革することが統治の目標との理解が広く存在していた。しかし、現地の台湾総督府は、台湾社会での纏足、辮髪の悪習に対して、禁止措置を採用しなかった。当時の台湾総督府はこれらの風俗習慣に対して、数百年の伝統を持つ風習を一朝にして改易することの困難性と危険性を認めており、加えて全島の武装抗日運動が依然として続いていたため、1895年7月30日には、民政局長より地方長官に「阿片吸飲辮髪蓄存及婦人ノ足ヲ縮少スル等本島従来ノ悪弊風ト雖モ俄カニ更改セサル趣意ニ有之就テハ此際右等風俗更改ニ関スル事件ハ勿論其他行政上将来ノ事例トナルヘキ…且ツ風俗上ニ関シ人民ニ対シ苟モ其感情ヲ損スヘキ談話ハ治民上濫リニ口外セザル様部下吏員ヘ其旨内諭相成度此処特ニ申進候」[63] という現状を維持する方針が伝達されていた。また、統治基盤の確立を大前提とし、台湾人に刺激を与えないように、纏足、辮髪の習慣を禁止せずとも、当時の施政を妨害していないことから、民政上の措置としては、台湾人の風俗習慣に干渉しない「放任主義」という政策を暫らく採用することとしていた[64]。

そして、1897年の国籍選択前後、纏足、辮髪が禁止されるという噂が台湾人の間に飛びかったため、台湾総督府は再び台湾の旧慣に干渉しない方針を決定した[65]。例えば、1896年12月、台湾第三代総督乃木希典は特に本島人の生活上の習慣尊重を訓令し、「其の辮髪、纏足、衣帽の如きは、一定の制限の下に漸次防遏の効を収めんとす」[66]「辮髪、纏足其の他の風俗習慣にして、政治に害なきものは総て旧時のままの例にして以て民情に遵ふべし」[67] と述べ、台湾の旧慣に対しては明確な放任主義の方針を採用することを示した。また、1897年8月頃、日本政府は台湾総督府に「風俗習慣の如きは殊に年月を期して移易するものなれば其自然に任じて些かたりとも干渉すまじきこと」[68] と指示していた。すなわち、日本統治初期、台湾総督府は漸進主義を統治方針として、台湾社会での旧慣に対して、漸次禁止する政策を採用していたことがわかる。

1898年、児玉源太郎は台湾総督に就任した後、再び台湾の旧慣に対して漸進政策を強化していった。そして、当時の民政長官後藤新平は自らの生物政治学の視点から台湾の旧慣に関する調査を展開し、台湾統治の方針を定めた。後藤は台湾の旧慣に対して「況んや支那民族の性格を改造し、習俗を移易するの容易ならざる事」[69] と述べ、また、1903年の学事諮問会議の席上で、「其の風俗習慣は、一代や二代で改めらるべきものではないと思ふ…即ち国語は習はしめても、何程の時間に如何の程度まで変化せしむることを得るかと云ふことは、未だ容易に解決されざる問題であって、先づ二代や三代で変化して行くことは六敷しいことである。況んや風俗習慣心性に於てをや。果して前段の問題を解決し得たる暁には統治の基礎を生物学上の原則に立つることが出来る時である」[70] と、風俗習慣の改革に即刻に着手することが困難であり、むしろ生物学上の原則から風俗習慣を漸進的に解決するべきだと述べている。要するに、日本統治初期には、台湾総督府は台湾人女子纏足の問題を改革することが必要と認識していたが、漸進政策に基づいて強制的な禁止措置を採用しなかったのである。

一方、台湾総督府は台湾社会の三つの悪習であった纏足を強制的に取り締まらなかったが、その代わりに学校教育、マスコミの報道、内地観光の奨励を通じて天然足女子の身体の健康や行動の自由や労働の役割などを紹介しており、解纏足を鼓吹し、台湾人士紳の解纏足運動を誘導していた[71]。また、1898年8月、台北を台風が襲い85名の死者が出たが、その多くの死者は纏足者であったため、台湾在住の日本人のあいだで台湾人の纏足習俗に対する糾弾の声が高まるようになり、台湾の士紳階級による解纏足運動の開始を期待する風潮が生まれていた[72]。

こうした動きを受けて、1899年12月頃、大稲埕の医者の黄玉階は「本島婦人の纏足は今日の文明に背戻するものにして衛生上甚しく有害なり断じて之を矯正せさるべからす…」[73] と述べ、「禁纏足会（解纏足会のこと：筆者）」の設置を主唱した。翌年2月6日、黄玉階ら有志者四十余名が総督府の支持を受け、中国伝来の習俗であった纏足が身体の発育に害をもたらすことを認め、纏足の廃止を目指し、はじめて「台北天然足会」を組織した[74]。同年3月20日、大稲埕日新街普願寺において発会式を行い、児玉台湾総督、後藤民政長官、村上台北県知事以下が臨席し、発起人、賛助員、多くの本島人有識階級など、合わせて約250名が出席した[75]。また、当時「台北天然足会」以外でも、台南にも「天足会」が成立し、許廷光が会長となった[76]。

このように、台湾において解纏足に向けた運動が各地で起き始め、台湾の女性たちは、纏足に緊縛された旧時代から徐々に解放され、ようやく纏足開放の新時代に踏み出し始めたと言えよう。

2. 解纏足運動の停滞

1）1901 年以後、台北天然足会の衰退

台北天然足会の成立は台湾士紳階級と台湾総督府の支持を獲得したが、実績を挙げることは極めて困難であった。呉文星の研究では、1900 年 12 月末頃の段階で、同会の正会員は 1,690 人（その女子会員の内、天然足者は 267 人、解纏足者は 147 人）であったが、1903 年 7 月に至っても、正会員はわずかに 2,270 人（その女子会員の内、天然足者は 432 人、解纏足者は 199 人）にしか達していなかったと指摘しているように[77]、1901 年以後、台北天然足会の会員数の増加が徐々に停滞しはじめていたことがわかる。台北天然足会が成立してから 3 年間、解纏足運動推進の成果はまだ見られなかったのである。

なぜ、その成果を挙げられなかったのか。『日本統治下の民族運動（上巻）』は、その理由を次のように述べている。

> 「蓋し纏足の天倫に背悖せる陋習たるは人皆之を知るも、会の首脳者の家族の如きにありても卒先纏足を解くが如きは殆ど之なきのみならず、規約に依り天然足となりし少女を見るに、世人之を嘲弄するの状況ありし為め却て再纏足を為すものあるに至り理想の実現は尚容易ならず、一方明治三十四年十一月の地方官制改正の為め村上台北県知事も任を去る等の事あり、其の活動稍衰微せしを以て児玉総督の如きも同年十二月金一千円を天然足会維持費中に寄附せられて之を鼓舞する処ありたり。然れ共同年廃県置庁の地方官制大改正は官界に大変動を与へたる結果、官民共に解纏足の事業に熱心支持するものなく事業一時衰頽を見るに至れり」[78]

つまり、台湾において最初の解纏足運動が推進された時、纏足は自然の状態に反することを知っている人は少なくはなかったのだが、解纏足会の規約により纏足を解いた、あるいは天然足を維持する少女たちは、世間の嘲笑を買い、再び纏足をする者すらあった

のである。それだけ、台湾において纏足風習は根強く、改変することが容易ではなかった。また、1901 年 11 月に地方官制改正による人事異動の結果、解纏足運動は地方政府の強力な支持を失ってしまい、解纏足運動の事業は一時的に衰退してしまった。

なお、『台湾保甲皇民化読本』には、当時台北天然足会が天然足女子を奨励する方法を次のように述べている。

「又天然足の子供が世間から笑はれて困ると云ふので、天然足会員の徽章《しるし》をこしらへてつけさせ、その徽章には絹のフクサに児玉総督が『不敢毀傷孝始也』（『孝経』から、人の身体はすべて父母から恵まれたものであるから、傷つけないようにするのが孝行の始めであるという意味）の文字を書いて添へられた位です。然し本島人の保守的思想《ひっこみじあん》は、容易に弊風を改めやうとしないので、早くも三四年は経過して了いました」[79]

上述より、台北天然足会と台湾総督府は当時台湾社会の気風に配慮し、纏足習慣を改めるため、社会階級の標記機能として天然足の子供に徽章や絹のフクサなどの奨励品を配付するという工夫を行ったことが窺える。しかし、台湾人の弊風は根強く、簡単には抜けないものであったことが示されている。

2）1903 年、解纏足運動の再興と衰退

前に述べたように、台北天然足会が成立して後の三年間には、解纏足運動の事業が一時的に衰退していたが、1903 年に至って、再び解纏足運動を推進する機会が訪れた。すなわち、1903 年の夏、日本内地で大阪博覧会が開かれ、約 500 人の台湾士紳は博覧会見物のため、内地旅行に出かけて日本の各地方を視察し、内地婦人の教育状態等を目撃した。これをきっかけについに再び解纏足の気運が台湾全島の各地方に醸成された[80]。

1903 年の解纏足運動の再興の経緯について、『[明治 38 年] 臨時台湾戸口調査記述報文』には、「殊ニ観光ノ為内地ニ赴ケル本島人ノ内地婦女子ノ能ク各種ノ業務ニ従事セル状況ヲ目撃シテ纏足ノ悪習ヲ感知シ」[81] とあり、日本婦人が様々な仕事に従事していたことを台湾士紳が自分の眼で確かめて、纏足を悪習と再認識したと述べている。また、『台湾保甲皇民化読本』には、「本島人紳士諸君も観光かたがた沢山見物に出か

けて、親しく内地の婦人が上下流を問はず、天然足で活動してゐるのを見ますと、自分等の妻女が足を巻いてゐるのが、甚だ不自然に感じないわけにはまゐりませんでした」[82)]とあり、台湾士紳が天然足の便利さ、及び纏足の不便さも再認識したことを述べている。さらに、『大日本婦人教育会雑誌』の「台湾女子教育の趨勢」は、当時の社会背景、内地視察旅行の様子、及び台湾士紳階級の反省を次のように述べている。

「近来同島事業熱の勃興に伴ひ、地方に依りては、非常に労力の不足を告ぐる有様なるが、中には疾くも女子の間に、労力供給の慣習を養成することの必要あるを認むる者尠なからず、然れども本島女子の現況にては、第一纏足の慣習あること、第二教育の素養なきこと、然るに本年大坂に開会せし、第五回博覧会の観光者五百有余名は、概して中流以上の名望資産を有する者にて、其着眼点も単に山紫水明の景色に止まらず、風俗其他文物をも視察したる結果、沿道到る所の田園には、女子も男子も同様耕作栽培に従事し、又都市の工場には、多数の女工が、諸種の工業に従事するを目撃したると同時に、一方には都市村落何れの地にても、女子教育の旺盛なるを見聞してより、頓に旧来の陋習を悟り、帰来早々諸人に対し、母国の文物風俗を談ずる者、符節を合せたる如く、第一女子の労力を為す習慣を養成すること、第二女子教育の忽諸に付すべからざることを説き聞かせたるより、昨今各地方にては、纏足廃止の方法等に就き、考慮中なるもの尠なからざる由…」[83)]

上述よりすれば、台湾において「事業熱」の興隆に伴い、如何にして必要な労働力を取得するかは一つの大きな問題になっていたのである。そのため、台湾人女子の人力資源に焦点が当てられ、台湾人女子に対する纏足の解放、女子教育の施行などの問題に日本統治当局は強い関心を持ったことによって改革の方向へ向かっていったと考えられる。また、1903 年の内地旅行では、台湾士紳らは実際に日本人女子の労働の様子、教育状況を視察した後、纏足習慣の不便さ、女子教育の重要性を感じ、纏足廃止の方法を真剣に考えていたことがわかる。要するに、1903 年の解纏足運動の再興は、殖産興業の観点に基づき、女子労働力がもたらす利益に着眼して開始されたと考えられる。

この風潮に従い、1903 年 8 月、台南庁長は庁参事会を開き、纏足廃止に関する訓示を為し各参事の意見開陳を求めており、纏足の弊風を一洗するために、地方の保甲制度や農業組合を利用して解纏足を奨励しはじめた[84)]。

しかし、一年後にはこの解纏足の風潮は冷え切ってしまい、纏足を解いた女性はわずか400余名であった[85]。なぜ、1903年の解纏足運動の再興の推進はうまくいかなかったのであろうか。その理由をいくつかの記事から見てみよう。

まず、『台湾旧慣記事』の「解纏足説」では、「解纏足説に次で起りたるものは、殖産興業説なり、前者と共に当時の二大熱と称せられたる所のもの、由来熱するの早きものは冷むるも亦早し、彼れ亦一時の悪熱にして、共に既に冷却し去りたるものか、抑も否か」[86]と述べている。

次に、『台湾保甲皇民化読本』では、「そこで明治三十六年の末頃から台南地方を主として再び天然足会再興の運動をみ、台南地方では既に何百人かの天然足者が出て、その人々が当時ぼつぼつ設立せられてゐた公学校に入学するやうになりました處が、悪太郎共がよってたかって、「ツアボカン（台湾語では査媒嫺である。日本語では、下女、下婢、女中の意味：筆者）」または「キツチヤ（台湾語では乞食である。日本語では、こじき、非人の意味：筆者）」等、悪口を云ひますので、いつしかこの運動もすたれて了いました」[87]と述べている。

以上のことから、1903年の解纏足運動の再興は台湾士紳階級の一時の思いつきにすぎなかったことが窺える。こうした解纏足運動を性急に推進した結果はもちろんあまり現れておらず、解纏足という問題が短い時間内では解決できないものであったことがわかる。

3）1905年、「臨時台湾戸口調査」の纏足者と解纏足者

1895年、台湾が日本に割譲され、台湾総督府が設置されて日本の統治が始まって以来、日本の台湾統治は徐々に軌道に乗るようになっていったが、台湾における民情風俗、習慣、人口、土地の情況などを系統的に調査した基礎資料が不足しており、統治全般にわたり多くの困難に直面していた。そのため、総督府は1898年の「土地調査」を皮切りに、戸口調査から台湾の旧慣に至るまで、様々な台湾統治に関する基礎調査を展開した[88]。特に、1905年10月1日から3日までの「臨時台湾戸口調査（現在の国勢調査に相当するもの）」は、ただ全台湾の人口動態を把握しただけでなく、併せて台湾の種族、職業別、言語、教育程度、障害者、纏足者、阿片吸飲者などの調査も行われるという大がかりなものであった[89]。

それゆえ、1905年の「臨時台湾戸口調査」の結果によって、台湾における纏足者の

実際人口、比率、年齢別、地方差、種族別などを把握することができ、また、解纏足者の調査によって、1900 年の台北天然足会の成立から 5 年間、及び 1903 年の解纏足運動の再興が行われた後の成果もみられるため、この調査は纏足の問題を考える上で極めて貴重な資料となっている。

そこで、1905 年の「臨時台湾戸口調査」の纏足に関する調査結果を「表 1-2：地方別纏足者と解纏足者」「表 1-3：種族別纏足と解纏足の状況」「表 1-4：年齢別纏足者と解纏足者」の三つの表にまとめた。これらを検討してみよう。

表 1-2：地方別纏足者と解纏足者

庁	纏足の実数（女子百ニ付比例）	解纏足の実数（纏足者百ニ付比例）
台北	97,294（76.8）	256（0.26）
基隆	37,095（77.4）	109（0.29）
宜蘭	42,436（80.9）	211（0.50）
深坑	14,999（72.6）	31（0.21）
桃園	21,741（22.3）	405（1.86）
新竹	5,918（7.3）	860（14.53）
苗栗	10,071（14.5）	498（4.94）
台中	43,687（46.1）	413（0.95）
彰化	88,770（68.7）	2,291（2.58）
南投	17,610（53.8）	624（3.54）
斗六	73,763（74.2）	312（0.42）
嘉義	73,199（79.4）	160（0.22）
鹽水港	100,991（79.8）	133（0.13）
台南	61,921（71.2）	912（1.47）
蕃薯寮	4,931（20.9）	622（12.61）
鳳山	61,951（74.1）	80（0.13）
阿緱	20,129（25.2）	723（3.59）
恒春	181（2.0）	17（9.39）
台東	687（2.9）	15（2.18）
澎湖	23,242（82.7）	22（0.09）
総数	**800,616（56.9）**	**8,694（1.09）**

出所：臨時台湾戸口調査部『[明治 38 年] 臨時台湾戸口調査記述報文』出版地不詳：臨時台湾戸口調査部,1908 年,pp.354-355,pp.370-371.により作成

表 1-3：種族別纏足と解纏足の状況

種族			纏足の実数（女子百ニ付比例）	解纏足の実数（纏足者百ニ付比例）
本島人	総数		800,392（56.94）	8,690（1.09）
	漢人	総数	800,264（58.48）	8,690（1.09）
		福建	797,347（67.99）	8,429（1.06）
		広東	2,881（1.51）	250（8.68）
		その他	36（22.64）	1（2.78）
	熟蕃		127（0.54）	10（7.87）
	生蕃		1（0.01）	
清国人			224（50.22）	4（1.79）
総　数			**800,616（56.9）**	**8,694（1.09）**

出所：臨時台湾戸口調査部『[明治 38 年] 臨時台湾戸口調査記述報文』出版地不詳：臨時台湾戸口調査部,1908 年,p.356,p.372.により作成

表 1-4：年齢別纏足者と解纏足者

年齢級	纏足の実数（女子百ニ付比例）	解纏足の実数（纏足者百ニ付比例）
10 歳以下	53,163（14.48）	1,630（3.07）
11-15 歳	74,940（54.63）	2,025（2.70）
16-20 歳	90,503（67.92）	508（0.56）
21-25 歳	102,474（72.81）	551（0.54）
26-30 歳	92,917（75.29）	569（0.61）
31-35 歳	82,446（76.11）	629（0.76）
36-40 歳	63,693（75.62）	579（0.91）
41-45 歳	49,623（75.05）	464（0.94）
46-50 歳	50,772（77.37）	429（0.84）
51-55 歳	42,892（77.64）	393（0.92）
56-60 歳	34,461（77.67）	332（0.96）
61-65 歳	25,691（76.94）	236（0.92）
66-70 歳	18,885（79.11）	181（0.96）
71 歳以上	18,154（77.66）	168（0.93）
不　詳	2（50.00）	
総　数	**800,616（56.9）**	**8,694（1.09）**

出所：臨時台湾戸口調査部『[明治 38 年] 臨時台湾戸口調査記述報文』出版地不詳：臨時台湾戸口調査部,1908 年,p.362,p.374.により作成

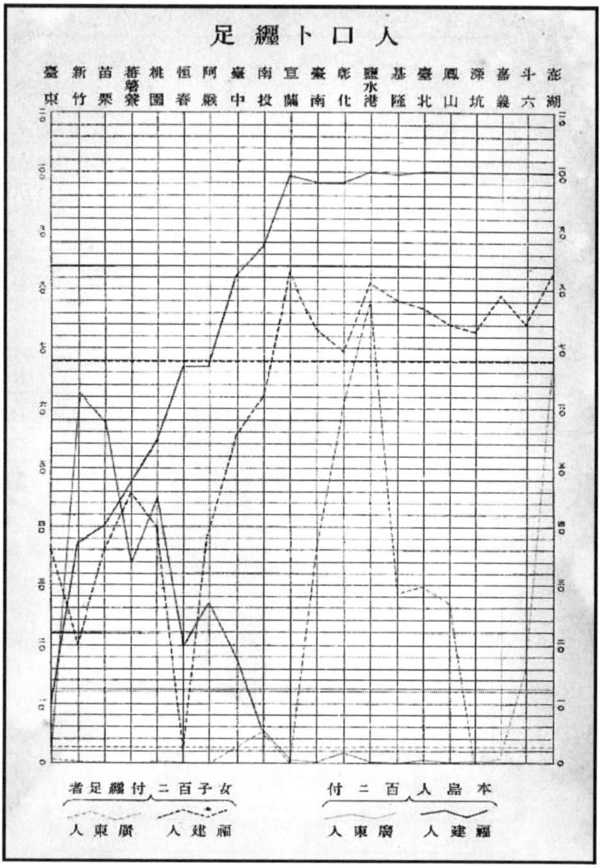

図 1-4：人口と纏足（1905 年）

出所：臨時台湾戸口調査部『[明治 38 年] 臨時台湾戸口調査記述報文』出版地不詳：臨時台湾戸口調査部,1908 年,地図及描画図.（国立台湾図書館　所蔵）

まず、以上の各表の総数調査によると 1905 年 10 月 1 日当時、纏足者は合計で 800,616 人であり、台湾人女子総人口の 1,406,224 人に対し、その比率は 56.9%に当っていたことがわかる。しかし、『[明治 38 年] 臨時台湾戸口調査記述報文』は、その女子総人口の中より、纏足時期に達しない 5 歳以下の幼児を除外すれば、その比率は増進して 66.6%になっていたと述べている[90)]。すなわち、この調査によって、当時の台湾においては、約三分の二の女子が纏足者であったということがわかるのである。また、同報告書には、「実ニ本島女子ノ過半ハ人工ヲ以テ不具ノ状態ニ陥レル者ナリ…纏足ノ悪習如何ニ深ク浸潤シ如何ニ広ク伝播セルカヲ知ルヘシ」[91] とあり、纏足慣習は台湾社会に幅広く浸透していたことも指摘している。

一方、解纏足者は台北天然足会が設置された当時の1900年3月頃、台北大稲埕町の張方という者の下婢剪絨（14歳）が最初であったという。そして、約5年を経過し、解纏足運動の成果は見られてはいるものの、古来の根強い風習のため、その成果は顕著でなかったという[92]。そのことは1905年の調査にも明確に現われており、当時の台湾解纏足者はわずかに8,694人で、纏足者に対する比率はわずか1.09%に過ぎなかったのである。

これについて、『[明治38年] 臨時台湾戸口調査記述報文』には、「社会ノ風潮識者ノ教訓モ未タ以テ遽ニ此ノ悪習ヲ打破スル能ハス畢竟スルニ天然足会ノ首唱慫慂モ未タ十分ニ其ノ効果ヲ挙クルニ至ラス何ノ時カ能ク惨タル不具的状態ヲ脱却シ自然ノ妙境ニ復スヘキヤ而モ其ノ方法タル易ク単ニ纏布ヲ解除スルニ止マルモ尚且然リ風俗改易ノ如何ニ困難ナルカ」[93] とあり、台湾社会においては強固な纏足風潮が存在し、纏足習慣の改革が困難な状況であり、天然足会が解纏足運動を推進した効果は期待したほどではなかったということが報告されている。また、同文には、今後台湾社会の纏足問題が解決できるのか未知数であるとの見方が示されている。

続いて、台湾における地方別、種族別、年齢別の纏足者と解纏足者の状況をみてみよう。

（1）「表1-2：地方別纏足者と解纏足者」によって、纏足者の割合が七割以上を占める地方は澎湖、宜蘭、鹽水港、嘉義、基隆、台北、斗六、鳳山、深坑、台南であり、ほとんど閩族が定住している地方である。これに反し、恒春、台東、新竹、苗栗などの地方は粤族、あるいは原住民が定住している地方であるため纏足率が低かったのである（当時台湾の人口と纏足の分布について、図1-4を参照）[94]。つまり、纏足習慣の分布は地方の人口構成、種族、及び民俗などと深い関係があると考えられる。

また、台湾における解纏足者の平均割合は1.09%に過ぎなかったが、地方により、新竹は14.53%を占め、蕃薯寮も12.61%に達したのである。その解纏足者の地域差が形成された理由は、もちろん各地方種族の分布と大いに関係もあったが、少なくとも各地方の纏足習慣の有無によって解纏足の観念を受け入れる程度が違っていたと考えられる。さらに、この解纏足の状況に対し、『[明治 38 年] 臨時台湾戸口調査記述報文』には、「亦以テ想見スルニ足ラム然リト雖幸ニシテ各地方共ニ多少ノ解纏足者アラサルナク纏足ノ悪習廃止ノ風潮漸ク全島ニ普キノ兆アルハ欣幸ニ堪ヘサル所ナリ」[95] とあり、纏足習慣をようやく改変し始めた動きが見られた。

（2）「表 1-3：種族別纏足と解纏足の状況」によって、台湾における漢人の纏足女子は合計で 800,264 人であり、台湾人女子人口の 58.48%を占めていたことがわかる。また、台湾住民の大部分を占める福建種族（閩族）は纏足習慣がもっとも強く、その纏足率は 67.99%であった。これに反し、広東種族（粤族）はもともと纏足習慣を持っていなかったため、その纏足率はわずかに 1.51%に過ぎなかったのである。さらに、同表によると 1905 年当時、熟蕃の纏足者は 127 人、生蕃の纏足者は 1 人であった。この状況に対し、『[明治 38 年] 臨時台湾戸口調査記述報文』には、「古来纏足セサル熟蕃若ハ生蕃ニシテ漸ク此ノ悪俗ニ感染シ…」[96] とあり、漢人が纏足習慣を他の種族に伝播しており、少数の原住民も纏足習慣に染まり始めていたことを指摘している。

一方、「種族別解纏足の状況」について、同表には、福建種族の解纏足者の平均割合はわずか 1.09%であり、広東種族は 8.68%に達したと指摘している。その解纏足者の種族差が形成された理由を、『[明治 38 年] 臨時台湾戸口調査記述報文』は、「種族ニ依リ解纏足者ノ多少ヲ生スル所以ノモノハ主トシテ因襲ノ長短習慣ノ深浅ニ関係スルモノ」[97] と述べている。つまり、種族ごとの纏足習慣を因襲した時間の長短が、解纏足を決める上での一つの重要な要因になっていたというのである。

（3）「表 1-4：年齢別纏足者と解纏足者」によると、1905 年当時、年齢別纏足者の比率は、10 歳以下は 14.48%、11-15 歳は 54.63%、16-20 歳は 67.92%、21 歳以上は 70%を超えていたことがわかる。これに対し、年齢別解纏足者の比率は、10 歳以下は 3.07%、11-15 歳は 2.70%、16 歳以上はほとんど 1%にも満たない。ただし、『[明治 38 年] 臨時台湾戸口調査記述報文』は、10 歳以下の女子総人口の中より、纏足時期に達しない 5 歳以下の幼児を除外すれば、その比率は増加して 32.5%になると指摘している[98]。

ではなぜ、10 歳以下、及び 11-15 歳年齢層の纏足者の比率はほかの年齢層より少なかったのだろうか。また、同じように解纏足の比率もほかの年齢層より高かったのだろうか。

まず、10 歳以下の纏足者と解纏足者の比率について、『[明治 38 年] 臨時台湾戸口調査記述報文』には、「幼年者ハ尚纏足ノ初期ニ在リ未タ能ク之ニ慣レスシテ其ノ痛苦ノ最甚シキ時期ナルカ故ニ其ノ父母ニシテ纏足ノ非ヲ覚ラハ之ヲ解カシムニ躊躇セス且婚嫁時期尚遠キカ為社会ノ注意ヲ惹クコト小ク粗俗不文ノ嘲笑ヲ受クルノ程度薄キモ…」[99] と述べている。

上述より、両親は纏足が少女の身体面に相当な痛みを与えることを理解しており、加えてまだ結婚適齢期になっておらず、台湾社会は 10 歳以下の少女の足の大きさにあまり注目していなかったため、10 歳以下の纏足者を解放することがほかの年齢層より容易であったと考えられるのである。

次に、11-15 歳の纏足者と解纏足者の比率について、同報告書には、「近時漸ク社会ノ風潮纏足ノ弊害ヲ覚知シ妙齢ノ女子ヲシテ不具的状態ニ陥ラシムルニ忍ヒス纏足ヲ施ス者漸ク減少セシト、一タヒ纏足セシモ之ヲ解除セシ少女多キヲ加ヘタル結果ニシテ…」[100] とあり、台湾社会における解纏足の風潮が 11-15 歳の女子に影響を及ぼしていたことを指摘している。すなわち、当時の台湾では根強い纏足風習を改変することが非常に困難であったが、台湾社会における解纏足の風潮の浸透に伴い、少なくとも 11-15 歳年齢層の女子には纏足を解き始める動きがみられていたことが窺える。また、11-15 歳年齢層の女子は就学期中であり、学校側の植民地教育における解纏足の宣伝の影響力にも注目していく必要があると考えられる。その内容については、本章の第三節第四項、第五項で検討する。

以上をまとめれば、1900 年台北天然足会の成立から 1905 年に至るまで、台湾社会における解纏足女子はわずかにすぎず、一朝一夕に纏足という社会問題を取り除くことはできなかった。台湾の人々は纏足の「心身に及ぼす害」「社会上に及ぼす害」「経済上に及ぼす害」の三つは認識していたが、大部分の台湾人女子はそれでも解纏足を行わなかった。その理由として「美観」と「婚姻」などの伝統的な台湾社会からの影響があったと考えられる。

しかし、『[明治 38 年] 臨時台湾戸口調査記述報文』中の「地方別纏足者と解纏足者」及び「年齢別纏足者と解纏足者」によると、台湾社会における解纏足運動の拡がりにつれ、解纏足を認める人々も現れるようになっていたのである。

第三節　纏足慣行期の学校女子教育

第一項　日本統治以前の台湾女子教育の概況

1．清国領有以前の台湾女子教育の概況

オランダ領有台湾の頃（1624-1662 年）、オランダ人宣教師たちは当時の台湾原住民（平埔蕃）に布教するため、1636 年 5 月 26 日、新港社（現在の台南市新市區）に学校を創立した。当時、約 70 名の原住民男子、及び 60 名の原住民女子はその学校に入学し、キリスト教義、祈祷文、教理問答などの授業を受け、ローマ字によって土語を書写する方法を習得していた。その後、新港社の近所であった蕭壠、麻豆、目加溜灣、大目降社などにも教会学校が設立され、その生徒の多くは約十歳から十三歳くらいの男子であったが、この各学校には、同じような教育を受けていた少女や青年女子などの女性もいたとされている。これは、台湾女性が初めて得た教育の機会であったと言われている[101)]。

1662 年 2 月の鄭氏政権開始後、漢人文化が徐々に伝わり、漢学という孔子の儒教思想が清末まで台湾の教育の中心となったため、台湾人女子は男女共学の学習機会をほぼ失い、家庭や私塾で『女論語』や『女孝経』などを読み、「礼教」に従い婦徳を積み、結婚に備えるだけとなった。しかも、このような教育機会を得ることができたのは、少数の裕福な家に生まれた台湾人女子のみであった[102)]。

2．清国領有時代の台湾女子教育の概況

清国領有時代の台湾女子教育の概況を理解するためには、台湾における伝統的な教育状況、基本知識などを知る必要がある。まず、清国領有時代の台湾教育の概況を説明する。

清国の台湾統治は1684年から1895年までの約210年間で、この時期の教育は、もっぱら孔子、孟子の儒教に基づき、各府県には儒学、書院、義学、社学、書房などが設置されていた[103]。このほかに科挙制度を実施し、台湾の教育の発展と文化の向上に大きな影響を与えたと言われている。初等教育機関である書房教育の一般的な目的は二つあった。第一の目的は読書、識字の能力を養うことであり、第二の目的は府県の儒学の入学試験のための予備教育である。

また、入学年齢は厳格に規定されていないが、一般には、8歳から15、16歳までであった。修業年限は規定されていない。なお、教授時間は明確な規定がないが、大体午前六、七時から授業が始まり、午後四、五時に授業が終了した[104]。書房教育の時間割は、表1-5の通りである。教授方法は、児童・生徒の能力に応じて適当な教材を与え、学習の進度も異なるものであり、それが書房教育の特徴とも言える。

表1-5：書房教育の時間割

時　間	科　目	備　考
午前六時七時	上　学	前日ノ読書ヲ暗誦演習シ了リテ家ニ返リ朝餐ス
午前八時半ヨリ同十時マデ	読　書	先教師ノ前ニテ背誦ヲ為シ次イテ點讀ヲ受ク又開講モ此時間ニ於テス
午前十時ヨリ正午マデ	習　字	默寫及ヒ對仔ハ多ク此時間ニ兼帶シテ之ヲ為ス
正　午	放　暇	家ニ返リテ午餐ス
午後一時半ヨリ同三時マデ	習　字	午前ノ習字ニ同シ
午後三時ヨリ四時五時マデ	読　書	午前ノ読書ニ同シ
午後四時五時	退　学	

出所：台湾総督府『台湾教育誌稿』出版地不詳：台湾総督府,1918年,pp.131-132.

しかし、このような書房教育の対象は主に男子であった。もちろん、時折女子が男子と共に学ぶ状況もあったが、実際には女児を書房に入れる例は士紳階級でさえ極めて少なかったのである[105]。例えば、日本統治初期の1898年2月頃の「調全島書房一覧」によると、全島で書房教育を受けている女生徒はわずか65人であり、全書房生徒数全体の29,876人に対する比率はわずか0.2%であった[106]。

次に、清国領有時代の台湾女子教育の概況について、いくつかの日本統治時期の記事から検討してみよう。

1896年10月20日、大谷聴濤は『女鑑』で、「台湾の女子」を次のように語っている。

「台湾の女子は無教育なり、中等以下のものは、一丁字をも知らざる文盲者のみなりと云ふも可なるべく、中等以上の生活を為すものと雖も、山とか、川とか、大の字とかを読み得る外、殆んど、文字を知れるものなし。是れ女子を賤視して、女子は家内を守れば、足れりとする習慣あるに基くべく…」[107)]

大谷の観察から、当時の中流以上の家庭では、わずかに生活のために女子に簡単な文字教育を授けることはあったが、一般的な台湾社会の習慣では、女子に対して「男子外に労して女子内を守るは儒教の示す所にして」[108)] という根強い礼教観念を持っていたため、女子教育の必要性を感じることなく女子に教育を受けさせる習慣はなかったことがわかる。

また、『台湾教育誌稿』は、清国領有時代の台湾女子教育の状況を次のように述べている。

「台湾ニハ古来女子学校ノ設アラス往々出テテ塾師ニ就ク者アリト雖学生百中ノ一ニ止ラス而シテ其就学セシ者モ十二三歳ニ至レハ必ス廃学シ家ニ在リテ裁縫洗濯ノ事ヲ執ルノミ唯富紳ノ家往々師ヲ延キ特殊ノ教育ヲ施ス者アリト雖亦十二三歳ニ至リテ止マル而シテ其教フル所書房ニ在リテハ男子ト其課程ヲ同シクシ富紳ノ家ニ在リテハ三字経、昔時賢文女論語、閨則、列女伝等ニ就キテ之ヲ課スルノミ」[109)]

つまり、清国領有時代には、教育機会を獲得できるのは極めて少数の中流以上の女子のみであった。しかも就学ができたとしても、12、13歳になれば直ちに休学させて、家にて裁縫、洗濯などの家事に従事するだけと指摘している。これにより、当時の台湾社会が女子教育をあまり重視していなかった様子を窺い知ることができる。また、その教育内容については、書房においては、男女は大体同じ課程を受け、富紳の家においては、女子は『三字経』『女論語』『閨則』『列女伝』などを習っていたことがわかる。さらに、洪郁如によれば、当時の女子教育はこれらの女子専用教材が使用されたことから、知識の伝授や文学的才能の養成というより、貞節、従順など婦徳の涵養に重点が置かれたという[110]。

どうして当時の台湾社会は女子に教育機会を与えていなかったのだろうか。その理由を1899年8月の『教育時論』の「台湾通信（三）台南に於ける私立学校」の記事からみてみよう。

> 「当地の風俗は、女子をして就学を為《(ママ)》さゝらしむ。当地の風俗は、幼少、若しくは老人の女子にあらざれば、外出すること少なく、常に室内に窒居し、且つ外人との交際を禁止せらるゝの傾ありて、為めに適齢に達するも、遂に就学の幸福を受け得ざるものとす。先哲の所謂男女七歳にして、席を異にすとの格言は、彼等深く信奉するところにして…無識愚昧に陥らしむるのみならず、進て学を修め俗を改むる等のことに至りては、却て失体壊風等の悪感を惹起さしむるに至れり」[111]

上述により、当時の台湾社会の風俗によれば、老若を問わず女子は外出や交際をあまりしておらず、その上「所謂男女七歳にして席を同うせず」という観念や学校を「失体壊風」の元凶とみなす悪感情があったから、学校に行って教育を受けることは非常に困難だと考えられていたのである。

以上をまとめると、伝統的な台湾社会においては、女子教育をあまり奨励しておらず、台湾人女子はわずかに短期や非正規の課程で婦徳を涵養するなどの教育機会を得ることができただけだったと考えられる。

3．清国領有時代のキリスト教会学校

一方、日本統治以前には、近代女子教育を行うキリスト教長老教会系統の女学校である淡水女学堂、新楼女学校も存在していた。

淡水女学堂（現在の淡江中学の前身の一つ）は台湾北部にあり、1884年頃にカナダ長老教会の宣教師であったマカイ（George Leslie Mackay）が創立した。創立当初、同女学堂は入学者の学費、制服や寮の費用を無料とし、年齢制限もなかった。しかし、この学校は女性宣教師養成を目的とするものであり、加えて女子教育に対する漢人の理解を得るのが難しかったため、最初の入学者はわずか45人であり、その多くは宜蘭出身の平埔蕃あるいは教徒家庭とゆかりのある女子たちであった。その後、宣教師たちの呼び掛けによって80名の入学者に達し、この時期が淡水女学堂の最盛期であった[112)]。

新楼女学校（現在の長栄女学校）は台湾南部にあり、イギリス長老教会の宣教師であったヒュー・リッチー（Rev. Hugh Ritchie, 1840-1879）夫妻が台南に女子学校の設立を発起したことに始まる。1879年にヒュー・リッチーの病没後、彼の妻エリザ・リッチー（Eliza Ritchie, 1828-1902）がその遺志を継承して寄付金を集めた。1885年にイギリス教会本部は2名の女性宣教師、ジョアン・ステュアート（Joan Stuart）とアニー・バトラー（Annie E. Butler）を派遣し、ついに1887年に新楼女学校が開学した[113)]。同年11月の『台湾府城会報十七期』によれば、新楼女学校の規程は、①入学年齢は八歳以上、②全寮制、③一学年の食費は四銀元、④教科目はローマ字、算術、書写、裁縫、刺繍、聖書など、⑤生徒の願望による簡単な炊事、掃除の分担、⑥各類の文房具は学校が提供すること、⑦入学者は纏足禁止（すでに纏足をしている者はそれを解くよう求めた）とあったという[114)]。

游鑑明はこのように、纏足禁止が入学許可の条件となっていたと指摘している。この「纏足禁止」という規則が学校規則に明文化されたのは、台湾教育史上この時だけである。この教会学校が纏足を禁止した理由は、キリスト教義の原罪の概念に基づいて、キリスト教の宣教師たちが学校教育を通じて台湾社会に存在していた纏足風俗の改革、及び纏足女子の解放を行おうとしたためであると考えられる。

しかし、游鑑明、洪郁如らが明らかにしたように、当時の台湾士紳階級は、西洋式の女子教育や纏足禁止という入学条件や宗教教育重視などの内容・方針にあまり同意できなかったため、実際には中流以上の入学者はなく、ほとんど埔里の平埔蕃と教徒家庭の娘であり、学校生徒にはもともと纏足をしていなかった者（天然足者）が多かったと推測される[115)]。

ちなみに、新楼女学校の教科目には体育は含まれていなかったが、遠足や運動などの課外活動が行われていたという記録が存在している[116)]。この課外活動の記録は台湾人女子が最初に近代体育を行った記述と言えよう。

第二項　植民地学校教育の開始と国語学校第一附属学校女子分教場の設置

1．植民地学校教育の開始

台湾植民地教育の考案者は伊沢修二であった。伊沢は1895年5月21日「台湾総督府仮条例」の制定と共に民政局の学務部長心得に任ぜられた。同年、6月18日に大稻埕の某外国領事館で学務部の事務を開始した[117]。

学務部は台湾における植民地教育の計画について、日本統治最初の言語不通、施政不便などの社会情勢に鑑みて、1895年に伊沢学務部長より樺山総督に台湾教育に関する学制意見を提出した。この意見書において、新領土の台湾教育の方針は「第一目下急要ノ教育関係事項」及び「第二永遠ノ教育事業」との二つに分けて考案されている。つまり、伊沢は台湾の植民地教育を「緊要事業」と「永久事業」とに二分して計画したのである。緊要事業は、また二つに分けられており、その一つが講習員養成であり、もう一つが国語伝習であった。講習員養成はさらに教員養成と植民地官吏養成とに分けられていた（内地人のみを対象とする)。一方、国語伝習は、本島人に急速に国語理解者を養成し、統治の理解・伝達者を育成するためであった。これらの緊要事業に次いで永久事業としては国語学校及び師範学校の設立が計画されていた。国語学校は内地人の教員と新領土で活動する官吏を、師範学校は本島人教員を養成することを目的としたものである[118]。

この植民地教育計画の趣旨は佐藤源治によれば、以下の四点であるという。

第一は本島人に国語（日本語：筆者）を授け、順良なる日本臣民たらしむべく之を教育すること。

第二は内地人にして台湾に於ける官衙の吏員となり、其の他公私の事務に従事せんとする者をして土語（台湾語：筆者）を学ばしめること。

第三は台湾に於ける教育施設としては普通教育の普及を図ること。

第四は本島人に対する教育と内地人に対する教育とを別個のものとすること[119]。

このような教育計画には、国語普及、国民性養成、植民地経営、初等普通教育、差別教育などを主眼として、台湾人にある程度の教育を与える意図が窺える。要約すれば、植民地教育の目的は、植民地経営を図るため、日本語の普及に重点をおき、順良な日本臣民を育成することにあったと言える。

この教育計画は、樺山総督によって承認され、台湾教育の基本方針となり、学務部の事業が開始された。そして、1919 年台湾教育令の発布に至るまで、この計画が台湾総督府の教育の基本方針であり続けたのである。

前述のように、学務部の事務は 1895 年 6 月 18 日に始まったが、当時の台北城内の中流以上の台湾人はほとんどが他の場所に避難し、教育を施す対象となる者は極めて少なかった。そこで、伊沢はある英語の話せる台湾人の意見に従い、同年 7 月 12 日には、有識階級または良民が多く残っている士林の北方芝山巌に学務部を移転し、7 月 26 日より国語伝習を開始した[120]。

そして、1895 年 10 月 22 日に、学務部は再び言語不通、施政不便、同化教育などを理由・目的として掲げた、国語伝習所設立の意見書を台湾総督府に提出した。台湾総督府はこの学務部の意見書に基づき、1896 年 3 月 31 日勅令第 94 号で「台湾総督府直轄諸学校官制」を公布し、「国語学校」及び「国語伝習所」を設置することとした[121]。

また、同年 5 月 21 日府令第 4 号が発布され、国語伝習所の名称及び位置が決められ、以下 13 箇所に設置されることとなった。

名　　　称	（位置）
台北国語伝習所	（台北）
淡水国語伝習所	（滬尾）
基隆国語伝習所	（基隆）
新竹国語伝習所	（新竹）
宜蘭国語伝習所	（宜蘭）
台中国語伝習所	（彰化）
鹿港国語伝習所	（鹿港）
苗栗国語伝習所	（苗栗）
雲林国語伝習所	（雲林）
嘉義国語伝習所	（嘉義）
鳳山国語伝習所	（鳳山）
恒春国語伝習所	（恒春）
澎湖国語伝習所	（媽宮城）[122]

一方、「台湾総督府直轄諸学校官制」公布の下に、国語伝習所以外の国語学校も設けられ、さらに国語学校には附属学校が付設された。同年5月21日府令第5号により、国語学校及び附属学校の名称及び位置が決められた。

名　称	（位置）
台湾総督府国語学校	（台北）
同　第一附属学校	（八芝蘭）
同　第二附属学校	（艋舺）
同　第三附属学校	（大稲埕）[123]

国語伝習所（乙科のみ）と国語学校に付設された附属学校(第一、第二、第三)は日本により初めて設置された台湾人のための初等教育機関であった。また、「国語学校規則」第四条によれば、国語学校附属学校の性格は「国語学校附属学校ハ内地人ノ学齢児童並本島人ノ幼年者及青年者ニ須要ナル教育ヲ施シテ本島ニ於ケル普通教育ノ模範ヲ示シ且師範部ノ生徒実地授業練習ノ用ニ供スルモノトス」[124] であり、日本人と台湾人を対象にした普通教育のモデル校と師範部の教育実習校の役割を有していたのである。

なお、本島における内地人の増加に対応して、1897年6月25日府令第27号により台湾総督府は、国語学校第四附属学校を設置した。同校は、内地人児童のみを対象とする最初の初等学校機関であった[125]。

2．国語学校第一附属学校女子分教場の設置（1897年）

さて、台湾における植民地の近代女子教育の創立をみてみよう。

国語伝習所、国語学校及び国語学校附属学校を創立した後、1896年5月頃、国語学校長であった町田則文は、台湾女子教育の必要を感じ、八芝蘭の郷紳に女子学校設立を説いたが、目的を達するに至らなかった。その後上京の際、日本内地女学校が製造した造花、手芸品などの寄贈を受け、帰台後、それら寄贈品の展覧会を開催したところ、訪れた人々の賞賛を受け再び女子教育を推進する機会を得た[126]。

1896年の秋から、伊沢修二学務部長は町田則文国語学校長及び上野第一附属学校主事など、時々芝山巌上で本島女子教育研究開始の協議を行い、その12月には具体的に計画を進めていった。1897 年 4 月頃、台湾総督府は台湾女子教育の創始に着手し、同月 30 日に国語学校は「第一附属学校分教場規則（校達第六号）」の原案を作成し、教諭高木平太郎を女子部主任に任命し、女子分教場開設の準備を進め、士林街の民家を借入れ、国語学校第一附属学校女子分教場を設立した[127]。「台湾総督府国語学校第一附属学校女子分教場規則」は以下の通りである。

第一条　当場ハ本島ノ女子ニ手芸及ビ普通ノ学科ヲ授クル所トス

第二条　生徒ハ年齢満八年以上三十年以下トス

第三条　教科目ハ修身国語習字裁縫編物造花及ビ唱歌ノ七科トス

第四条　学年学期休業日其他ノ件ハ本校規則ニ拠ル

第五条　教科課程及ビ毎週教授時間ヲ定ムルコト左ノ如シ

修身	一時間	人道実践ノ方法及ビ日常ノ作法
国語	三時間	假字ノ読方及ビ簡易ナル日常会話
習字	三時間	假字及ビ日用文字
裁縫	十時間	運針、縫衣、色褲、手巾、綉鞋類、衣服及裁剪、辮仔類、舗盖斗帶之類、綿衣服、烟袋類、網衣服之類、大繡科之類
編物	六時間	小児靴下、腕ハメ、帽子、涎掛類、靴下類、花瓶敷類、袋物、手袋、シャツ類
造花	十時間	梅、桃、菊、たんぽゝ、きりしま、瞿麥、躑躅、海棠、げんげ《(ママ)》、椿、茶、菜、朝顔、百合、蘭、水仙、大菊、ばら、柳、牡丹、あやめ、松、竹、蓮、桐、石榴、其他四季花写生
唱歌	二時間	単音唱歌[128]

同年 5 月 25 日、48 名の生徒（婚姻状況：①既婚者は 17 名、②未婚者は 31 名；生徒年齢：①平均年齢は 15 歳 9 分、②最長年齢は 29 歳 2 ヶ月、③最少年齢は 6 歳 1 ヶ月）に入学を許可し（図 1-6 を参照）、ついに「台湾総督府国語学校第一附属学校女子分教場」として開校をみるに至った。そして、同月 26 日より生徒を二組に分け、造花、編物、裁縫科目を以て、授業を開始することとしたのである（図 1-5 を参照）。これが台湾における女子教育の濫觴である[129]。

しかし、国語学校第一附属学校女子分教場の開設当時は、匪難（匪賊、ゲリラのこと：筆者）の危険があり、加えて本島人の父母は女子教育に対する理解が乏しかったため、生徒の出席が確実ではなく、また中途で学校を辞める者もいた。このような状況で、在籍生徒数を確保・維持することは非常に困難であった。ようやく 1897 年 6 月 30 日に至って、甲組（年長組、15 歳から 30 歳まで）19 名、乙組（幼年組、7 歳から 14 歳まで）21 名を在籍生徒と定めたのである。さらに、在籍生徒の年齢は最低 7 歳より最高 30歳に至るものを同時に収容したため、生徒の成員は既婚者が多く（図 1-6 を参照）、母子相携えて学校に来るという有様もあった。このように、同一の教育を施すことが非常に困難な様子がみられていたのである。そこで、これを甲、乙の二組に分け、乙組には正規の初等普通教育を授け、甲組には速成的に国語及び手芸を授けることとしたのである。ちなみに、この甲組は後に中等教育程度の方向へと進んでいく[130)]。

一方、実際に台湾女子教育を実施するにあたり、分教場開校前の 1897 年 4 月 30 日に定められた「台湾総督府国語学校第一附属学校女子分教場規則」通りに「教科課程及ビ毎週教授時間」を実施することは、かなり困難であった。そこで、当初は国語、造花、編物、裁縫など四つの教科だけを生徒に教授するのみにとどまっていた。開校後、教員たちはいろいろの方法を試みて種々の方面より教科目の実施を工夫・研究し、同年 9 月には、修身、算術、唱歌、習字が実施され、台湾女子教育の教科目がようやく軌道に乗るようになった。また、1898 年 4 月には、第一学年から第六学年まで八教科を配当し、表 1-6 に示す「国語学校第一附属学校分教場学科課程表」が整備された[131)]。

表 1-6：1898 年 4 月、国語学校第一附属学校分教場学科課程表

学科／学年	修身	国語	習字	算術	裁縫	編物	造花	唱歌
第一学年	人道実践ノ方法及日常ノ作法	假字ノ読方及簡易ナル会話	假字及日用文字（楷書、行書、草書）	五十以下ノ實物計方並加減乗法 算盤用法	持針、縫衣、色褲、手巾 綉鞋ノ類	小児靴下、腕ハメ		単音
	1 時間	3 時間	1 時間	3 時間	10 時間	6 時間	10 時間	2 時間
第二学年	同上	会話	日用文字（楷書、行書）	百以下ノ加減法 算盤用法	衣服辮仔裁剪衣服ノ類 綉鞋ノ類	小児帽、涎掛ノ類		同上
	1 時間	3 時間	1 時間	3 時間	10 時間	6 時間	10 時間	2 時間
第三学年	同上	同上	同上	百以下ノ乗除法 算盤用法	鋪盖斗帶ノ類 綉鞋ノ類	靴下ノ類		同上
	1 時間	3 時間	1 時間	3 時間	10 時間	6 時間	10 時間	2 時間
第四学年	同上	同上	同上	千以下ノ加減乗除法 算盤用法	綿衣類、烟袋ノ類 綉鞋ノ類	花瓶敷、袋物ノ類		同上
	1 時間	3 時間	1 時間	3 時間	10 時間	6 時間	10 時間	2 時間

第五学年	同上	同上	同上	万以下ノ加減乗除法 算盤用法	綢衣服ノ類 綉鞋ノ類	手袋ノ類		同上
	1 時間	3 時間	1 時間	3 時間	10 時間	6 時間	10 時間	2 時間
第六学年	同上	同上	同上	簡易ナル小数比例 算盤用法	大繡 科ノ類 綉鞋ノ類			同上
	1 時間	3 時間	1 時間	3 時間	10 時間	6 時間	10 時間	2 時間

出所：小野正雄編『創立満三十年記念誌』台北：台北第三高等女学校同会学友窓会,1933 年,pp.47-48.

注：各学科の先生は、国語科：高木平太郎；造花科、編物科：木原スマ；裁縫科：呉鳳。

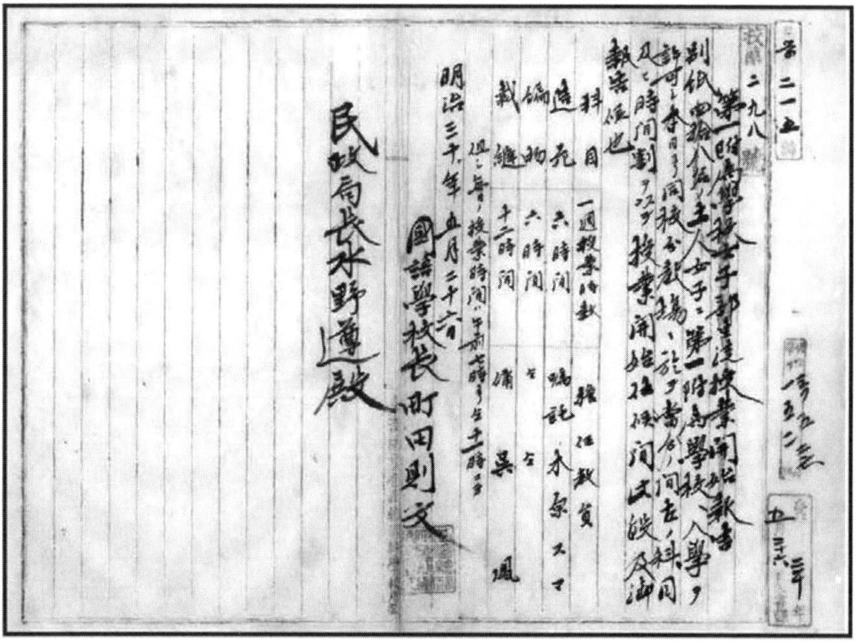

科目　一週授業時数　担任教員
造花　六時間　木原スマ
編物　六時間　仝
裁縫　十二時間　呉鳳
明治三十年五月二十六日
国語学校長　町田則文
民政局長　水野遵　殿

図 1-5：第一附属学校女子部生徒の授業開始報告（授業科目及び時間割）

出所：「第一附属学校女子部生徒授業開始」『台湾総督府公文類纂』1897 年 9 月10日乙種永久保存第46 巻.
（国史館台湾文献館　所蔵）

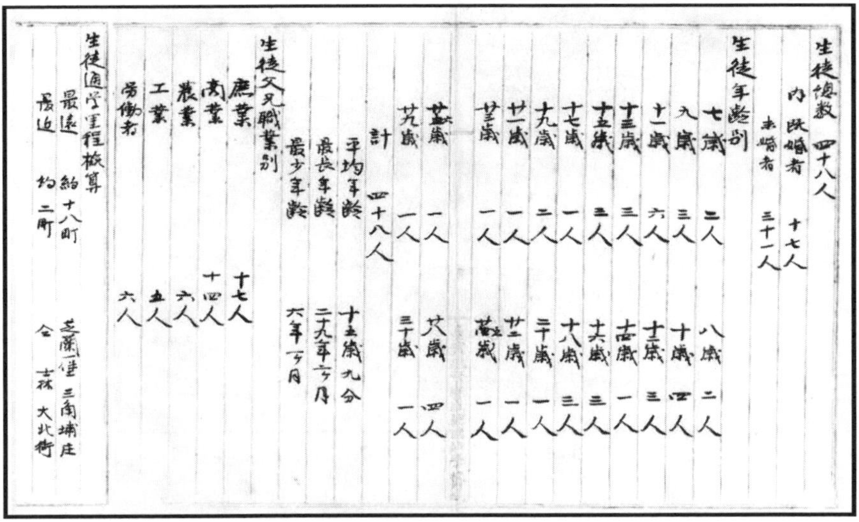
生徒總數 四十八人
内 既婚者 十七人
未婚者 三十一人
生徒年齢別
七歳 二人 八歳 二人
九歳 三人 十歳 四人
十一歳 六人 十二歳 三人
十三歳 三人 十四歳 一人
十五歳 三人 十六歳 三人
十七歳 一人 十八歳 三人
十九歳 二人 二十歳 一人
廿一歳 一人 廿二歳 一人
廿三歳 一人 廿四歳 一人
廿五歳 一人 廿八歳 四人
廿九歳 一人 三十歳 一人
計 四十八人
平均年齢 十五歳九分
最長年齢 二十九年ヶ月
最少年齢 六年ヶ月
生徒父兄職業別
鹿業 十七人
商業 十四人
農業 六人
工業 五人
労働者 六人
生徒通学里程概算
最遠 約十八町 芝蘭一堡 三角埔庄
最近 約二町 仝 大北街

図 1-6：第一附属学校女子部生徒の授業開始報告（生徒の総数、年齢別、父兄職業別及び通学距離）

出所：「第一附属学校女子部生徒授業開始」『台湾総督府公文類纂』1897 年 9 月10日乙種永久保存第46 巻.（国史館台湾文献館　所蔵）

上述の表 1-6 の「国語学校第一附属学校分教場学科課程表」により、日本植民地政府は幾多の苦心研究を重ねた結果、ようやく台湾近代女子教育の基盤を構築したとみられる。その後、同年 4 月、第一附属学校女子部主任であった高木平太郎は台中国語伝習所に転任してしまったが、台湾女子教育の研究を教諭本田茂吉以下の職員一同が継続しつづけて、やがて台湾女子教育の研究中心校－「国語学校第三附属学校」の名声を得ていくことになったのである。ちなみに、本田茂吉は纏足と教育、纏足と体育の問題に特に注目していた。その内容については、本章の第三節第四項、第四節第二項で検討する。

なお、1898 年 8 月発布の「台湾公学校令」の実施と共に、第一附属学校は同年 9 月 30 日に廃止され、第一附属学校女子部は独立して「国語学校第三附属学校」となった。要するに、第一附属学校女子部の成立から 1 年 5 ケ月の間は、『創立満三十年記念誌』が述べているように、「台湾女子教育の試験的創業研究時代」[132] であったと言えよう。

図 1-7：国語学校第一附属学校女子分教場時代の授業風景

出所：台湾教育会編『台湾教育沿革誌』台北：台湾教育会,1939 年.
（国立公共資訊図書館数位典蔵服務網　所蔵）

第三項　植民地学校女子教育の展開

1．台湾公学校の女子教育の概況

1896 年 6 月 22 日の「国語伝習所規則」第四条によれば、国語伝習所乙科（初等教育に相当する）の教科目は「土地ノ状況ニ依リ乙科ノ生徒ニハ地理歴史唱歌体操ノ一科目若ハ数科目ヲ加ヘ女児ノ為ニハ裁縫ヲ加フルコトヲ得」[133)] と定めていた。この規則条文は、国語伝習所を設置した当初には、初等教育において男女の別はなく、台湾人女子にも教育を授ける意図があったことを示している。しかし、国語伝習所時期には、女子の入学者は極めて少なかった[134)]。

1898 年 7 月 28 日勅令第 178 号で「台湾公学校令」及び「台湾公学校官制」が公布され、10 月 1 日よりこれを施行することになった。1898 年 8 月 16 日、台湾総督府は「台湾公学校規則」（府令 78 号）を公布した。その後、台湾人のための初等学校教育に関する規程は、この規則に準拠することになった[135)]。「台湾公学校規則」の全条文は 24 条からなるが、その主な事項は、以下の通りである。

第一条　公学校ハ本島人ノ子弟ニ徳教ヲ施シ実学ヲ授ケ以テ国民タルノ性格ヲ養成シ同時ニ国語ニ精通セシムルヲ以テ本旨トス

第二条　公学校ハ土地ノ情況ニ依リ別ニ速成科ヲ設ケ夜間休業日又ハ其他通常ノ教授時間外ニ於テ専ラ国語ノ教授ヲ為スコトヲ得

第三条　公学校ノ生徒ハ年齢八歳以上十四歳以下トス

第四条　公学校ノ教科目ハ修身、国語、作文、読書、習字、算術、唱歌、体操トス其修業年限ハ六箇年トス[136)]

上述により、公学校の目的として徳育、国語教育、及び実学が強調されていたことがわかる。また、国語教育以外に、国民としての性格を養成するといっていることから、同化教育を実施することによって台湾人を日本人にしようという日本植民地政府の意図も窺える。さらに、本研究にとって留意したいことは、公学校は男女とも入学できる初等学校教育機関であったが、「台湾公学校規則」の全 24 条には、女子教育に関する内容、教科目及び教授方法などは全く書かれてなかったということである。その結果、台湾公学校の設立当初には、女子教育がまったく注目されておらず、やがて公学校の現場で様々な女子教育に関する問題が生じたであろうことは容易に想像できる。

一方、「当時の全島女子教育概況」について、『創立満三十年記念誌』には、「第三附属開校当時即ち明治三十一年十月には、全島各地に同時に五八校の公学校が創立されたが、其の頃は女子の就学者は極めて少く、僅に大稲埕に二名その他全島を合せても十数名を出《(ママ)》でない程の哀れな状態であった。翌年三十二年度には、漸く公学校の何物たるかが朧げ乍らも理会《(ママ)》されたと見えて、台北県二九二名、台南県八五名、宜蘭庁五名、計三二八名の女子就学者を見るに至ったけれど、尚台中県及澎湖恒春二庁下には一名の就学者も無かった」[137)] と述べられており、台湾公学校が創立された当初には、女子就学者が少なかった状況、及び女子教育の困難さが理解されよう。

ではなぜ、台湾公学校の女子就学者が少なかったのであろうか。この理由について、『台湾教育史』は、「明治三十一年十月公学校は創立せられても各地に女生徒の少なかったことは是に婦女人が外出を厭ふ習慣と纏足せる関係であった外に、最大《(ママ)》な原因は本島女教師の何処にも絶無であったからである」[138)] と述べている。すなわち、台湾社会の纏足風習、及び女子教員の不足が女子教育の発展を阻害していたというのである。

また、女子就学者が少なかったため、台湾公学校において女子教育の問題はまだ引き起こされていなかったと推測される。しかし、台湾社会が徐々に公学校について理解し始めると共に、1899 年に至る頃には、公学校の女子就学者は徐々に増加し始め、公学校側は女子教育の問題に対して着目しなければならなくなっていたと考えられる。

そして、1899 年 7 月 27 日、台湾人女子で台湾公学校に入学する者が漸次増加していたことに加えて、「所謂男女七歳にして席を同うせず」という台湾社会の伝統的な観念に配慮し、台湾総督府は「公学校の女子教育に関して、凡そ二十人以上の女児を教育する学校にありては、必ず男児と教室を区別すべき」という内訓第 33 号を公布した[139]。翌日には府令第 84 号が出され、「公学校ニ於テ女子教育ノ為別ニ教場ヲ設置スルトキハ其学科目教授ノ要旨及程度ハ明治三十一年八月府令第八十六号台湾総督府国語学校第三附属学校規程ニ準拠スベシ」[140] と決められた。

『台湾教育沿革誌』は、1899 年の府令第 84 号が発布された経緯を次のように述べている。

「由来本島では女子の教育は重んぜられず、一般父兄もこれに対して、殆ど無関心の状態であった。国語伝習所時代に一二就学者を見たが、これ等も多くは周囲の嘲笑に堪へず数日にして業を廃し、或は男装して辛くも学業を継続するといふ状態であった。併し附属学校女子部の開設と共に、漸次女子教育の気運を促進し、今回の規定を見るに至ったものである」[141]

上述の内容は、従来の台湾社会は女子教育に関心を持っておらず、加えて本島人の父母は女子教育に対する理解が乏しかったため、国語伝習所時代の女子就学者が極めて少なかったことを指摘している。しかし、国語学校第一附属学校女子分教場の開設と共に、台湾社会は女子教育に対する無関心の状態を徐々に打開して、台湾女子教育の気運が促進されていったのである。また、台湾各地の公学校が女子就学者の増加に対応し、女子教育の基盤を整備し始めていたことも窺える。さらに、台湾女子教育の教科目、教授の要旨、程度については、「台湾公学校規則」の規程を参照しておらず、当時の「公学校女児教育の模範校」[142] というべき国語学校第三附属学校の規程に準拠していたことがわかる。「台湾総督府国語学校第三附属学校規程」の内容については、本項の「2．国語学校第三附属（第二附属学校）女子教育の概況」で検討する。

なお、公学校規則の施行以後、「本島各般の施設その緒に就き、教育事業も亦その面目を一新するにつれ、規則と実際との間に著しい懸隔を生ずる事になった」[143] ため、1904年3月11日府令第24号で、「台湾公学校規則」が改正公布された。その改正の要点の中には、「一般公学校生徒の増大と同時に、漸次女児の入学希望者を生じ、之を収容しつゝあるに係はらず、裁縫科の設けなきは、其の当を得たるものにあらず。故に此の科を新設せり」[144] とあり、公学校は女生徒を収容したため、女子のみの新教科目として裁縫科を加えたと述べている。改正された「台湾公学校規則」の全条文は44条からなるが、その主な事項は、以下の通りである。

第一条　公学校ハ本島人ノ児童ニ国語ヲ教ヘ徳育ヲ施シ以テ国民タルノ性格ヲ養成シ竝生活ニ必須ナル普通ノ知識技能ヲ授クルヲ以テ本旨トス

第二条　公学校生徒ノ年齢ハ満七歳以上満十六歳以下トス

第三条　公学校ノ修業年限ハ六箇年トシ其ノ教科目ハ修身、国語、算術、漢文、体操トシ女児ノ為ニ裁縫ヲ加フ土地ノ情況ニ依リ唱歌、手工、農業、商業ノ一科目又ハ數科目ヲ加ヘ又漢文、裁縫ヲ闕クコトヲ得前項ニ依リ加ヘル教科目ハ之ヲ随意科目ト為スコトヲ得教科目ヲ加除シ若ハ之ヲ随意科目ト為サントスルトキハ庁長ニ於テ台湾総督ノ認可ヲ受クヘシ

第四条　土地ノ状況ニ依リ公学校ニ補習科ヲ置クコトヲ得

第五条　公学校ノ教科用図書ハ台湾総督府ニ於テ編纂又ハ検定セルモノタルヘシ

第六条　公学校ノ教科目中児童身体ノ状況ニ依リ学習スルコト能ハサルモノアルトキハ之ヲ其ノ児童ニ課セサルコトヲ得[145]

改正された「台湾公学校規則」と改正前の規則を比べると、公学校教育の目的では改正前の規則と同じように国語、徳育、実学、及び国民的性格の養成が強調されていた。また、「八歳以上十四歳以下」という入学年齢は不適当であることを認め、「満七歳以上満十六歳以下」に改められた。さらに、「女児ノ為ニ裁縫ヲ加フ」とあることからみれば、台湾における初等教育機関としての公学校では台湾人女子に近代教育を授けるために、女生徒を収容する整備もしていたことが窺える。

ちなみに、1903年の夏、台湾士紳らの内地観光は少なくとも女子教育の風潮の促進に影響を与えたと考えられる。ここで、一つの例を挙げてみよう。1904年9月の『教育時論』662号には、「台湾女子教育の進歩」の状況が次のように述べられている。

「今其の一例を挙ぐれば、深坑管内の如き、従来女子教育に対する観念は、極めて皮相的にして、一種の虚飾見し居りたるが、昨今に至り、公学校に入学する者、追々増加して、百二十九名に達し、殊に深坑公学校学務委員張建生氏の如きは、内地観光を了り、帰来後は、女子教育の急務を主唱して、同氏の女児には、直に纏足を解かしめ、熱心に通学せしめ、尚一般に向って、大に女子の就学を勧誘しつヽありと」[146)]

上述の内容より、内地観光によって見聞した近代文明を体得した日本人女子の姿は、深坑公学校学務委員張建生に深刻な印象を残したと思われる。そのため、彼は帰台後、直ぐに自らの娘の纏足をやめさせ、娘を公学校に入学させたのみならず、女子教育の勧誘を熱心に説いていたことがわかる。つまり、女子教育の重要性を理解した台湾士紳階級が、地方の女子教育を積極的に推進する上で重要な役割を演じたと考えられるのである。

さて、台湾における本島人のための公学校教育制度が実施されてから、1905 年までの間、公学校女子教育はどのように発展したのだろうか。この発展概況を示したのが表 1-7 である。

表 1-7：公学校女子教育の発展概況（1898-1905 年）

年度	学校数（校）	学級数（組）	児童数（人）	就学率（%）	教員数（人）			学齢の女子数（人）	就学の女子数（人）	女子の就学率（%）
					内地人	本島人	計			
1898	74		7,838		127	120	247		290	
1899	96		9,817	2.04	169	168	337		443	
1900	117		12,363	2.19	231	222	453		1,133	
1901	121		16,315	2.85	246	255	501		1,657	
1902	139	416	18,845	3.21	241	312	553		2,090	
1903	146	499	21,406	3.70	264	385	649		2,469	
1904	153	483	23,178	3.82	242	378	620		2,896	
1905	165	532	27,445	4.66	254	420	674		3,653	

出所：台湾総督府各年度学事年報及び吉野秀公『台湾教育史』,台湾日日新報社,1927,p.199.により作成

上表のように、1905 年の学校数、教員数、児童数と公学校設立の当初を比較すると学校数は 2.2 倍、教員数は 2.7 倍に増加し、児童数は 3.5 倍になっている。ただ、就学率も 2 倍強にはなっているが、1905 年段階では、まだ 5%にも達していない。また、『台湾教育史』によると、出席率も 61.82%に過ぎなかったという[147]。なぜ、日本の台湾統治開始から十年が立っても就学率はわずか約 5%に過ぎなかったのであろうか。その理由は、古来の台湾には中国固有の書房教育があり、日露戦争の開戦まで、台湾人は清国に復帰する夢をなお強く抱いており、中上流階級の子弟は殆んど書房に入学していたのである。それでも、学校関係者の努力と時勢の変遷によって、公学校教育は次第に発展していったのである[148]。

一方、1905 年の就学の女子数は、公学校設立の当初を比較すると、約 12.5 倍に達していたことがわかる。しかし、1906 年末の女子の就学率の資料によれば、当時の女子の就学率はわずか 1.28%に過ぎなかったとの指摘がある[149]。しかも、1910 年までの女子卒業生は 100 人に達していなかったのである[150]。すなわち、台湾における近代女子教育の気風はわずか少数の士紳階級に及んだだけで、大部分の台湾人女子は公学校教育を受けられなかったのである。その理由として「男女七歳にして席を同うせず」と「纏足習慣」などの伝統的な台湾社会の影響があったと考えられるのである。

図 1-8：台湾の学校（女子教育）

出所：竹越与三郎『台湾統治志』東京：博文館,1905 年.（国立台湾図書館　所蔵）

2. 国語学校第三附属学校（第二附属学校）女子教育の概況

1897 年 5 月開校以来、女子独特の教育研究に当っていた国語学校第一附属学校女子分教場は、1898 年 8 月発布の「台湾公学校令」及び「台湾公学校規則」の実施と共に、独立して新に「台湾総督府国語学校第三附属学校」と改称され、専ら本島女子教育実施のための研究校となった[151]。同年 8 月 28 日府令第 86 号で「台湾総督府国語学校第三附属学校規程」が発布された（付録の図 1-6 を参照)。「台湾総督府国語学校第三附属学校規程」の全条文は 12 条からなるが、その主な事項は、以下の通りである。

第一条　本校ハ台湾総督府国語学校規則第四条ニ依リ本島ノ女子ニ普通学校及手芸ヲ授クルヲ以テ目的トス

第二条　本校ニ本科及手芸科ヲ置キ本科ハ普通学手芸科ハ主トシテ手芸ヲ授クルモノトス其修業年限ハ本科ヲ六箇年手芸科ヲ三箇年トス

第三条　本科ノ教科目ハ修身国語読書習字算術唱歌及裁縫トシ手芸科ノ教科目ハ修身国語裁縫編物造花刺繍読書習字算術唱歌トス但造花刺繍ノ二科目ハ生徒ノ志望ニ依リ其一ヲ課スルモノトス

第四条　本科ノ生徒ハ年齢八歳以上十四歳以下トシ手芸科ノ生徒ハ十四歳以上二十五歳以下トス

第五条　学級ノ編制ハ本科ニアリテハ凡ソ四十名ヲ以テ一学級トシ手芸科ニアリテハ三十名ヲ以テ一学級トシ[152]

国語学校第三附属学校は、規程に示すように本科と手芸科が置かれたが、この手芸科は台湾における女子中等教育の嚆矢、女子師範教育の端緒、及び台北第三高等女学校の起源となり、手芸科という名称ではあったが、卒業生の大半は地方公学校の教員となった[153]。一方、この本科は当時の公学校女児教育の模範として研究のために設けられたものであるため、教科目や程度は大体公学校に同じで、特に手芸裁縫に重きを置いた。そのため、本科の授業方法や教科目教材の選定や就学奨励の適例などは、地方公学校の模範となる準則となり、実際に公学校女児教育の模範校であった[154]。

1898 年 10 月 1 日、国語学校第三附属学校は従前の国語学校第一附属学校分教場の敷地建物、及び職員生徒を引き継いで開校し、当時の台湾唯一の女学校になっていたのである。また、開校当初の状況は、職員は国語学校長町田則文以外、第三附属学校主事教論本田茂吉、助教論木原スマ、雇呉鳳、雇呉文藻、書記木原豪の五名であり、生徒は本科 34 名、手芸科 46 名、合計 80 名に過ぎず、実に小規模の学校であった。しかし、開校当時の全島女子教育概況から考えると、台湾唯一の女学校として女生徒のみを 80 名も擁していたということは、間違いなく一つの異彩であった[155]。その後、学校関係者の努力と時勢の変遷によって、当校は次第に発展していく。

1902 年 3 月 30 日、国語学校第三附属学校は学校名を「国語学校第二附属学校」へと改称したが、組織制度や教科目は従来通りであった。また、1905 年には、生徒数は本科 118 名、手芸科 42 名、合計 160 名と増加し、この時期が国語学校第二附属学校の最盛期であった（1898-1905 年間の生徒数の変化は、表 1-8 を参照）[156]。

しかし、台湾全島公学校の発達に伴い、当校が専ら全島女子中等教育、及び女子教員の養成に当る必要を認められ、1906 年 4 月 5 日、「国語学校第二附属学校規程改正」（府令第 25 号）の結果、本科は廃止され、国語学校第二附属学校は純然たる中等学校となった。要するに、前後九年間の公学校女児教育の模範校としての本科も、ついに終了を告げるに至った[157]。

表 1-8：国語学校第三附属学校（第二附属学校）女子教育の概況（1898-1905 年）

年度	1898年		1899年		1900年		1901年		1902年		1903年		1904年		1905年	
分科	本科	手芸科	本科	手芸科	本科	手芸科	本科	手芸科	本科	手芸科	本科	手芸科	本科	手芸科	本科	手芸科
学級数	2	1	2	2	3	2	3	2 (1)	4	2 (1)	4	2 (1)	4	2 (1)	3	2
生徒数	49	43	61	48	89	50	89	40 (10)	104	38 (10)	96	32 (11)	97	43 (8)	113	35 (4)
卒業生				12		9		3		5	8	5	9	3	4	2
備考	「国語学校第三附属学校」と改称した				手芸科第一回卒業		（）は假設専修科であり、以下準之		「国語学校第二附属学校」と改称した		本科第一回卒業				本科本年度限り廃止	

出所：小野正雄編『創立満三十年記念誌』台北：台北第三高等女学校同会学友窓会,1933 年,pp.67-68.により作成

注：1901 年には、手芸科卒業生（家庭事情のため公学校に就職しない者）の技芸補習のために假設専修科を設立した。

第四項　国語学校第三附属学校における解纏足の試行

既に述べたように、日本統治初期には、台湾総督府は台湾人女子纏足の問題に対する漸進政策に基づいて強制的な禁止措置を採用しなかったが、その代わりに学校教育の宣伝、マスコミの報道、内地観光の奨励を通じて間接的に解纏足を鼓吹していた。また、前述のように台湾社会の纏足風習という問題は確実に女子教育の発展を阻害していた。したがって、台湾社会の纏足風習を如何に改善するかという問題は、日本植民地教育者の重大な関心事にならざるを得なかったと考えられる。

さて、日本統治初期の台湾植民地学校は、近代学校教育を推進し始めた時から、台湾人女子纏足の問題に対してどのように対処したのだろうか、また、学校側は、どのように解纏足の宣伝を行ったのかという問題が浮上してくる。本項では、これらの問題を明らかにするため、国語学校第三附属学校における解纏足の試行を中心に検討していこうと思う。

まず、日本統治初期における国語学校側の纏足に対する認識をみてみよう。

1896 年頃、国語学校長に就任した町田則文は、「女子に新教育を施すに当り障碍となる本島在来の風習」について、「台湾が吾が領土に帰するや、当局者は盛んに纏足の弊害を説きて、除去せしめんとしたりしも、余が離台時代まで（1901 年 5 月：筆者）は、余り良好なる効果を認めざりき」[158] と述べ、統治当局者が纏足の弊害を説き台湾社会に解纏足を勧説したが、纏足風習は簡単に除去できなかったという状況を示している。すなわち、町田則文は纏足習慣が台湾における近代女子教育の実施を阻害する一要因と認識していたのである。しかし、1905 年に国語学校第三附属学校手芸科を卒業した呉氏治が「元来本島人は、数千年来の慣習で、男は外、女は内、だと云はれまして、中以上の家庭は殆ど女を外に出しません」[159] と述べたように、日本統治初期には台湾社会において根強い風俗慣習を改変することは容易ではなかった。

また、第二代国語学校長であった田中敬一の追憶によれば、彼が第三附属学校の教場を巡視した際、堅く縛られた纏足の苦痛に耐えられなかった哀れな女生徒の姿をよく目撃しており、纏足という状況は女子に対して心身の危害を及ぼしていたとの指摘をしている[160]。

さらに、纏足は台湾女子教育の推進に影響を与えたのみならず、特に雨天の際には纏足のために学校への出席が大いに妨げられたこともあったという[161]。

以上の種々の言説により、台湾における植民地学校側が、纏足風習が台湾人女子に対する心身の危害をもたらすこと、及び近代女子教育発展の障害になることを認識していたことがわかる。つまり、日本植民地教育者にとって、台湾女子教育を推進する前に、台湾社会の纏足風習を如何に改善するかという問題が、一つの注目しなければならない焦点になっていたと考えられるのである。

一方、国語学校第三附属学校の解纏足の試みはどのような状況にあったのであろうか。以下、『創立満三十年記念誌』から教育者の追憶をみてみよう。

まず、国語学校第三附属学校主事であった本田茂吉は「在職当時の感想叢談」の「当時女子体育の状況」の中で、学校側の具体的な「纏足矯正方針実施」を次のように述べている。

「余は担任当初より、纏足矯正の難事には特に着目し、既述生徒宣誓以来、着手的準備を試みた。一般的に啓発資料としては、イ.衛生上勿論不良なる事、往々緊纏部の糜爛するは、血液循環の不能なるに因ること。ロ.人道に背き天然の美を損し、悪飾的傾向を増長すること。ハ.労働的活動範囲を極度に縮小する為め、多大なる経済的損害を来すこと、台湾島に於ける経済的損害高、及繍鞋製作穿用に関する損害高推算を、男子と比較の上指示すること。ニ.医師にして且全島の先輩たる黄玉階氏、既に天然足会を唱道し、総督よりも補助金下賜のこと。以上を挙げて常に懇切諭示し、解纏可能を自認し得る者は、家庭の許容次第実行すべきを心得しめ、更に自己の実子及媳婦仔（将来息子の嫁にするために幼女を養女にして育てるというもの：筆者）は、将来は天然足を保持すべきを勧めた。尚蹣跚たる歩調、並に痛みつゝある纏足者は、同情ある話題として各人間反省の資料たらしめた…其の内自分の家族が、日本内地からの来着を待ち受け、直に一種準養女的契約を彼等の父母と結び、本科学生中の上級生三人を、朝六時より夜九時迄自宅に預り、和漢洋折衷的作法の可能程度を研究の傍ら、速成的解纏足法を、温浴利用を以て実行し、当時僅々壹圓四拾銭の護謨靴一足宛にて、三人とも何の故障なく成効せしめた…余の試みたる温湯洗浴血液循環の促進と、睡眠中軟布片にて軽き逆纏法を行ふこと並に綿入りの護謨靴一足にて、天然足に復帰せしむるには及ばざるを、黄玉階氏も直接言明して居られた」[162]

本田の追憶から、同校は当時台湾唯一の模範女学校として、1898 年 10 月に解纏足の難事を真っ先に着目しており、先導的に女生徒の解纏足に対処する様々な方法を考案・試行していたことが窺える。すなわち、①纏足に関する害の啓発資料を収集し、これらの資料を通じて生徒や生徒の父母に纏足の解放、天然足の保持を勧めたこと。②纏足者の苦境に同情を示す人間反省の事例を挙げること。③和漢洋折衷の回復方法を研究・考慮し、自ら生徒へ温浴利用、護謨靴などの速成的な解纏足方法を試みたことである。

こうした結果、３名の生徒は無事に解纏足ができた。その後、学校側はこの事例を見本として解纏足を奨励し、ついに生徒７名は自発的に纏足を解いた。

次に、1900 年に「台北天然足会」が結成されると、同校は模範女学校として、解纏足運動の宣伝という役割を担うようになった。当時国語学校第三附属学校書記であった木原豪は、当時の「天然足会」の状況を次のように回顧している。

「当時村上台北県知事等の唱導として、天然足会を設けらるゝや、小生等も之に従事し、殊に女学生に奨励し、既に纏足せしもの迄も解放せしめ、賞品としてゴム靴など与へし事多し。其の纏足の不結果に依り、治療上数趾を切断せし一婦人もありき。其の切片をアルコール漬標本とし、又種々加療病人もありければ、時々不合理なる風習改良の講演会等数回開催し、漸次好結果に向ひつゝありし」[163)]

木原の追憶からは、「台北天然足会」が設立された当時には、国語学校第三附属学校は協力機関として解纏足運動を展開していた。特に、学校側は解纏足の女生徒を奨励するため、ゴム靴などの奨励品を配付するという工夫をしていたことが窺える。しかも、纏足風習を改めるためには、纏足に失敗して切断された足指の標本を利用し、数回の風習改良の講演会を行い、解纏足の重要性を台湾社会に伝えていたことなどがわかる。

以上をまとめれば、当時の台湾女子教育の模範校ともいうべき国語学校第三附属学校は、単に女子教育の研究中心だっただけでなく、解纏足運動を積極的に推進・宣伝する場合でも重大な役割を演じていたと考えられる。具体的には、速成的な解纏足方法を研究すること、父母に解纏足を勧説すること、女生徒に解纏足を奨励することが行われていたのである。

第五項　『台湾教科用書国民読本』にみられる纏足に関する記述

一方、台湾社会の纏足風習を如何に改善するかという問題について、台湾人専用の初等教育機関である公学校は、どのような見解を持ったのだろうか、また、どのように解纏足を促進する役割を担ったのだろうか。本項では、これらの問題を明らかするため、公学校教科書にみられる纏足に関する記述を中心に検討して行きたい。

1900 年以前、台湾ではまだ統一「国語」読本がなかったため、国語伝習所、及び公学校の教科書の使用状況は各学校により、種々のものを使用しており、非常に錯綜した状況であった[164]。

しかし、1898 年 7 月 27 日に出された「台湾公学校令」の第七条には、「公学校ノ教科用図書ハ台湾総督ノ検定ヲ経タルモノタルヘシ」[165] という教科書の規程があった。1898 年 8 月 16 日に出された「台湾公学校規則」により、教授要旨及び教科程度が明らかにされ、1901 年から 1902 年の間には、台湾総督府民政部学務課により、第一期の公学校の国語教科書となる『台湾教科用書国民読本』が発行された[166]。

また、台湾総督の府定第一期『台湾教科用書国民読本』が出版された時には[167]、日本国内の国定教科書制度はまだ実施されていなかった。したがって、植民地台湾の第一期『台湾教科用書国民読本』は国による統一教科書の施行という点では、日本国内より一歩早かったと言えよう。そのため、第一期『台湾教科用書国民読本』の内容、挿し絵、構成などは、日本内地のそれまでの教科書とは全く異なっていた。中田敏夫は、第一期『台湾教科用書国民読本』は「本文」「応用」「土語読方（台湾語）」の三部構成であり、特に「常ニ土語ト対照シテ其意義ヲ会得セシメ（台湾公学校規則第十条）」という国語教育の目的の達成を図った対訳式は、台湾で独自に生み出された構成方法であると指摘している[168]。

また、第一期『台湾教科用書国民読本』の挿し絵は、当時の台湾社会の状況、及び台湾人のイメージを如実に描いたものであった。例えば、女子の纏足、男子の辮髪などである。さらに、少女、及び女生徒の纏足していない挿し絵やアヘン吸飲の挿し絵がないものもあり、周婉窈は統治意図が挿し絵に反映されていると指摘している[169]。

簡単に言えば、国語科は日本統治時期の初等教育機関でもっとも重要な教科目であり、公学校の国語教科書の内容は豊富であった。したがって、植民地台湾教育を研究する際には、極めて貴重な資料の一つである。

上述の観点に基づいて、第一期『台湾教科用書国民読本』を分析してみたい。これが使われた 1901 年から 1912 年までの間、台湾社会の纏足風潮はまだ存在していた。このような背景の中、公学校の国語教科書は、纏足について、どのような程度まで関わっていたのだろうか。また、台湾総督府はこれらの内容を通じて公学校の生徒たちに一体何を伝えたかったのであろうか。以下、これらの問題を検討していこう。

まず、第一期『台湾教科用書国民読本』に載せた挿し絵の女子画像から検討を始める。

『台湾教科用書国民読本』に載せられた挿し絵の女子画像はおよそ三つの種類に分けられる。その三つの種類は、以下の通りである。

1．台湾の纏足女子（図 1-9, 図 1-10, 図 1-11, 図 1-12, 図 1-13, 図 1-14, 図 1-15, 図 1-16, 図 1-17 を参照）。

2．纏足しない台湾少女（図 1-12, 図 1-18, 図 1-19, 図 1-20, 図 1-21 を参照）、女生徒（図 1-22, 図 1-30 を参照）、及び女子労働者（図 1-23, 図 1-24 を参照）。

3．日本女子（図 1-25,図 1-26,図 1-27 を参照）。

図 1-9：纏足女子（一）
出所：台湾総督府『台湾教科用書国民読本 第一巻』出版地不詳：台湾総督府, 1912 年, p. 5.（国立台湾図書館　所蔵）

図 1-10：纏足女子（二）
出所：台湾総督府『台湾教科用書国民読本 第一巻』出版地不詳：台湾総督府, 1912 年, p. 6.（国立台湾図書館　所蔵）

図 1-11：纏足女子（三）
出所：台湾総督府『台湾教科用書国民読本　第二巻』出版地不詳：台湾総督府，1912 年，p. 5.（国立台湾図書館　所蔵）

図 1-12：纏足女子（四）と天然足少女（一）
出所：台湾総督府『台湾教科用書国民読本　第一巻』出版地不詳：台湾総督府，1912 年，p. 13.（国立台湾図書館　所蔵）

図 1-13：纏足女子（五）
出所：台湾総督府『台湾教科用書国民読本　第二巻』出版地不詳：台湾総督府，1912 年，p. 9.（国立台湾図書館　所蔵）

図 1-14：纏足女子（六）
出所：台湾総督府『台湾教科用書国民読本　第二巻』出版地不詳：台湾総督府，1912 年，p. 6.（国立台湾図書館　所蔵）

図 1-15：纏足女子（七）
出所：台湾総督府『台湾教科用書国民読本　第二巻』出版地不詳：台湾総督府，1912 年, p. 10.（国立台湾図書館　所蔵）

図 1-16：纏足女子（八）
出所：台湾総督府『台湾教科用書国民読本　第三巻』出版地不詳：台湾総督府，1912 年, p. 13.（国立台湾図書館　所蔵）

図 1-17：纏足女子（九）
出所：台湾総督府『台湾教科用書国民読本　第三巻』出版地不詳：台湾総督府，1912 年, p. 22.（国立台湾図書館　所蔵）

図 1-18：天然足少女（二）
出所：台湾総督府『台湾教科用書国民読本　第二巻』出版地不詳：台湾総督府，1912 年, p. 9.（国立台湾図書館　所蔵）

図 1-19：天然足少女（三）
出所：台湾総督府『台湾教科用書国民読本　第三巻』出版地不詳：台湾総督府，1912 年, p. 2.（国立台湾図書館　所蔵）

図 1-20：天然足少女（四）
出所：台湾総督府『台湾教科用書国民読本　第三巻』出版地不詳：台湾総督府，1912 年, p. 7.（国立台湾図書館　所蔵）

図 1-21：天然足少女（五）
出所：台湾総督府『台湾教科用書国民読本　第七巻』出版地不詳：台湾総督府，1912 年, p. 22.（国立台湾図書館　所蔵）

図 1-22：天然足の女生徒
出所：台湾総督府『台湾教科用書国民読本　第四巻』出版地不詳：台湾総督府，1912 年, p. 25.（国立台湾図書館　所蔵）

図 1-23：天然足の女性労働者（一）
出所：台湾総督府『台湾教科用書国民読本　第四巻』出版地不詳：台湾総督府，1912 年, p. 8.（国立台湾図書館　所蔵）

図 1-24：天然足の女性労働者（二）
出所：台湾総督府『台湾教科用書国民読本　第四巻』出版地不詳：台湾総督府，1912 年, p. 12.（国立台湾図書館　所蔵）

図 1-25：日本女子（一）
出所：台湾総督府『台湾教科用書国民読本　第二巻』出版地不詳：台湾総督府，1912 年, p. 12.（国立台湾図書館　所蔵）

図 1-26：日本女子（二）
出所：台湾総督府『台湾教科用書国民読本　第四巻』出版地不詳：台湾総督府，1912 年, p. 16.（国立台湾図書館　所蔵）

図 1-27：日本女子（三）
出所：台湾総督府『台湾教科用書国民読本　第六巻』出版地不詳：台湾総督府, 1912 年, p. 25.（国立台湾図書館　所蔵）

これらの女子画像から、当時の台湾社会の纏足風習、及び台湾人女子の実生活の様子を窺い知ることができる。すなわち、①結婚適齢期以上の台湾人女子は纏足者、②結婚適齢期以下の台湾人少女、及び女生徒は纏足しない、③女子労働階級は纏足しない、などのことがこれらの女子画像から読み取ることができる。また、日本人の女子画像の出現によって台湾公学校の教科書は台湾と日本両地の文化比較の機会を台湾の生徒たちに提供していたことがわかる。

しかしながら、周婉窈が統治の方針が挿し絵に反映された部分もあったと指摘しているように、当時の台湾人少女、及び女生徒が纏足しないということは、事実と相違するものであった。例えば、『台湾教科用書国民読本』が刊行された頃の『台北庁第一統計書』によれば、1902-1905 年の台北庁の公学校女生徒の纏足率はおよそ九割であった[170)]。また、前述したように、1905 年当時、台湾人女子の年齢別纏足者の比率は、5-10 歳は 32.5%、11-15 歳は 54.63%を占めていた。つまり、台湾植民地教育の意図は、纏足しない台湾人少女、及び女生徒の挿し絵を通じて公学校の生徒たちに解纏足成功のイメージを伝えたかったのだと考えられる。

次に、第一期『台湾教科用書国民読本』に載せられた纏足に関する内容を検討してみよう。

『台湾教科用書国民読本』の「第九巻第十五課　纏足」の内容（原文は図1-28，図1-29を参照）は以下の通りである。

> 第九巻　第十五課　纏足
>
> 台湾には、女子が足をしばって、小さくする風があります。足が小さいと、自由に歩けませぬから、仕事をするに困ります。又、足が小さくて、自由に歩けないために、なんぎをしたり、けがをした人が、たくさんあります。それゆえ、近ごろの子供は、だんだん、足をしばらないようになりましたが、これは、まことに、よいことであります。いつの世からのならわしぞ、歩くためなるこの足を、しばりくくりて小さくし、かたわのすがたをよろこぶわ。うまれしままに身を育て、たち働きを自由にし、かたわのものとわらわれず、ただしき道をふみゆけや。
>
> 土語読方
>
> 若愛給身軀勇健運動比食好食物卡要緊(台湾語の解読：筆者)。（躰を健康にするにはいい食べ物を食べるより運動をするのが重要である【日本語の訳：筆者】）[171]

上述により、1902年に出版された『台湾教科用書国民読本』の「第九巻第十五課　纏足」の内容は、纏足は身体・社会・経済の上で様々な影響を与えている障害であるとの指摘をしているものと考えられる。すなわち、台湾人女子は纏足による行動の不自由によって、働くことが困難であり、身体上の障害を伴っていたことがわかると共に、逆に、纏足習慣を改変することができれば、天然足による行動の自由により、よく働き、世間の嘲笑も買わなくなるだろうというメッセージを示しており、それにより、纏足習慣の改革が進んでいくことを期待していたのである。また、同課の内容は公学校の生徒たちに最近の子供たちはだんだん足を縛らないようになったと解纏足の状況を伝えている。

さらに、「第九巻第十五課　纏足」の土語読方の部分には、身体の健康を保つためには、いい食事、漢方食補などの食物摂取よりも運動をすることが重要であると述べられ、纏足が運動に不利であることが示唆されている。

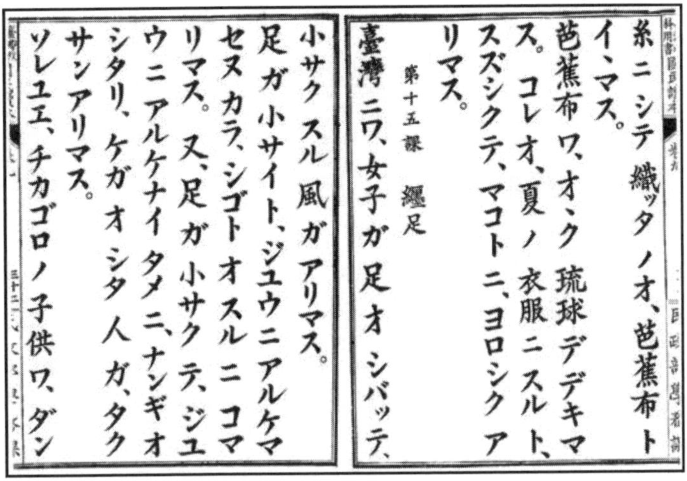

糸ニ シテ 織ッタ ノオ、芭蕉布ト
イ、マス。
芭蕉布ワ、オ、ク 琉球デデキマ
ス。コレオ、夏ノ 衣服ニ スルト、
スズシクテ、マコトニ、ヨロシク ア
リマス。

第十五課 纏足

臺灣ニワ、女子ガ 足オ シバッテ、
小サク スル 風ガ アリマス。
足ガ 小サイト、ジユウニ アルケマ
セヌ カラ、シゴト オ スル ニ コマ
リマス。又、足ガ 小サクテ、ジユ
ウニ アルケナイ タメニ、ナンギ オ
シタリ、ケガ オ シタ 人ガ、タク
サン アリマス。
ソレユヱ、チカゴロノ 子供ワ、ダン

図 1-28：公学校教科書の「纏足」の部分（一）

出所：台湾総督府『台湾教科用書国民読本　第九巻』出版地不詳：台湾総督府，1912 年,p.32.（国立台湾図書館　所蔵）

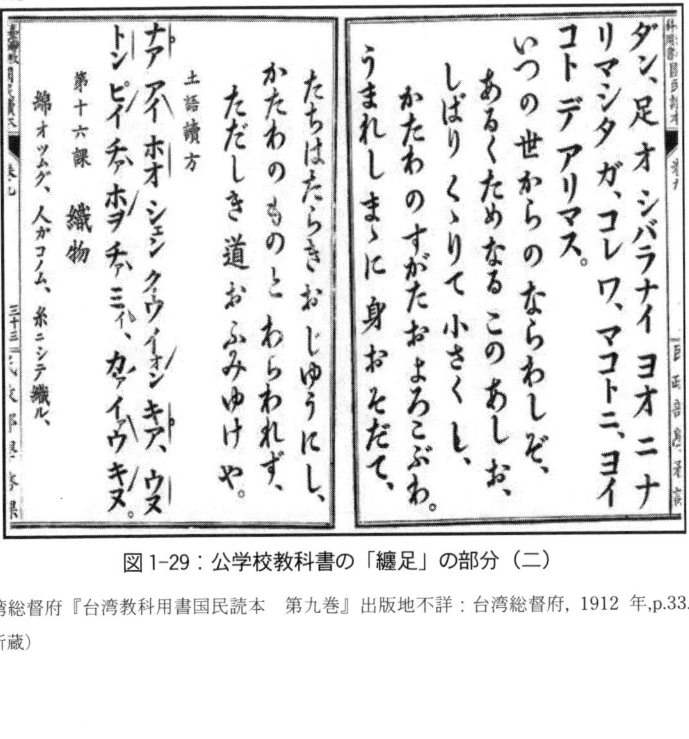

ダン、足オ シバラナイ ヨオ ニナ
リマシタ ガ、コレ ワ、マコトニ、ヨイ
コト デ アリマス。
いつの 世からの ならわしぞ、
あるく ための この あしお、
しばり くゝりて 小さくし、
かたわ の すがた お よろこぶ わ。
うまれし まゝに 身お そだて、
たちはたらき お じゆうに し、
かたわ の もの と わらわれず、
ただしき 道 お ふみゆけ や。

土語讀方

ナァ アイ ホオ シェン クウィオン キァ、ウヌ
トン ピイ チァ ホヲ チァ ニイ、カァ イァウ キヌ。

第十六課 織物

綿 オ ツムグ、人 ガ コノム、糸 ニ シテ 織ル、

図 1-29：公学校教科書の「纏足」の部分（二）

出所：台湾総督府『台湾教科用書国民読本　第九巻』出版地不詳：台湾総督府，1912 年,p.33.（国立台湾図書館　所蔵）

なお、『台湾教科用書国民読本』の「第十一巻第十八課　養生おすゝめる文」の内容（原文は図 1-31,図 1-32 を参照）には、纏足と運動の関係を次のように述べている。

「…又、高木医学士の養生法を御おくり下され、かたじけなくぞんじます。ちょっと拝見したところでも、『運動わ養生の第一』と、ござりますが、幸い私わ、纏足をしていませぬから、運動には、まことに便利でござります…」[172)]

上述の内容は、林阿金という台湾の女生徒（林阿金の様子は図 1-30 を参照）が中村しげに宛てた往来物の型式を取った文章である。この手紙には、林阿金は纏足をしておらず、運動を自由自在にすることができるため、健康を保つことができるとの内容がみられる。すなわち、纏足による行動の不自由によって、運動ができないと、運動による健康の維持は非常に困難であるといっているのである。また、教科書の編集者には纏足しない林阿金の事例を通じて「運動は養生の第一」という概念を生徒に伝えようとの意図があり、初等教育機関から纏足をやめるように勧める目的も窺える。

図 1-30：公学校教科書中の「林阿金」（女生徒）の様子（右）

出所：台湾総督府『台湾教科用書国民読本　第七巻』出版地不詳：台湾総督府, 1912 年,p.20.（国立台湾図書館　所蔵）

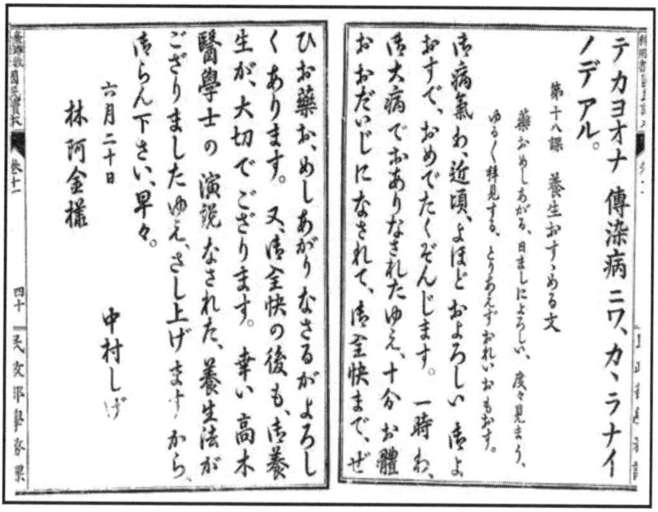

テカヨオナ傳染病ニワ、カヽラナイ
ノデアル。
第十八課　養生おすゝめる文
薬おめしあがる、日ましによろしい、度々見まう、
ゆるく拝見する、とりあえずおれいおもおす。
御病氣わ、近頃、よほどおよろしい御よ
おすで、おめでたくぞんじます。一時わ、
御大病でおありなされたゆえ、十分お體
おおだいじになされて、御全快まで、ぜ
ひお薬お、めしあがりなさるがよろし
くあります。又、御全快の後も、御養
生が、大切でござります。幸い高木
醫學士の演説なされた、養生法が
ござりましたゆえ、さし上げますから、
御らん下さい、早々。
六月二十日　中村しげ
林阿金様

図 1-31：公学校教科書の「養生おすゝめる文」の部分（一）

出所：台湾総督府『台湾教科用書国民読本　第十一巻』出版地不詳：台湾総督府，1912 年,p.40.（国立台湾図書館　所蔵）

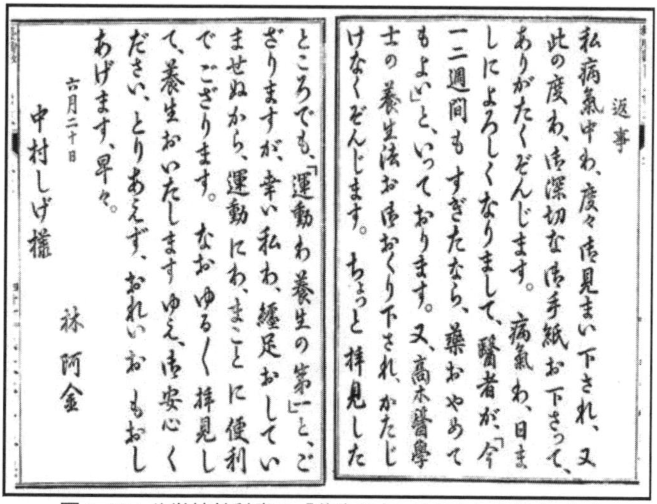

返事
私病氣中わ、度々御見まい下され、又
此の度わ、御深切な御手紙お下さって、
ありがたくぞんじます。病氣わ、日ま
しによろしくなりまして、醫者が、「今
一二週間もすぎたなら、薬おやめて
もよい」と、いっております。又、高木醫學
士の養生法お御おくり下され、かたじ
けなくぞんじます。ちょっと拝見した
ところでも、「運動わ養生の第一」と、ご
ざりますが、幸い私わ、纏足おしてい
ませぬから、運動にわ、まことに便利
でござります。なおゆるく拝見し
て、養生おいたしますゆえ、御安心く
ださい、とりあえず、おれいおもおし
あげます、早々。
六月二十日　林阿金
中村しげ様

図 1-32：公学校教科書の「養生おすゝめる文」の部分（二）

出所：台湾総督府『台湾教科用書国民読本　第十一巻』出版地不詳：台湾総督府，1912 年,p.41.（国立台湾図書館　所蔵）

以上をまとめると、日本統治初期には、台湾総督府は纏足を禁止しなかったが、その代わりに近代植民地学校が教育の一環として解纏足を促進するという役割を担うことになった。具体的には、教科書で解纏足を宣伝すること、運動の重要性が強調されていたことがわかる。1905 年まで、大部分の台湾人女子は学校教育を受けていなかったが、当時公学校は、男女に関わらず解纏足の重要性を教授しており、男生徒の纏足への概念の変容をも促したと思われる。近代学校における解纏足の教育は、後に解纏足運動がふたたび盛り上がった時に、多くの示唆を与えることになったと思われる。

第四節　纏足慣行期の学校女子体育

第一項　台湾総督府による初等学校教科体育の開始と女子の体操に関する規定

1．国語学校附属学校の教科体育（1896年）

前述のように、台湾総督府は、1896年3月に「台湾総督府直轄諸学校令」を公布し、「国語学校」及び「国語伝習所」を設置した。国語伝習所と国語学校に付設された附属学校（第一、第二、第三）が日本によって初めて設置された台湾人のための初等教育機関であった。また、「国語学校規則」第四条によって、国語学校附属学校は日本人と台湾人を対象にした普通教育のモデル校と師範部の教育実習校の役割を有するものと規定された。

男子校であった国語学校附属学校は、1896年9月25日の「国語学校規則」第八条によって、体操は必修教科と規定された[173)]。そして、第二十五條において、附属学校の体操教科の目的は、「体操ヲ授クルニハ姿勢ヲ正クシ支体ノ成長ヲ均斉ニシ常ニ健康ナル身体ト快活ナル精神トヲ保チ能ク規律ヲ守ルノ習慣ヲ得シメンコトヲ要ス」[174)] と定められ、体操科は週3時間、普通体操をその内容として実施されることになった[175)]。

2．国語学校第四附属学校の設置と体操に関する規定（1897年）

1897年6月25日、本島における内地人の増加に対応して、台湾総督府は、国語学校第四附属学校を設置した。同校は、内地人児童のみを対象とする最初の初等学校機関であった。同日出された「国語学校第四附属学校規定」の第三条において体操は必修教科とされた[176)]。そして、第十七條において、第四附属学校の体操教科の目的は、「体操ハ身体ノ成長ヲ均斉ニシテ健康ナラシメ精神ヲ快活ニシテ剛毅ナラシメ兼テ規律ヲ守ルノ習慣ヲ養フヲ以テ要旨トス」[177)] と定められた。また、同規則同條には、体操教科の内容及び程度について「初年ニ於テハ適宜ノ遊戯ヲナサシメ漸ク進ンテ普通体操ヲ加ヘ男児ニハ兵式体操ノ一部ヲ授ク第五学年以上ニ至リテハ男児ニハ主トシテ兵式体操ヲ授ク女児ニハ普通体操若クハ遊戯ヲ授クヘシ体操ノ教授ニ依リテ習成シタル姿勢ハ常ニ之ヲ保タシメンコトヲ要ス」[178] と述べている。すなわち、男子は週 3 時間、女子は週 2 時間体操を行うことと規定し、その内容は、男子は遊戯、普通体操、兵式体操、女子は遊戯、普通体操と定められたのである。

3．国語学校第一附属学校女子分教場の体操に関する規定（1897 年）

一方、1897 年 4 月に台湾総督府が初めて設置した台湾人女子のための教育機関が「台湾総督府国語学校第一附属学校女子分教場」であった。「台湾総督府国語学校第一附属学校女子分教場規則」は、「教科目ハ修身、国語、習字、裁縫、編物、造花及ヒ唱歌ノ七科トス」[179] と規定し、台湾人の男子校の国語学校附属学校（第一、第二、第三）及び日本人の第四附属学校とは異なり、体操は必修教科に含まれなかった。体操規定を欠いた国語学校第一附属学校女子分教場とほかの国語学校附属学校の体操に関する規定の相異が注目されるが、この理由は十分明らかではない。

当時の台湾女子教育の困難さについて、元国語学校第一附属学校教官であった柯秋潔は、「其第一は、『女子七歳にして男子と席を同うせず』的習慣があり、外出を嫌ふ習慣がありますから…第二は、纏足の為め歩行困難なこと」[180] と述懐し、当時の女子は外出を嫌がる習慣があり、纏足により歩行すら困難であったことを指摘している。また、当時国語学校学長であった町田則文も、「纏足の結果として、多くは足の五指頭が二個又は三個に膿結して、日夜大に痛苦を訴ふるものなり。従って外出を嫌ひ、運動を好まざるに至るものなれば、如何でか、将来立派なる活動的の婦人たり得べき」[181] と述懐し、纏足の弊害とそれが運動に不利であったことを指摘している。

さらに、『創立満三十年記念誌』には、当時の纏足女子、運動の状況及び見学の様子について次のような記述がみえる。

「当時婦人の状況を想起すれば、当地方は中流以上のもの程外出を厭ふ丈に、全部纏小なる纏足者にして一二分間の佇立にさへ堪へず。故に大人小人の別なく通学甚困難にして、八九歳の幼者は家人が負うて連れ来り、後復迎へて負ひ帰へるもの往々あり。而も此等は時に足痛に悩まされ、室隅に號泣する憐れさ目撃すること屢々なり。況んや運動遠足の類如何でか強ふべ《(ママ)》はんや。彼の明治三十一年七月、師範第一回卒業證書授与式の日、生徒三十名士林より舟にて大稲埕河岸に上り、車を連ねて式場を始め校舎内外並に測候所等を参観し、城内大稲埕の市街を車上より観光し、以て生涯復と得られぬ知見を廣めたりと誇りしことの可笑しさよ」[182]

上述のことから、当時の纏足女子は長時間立ったり歩いたりすることも困難であり、況して運動や遠足の実施はなおさら不可能だったこと、第一回卒業式を利用して舟や車に乗り、市街見学を行うことで、外出を嫌がる纏足女子にも豊かな知見を広める機会が設けられていたことなど、纏足女子の学校生活の様子を窺い知ることができる。

図 1–33：国語学校第一附属学校女子分教場時代の授業風景

出所：台湾教育会編『台湾教育沿革誌』台北：台湾教育会,1939 年.
（国立公共資訊数位典蔵服務網　所蔵）

第二項　台湾公学校と国語学校第三附属学校における女子体育（1898 年）

1．「台湾公学校規則」における体操の内容

1898 年 8 月 16 日、台湾総督府は「台湾公学校規則」を公布した。その後、台湾人のための初等学校教育に関する規程は、この規則に準拠することになった。

「台湾公学校規則」は、「公学校ノ教科目ハ修身、国語、作文、読書、習字、算術、唱歌、体操トシ其修業年限ハ六箇年トス」183) と定めていた。そして、同規則（第十條）において、体操科の目的は、「体操ヲ授クルニハ常ニ生徒ノ姿勢ニ注意シ支体ノ成長ヲシテ均一ナラシメ且健康ナル身体ト快活ナル精神トヲ保チ能ク規律ヲ守ルノ習慣ヲ養成センコトヲ要ス」184) と定められ、体操科は週 2 時間、遊戯と普通体操を内容として実施されることになった185)。同規則には男女の別はなく、これによって、台湾の女子に体操が制度的に位置づけられたと言える。

なお、男子については、1898 年 9 月の「国語学校規則」と比較すると若干の変更（毎週 3 時間→毎週 2 時間、普通体操→遊戯、普通体操）がみられるが、この理由は明らかではない。

2．国語学校第三附属学校における女子体育

1）国語学校第三附属学校の体操に関する規定と纏足生徒の状況

公学校令の公布に伴い 1898 年 8 月 16 日に国語学校第一附属学校女子分教場は、「国語学校第三附属学校」に改組され、同年 8 月 28 日府令第 86 号で「台湾総督府国語学校第三附属学校規程」が発布された。

既に述べたように、公学校令には公学校における週 2 時間の体操が規定されていたが、「台湾総督府国語学校第三附属学校規程」「第三附属学校教科本科課程表（図 1-34 を参照）」「第三附属学校教科手芸科課程表（図 1-35 を参照）」には、体操が明記されていない。国語学校第三附属学校は体操を必修教科とすることはなかったが、「第三附属学校教科本科課程表・備考」中に「毎日大凡三十分間遊戯ヲ課スヘシ」186) と規定しており、纏足の習慣を持つ台湾人女子に遊戯を課していた。

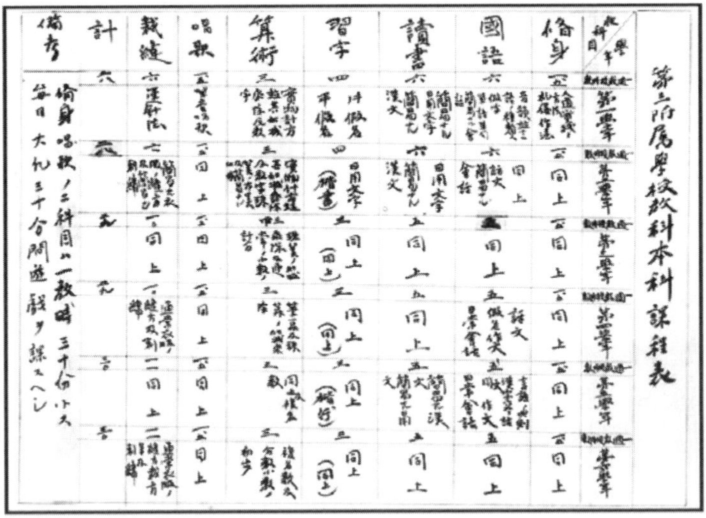

第三附屬學校教科本科課程表

學年 / 教科目	修身	國語	讀書	習字	算術	唱歌	裁縫	計	備考
第一學年	[illegible]	六 [illegible]	六 [illegible] 漢文	四 片假名 平假名	三 [illegible]	[illegible]	六 運針法	[illegible]	修身唱歌ノ二科目ハ一教時三十分トス 毎日大凡三十分間遊戯ヲ課スヘシ
第二學年	同上	六 同上 [illegible]	六 日用文字 [illegible] 漢文	四 日用文字（楷書）	三 [illegible]	同上	七 [illegible]	[illegible]	
第三學年	同上	[illegible] 同上	五 同上	五 同上（同上）	[illegible]	同上	一 同上	[illegible]	
第四學年	同上	五 [illegible]	五 同上	五 同上（同上）	三 [illegible]	同上	一 [illegible]	[illegible]	
第五學年	同上	五 [illegible] 作文	五 [illegible]	五 同上（楷行）	三 [illegible]	同上	二 同上	[illegible]	
第六學年	同上	五 同上	五 同上	三 同上（同上）	三 [illegible]	同上	二 [illegible]	[illegible]	

図 1-34：第三附属学校教科本科課程表

出所：「府令第八六號第三附属学校規則」『台湾総督府公文類纂』1898 年 8 月 26 日甲種永久保存第 16 巻.
　　（国史館台湾文献館　所蔵）

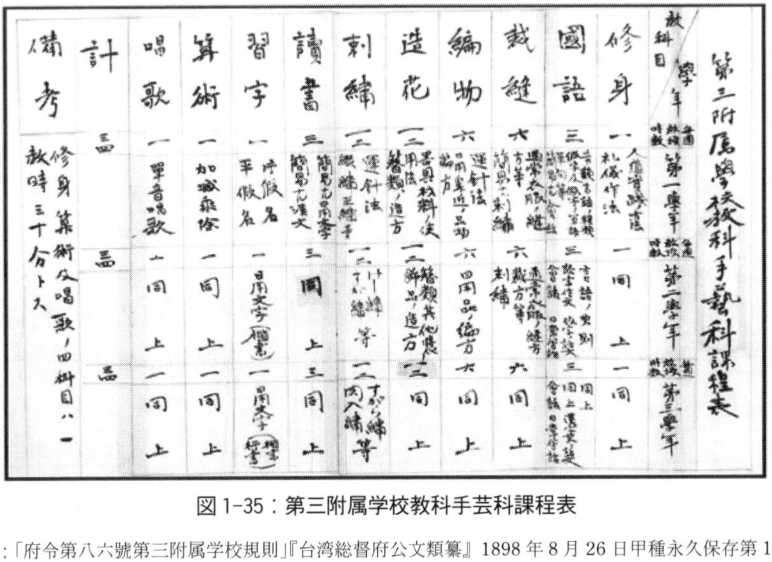

第三附屬學校教科手藝科課程表

學年 / 教科目	修身	國語	裁縫	編物	造花	刺繡	讀書	習字	算術	唱歌	計	備考
第一學年	一 人倫道德ノ要旨 礼儀作法	三 [illegible]	六 [illegible] 刺繡	六 運針法 [illegible] 編方	一二 [illegible]	一二 運針法 [illegible]	三 簡易ナル日用文字 簡易ナル漢文	一 片假名 平假名	一 加減乘除	一 單音唱歌	三四	修身算術及唱歌ノ四科目ハ一教時三十分トス
第二學年	一 同上	三 [illegible]	六 刺繡 [illegible]	六 日用品ノ編方	一二 [illegible]	一二 [illegible] 等	三 同上	一 日用文字（楷書）	一 同上	一 同上	三四	
第三學年	一 同上	三 同上 [illegible]	六 同上	六 同上	一二 同上	一二 [illegible] 等	三 同上	一 日用文字（[illegible]）	一 同上	一 同上	三四	

図 1-35：第三附属学校教科手芸科課程表

出所：「府令第八六號第三附属学校規則」『台湾総督府公文類纂』1898 年 8 月 26 日甲種永久保存第 16 巻.
　　（国史館台湾文献館　所蔵）

一方、同校の纏足生徒はどのような状況だったのであろうか。当時国語学校長であった田中敬一は、当時の纏足生徒の状況を次のように述べている。

「その頃は多数の生徒が此の纏足と言ふ足枷に縛られて歩行に苦痛を感じ、僅々十数町の遠足も、容易に出来かねる次第でした。思ふに現今の生徒方は、斯る苦痛もなく、種々の運動遊技等も自由に行はれますが、之を以前の生徒に比すれば、非常な幸福であると思ひます」[187]

上述のことから、当時国語学校第三附属学校の女生徒の多くが纏足し、歩行すら困難な状況にあったこと、また、纏足という状況は女子に苦痛を与え、運動・遊戯は殆んどできなかったことが窺える。

2）国語学校第三附属学校における女子体育の状況

既に述べたように、国語学校第三附属学校は、本科生に毎日三十分の遊戯を課していた。実際の授業状況について、当時の教育者たちの記述が残されている。

まず、本田茂吉は「在職当時の感想叢談」で、「体育上に関する特別注目せし諸点」「纏足矯正方針実施」を次のように述べている。

「①体育上に関する特別注目せし諸点：イ.彼等は当時全部纏足せること。ロ.従って脚部使用を可成避けること、例せば米を舂くにも（図 1-36 を参照：筆者）、椅子に掛けながら専ら腕の使用に依るとか、並に可成運動をせぬこと。ハ.従って又全身の沐浴を避けること。ニ.媳婦仔養女多き関係上と、運動少き関係上、一般早熟の傾きありしこと。ホ.家庭の状況、室内空気不良の傾向あること。②纏足矯正方針実施：…而して遠足と称せず、寺廟参拝と名づけては附近へ出掛け、一面は運動に資し、一面は纏足の不便を体験せしめた…」[188]

これより、同校は台湾人女子教育の研究校として、体育を実施するために、纏足、台湾の風習、家庭の状況などが女子体育に影響を与えることを観察していた。特に、纏足に配慮し、足を使わない体育授業の方法を工夫していたことも窺える。また、纏足を矯正すること、身体を運動させること、及び纏足の不便を体験させるために、寺廟参拝という名称で遠足を実施するなど、いくつかの施策を実施していたことがわかる。

次に、本田茂吉は「普通体育実施状況」を次のように回顧している。

「体操は初め規程に表出せざりしも、本科生には当初より其実を行ふことを試み、整頓進行、唱歌表情遊戯より漸次誘導し、修業卒業式毎には、成績品展覧会と共に一種の小遊戯会を開催すると、父兄母姉は苦情所か、台北来の珍客（後藤民政長官夫人初め知名の方々臨席さるゝを例とした）と共に喜んで観覧する状況は、最初男生が旧清政府時代の雇兵、即ち苦力浮浪人類の操練と一般視した学校体操を、嫌厭したのに比して、意外の感想が浮んだが、何分纏足女子の事とて、鍛錬的に規律的に之を課することは特に避けた手芸科生に至っては、国語学校卒業式に参列する際、或は既述寺廟参拝と称せし遠足等には、往々纏足内の皮剥げを生じ、本人は本より職員も困ること勿論だったが、其のくせ彼等は外出は家庭の桎梏を離れる様な思ひよりしてか、好む様だった。学校園は全島学校に率先して、簡単ながら之を設けたが、国語練習乃至造花刺繍教授の活材料として利用する目的も勿論だったが、矢張り鍛錬的養護施設に不向きの彼等が、不知不識の間に家庭堅椅子倚りの在来習慣より抜けて、庭園散歩を試むべく設備したものだ。目下大稲埕蓬莱女公学校後庭、富士山、琵琶湖の模型園も其昔附属女学校に、大橋教諭と共に貧弱ながら試みたのに思ひ付いて設計した次第だった」[189]

本田の追憶から、同校は当時台湾唯一の模範女学校として、先導的に女生徒の纏足に対処する様々な施策を考案・実施していたことが窺える。すなわち、①纏足女子の足の状況を考慮し、本科生から庭園散歩、整頓進行、唱歌遊戯、表情遊戯などが試行されたこと。②台湾社会に近代女子教育の結果を展示するための小遊戯会が開催されたこと(上述の卒業式以外にも、1898年11月29日、台湾総督児玉源太郎臨校の時、表情遊戯を観覧した[190]。) ③当時の台湾人の学校体操に対する考えを考慮し、鍛錬的・規律的な体操を課す体育授業法を避けたこと。④手芸科の場合、学校に外出する機会として、あえて遠足を実施したことであった。

『台北第三高等女学校創立三十五周年記念誌』には、「生徒は皆纏足であったから、通学も困難で、遠足は劍潭寺まで十七町の道を、途中四回も休憩して漸く達し、台北の見学は大稲埕河岸に上陸し、町廻りの様に人力車を連ねて行く状態であった」[191] と遠足を実際に実施した状況が述べられている。

最後に、当時の国語学校学長であった町田則文は、「第三附属学校の沿革」について述べた文章で、「今や学校は彼等の為には春郊(在来の家庭に対し)たるが如く而して其活潑なる遊戯等なすに至りしは躰力にも変化を来したる證として見るべけんか」[192] と、遊戯の実施により、生徒の体力が徐々に向上してきているという成果を書き残している。

図 1-36：士林庄婦人の精米

出所：台湾慣習研究会『台湾慣習記事』12 号,台湾慣習研究会,1901 年 12 月.（国立台湾図書館　所蔵）

3）生徒の体操の思い出

一方、女生徒はこのような体育的施策をどのように受け止めていたのであろうか。同校手芸科(修業年限 3 年)を卒業した柯洪氏愛珠（1900 年)、郭周氏明媚（1901 年)、蔡曹氏緑（1902 年)、の 3 名は、体操の思い出を次のように語っている。

①学科としては音楽はありましたが、体操はありませんでした[193]。

②当時の時間割は、国語、数学、体操、漢文等で現代に於て最も大切な科目が驚く勿れ、一週間に一時間づつ、其の他は皆裁縫、手芸でした。其の頃私共は健康にあまり重きを置いていませんでしたから、体操の時間が来ますと、大いに先生と議論して、体操をやめて下さいと願ったものでした[194]。

③体操は体格の関係からか余り好きでなく、随って興味等少しも感じませんでした[195]。

女生徒たちの思い出から、当時はまだ健康の重要性や体操の必要性が理解されておらず、体操に対する嫌悪感や適応できなかった実態を知ることができる。また、「台湾総督府国語学校第三附属学校規則」には、体操が必修教科に含まれなかった時期にもかかわらず、体操教科が実際に行われていたことが、当時の生徒であった郭周氏と蔡曹氏の回想から確認された。したがって、生徒の追憶から、同校は当時台湾女子教育のモデル校として、教育者たちは台湾人女子に対する今後の体操教科の扱いと実施方法を定めるために、先進的に纏足をした女生徒への体操科実施を試みていたことがわかる。

図 1-37：1901 年頃、国語学校第三附属学校纏足生徒の遊戯

出所：井出季和太『台湾治績志』台北：台湾日日新報社,1937 年,p.338.

（国立公共資訊数位典蔵服務網　所蔵）

第三項　台湾教育会の決議（1901 年）と纏足女子の状況

1898 年 8 月 16 日、公学校女子に対して、遊戯と普通体操を実施するという方針が示されたが、その 3 年後の 1901 年 12 月 15 日に、台湾教育会は臨時会で「公学校教則改正案」について審議し、次の決議を行った。臨時会のメンバー（32 人出席）は主に国語学校関係者達であった。

「教科目ヲ修身国語算術及唱歌トシ女子ノ為裁縫ヲ加フ土地ノ状況ニ依リ漢文及実科ヲ加ヘ唱歌ヲ省キ女子ノ為体操ヲ缺クコトヲ得」[196)]

この決議は、女子の体操は場合によってやめてもよいとしており、「台湾公学校規則」の規則通りの実施、特に女子体育の実施（遊戯・普通体操）が如何に困難であったかが窺える。

この変更理由は不明であるが、台湾においてまだ解纏足が進んでいなかったことが背景にあると思われる。台北県庁管内公学校の統計資料によると、1900 年女生徒の纏足率は 80.36%であり[197)]、このことが体操の授業にも影響を及ぼしたと考えられる。

第四項　「台湾公学校規則」の改正（1904 年）と女子の体操

1．「台湾公学校規則」の改正内容

1904 年 3 月 11 日、「台湾公学校規則」が改正され、同規則（第十四條）において、体操科の目的は、「体操ハ身体ノ各部ヲ均斉ニ発育セシメ四肢ノ動作ヲ機敏ナラシメ以テ全身ノ健康ヲ保護増進シ精神ヲ快活ニシ兼テ規律ヲ守リ協同ヲ尚フ習慣ヲ養フヲ以テ要旨トス」[198)] と定められた。また、同規則同條には、体操教科の内容及び程度は「此ノ科ヲ授クルニハ初ハ適宜ニ遊戯ヲ為サシメ漸ク普通体操ヲ加フヘシ、女児ニハ適当ノ遊戯ヲ為サシムヘシ、体操ノ教授ニ依リテ習成シタル姿勢及規律ハ常ニ之ヲ保タシメンコトヲ務ムヘシ」[199)] となった。

この改正によって、女子に対する教材内容は、遊戯のみとなった。少なくとも公学校

の女子に普通体操を行う段階に至っていないと総督府が認識していたことが窺える。また、台湾における女子の公学校への入学者数が急増したこともこの変更の背景にあると考えられる。女子の初等学校入学者数は、1899 年に 364 人であったが、改正前の 1903 年には 1635 人と増加した[200]。このような女生徒の急激な増加によって公学校の現場では様々な問題が生じたことは容易に想像できる。さらに、『台北庁第一統計書』の統計資料によると、1902 年、1903 年、1904 年、1905 年女生徒の纏足率は 9 割以上（表 1-9 を参照）であったことから、女子纏足が学校の体操科の授業に与える影響は依然として大きな問題であったことが推測できる。

表 1-9：1905 年、台北庁公学校女生徒の天然足者、纏足者、解纏足者

学校	本年末の児童数（A）	天然足（B）	纏足者（C）	本年中解纏足者（D）	天然足率 B/A	纏足率 C/A	解纏足率 D/C
大稻埕公学校	215	37	178	3	17.2%	82.8%	1.7%
大龍峒公学校	35	1	34	0	2.9%	97.1%	0%
和尚洲公学校	51	0	51	0	0%	100%	0%
八芝蘭公学校	0	0	0	0	0%	0%	0%
（北投分校）	8	0	8	0	0%	100%	0%
（社仔分校）	0	0	0	0	0%	0%	0%
滬尾公学校	98	10	88	2	10.2%	89.8%	2.3%
老梅公学校	7	1	6	1	14.3%	85.7%	16.7%
海墘厝公学校	4	1	3	0	25%	75%	0%
新庄山脚公学校	2	0	2	0	0%	100%	0%
興直公学校	69	0	69	0	0%	100%	0%
（頭前分校）	0	0	0	0	0%	0%	0%
枋橋公学校	33	2	31	0	6.1%	93.9%	0%
錫口公学校	53	2	51	0	3.8%	96.2%	0%
（内湖分校）	10	0	10	0	0%	100%	0%
1905 年総計	585	54	531	6	9.2%	90.8%	1.1%
1904 年総計	487	35	452	3	7.2%	92.8%	0.7%
1903 年総計	455	34	421	0	7.5%	92.5%	0%
1902 年総計	350	30	320	2	8.6%	91.4%	0.6%

出所：台北庁総務課編『台北庁第一統計書』台北：台北庁総務課,1907 年,p317.により作成

2．台湾総督府の纏足女子の体操に対する見解

「台湾公学校規則」改正から、2カ月後の1904年5月24日、台北庁長の佐藤友熊は、台湾総督府に「体操教科ヲ女児ニ課スルコトニ関シ」諮問した（図1-38,図1-39,図1-40を参照）[201]。

その諮問内容とそれに対する台湾総督府の見解は、後日通牒として台湾各庁に発せられると共に、『台湾日日新報』の日本語版と漢文版にも広く掲載された。日本語版の内容は以下の通りである。

「本島公学校生徒中女児は大抵何れも纏足にして普通の歩行すら困難の者多き有様なるか公学校規則に依るときは初学年より普通体操を課すべきことゝなり女児に関して別に取除きなき為め同規則第六條を適用し女児は身体の状況に依り学習せしむること能はざるものと見做し該教科を缺き得る否に付疑義を生する向もある由なるが右は公学校規則第六條に依り体操を缺《（ママ）》ぐことを得べく尚同條生徒の男女なると教科目の如何に拘はらず總て身体の状況にして某《（ママ）》教科を学習せしむること能はざる時は勿論強て之を課する時は身体に有害なりと認むる場合は其間該教科を課せざることを得る精神なると云ふ」[202]

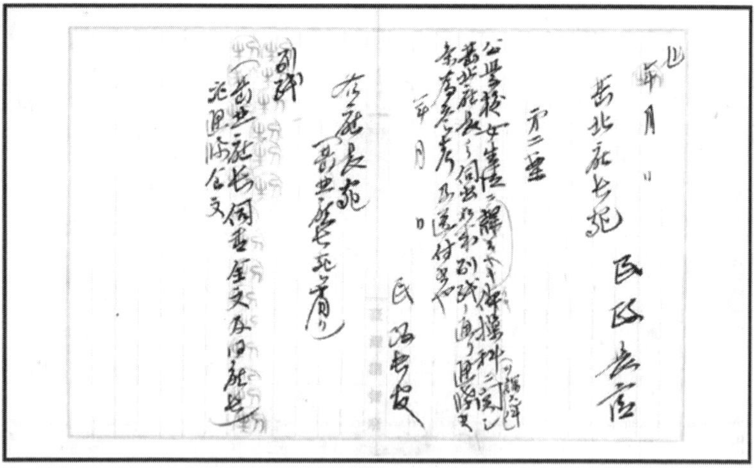

図 1-38：「体操科教科ニ付キ各廳長へ通牒ノ件」（二）

出所：「体操科教科ニ付キ各廳長へ通牒ノ件」『台湾総督府公文類纂』1904年6月2日永久保存第73巻.（国史館台湾文献館　所蔵）

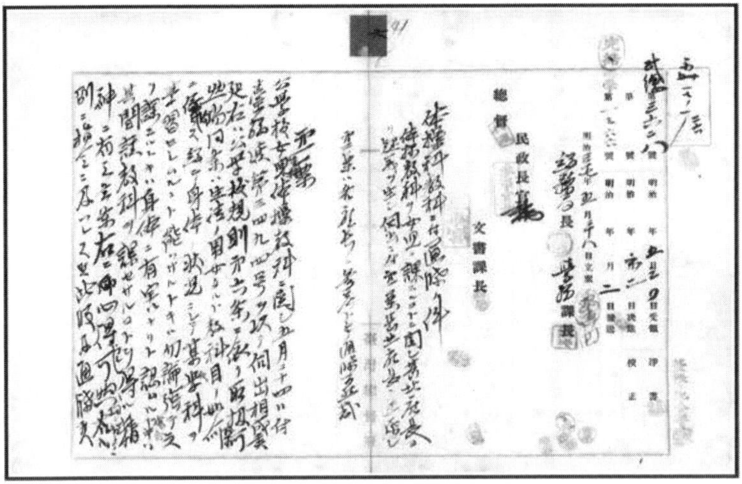

図 1-39：「体操科教科ニ付キ各廳長へ通牒ノ件」（二）

出所：「体操科教科ニ付キ各廳長へ通牒ノ件」『台湾総督府公文類纂』1904 年 6 月 2 日永久保存第 73 巻.
（国史館台湾文献館　所蔵）

図 1-40：「体操科教科ニ付キ各廳長へ通牒ノ件」（三）

出所：「体操科教科ニ付キ各廳長へ通牒ノ件」『台湾総督府公文類纂』1904 年 6 月 2 日永久保存第 73 巻.
（国史館台湾文献館　所蔵）

台湾総督府は、大部分が纏足によって歩行すら困難な公学校の女子に対して、体操科の実施が規則で規定されたことによって学校で疑義が生じたことを認めると共に、その実施は、公学校規則第六条（公学校規則は本章の第三節第三項を参照）に基づき、身体の状況によって判断すべきという見解を示したのである。

3．台北庁の纏足女子の体操に対する方針（1905 年）

学校規則改正から約 1 年後の1905 年 5 月 19 日、台北庁は、次の方針を打ち出した。

「改正公学校規則学科課程には三学年以上の女児は男児と同じく体操科を履脩すべき制となりしが本島の女児は纏足の為め通常の歩行をすら頗る困難を感せる有様なれば已むを得す同規則第六条に據り纏足の女子に限り体操を課せず適当の遊戯のみを為すこととなせり」[203]

三学年以上の女子に対する体操の方針と共に、纏足女子への体操に代わる遊戯を実施する際の配慮をより明確にしたものと言えよう。

第五項　国語学校第二附属学校と国語学校第一附属学校女子部における女子体育の状況

1．国語学校第二附属学校における女子体育の状況（1902-1905 年）

既に述べたように、国語学校第三附属学校は 1902 年にさらに「国語学校第二附属学校」と改組されたが、組織制度や教科目は従来通りであった。1906 年 4 月 5 日には本科は廃され、同校は中等教育機関として、台湾における女教員養成という役割を担うことになった[204]。

一方、当時の体育の状況について、同校手芸科を卒業した呉氏治（1905）は、「なほ他の生徒も全部纏足なので、体操は勿論出来ず、十分間以上立つことも出来ません」[205]

と、体操の思い出を語っている。また、1904 年 4 月国語学校第二附属学校卒業式の後に行われた運動会の状況について、『台湾日日新報』は、「…夫れより運動会に移りて唱歌遊戯競走遊戯等数番を演じ孰れも喝采を博せり…」[206] と報道している。

以上のことから、当時国語学校第二附属学校の女生徒の多くが纏足し、彼女らは満足に体操ができなかったことが窺える。しかし、運動会で唱歌遊戯、競走遊戯などの遊戯が行われていたことからも、学校側は遊戯を纏足女子に指導していたと推測できる。さらに、卒業式の後に運動会を開催したことは、台湾社会に近代女子教育と遊戯などの身体運動の必要性が宣伝されたものとみられる。

2．国語学校第一附属学校女子部における女子体育の状況（1905 年）

国語学校創立の当初、士林の第一附属学校と共に艋舺に設置せられた第二附属学校は、1898 年 10 月、「国語学校第一附属学校」に改称され、引き続き台湾人の初等教育の研究にあたっていた。そして、創立当初共学であったが女生徒が徐々に増加してきたため、1902 年 4 月、艋舺の龍山寺内に女子部を開設して男女を分離した。加えて、同校は国語学校に近く且つ場所も適当であるために、台湾女子教育の研究、あるいは師範部生徒の教育実習にとっては至極便利であった。そのため、後に国語学校第一附属学校女子部は専ら台湾における女子初等教育の研究校という役割を担うことになった[207]。

当時附属学校教諭であった藤黒総左衛門は 1905 年頃の女子と体育の状況を以下のように述べている。

「担任早々驚かされたのは確か担任二日目の体操の時間であった、纏足でフラフラしているのであるから体操は勿論出来ないから何とかして面白く遊ばせてやらうと思って外に出て見ると生徒が一人も居ない、小使に聞くと便所の中に入って戸を閉ぢている又或物は廟の隅に隠れて居る、それを一々宥め賺して引出して遊ばせてやったこともある。体操の時間には何を教へるかということが中々の問題である、私は先づ柱鬼をやらした、これはゆらゆら同志が走って倒れさうな時に柱につかまるのだからうまくやれる。それから羽子板を売《ママ》って羽子つきをやらしたが非常に喜んで一寸でも暇があれば羽子つきをやる様になった。斯くして足がだんだん丈夫になって来たから次は行進遊戯、亜鈴、体操、表情遊戯という風に教へて見たところ一年もするに略々一人前のことをする様になった」[208]

藤黒の追憶からは、次のことが窺える。①体操は学校で位置づけられていたので、担当教員は実施しようとした。②しかし、纏足をしてきた女子は足がふらふらで、体操を実施するような状況になかった。③さらに、従来、戸外で運動する機会のなかった纏足女子は、当初戸外で遊ぶことさえもいやがっていた。④遊戯の内容が明確に定められていなかったので、教員が纏足女子の足の状況や関心などを考慮し、柱鬼、羽子つきなどの遊戯を行った。⑤女子の足の状態が良くなると、行進遊戯、唖鈴、体操、表情遊戯が実施され、それによって女子の足の状態もより改善されていった。

遊戯のみでよいとされていた時期に体操が、実際に行われていた事例として附属学校の史料は貴重であるが、公学校の体操がどの程度行われていたのかは明らかでない。

以上を総べれば、1895-1905 年には、このような体操実施が困難な状況から、体操に代わる遊戯を適宜実施するという方針の変更がみられた。この時期が日本統治期台湾の女子体育における遊戯実施の確立期とされていることには、このような背景がみられたのである。また、国語学校第一附属学校女子部は初等教育の研究校として、主として遊戯と普通体操を行った。この経験は纏足と体操のあり方を考慮する上で必要な多くの現実的示唆を与え、次の段階での普通体操実施に向けた基盤を形成することに繋がったと考えられる。

【引用・参考文献】

1）矢内原忠雄『帝国主義下の台湾』東京：岩波書店,2008 年,p.2.

2）伊藤潔『台湾　四百年の歴史と展望』東京：中央公論社,1993 年,pp.37-38.

3）井出季和太『台湾治績志』台北：台湾日日新報社,1937 年,p.14.

4）蔡禎雄「日本統治下台湾における初等学校教科体育の歴史的考察」筑波：筑波大学体育科学研究科博士論文,1991 年,p.6.

5）涂照彦『日本帝国主義下の台湾』東京：東京大学出版社,1975 年,p.20.

6）向山寛夫『日本統治下における台湾民族運動史』東京：中央経済研究所,1987 年,p.5.

7）井出季和太『台湾治績志』台北：台湾日日新報社,1937 年,p.2.

8）向山寛夫『日本統治下における台湾民族運動史』東京：中央経済研究所,1987 年,pp.10-12.

9）矢内原忠雄『帝国主義下の台湾』東京：岩波書店,2008 年,pp.4-5.伊藤潔『台湾　四百年の歴史と展望』東京：中央公論社,1993 年,pp.53-59.

10）伊藤潔『台湾　四百年の歴史と展望』東京：中央公論社,1993 年,pp.59-60.

11）劉銘伝の具体的な事績は、西洋の文明的施設に着手し、「基隆、新竹間の鉄道敷設」「台北、台南間の電信連絡」「台湾、福州間の海底線敷設」「新式郵便制度の開始」「道路の延長」「製糖其の他産業」「工芸発達の為に機械の輸入」「外国人技師招聘」などがある。詳しくは、井出季和太『台湾治績志』台北：台湾日日新報社,1937 年,pp.4-5.向山寛夫『日本統治下における台湾民族運動史』東京：中央経済研究所,1987 年,pp.18-23.を参照されたい。

12）黄昭堂『台湾総督府』東京：教育社,1989 年,pp.14-17.また、日清戦争に関する詳細は、向山寛夫『日本統治下における台湾民族運動史』東京：中央経済研究所,1987 年,pp.44-48.を参照されたい。

13）井出季和太『台湾治績志』台北：台湾日日新報社,1937 年,p.6.黄昭堂『台湾総督府』東京：教育社,1989 年,p.26.台湾史料保存会『日本統治下の民族運動（上巻）』東京：風林書房,1969 年,p.34.

14）黄昭堂『台湾総督府』東京：教育社,1989 年,pp.34-39.

15）伊藤潔『台湾　四百年の歴史と展望』東京：中央公論社,1993 年,pp.71-74.また、台湾民主国に関する詳細の経緯は、向山寛夫『日本統治下における台湾民族運動史』東京：中央経済研究所,1987 年,pp.59-110.許世楷『日本統治下の台湾―抵抗と弾圧―』東京：東京大学出版社,1972 年,pp.31-42.を参照。

16）黄昭堂『台湾総督府』東京：教育社,1989 年,pp.38-40.

17）佐藤源治『台湾教育の進展』台北：台湾出版文化株式会社,1943 年,pp.63-64.

18）井出季和太『台湾治績志』台北：台湾日日新報社,1937 年,p.8.吉野秀公『台湾教育史』台北：台湾日日新報社,1927 年,p.5.

19）蔡禎雄「日本統治下台湾における初等学校教科体育の歴史的考察」筑波：筑波大学体育科学研究科博士論文,1991 年,p.8.

20）伊藤潔『台湾　四百年の歴史と展望』東京：中央公論社,1993 年,pp.79-80.

21）佐藤源治『台湾教育の進展』台北：台湾出版文化株式会社,1943 年,p.2.

22）恩威並行政策とは、台湾人に対し、従順であればこれを保護し、逆に反抗する場合には弾圧するという、いわゆる「あめとむち」の政策であった。蔡禎雄「日本統治下台湾における初等学校教科体育の歴史的考察」筑波：筑波大学体育科学研究科博士論文,1991 年,p.4,p.61.

23）伊藤潔『台湾　四百年の歴史と展望』東京：中央公論社,1993 年,p.80.

24）末光欣也『台湾の歴史　日本統治時代の台湾』台北：致良出版社,2004 年,pp.92-93.

25）矢内原忠雄『帝国主義下の台湾』東京：岩波書店,2008 年,p.8.

26）台湾総督府の「保甲条約」によれば、甲とは人家約 10 戸、保とは甲の約 10 倍で 100 戸数の単位を定めている。この制度は一般行政、警察の補助機能に加え、国語（日本語）の奨励、纏足や辮髪習慣の追放、迷信の排除などの社会規範や治安維持を含め多くの成果が認められる。保甲制度に関する内容は、末光欣也『台湾の歴史　日本統治時代の台湾』台北：致良出版社,2004 年,pp.108-109.を参照されたい。

27）伊藤潔『台湾　四百年の歴史と展望』東京：中央公論社,1993 年,p.86.

28）黄昭堂『台湾総督府』東京：教育社,1989 年,pp.84-88.

29）黄昭堂『台湾総督府』東京：教育社,1989 年,pp.76-77.

30）生物学的植民地経営については、後藤はよく「鯛の目と比良目の目」ということを言った。この比喩の意味は、「比良目の目を鯛の目にすることはできんよ。鯛の目はちゃんと頭の両方についてゐる。比良目の目は頭の一方についてゐる。それが可笑しいからといって、鯛の目のやうに両方につけ替へることはできない。比良目の目が一方に二つ付いてゐるのは、生物学上その必要があって、付いてゐるのだ…政治にもこれが大切だ…だから我輩は、台湾を統治するときに、先づこの島の旧慣制度をよく科学的に調査して、その民情に応ずるやうに政治をしたのだ。これを理解せんで、日本内地の法制を、いきなり台湾に輸入実施しようとする奴等は、比良目の目をいきなり鯛の目に取り替へようとする奴等で、本当の政治といふことの解らん奴等だ。」ということである。鶴見祐輔『後藤新平伝　台湾統治編下』東京：太平洋協会出版社,1943 年,p.67.

31）伊藤潔『台湾　四百年の歴史と展望』東京：中央公論社,1993 年,pp.85-95.黄昭堂『台湾総督府』東京：教育社,1989 年,pp.76-84.

32）「三寸金蓮」という名称の由来に関する考察は、高洪興『纏足史』台北：華成図書,2004 年,pp.61-64.高洪興（鈴木博訳）『図説　纏足の歴史』東京：原書房,2009 年,pp.83-88.を参照されたい。

33）夏暁虹『纏足をほどいた女たち』東京：朝日新聞社,1998 年,p.2.

34）岡本隆三『纏足物語』東京：東方書店,1991 年,pp.4-5.

35）高洪興『纏足史』台北：華成図書,2004 年,pp.12-66.高新偉『凄豔的歳月：中国古代婦女的非正常生活』鄭州：河南人民出版社,2006 年,pp.224-232.また、中国には、いろいろな民族がおり、各民族の風俗や生活習慣が違うので、すべての女子が纏足をするわけではない。例えば、満州、モンゴル、チベット、回教民、苗族などには、纏足の習慣はなかった。さらに、漢民族の中の廣東客家族にも纏足の習慣はなかった。臨時台湾戸口調査部『[明治 38 年] 臨時台湾戸口調査記述報文』出版地不詳：臨時台湾戸口調査部,1908 年,p.351.

36）纏足と婚姻の関係については、ドロシー・コウ（小野和子・小野啓子訳）『纏足の靴—小さな足の文化史』東京：平凡社,2005 年,pp.66-72.を参照されたい。

37）高洪興『纏足史』台北：華成図書,2004 年,pp.197-202.ちなみに、中国で纏足に対する疑問と反対の言論は、宋朝から清朝にかけてすでに出現していたが、それらの動きは社会全体を動かすにはいたらなかった。

38）岡本隆三『纏足物語』東京：東方書店,1991 年,p.180.また、1840 から 1870 年代までの最初の外国人宣教師による反纏足運動については、東田雅博『纏足の発見—ある英国女性と清末の中国』東京：大修館書店,2004 年,pp.144-145.を参照されたい。

39）Edward A. Ross, *The Changing Chinese: the conflict of Oriental and Western cultures in China,* pp.175-178.一方、リトル夫人（Mrs. Archibald Little）は観察に基づいて、全ての纏足女子が働くことができないわけではないと指摘している。例えば、中国の北地方と西地方で、纏足女子が働いていたという記述が残されている。Little, Archibald, *In the land of the blue gown,* pp.280-283.

40）関西中国女性史研究会編『中国女性史入門—女たちの今と昔』京都：人文書院,2005 年,pp.66-67.また、リトル夫人の反纏足運動の経緯については、東田雅博『纏足の発見—ある英国女性と清末の中国』東京：大修館書店,2004 年,pp.149-181.を参照されたい。

41）洪郁如『近代台湾女性史　日本の植民統治と「新女性」の誕生』東京：勁草書房,2001 年,p.26.

42）筆者不詳「台湾婦人の纏足」『台湾協会会報』19 号,台湾協会,1900 年 4 月,pp.50-51.

43）臨時台湾戸口調査部『[明治 38 年] 臨時台湾戸口調査記述報文』出版地不詳：臨時台湾戸口調査部, 1908 年,p.351.

44）武内貞義『台湾』台北：新高堂書店,1927 年,pp.1077-1078.

45）中国各地方の纏足については、高洪興（鈴木博訳）『図説　纏足の歴史』東京：原書房,2009 年, pp.67-82.を参照。また、中国各地方のさまざまな纏足靴のスタイルについては、ドロシー・コウ（小野和子・小野啓子訳）『纏足の靴―小さな足の文化史』東京：平凡社,2005 年,pp.136-150.を参照されたい。

46）臨時台湾戸口調査部『[明治 38 年] 臨時台湾戸口調査記述報文』出版地不詳：臨時台湾戸口調査部, 1908 年,p.351.

47）台湾慣習研究会「漢人婦人の纏足」『台湾慣習記事』第 5 巻第 9 号,台湾慣習研究会,1905 年 9 月,p.31. 片岡巖『台湾風俗誌』台北：台湾日日新報社,1921 年,p.113.

48）肉体に与える纏足の影響は、主に三つがある。①足の長さを縮める。②足の裏を整形して足甲を厚くし、上にはアーチ型のでっぱり、アーチ下の足裏には深い割れ目を作る。③足の幅を狭める。また、膝と足首の間の下腿部は平素使わないために萎縮する。詳しい内容は、ドロシー・コウ（小野和子・小野啓子訳）『纏足の靴―小さな足の文化史』東京：平凡社,2005 年,p.79.を参照されたい。

49）筆者不詳「台湾婦人の纏足」『台湾協会会報』19 号,台湾協会,1900 年 4 月,p.51.

50）武内貞義『台湾』台北：新高堂書店,1927 年,p.1077.

51）臨時台湾戸口調査部『[明治 38 年] 臨時台湾戸口調査記述報文』出版地不詳：臨時台湾戸口調査部, 1908 年,pp.351-352.

52）臨時台湾戸口調査部『[明治 38 年] 臨時台湾戸口調査記述報文』出版地不詳：臨時台湾戸口調査部, 1908 年,pp.349-350.

53）臨時台湾戸口調査部『[明治 38 年] 臨時台湾戸口調査記述報文』出版地不詳：臨時台湾戸口調査部, 1908 年,p.352.

54）筆者不詳「台湾婦人の纏足」『台湾協会会報』19 号,台湾協会,1900 年 4 月,p.52.

55）一方、1901 年、台湾総督府事務官であった手島兵次郎は観察に基づいて、纏足女子は歩行ができないわけではないと指摘している。例えば、「台湾の婦人は、多く纏足であって、此制度は容易に改良が出来兼て居りますが、纏足でも善く歩行します。山でも坂でも、両手を振って身の平均を取って、歩行しますから、思った程の不自由はありません。」という記述が残されている。詳しい内容は、手島兵次郎「台湾の風俗」『近代日本のアジア教育認識・資料編[台湾の部]第 43 巻』東京：龍溪書舎,2004 年,p.334.を参照されたい。

56）1901 年 6 月には、ペスト病が猖獗を極めていたため、国語学校第三附属学校は数名の女生徒の死亡者を出し、三回も臨時休業を行った。また、1905 年 2 月には、同校でペスト病により五名の女生徒がなくなったという事例があった。小野正雄編『創立満三十年記念誌』台北：台北第三高等女学校同会学友窓会, 1933 年,pp.70-71.

57）臨時台湾戸口調査部『[明治 38 年] 臨時台湾戸口調査記述報文』出版地不詳：臨時台湾戸口調査部, 1908 年,pp.352-353.

58）臨時台湾戸口調査部『[明治 38 年] 臨時台湾戸口調査記述報文』出版地不詳：臨時台湾戸口調査部,

1908 年,p.353.

59）纏足女子の職業について、その仕事の多くは炊事、洗濯、靴の製作が中心で、その他には、茶選、鶏豚の飼養などをしていた。詳しい内容は、近代アジア教育史研究会編『近代日本のアジア教育認識・資料編[台湾の部]第 43 巻』東京：龍溪書舎,2004 年,p.357,p.375,p.396.を参照されたい。

60）これらの調査内容は、范燕秋『疾病、医学與植民現代性:日治台湾医学史』台北：稻香,2005 年,pp.29-30.を参考にされたい。

61）鷲巣敦哉『台湾保甲皇民化読本』台北：台湾警察協会,1941 年,pp.214-215.

62）竹越与三郎『台湾統治志』東京：博文館,1905 年,pp.258-259.

63）台湾史料保存会『日本統治下の民族運動（上巻）』東京：風林書房,1969 年,p.741.

64）台湾史料保存会『日本統治下の民族運動（上巻）』東京：風林書房,1969 年,p.647-649.呉文星『日治時期台湾的社会領導階層』五南,2008 年,pp.210-211.

65）黄郁如『近代台湾女性史　日本の植民統治と「新女性」の誕生』東京：勁草書房,2001 年,p.28.

66）井出季和太『台湾治績志』台北：台湾日日新報社,1937 年,p265.台湾総督府史料編纂会「地方行政ニ関シ総督訓示ヲ発ス（明治二十九年十二月二日）」『台湾史料稿本』不詳：台湾総督府史料編纂会.

67）井出季和太『台湾治績志』台北：台湾日日新報社,1937 年,p.267.

68）台湾史料保存会『日本統治下の民族運動（上巻）』東京：風林書房,1969 年,p.184.

69）井出季和太『台湾治績志』台北：台湾日日新報社,1937 年,p.300.

70）佐藤源治『台湾教育の進展』台北：台湾出版文化株式会社,1943 年,pp.68-69.

71）呉文星『日治時期台湾的社会領導階層』五南,2008 年,pp.214-215.また、当時台湾総督府の纏足対策について、黄郁如『近代台湾女性史　日本の植民統治と「新女性」の誕生』東京：勁草書房,2001 年,pp.29-30.を参考されたい。

72）台湾女性史入門編纂委員会編『台湾女性史入門』京都：人文書院,2008 年,p.118.また、当時水災の状況や纏足女子の行動不便や解纏足の呼び掛けなどは、「奇災紀畧」『台湾日日新報』,1898 年 8 月 11 日:5（第 5 版の意味、以下数字のみ記載）.を参照されたい。

73）「禁纏足会起る」『台湾日日新報』,1899 年 12 月 9 日:2.

74）台湾総督府史料編纂会「大稲埕ノ医生黄玉階天然足會ヲ設立ス（明治三十三年二月六日）」『台湾史料稿本』,不詳：台湾総督府史料編纂会,1900 年.

75）台湾史料保存会『日本統治下の民族運動（上巻）』東京：風林書房,1969 年,pp.742-743.井出季和太『台湾治績志』台北：台湾日日新報社,1937 年,pp.355-357.

76）許廷光「台南纏足会祝辞」『台湾日日新報』,1900 年 6 月 27 日:4.

77）呉文星『日治時期台湾的社会領導階層』五南,2008 年,p.220.

78）台湾史料保存会『日本統治下の民族運動（上巻）』東京：風林書房,1969 年,p.744.

79）鷲巣敦哉『台湾保甲皇民化読本』台北：台湾警察協会,1941 年,p.215.

80）台湾史料保存会『日本統治下の民族運動（上巻）』東京：風林書房,1969 年,p.744.

81）臨時台湾戸口調査部『[明治 38 年] 臨時台湾戸口調査記述報文』出版地不詳：臨時台湾戸口調査部,1908 年,p.350.

82) 鷲巣敦哉『台湾保甲皇民化読本』台北：台湾警察協会,1941 年,p.215.

83) 「台湾女子教育の趨勢」『近代日本のアジア教育認識・資料編[台湾の部]第 43 巻』東京：龍溪書舎,2004 年,pp.342-343.

84) 台湾史料保存会『日本統治下の民族運動（上巻）』東京：風林書房,1969 年,pp.744-746.

85) 呉文星『日治時期台湾的社会領導階層』五南,2008 年,pp.224-225.

86) 筆者不詳「解纏足説」『台湾慣習記事』第 5 巻 3 号,台湾慣習研究会,1905 年 3 月,pp.75-76.

87) 鷲巣敦哉『台湾保甲皇民化読本』台北：台湾警察協会,1941 年,pp.215-216.

88) 末光欣也『台湾の歴史　日本統治時代の台湾』台北：致良出版社,2004 年,pp.102-106.

89) 臨時台湾戸口調査部『[明治 38 年] 臨時台湾戸口調査記述報文』出版地不詳：臨時台湾戸口調査部,1908 年.

90) 臨時台湾戸口調査部『[明治 38 年] 臨時台湾戸口調査記述報文』出版地不詳：臨時台湾戸口調査部,1908 年,p.353.

91) 臨時台湾戸口調査部『[明治 38 年] 臨時台湾戸口調査記述報文』出版地不詳：臨時台湾戸口調査部,1908 年,p.353.

92) 井出季和太『台湾治績志』台北：台湾日日新報社,1937 年,p.357.

93) 臨時台湾戸口調査部『[明治 38 年] 臨時台湾戸口調査記述報文』出版地不詳：臨時台湾戸口調査部,1908 年,pp.368-369.

94) 井出季和太『台湾治績志』台北：台湾日日新報社,1937 年,p.357.

95) 臨時台湾戸口調査部『[明治 38 年] 臨時台湾戸口調査記述報文』出版地不詳：臨時台湾戸口調査部,1908 年,p.369.

96) 臨時台湾戸口調査部『[明治 38 年] 臨時台湾戸口調査記述報文』出版地不詳：臨時台湾戸口調査部,1908 年,p.355.

97) 臨時台湾戸口調査部『[明治 38 年] 臨時台湾戸口調査記述報文』出版地不詳：臨時台湾戸口調査部,1908 年,p.372.

98) 臨時台湾戸口調査部『[明治 38 年] 臨時台湾戸口調査記述報文』出版地不詳：臨時台湾戸口調査部,1908 年,p.361.

99) 臨時台湾戸口調査部『[明治 38 年] 臨時台湾戸口調査記述報文』出版地不詳：臨時台湾戸口調査部,1908 年,p.373.

100) 臨時台湾戸口調査部『[明治 38 年] 臨時台湾戸口調査記述報文』出版地不詳：臨時台湾戸口調査部,1908 年,p.363.

101) 台湾女性史入門編纂委員会編『台湾女性史入門』京都：人文書院,2008 年,p.40.林昌華「殖民背景下的宣教：十七世紀荷蘭改革宗教會的宣教師與西拉雅族」『平埔研究論文集』台北：中央研究院台湾史研究所籌備處,1995 年,pp.334-364.

102) 台湾女性史入門編纂委員会編『台湾女性史入門』京都：人文書院,2008 年,p.40.

103) 書院、義学、社学、書房は、日本の昔の寺小屋と同様な教育施設であり、地方によりその名称を異にしているが、組織は大体同じようなものである。一般には教師が生徒を集め、一定の学費をもらい、教育を施す所である。李園会『日本統治下における台湾初等教育の研究』台中：台中師専,1981 年,p.13.

104）台湾総督府『台湾教育誌稿』出版地不詳：台湾総督府,1918 年,pp.126-134.

105）洪郁如『近代台湾女性史　日本の植民統治と「新女性」の誕生』東京：勁草書房,2001 年,p.81.

106）台湾教育会編『台湾教育沿革誌』台北：台湾教育会,1939 年,pp.982-983.

107）大谷聽濤「台湾の女子」『近代日本のアジア教育認識・資料編[台湾の部]第 43 巻』東京：龍溪書舎,2004 年,p.369.

108）鈴木光愛「台湾の女子風俗一斑」『近代日本のアジア教育認識・資料編[台湾の部]第 43 巻』東京：龍溪書舎,2004 年,p.356.

109）台湾総督府『台湾教育誌稿』出版地不詳：台湾総督府,1918 年,p.134.また、同じような台湾女子教育の状況について、深圖南「台湾通信（三）台南に於ける私立学校」『近代日本のアジア教育認識・資料編[台湾の部]第 30 巻』東京：龍溪書舎,2004 年,pp.135-136.を参照されたい。

110）洪郁如『近代台湾女性史　日本の植民統治と「新女性」の誕生』東京：勁草書房,2001 年,p.82.

111）深圖南「台湾通信（三）台南に於ける私立学校」『近代日本のアジア教育認識・資料編[台湾の部]第 30 巻』東京：龍溪書舎,2004 年,p.136.

112）游鑑明「日據時期台湾的女子教育」台北：国立台湾師範大学歴史研究所修士論文,1987 年,pp.30-32.台湾女性史入門編纂委員会編『台湾女性史入門』京都：人文書院,2008 年,p.40.洪郁如『近代台湾女性史　日本の植民統治と「新女性」の誕生』東京：勁草書房,2001 年,p.82.

113）游鑑明「日據時期台湾的女子教育」台北：国立台湾師範大学歴史研究所修士論文,1987 年,p.32.台湾女性史入門編纂委員会編『台湾女性史入門』京都：人文書院,2008 年,pp.40-41.

114）游鑑明「日據時期台湾的女子教育」台北：国立台湾師範大学歴史研究所修士論文,1987 年,pp.32-33.

115）游鑑明「日據時期台湾的女子教育」台北：国立台湾師範大学歴史研究所修士論文,1987 年,pp.32-35.洪郁如『近代台湾女性史　日本の植民統治と「新女性」の誕生』東京：勁草書房,2001 年,p.82.また、游鑑明の研究によれば、新楼女学校の生徒数自体が少なかった。例えば、1887 年の最初の入学生は 18 名であり、1892 年に至るまで学校の生徒数はわずか 23 名であった。さらに、第一回の卒業生であった潘阿金の回想から、最初の入学生の中には 1 名の纏足者がいたが、彼女は学校に適応することができなかったため、一ヶ月で退学していたのである。

116）游鑑明「日據時期台湾的女子教育」台北：国立台湾師範大学歴史研究所修士論文,1987 年,p.34.

117）台湾教育会編『台湾教育沿革誌』台北：台湾教育会,1939 年,p.546.

118）台湾教育会編『台湾教育沿革誌』台北：台湾教育会,1939 年,pp.6-10.佐藤源治『台湾教育の進展』台北：台湾出版文化株式会社,1943 年,pp.81-82.吉野秀公『台湾教育史』台北：台湾日日新報社,1927 年,pp.10-15.

119）佐藤源治『台湾教育の進展』台北：台湾出版文化株式会社,1943 年,pp.81-82.

120）吉野秀公『台湾教育史』台北：台湾日日新報社,1927 年,pp.15-16.

121）台湾教育会編『台湾教育沿革誌』台北：台湾教育会,1939 年,pp.165-166.

122）台湾教育会編『台湾教育沿革誌』台北：台湾教育会,1939 年,p.167.

123）台湾教育会編『台湾教育沿革誌』台北：台湾教育会,1939 年,pp.706-707.

124) 台湾教育会編『台湾教育沿革誌』台北：台湾教育会,1939 年,p.547.

125) 台湾教育会編『台湾教育沿革誌』台北：台湾教育会,1939 年,pp.410-411.

126) 台湾教育会編『台湾教育沿革誌』台北：台湾教育会,1939 年,p.708.

127) 吉野秀公『台湾教育史』台北：台湾日日新報社,1927 年,p.217.小野正雄編『創立満三十年記念誌』台北：台北第三高等女学校同会学友窓会,1933 年,p.44.

128) 台湾教育会編『台湾教育沿革誌』台北：台湾教育会,1939 年,p.709.

129)「第一附属学校女子部生徒授業開始」『台湾総督府公文類纂』1897 年 9 月 10 日乙種永久保存第 46 巻. 吉野秀公『台湾教育史』台北：台湾日日新報社,1927 年,p.217.小野正雄編『創立満三十年記念誌』台北：台北第三高等女学校同会学友窓会,1933 年,p.44.

130) 小野正雄編『創立満三十年記念誌』台北：台北第三高等女学校同会学友窓会,1933 年,pp.44-48.

131) 小野正雄編『創立満三十年記念誌』台北：台北第三高等女学校同会学友窓会,1933 年,pp.45-47.

132) 小野正雄編『創立満三十年記念誌』台北：台北第三高等女学校同会学友窓会,1933 年,p.50

133) 台湾教育会編『台湾教育沿革誌』台北：台湾教育会,1939 年,pp.168-169.

134) 游鑑明「日據時代台湾的女子教育」台北：国立台湾師範大学歴史研究所修士論文,1987 年,p.87.

135) 台湾教育会編『台湾教育沿革誌』台北：台湾教育会,1939 年,pp.223-229.

136) 台湾教育会編『台湾教育沿革誌』台北：台湾教育会,1939 年,p.229.

137) 小野正雄編『創立満三十年記念誌』台北：台北第三高等女学校同会学友窓会,1933 年,p.57.

138) 吉野秀公『台湾教育史』台北：台湾日日新報社,1927,p.222.

139) 台湾教育会編『台湾教育沿革誌』台北：台湾教育会,1939 年,p.247.「内訓第三三號公學校女子教育ニ關スル件」『台湾総督府公文類纂』1898 年 7 月 27 日甲種永久保存第 16 巻.

140)「府令第八四號公學校女子教育ニ關スル件」『台湾総督府公文類纂』1899 年 7 月 28 日甲種永久保存第 16 巻.「府令第八十四号」『台湾総督府報』570 号,台湾総督府,1899 年 7 月 28 日.

141) 台湾教育会編『台湾教育沿革誌』台北：台湾教育会,1939 年,p.248.

142) 小野正雄編『創立満三十年記念誌』台北：台北第三高等女学校同会学友窓会,1933 年,p.64.

143) 台湾教育会編『台湾教育沿革誌』台北：台湾教育会,1939 年,p.259.

144) 台湾教育会編『台湾教育沿革誌』台北：台湾教育会,1939 年,p.259.

145) 台湾教育会編『台湾教育沿革誌』台北：台湾教育会,1939 年,pp.261-262.

146)「台湾女子教育の進歩」『近代日本のアジア教育認識・資料編[台湾の部]第 30 巻』東京：龍溪書舎,2004 年,p.288.

147) 吉野秀公『台湾教育史』台北：台湾日日新報社,1927,p.199.

148) 蔡禎雄「日本統治下台湾における初等学校教科体育の歴史的考察」筑波：筑波大学体育科学研究科博士論文,1991 年,p.38.

149) 吉野秀公『台湾教育史』台北：台湾日日新報社,1927,p.217.小野正雄編『創立満三十年記念誌』台北：台北第三高等女学校同会学友窓会,1933 年,p.44.

150) 游鑑明「日據時代台湾的女子教育」台北：国立台湾師範大学歴史研究所修士論文,1987 年,p.90.

151) 小野正雄編『創立満三十年記念誌』台北：台北第三高等女学校同会学友窓会,1933 年,p.51.

152）台湾教育会編『台湾教育沿革誌』台北：台湾教育会,1939 年,pp.714-721.

153）吉野秀公『台湾教育史』台北：台湾日日新報社,1927 年,p.221.小野正雄編『創立満三十年記念誌』台北：台北第三高等女学校同会学友窓会,1933 年,p.56,p.70.

154）小野正雄編『創立満三十年記念誌』台北：台北第三高等女学校同会学友窓会,1933 年,p.64, p.69.

155）小野正雄編『創立満三十年記念誌』台北：台北第三高等女学校同会学友窓会,1933 年,pp.56-57.

156）小野正雄編『創立満三十年記念誌』台北：台北第三高等女学校同会学友窓会,1933 年,p.65.

157）台湾教育会編『台湾教育沿革誌』台北：台湾教育会,1939 年,pp.720-721.小野正雄編『創立満三十年記念誌』台北：台北第三高等女学校同会学友窓会,1933 年,p.69.

158）町田則文「台湾島に於ける女子教育の過去三十年を顧みて」『創立満三十年記念誌』台北：台北第三高等女学校同会学友窓会,1933 年,p.300.

159）呉氏治「二十四年前の懐旧談」『創立満三十年記念誌』台北：台北第三高等女学校同会学友窓会,1933 年,p.372.

160）田中敬一「纏足の悲哀と小生の杞憂」『創立満三十年記念誌』台北：台北第三高等女学校同会学友窓会,1933 年,p.308.

161）潘栄春「生徒出席状況と督勵の苦心」『創立満三十年記念誌』台北：台北第三高等女学校同会学友窓会,1933 年,p.340.蔡曹氏緑「遠い思出の中から」『創立満三十年記念誌』台北：台北第三高等女学校同会学友窓会,1933 年,p.370.「八芝蘭を視る」『台湾日日新報』,1898 年 12 月 1 日:4.

162）本田茂吉「在職当時の感想叢談」『創立満三十年記念誌』台北：台北第三高等女学校同会学友窓会,1933 年,pp.320-321.

163）木原豪「三十年前士林生活の回想」『創立満三十年記念誌』台北：台北第三高等女学校同会学友窓会,1933 年,pp.333-334.

164）周婉窈,許佩賢「台湾公学校与国民学校国語読本総解説　制度沿革、教科和教科書」『日治時期台湾公学校与国民学校国語読本：解説・総目次・索引』台北：南天書局,2003 年,p.34.

165）台湾教育会編『台湾教育沿革誌』台北：台湾教育会,1939 年,p.224.

166）第一巻から第六巻は 1901 年、第七巻から第九巻は 1902 年、第十巻から第十二巻は 1903 年に出版された。中田敏夫「『台湾教科用書国民読本』の国語学的研究」『日治時期台湾公学校与国民学校国語読本：解説・総目次・索引』台北：南天書局,2003 年,p.96.

167）台湾総督府が発行された国語教科書は五期であった。この五期の国語教科書の刊行年代について、第一期の『台湾教科用書国民読本』は 1900-1903 年、第二期の『公学校用国民読本』は 1913-1914 年、第三期の『公学校用国民読本』は 1923-1926 年、第四期の『公学校用国民読本』は 1937-1942 年、第五期の『コクゴ（四巻）』と『初等科国語（八巻）』は 1942-1944 年である。この五期の詳しい内容については、呉文星編『日治時期台湾公学校与国民学校国語読本：解説・総目次・索引』台北：南天書局,2003 年,pp.165-216.を参照されたい。

168）中田敏夫「『台湾教科用書国民読本』の国語学的研究」『日治時期台湾公学校与国民学校国語読本：解説・総目次・索引』台北：南天書局,2003 年,p.97.

169）周婉窈「写実与規範之間―公学校国語読本挿画中的台湾人形象」『台大歴史学報』34 号,国立台湾大学歴史学系,2004年,p.87.

170) 台北庁総務課編『台北庁第一統計書』台北：台北庁総務課,1907年,p317.

171) 台湾総督府原著『台湾教科用書国民読本（第一期1901-1903年）第九巻』台北：南天書局,2003年,pp.32-33.ちなみに、土語読方の「いい食べ物」とは、健康を保つためのいい食事、あるいは、漢方食補などを指すと思われる。

172) 台湾総督府原著『台湾教科用書国民読本（第一期1901-1903年）第十一巻』台北：南天書局,2003年,pp.40-41.

173) 台湾教育会編『台湾教育沿革誌』台北：台湾教育会,1939年,p.547.

174) 台湾教育会編『台湾教育沿革誌』台北：台湾教育会,1939年,p.560.

175) 台湾教育会編『台湾教育沿革誌』台北：台湾教育会,1939年,pp.560-562.

176) 台湾教育会編『台湾教育沿革誌』台北：台湾教育会,1939年,pp.416-419.

177) 台湾教育会編『台湾教育沿革誌』台北：台湾教育会,1939年,p.416.

178) 台湾教育会編『台湾教育沿革誌』台北：台湾教育会,1939年,p.416.

179) 小野正雄編『創立満三十年記念誌』台北：台北第三高等女学校同会学友窓会,1933年,p.45.

180) 柯秋潔「三十年前の本島教育」『創立満三十年記念誌』台北：台北第三高等女学校同会学友窓会,1933年,pp.259-260.

181) 町田則文「台湾島に於ける女子教育の過去三十年を顧みて」『創立満三十年記念誌』台北：台北第三高等女学校同会学友窓会,1933年,p.300.

182) 小野正雄編『創立満三十年記念誌』台北：台北第三高等女学校同会学友窓会,1933年,p.49.

183) 台湾教育会編『台湾教育沿革誌』台北：台湾教育会,1939年,p.229.

184) 台湾教育会編『台湾教育沿革誌』台北：台湾教育会,1939年,p.232.

185) 台湾教育会編『台湾教育沿革誌』台北：台湾教育会,1939年,pp.232-238.

186) 台湾教育会編『台湾教育沿革誌』台北：台湾教育会,1939年,pp.717-718.「府令第八六號第三附属学校規則」『台湾総督府公文類纂』1898年8月26日甲種永久保存第16卷.

187) 田中敬一「纏足の悲哀と小生の杞憂」『創立満三十年記念誌』台北：台北第三高等女学校同会学友窓会,1933年,p.308.

188) 本田茂吉「在職当時の感想叢談」『創立満三十年記念誌』台北：台北第三高等女学校同会学友窓会,1933年,pp.319-320.

189) 本田茂吉「在職当時の感想叢談」『創立満三十年記念誌』台北：台北第三高等女学校同会学友窓会,1933年,pp.321-322.

190) 小野正雄編『創立満三十年記念誌』台北：台北第三高等女学校同会学友窓会,1933年,p.327.

191) 大欣鉄馬編『台北第三高等女学校創立三十五周年記念誌』台北：台北第三高等女学校同会学友窓会,1933年,p.12.

192) 町田則文「台湾総督府国語学校」『台湾協会会報』16号,台湾協会,1900年1月,p.25.

193) 柯洪氏愛珠「士林の昔話」『創立満三十年記念誌』台北：台北第三高等女学校同会学友窓会,1933年,p.367.

194）郭周氏明娟「古きを回顧して」『創立満三十年記念誌』台北：台北第三高等女学校同会学友窓会,1933 年,pp.368-369.

195）蔡曹氏緑「遠い思出の中から」『創立満三十年記念誌』台北：台北第三高等女学校同会学友窓会,1933 年,p.370.

196）「会報　臨時会」『台湾教育会雑誌』4 号,台湾教育会,1902 年 3 月,pp.66-67.

197）1900 年、台北県庁管内公学校の女生徒は合計 448 人であり、そのうち纏足女子は 360 人。「纏足区別」『台湾日日新報』,1900 年 5 月 18 日:3.

198）台湾教育会編『台湾教育沿革誌』台北：台湾教育会,1939 年,p.265.

199）台湾教育会編『台湾教育沿革誌』台北：台湾教育会,1939 年,p.265.

200）游鑑明「日據時期台湾的女子教育」台北：国立台湾師範大学歴史研究所修士論文,1987 年,p.288.

201）「体操科教科ニ付キ各廳長ヘ通牒ノ件」『台湾総督府公文類纂』1904 年 6 月 2 日永久保存第 73 巻.

202）「女生徒の体操教科に就いて」『台湾日日新報』,1904 年 6 月 7 日:2.漢文版の部分は、「女生徒之体操」『台湾日日新報』,1904 年 6 月 8 日:3.を参照されたい。

203）「台北庁学事一斑」『台湾日日新報』,1905 年 5 月 19 日:2.

204）台湾教育会編『台湾教育沿革誌』台北：台湾教育会,1939 年,pp.720-721.

205）呉氏治「二十四年前の懐旧談」『創立満三十年記念誌』台北：台北第三高等女学校同会学友窓会,1933 年,p.373.

206）「士林女学校の卒業式」『台湾日日新報』,1904 年 4 月 5 日:2.「士林女学校卒業式」『台湾日日新報』,1904 年 4 月 6 日:3.

207）小野正雄編『創立満三十年記念誌』台北：台北第三高等女学校同会学友窓会,1933 年,p.74.

208）藤黒総左衛門「三十年前の女子教育」『台湾教育』391 号,台湾教育会,1934 年 12 月,pp.71-72.

第二章
解纏足移行期の学校女子体育
（1906-1914 年）

第一節　解纏足移行期の台湾の社会的背景

第一項　人種差別政策の背景

1905年、日露戦争の勝利により、日本の国際的地位が高まり、日本国民の意気も高揚したが、この戦争の勝利は台湾社会民心にも大きな影響を与えた。同時に台湾人は日本人として生存しなければならないとの自覚が高まるようになった。つまり、台湾人の清国復帰の夢は遂に破られた。かくて台湾社会民心の不安動揺は漸次静穏の時代に移っていった。また、台湾社会民心が次第に静穏になると、同時に、いかにして日本人と同等の生存者たるべきかを考えるようになり、さらに自ら日本近代学校教育を受けるべきであるとの考慮が生じ、向学心が盛り上がってきたとされる[1)]。

しかし、この時期の植民地教育方針の大きな特徴は差別待遇と隔離政策であり、台湾総督府は差別政策に基づいて漸進的に同化教育を展開していくこととなる。

さらに、台湾総督府は、法的には「六三法」「匪徒刑罰令」などで厳しく台湾人を牽制し、統治手段には「保甲制度」と警察管理によって台湾人の言論行動を監視した。こうして台湾人の反日運動は次第に弱くなり、生きていくために統治者の強権下で屈服し、差別的な待遇を受け入れなければならない時期が到来した[2)]。

1906年、日本政府は台湾総督の権限を削減する理由として、あるいは台湾の治安状況を改善する観点から、帝国議会に「台湾ニ施行スヘキ法令ニ関スル法律案（通称「三一法」）」を提出し、可決公布された。「六三法」と「三一法」に本質的な違いはなく、台湾総督は、依然として律令制定権と緊急命令権を持ち、ただ総督の立法権が若干削減された。また、以前と変わりなく、台湾人の民意は無視された。すなわち、台湾に施行する法律は総督の命令である律令を原則とした。被統治者にとって、「三一法」は依然として苛酷な法律であり、差別的な法律であった[3)]。

一方、1905年の日露戦争後、台湾総督府は財政独立の目的をついに達成したが、台湾経済の略奪、殖産興業を目的として、日本内地の企業、資本家は台湾総督府の保護政策下で、台湾になだれこんできた。後に、植民地政府の直接間接の援助により、台湾事業界のすべての支配を内地資本家が掌握した。また、旧慣調査によって、台湾の山間地帯の林業、鉱業、農業などの資源は豊富であることが統治者側に確認され、森林開発事業のため、あるいは山地への安全進出のためにも、山地行政の刷新は必要なことであると認識された。すなわち、台湾の山間資源を開拓して略奪するために、蕃地の武力掃討作戦の方針が決められ、いわゆる「理蕃事業」に取り組んだ[4)]。

以上のことから、この時期において台湾総督府は「人種差別政策」という施政方針で統治を展開し始め、日本帝国主義による台湾経済の略奪も始まったのである。

第二項　人種差別政策の始まりと展開

児玉総督、後藤民政長官の時代には、台湾統治の目標は第一「土匪掃蕩」、第二「財政独立」、第三「理蕃政策」に分けられ、一歩一歩確実に目的を達成することを期した。かくて 1902 年に第一の目標は達成され、1905 年には第二の目標も達成された。第三の目標は次の佐久間左馬太総督によって遂行された[5)]。

1906 年 4 月、佐久間左馬太が第五代台湾総督に就任し、6 月 19 日の地方長官会議の席上で、前総督は土匪を平定し殖産振興の道を開き台湾経営の基盤を築いており、自分に課せられた最大の問題は理蕃事業と産業政策であると述べている。これによって、前児玉総督、後藤民政長官の時代に築かれた近代化への基礎をさらに強固にし、服属しない山地原住民の弾圧、植民地の殖産興業、及び台湾経済の略奪を達成することは、佐久間総督の主な施政方針になっていたのである[6)]。

この時期において、台湾人の大規模な反日運動は殆んど鎮圧されたが、統治者の圧迫に対抗する事件は依然として存在している。特に、1907 年以後の反日運動は日本統治初期にみられた純粋な異民族の征服を反抗・支配するための性質とかなり違い、植民地統治の圧迫に対して政治的な従属、経済的な略奪などの問題から惹き起こされた武力抵抗である[7)]。例えば、1907 年 11 月の「北埔事件」、1912 年 3 月の「林圯埔事件」、1912 年 6 月の「土庫事件」、1913 年 1 月の「羅福星事件」、1914 年 5 月「六甲事件」があったが、いずれも鎮圧された[8)]。1915 年 6 月の「西来庵事件」の前後に至り、台湾人の大規模な武力抵抗は終息した。その代わりに、台湾の抵抗運動は合法的な政治運動へと移行していった[9)]。

また、佐久間総督の就任以来、山間資源の調査、森林事業の開発、耕地面積の拡大などのために、1906年4月14日、台湾総督府に蕃務課を設置し、さらに本格的な理蕃事業が開始された。つまり、過去の撫育方針の理蕃政策を転換し、山岳地帯に在住する蕃人に対して鎮圧・討伐が展開された。1906年から1909年までの間には、総督府は軍隊、警察による大規模な武力行使を展開して合計18回の鎮圧・討伐を行った。そして、1910年には「討蕃五ケ年計画」を立て、約1,624万円の巨費を投じて、全島12地域の蕃人を徹底的に鎮圧することを決定した。結局、1915年までの5年間に、蕃人の抵抗は平定され、ついに山間奥地の産業開発の大きな障害を排した[10)]。

一方、漢民族と原民族への抵抗運動を弾圧すると同時に、一連の調査及び建設計画に基づいて、台湾総督府は基隆・高雄の築港事業、縦貫鉄道の開通、阿里山の開発、電信・電話の増設、水利・水道の建設、糖業の発展、台湾茶の輸出奨励、米穀の品種改良、日本人の移住事業、水産業の近代化、衛生環境の改善、教育施設の拡充などの社会環境の整備を求め、産業開発や交通建設や公共施設の基盤工事が積極的に行われている。これにより、台湾はさらに近代化し、住民の生活水準も向上していった[11)]。また、産業近代化への台湾には、生活水準が徐々に向上するにつれ、風俗改良の教化運動の風潮もようやく起きてきた。すなわち、1911年2月11日の紀元節に大稲埕で断髪会が起き、風俗改良会・同風会などの社会改良・社会教化団体の設立が漸次増加してきた。そのため、台湾社会において女子纏足や男子辮髪の風俗も次第に消滅していき、新しい気運を開いたのである[12)]。

しかしその反面、日本帝国主義の台湾植民地への経済的な略奪が次々に行われた。例えば、日本内地政府への関税と砂糖消費税の上納である。また、差別待遇により、台湾人に対して直接税（地租、契税、所得税、消費税）、間接税（阿片、食塩、樟脳、煙草、酒など）という重税徴収制度が実施された。さらには、統治側は台湾人に対して苛酷な法律を実行し、台湾人に参政権を与えず、言論・出版の自由も禁じている[13)]。

ところで、台湾総督府は植民地開発のために台湾人に対しある程度の教育を与えなければならなかった。その教育は国語及び国民性涵養を主眼として、初等教育並びに、国語訓練的な中等教育及び実業教育であった。この教育政策は台湾植民地の産業開発のための労働者、あるいは植民地統治のための学校教員、技術者、協力者を養成していくという統治者の愚民政策である。しかも、これら台湾人を収容する学校は、日本人のための学校と区別され、一段と程度の低いものでしかなかった[14)]。

以上を総べれば、この時期には、台湾総督府は法律、経済、言論、教育などの方面から台湾人に均等の機会を与えておらず、あらゆる面で人種差別政策が展開された。また、台湾総督府の保護政策下で、日本資本家は台湾へ進出し、台湾の経済を独占した。しかし、近代文明に接した後の台湾は、各方面で一定の発展が生じ、社会の面目を一新したことも事実である。

第二節　解纏足運動の進展と観念の普及

1904 年の頃、台中、彰化、南投、斗六、嘉義の五庁聯合会で台湾総督府に「纏足禁令ヲ発布スル件」を建議事項として提出していたが、台湾総督府はまだその時機ではないとして、この建議事項を採用しなかった[15)]。また、第一章第二節に述べたように、黄玉階は 1900 年、「台北天然足会」の結成を皮切りに、台湾の各地方でも続々と纏足解放を唱える団体を成立していった。しかし、ブームは長続きせず、1905 年の段階で、纏足を解いた女性は 1 %にすぎなかった[16)]。

1905 年以前、解纏足運動の推進はまだ順調ではなかったが、学校教育、マスコミの報道、民間団体を通じて解纏足の重要性が宣伝され始め、台湾社会に一定の影響を与えていた。一方、1905 年の日露戦争後、台湾社会民心が次第に静穏になり、台湾社会は産業、交通、衛生、教育などの近代化を促進するにつれ、解纏足運動も新たな段階に発展していった。

そして、1911 年に中国大陸の辛亥革命が勃発し、中国各地方で辮髪を切り落とすことが流行した。加えて、中華民国の成立後、1912 年 3 月 13 日、臨時大総統孫文は内務部に命じて各省に纏足を禁じさせた。これらの一連の中国社会の変動は、当時の台湾社会にも大いに影響を与え、断髪運動及び解纏足運動の気運が台湾全島の各地方に一気に盛り上がった[17]。すなわち、1911 年の辛亥革命後、これらの刺激を受けて台湾の解纏足運動が急速に高まり、解纏足の観念は台湾社会に幅広く普及していったと考えられる。

では、1906 年から 1914 年までの間、台湾における解纏足運動は具体的に一体どのように進展していったのだろうか。また、台湾社会の人々は解纏足の観念に対してどのように認識していたのだろうか。これらの問題を明らかするため、以下、辛亥革命以前の解纏足運動と辛亥革命以後の解纏足運動に区分し、新聞、雑誌、書籍などの関連記事から検討する。

第一項　辛亥革命以前の解纏足運動

1．解纏足運動の状況

さて、辛亥革命以前の解纏足運動の状況をみてみよう。

『台湾協会会報』の「台湾風俗の推移」では、1906 年頃の台湾解纏足の状況を次のように述べている。

> 「婦女人の纏足を解く事は男子の辮髪を切ることより困難にて一時非常の勢なりし天然足会も今は台南にて時々有志者の小会合あるのみにて他は火の消えたるが如くなれり唯各地の学校にては時々進んで解纏をなすものあり一般家庭に於ても従前ならば纏足すべき時期になりても其儘大きくし置くもの亦少からず是も漸次其数を増し来るべしたゝ纏足の習慣ある所にては娘の天然足なるは婚家の困難を感ずること多きを以て容易に此風を翻すこと能はざるべし因みに夫の基督教徒の如きは皆纏足の風なしといふ」[18] と述べている。

上述により、台湾全島の解纏足運動の発展は予期したほどではなかったのであり、地方の少数の有志者のみ解纏足運動を推進していたことがわかる。また、1906 年に至るまで、普通の家庭には、従来よりは纏足しない風が漸次増加してきたが、纏足は当時の婚姻と深く結び付いており、この風習を取り除くことは容易ではなかったことが窺える。

しかし、留意したいのは、学校教育を中心として解纏足の宣伝が台湾各地方にも影響を及ぼしていたことである。その内容については、本章の第三節第二項、第三項で検討する。

一方、当初大規模な解纏足運動の推進はあまり順調ではなかったものの、1905 年以後、この状況は地方から改善し始めていった。以下、『漢文台湾日日新報』、及び『台湾日日新報』の記事からみてみよう。

①1905 年 7 月、嘉義の「解纏足之盛況（解纏足の盛行：筆者）」：最近、嘉義の婦人は纏足の害を理解し始め、解纏足者が増えてきたのである。例えば、糖市仔街に住む好阿さんは解纏足後、台南の内地人の嫁になった。仁武街の劉玉燕さんは解纏足後、台北の女学校（国語学校第二附属学校：筆者）に留学した。嘉義の地域では、16 歳以下の女子は 1,500 余名、その内 10 歳以下の女子には纏足者がおらず、10-16 歳の女子は約 85%が解纏足していた（筆者訳）[19]。

②1907 年 1 月、新竹の「天然足之風漸盛（天然足風潮の漸進：筆者）」：近年、天然足の風潮が盛んになってきた。その風潮は観音菩薩の裸足に見習った華厳教（大乗仏教の宗派のひとつ：筆者）の女信徒から始まった。また、内地人に雇用された貧しい本島人女子は、纏足習慣のない内地人の婦人の自然な動作をよく目にしたため、天然足に倣う者がだんだん増えてきた。さらに、最近の維新の知識階級は纏足の危害を理解しており、自分の娘に纏足をさせないのである。ゆえに、天然足の風潮がますます盛行しているのだろう（筆者による要点翻訳）[20]。

③1908 年 4 月、台南の「纏足漸移（纏足の漸次減少：筆者）」：いわゆる南部地方の文明の発達程度が北部よりやや遅れているということはよく聞いていた。しかし、仔細に観察すると、これは事実ではなく、北部に勝る進歩が見られる。例えば、台南市第一公学校の女生徒の纏足者には干渉及び勧誘をしなくても、解纏足をする者は徐々に増加している。これは、文明漸進の一つの例証であろう。これらの解纏足の女生徒の内には、もちろん入学以前からの天然足者も存在していた。入学後に解纏足した者も合計すると、およそ全女生徒の八割は纏足していないのである（筆者訳）[21]。

④1909 年 3 月、「澎湖島の纏足矯正」：澎湖島の婦人は獨り農業のみに限らず漁業をまで助けて非常に勤労することなる…纏足の為めに常に其労力を殺ぎつつあるは慨嘆すべき次第なれば何とかして一日も早く此陋習を矯正せんとて脇本庁長在任の当時告論を発し明治三十四年以降に出生したる女子にして既に纏足せるものは成るべく之を解かしめ未だ纏足せざるものは之を禁ずべきことを保甲規約と為さしめ客年以来之を実施を励行するに至りし…昨年の調査に據

れば三十四年以降に出生したる女子の総数は網支庁管内を除き四千三百五十五人にして内纏足せるもの二百七十五人纏足を解きたるもの五百七十九人纏足せざるもの三千五百一人なり又全体の女子に就き調査したるものを聞くに纏足したるもの一万八千五百六十五人纏足を解き居るもの六百三十八人纏足せざるもの三千五百七十一人なれば三十四年前に出生したるものにして纏足せざる女子は七十人なるを知るべし[22]。

これらから、次のことが窺えよう。①台湾の新竹、嘉義、台南、澎湖などの地方において、地方住民は纏足の危害を理解するにつれ、多くの地方女子たちは天然足を保持するようになり、あるいは纏足を続々解いていった。②纏足の風潮は特に、10 歳前後の女子から徐々になくなってきたことが推測できる。③纏足の害を徐々に理解してきたこと以外にも、仏教の推進、女子労働力の必要性、日本人女子の出現などは、解纏足運動を促進する重要な力になっていた。④1908 年 5 月、澎湖庁は纏足矯正の告諭を発布し、保甲規約を通じて 1901 年以降に出生した女子に纏足禁止・天然足奨励を命じた。また、澎湖庁の各村民はこの告諭を積極的に守っていった[23]。そのため、1909 年の調査によると、1901 年以降に出生した女子の天然足率は 80.4%、解纏足率は 13.3%、纏足率は 6.3%であった。この結果から、女子の労働力が必要とされる地方から纏足禁止に着手したことが、効を奏したことがわかる。さらに、澎湖庁の事例はおそらく植民地台湾の地方政府が公権力の立場から纏足禁止を打ち出した最初の例である。

なお、1908 年 12 月 6 日の『台湾日日新報』の「南部行政状況（続）」には、嘉義及び彰化における纏足の状況を次のように報道している。

「纏足の如き漸次減少する由にて嘉義街の如きは市内巡視殆ど一人の纏足者をも見ざる位なりき従て学校生徒の如きも纏足者殆ど絶無の有様にて彰化に於ける学生運動会に出席居たる多数の女学生の如きは孰れも草履又は下駄等を穿ち全く一人の纏足者を見ざりき…」[24]

上述より、嘉義市内は纏足者が少なくなっていたと見られ、嘉義及び彰化の学校には纏足生徒の姿も殆んどなくなってきたことがわかる。したがって、嘉義、彰化両地の解纏足運動の推進はかなり順調であり、その解纏足の効果も良好であったことがわかる。ちなみに、学校運動会を開催する場合、女生徒の足の状況を確認することには、生徒の身体健康の状態を把握する目的も付加されていたと考えられる。なお、纏足女生徒と運動会の関係については、本章の第四節第五項、第六項で検討する。

最後に、「禁纏足の励行」について、1909 年の『台湾日日新報』には、「纏足の是非利害は、最早訓諭説示するを俟たずして明かなれば、須らく保甲規約中に此悪習慣禁止の一条を加へしめ、課罰厳重、以て社会的風化力を助長せしめ、移風易俗の大事は元より法令のみを以て遂げ得らるべきに非ずと雖ども、擇ぶに時を以てすれば、敢て其難を憂ふべきなし、而も時機今や既に到来せり」[25] と、マスコミの報道は法令、保甲規約、罰金などの方法を通じて強制的な禁止措置を実施すべき契機が到来していたことを呼びかけている。すなわち、約十五年を費やした纏足風俗の改革は、当初の漸次禁止という間接的な勧誘期から強制禁止の直接的な干渉期へ移行していった。

以上を総べれば、1906 年から 1910 年までの間には、解纏足の風潮は新竹、彰化、嘉義、台南、澎湖などの各地方から台湾全島へ漸次盛行していった可能性が高いと考えられる。つまり、これらの地方の経験は、全島に様々な解纏足運動を促進する上で多くの現実的示唆を与え、1911 年辛亥革命以後の台湾全島の解纏足運動の飛躍的な成長に向けた土台を築くこととなったと考えられる。

2．解纏足をした新女性のイメージ

既に述べたように、纏足禁止を公布した前の日本植民地政府は水面下で学校教育、マスコミの報道、民間団体を通じて間接的に解纏足運動を促進していった。これらの手段の中で、特に『台湾日日新報』は模範的な植民地新聞として、解纏足運動の宣伝という役割を担うことになった。したがって、『台湾日日新報』は解纏足運動の最新状況及び解纏足の観念を報道するのみならず、近代文明としての解纏足女性のイメージを台湾社会に伝える方法を通じて、解纏足の勧誘及び女子の解放を求めるようになっていた。以下、『台湾日日新報』にみられるいくつかの解纏足女性の例を挙げてみよう。

①1906 年 4 月の「看護婦生徒」：…今回の艋舺学校より二名此募集に応じたるものあり中一名は今春同校を卒業し一名は五年を修業したるものにて共に月の初めより日々赤十字医院に通ひてその練習を受け居れるが…此両人は共に纏足し居れど医院の方針は強て解纏などを求めずとも自然に看護婦といふ仕事に趣味を感じ来らば自ら進んで縛りたるものを解き去るに至るべく…内地看護婦の免許状を有する人は現に十五圓なれば右の本島女子も十二圓位は支給せらるゝならん…[26]。

②1906 年 5 月の「女子教育の進歩」：試みに数年の前を顧みれは台湾の女子にて家の外出づるものは極々下等のものゝみにて中流以上の家庭にては其娘を奥深く仕舞ひ込みて容易に外に出さず…尤も単に生徒数が多くなりたるのみにては余り安心の出来ぬことなれども教育其宜しきを得てそれぞれ旧思想の桎梏より脱せしめ或者は男子さへ躊躇する長途の旅行をなし遙かの南部より国語学校附属女学校に来り学び或ものは進んで公学校の教師となり或者は方面の新らしき看護婦稽古をなさんとし其他牢として抜くべからざるほどの旧習たる纏足を解けるものも頗る多し…[27]。

③1906 年 11 月の「本島女教員と其成績」：台南第一公学校は曩に同校出身の女生徒二名を国語学校第二附属学校に入学せしめて昨年卒業後直に雇教員として採用したるが…尚同地第二公学校出身者たる二名の女生徒も今現に附属校に在学しつゝあれば卒業の暁は前記同断の方法にて教員に採用することゝなるべしと因に右両名は何れも早く纏足を解きて普通の革製靴を穿ち一擧手一投足に至るまで何処となく活溌にして気立も殊の外快活なれば之等女教員に依りて女子教育の一端を開発するを得ば将来定めて有望なる効果を奏すること期して待つべしとは当路者の語る所なり[28]。

④1908 年 3 月の「文明婦人」：士林街の郭廷俊（台北の士紳、国語学校国語部の卒業生：筆者）の妻である郭氏春蕉は最初、士林女学校（国語学校第三附属学校：筆者）に入学し、文明教育を受けた。彼女は台湾式の服装だが、纏足を解いており、日本語が上手であるために、立ち居振る舞いが日本人女子によく似ている。彼女は、手芸科を卒業した後、直ぐ和尚洲公学校の女教員になり、在勤 6 年間を数える（筆者による要点翻訳）[29]。

以上の各事例により、『台湾日日新報』が宣伝したい解纏足の新女性のイメージとして、植民地近代学校教育を受けて、ついに纏足を解いた姿、加えて、解纏足後の行動が自由活発になって、近代文明の象徴でもあった公学校教員、看護婦などの新職業に従事する姿を挙げている。すなわち、これらの新女性は纏足の解放を通じて外出、就学、及び就職などの機会を獲得することができ、台湾の伝統的な纏足女性と比べて生活圏が比較的に拡大されたことがわかる。

また、注目したいのは、将来の台湾女子教育の発展を考える上で、植民地教育当局が解纏足の女生徒に大きな期待を寄せていた点である。つまり、これらの解纏足女生徒は、将来学校の女教員になれば、台湾における学校教育現場に存在する女教員の不足問題を解決することができるのみならず[30]、その解纏足の姿は近代植民地学校が解纏足を台湾各地方に宣伝する時、模範的な役割を担うことになると考えられたのである。

一方、『台湾日日新報』は近代文明教育を受けた女生徒を解纏足者のイメージとしてアピールしているが、次の調査資料によるとその実態は異なり、1906-1910 年の間には、学校の女生徒はまだ多くが纏足者であった。例えば、1909 年 6 月 30 日の「国語学校及公学校女生徒纏足及天然足種族別」の調査によると、国語学校第二附属学校の纏足率は 43.37％であり、全島の公学校の纏足率は 58.36％に達していた[31)]。したがって、台湾植民地政府の意図は『台湾日日新報』というマスコミの報道を利用して台湾社会に解纏足の新女性のイメージ、あるいは解纏足後の利益を宣伝し、間接的に纏足習慣を改革するよう進めていくことを期待していたと考えられる。

3．解纏足運動の観念の宣伝

第一章に述べた通り、1905 年以前、台湾において解纏足運動の推進者たちは纏足が身心の健康・発育・衛生を妨げること、緊急時に避難しにくいこと（例えば、戦争、地震、火事、水患などの時）、社会経済に悪影響を及ぼすことなど多くの言説をあげて、解纏足運動を推進し始めていった。しかし、大部分の台湾の女子はそれでも解纏足を行わなかった。美観と婚姻にまつわる伝統的な台湾社会の文化的風習はなお根強く強固だったのである。

1906 年から 1910 年に至るまで、上述の解纏足の理念は、新聞、雑誌などの記事を通じて、台湾社会に繰り返し宣伝されていった。さらに、この五年間には別な観点からも解纏足の必要性が具体的に主張された。以下、いくつかの記事を挙げてみよう。

①1906 年 3 月 17 日、嘉義地方において大地震があったため、多くの死傷者を出した。この状況について、1906 年 4 月 8 日の『台湾日日新報』で、「地震と台湾婦人」という記事を載せた。この記事の筆者であった水科七三郎の観察によると、女子の死傷者の比率は全体の 56％を占め、男子の死傷者の比率より高かったと述べ、多くの女子の死傷者は纏足者だと断定した。つまり、纏足による行動の不自由によって、避難が困難になっていたと指摘している。また、同記事には、纏足が身心に危害を与えること、産業の不振や倫理上の迫害となることなどの弊害を述べている。さらに、文末のところには、台湾社会に「卿等が纏足するが故に自ら好んで不幸なる運命を招くものなり」「卿等纏足者は一日も速に解纏を断行せよ又未だ纏足せざる小女は天然足を保護せよ」と、早めに纏足をやめるように呼びかけている[32)]。

四日後、上述の記事は『台湾日日新報』の漢文版にも掲載されたが、この記事の翻訳者はただ日本語版の内容を翻訳するのみならず、自分の感想、纏足の弊害及び解纏足の勧誘も付記している。注目したいのは、この付記が、体育学にも触れていることである。

> 「世界の文明国は、体育学、及び衛生学を重んじている。これらは人類の理、万事の母である。身体壮健となれば、精神活溌となり、何でもできるのである。若し、婦人を投獄し、玩弄物と扱うようになれば、これは体育、及び衛生の理と大いに相違するなり（筆者訳）」[33]

上述の観念はおそらく漢文版で初めて行われた体育学、及び衛生学を通じて、台湾社会に呼びかけて解纏足を勧誘する言論と思われる。また、この記事の翻訳者は、纏足が女子の発育、身体健康を阻害することを知るのみならず、特に体育・衛生の原理と大いに相違することも認識していたことがわかる。すなわち、当時の台湾社会の知識階級は世界の文明国が体育学、及び衛生学を重視することを徐々に理解し始めており、『漢文台湾日日新報』というマスコミの報道を通じて台湾社会に纏足をやめるように勧めたのである。

ちなみに、1907 年 5 月 5 日、宜蘭地方の学務委員、台湾士紳であった蔡振芳は、『漢文台湾日日新報』の「婦人纏足」で、再び同じ言論を引用し、台湾社会が早く解纏足すべきことを唱道した[34]。したがって、体育学、及び衛生学の解纏足の観念は台湾の士紳階級に伝播していたことが窺える。

②1907 年 7 月の「説纏足之害（纏足の害を説く：筆者）」には、「台湾は日本帝国の版図となって十数年来、すべての事業が徐々に栄え、まるで面目を一新している。しかし、私の関心は本島婦人の纏足にある。この習慣は衛生、及び生産力と大いに関係があり、この陋習を取り除かなければならない…纏足の弊害は以下の通りである。1.人道に背くこと。2.利益に害すること。3.生活を阻害すること。4.衛生に悪影響を及ぼすこと（筆者による要点翻訳）」[35] と、纏足が衛生上や経済上に様々な弊害をもたらすことを指摘している。

③1908 年 12 月の「纏足之弊宜矯（纏足の弊害を矯正すべき）」には、「改隷以来、本島の文明は徐々に向上しているが、旧慣をまだ除去していない者も多い。特に、纏足の問題が甚だしい…解纏足を励行していくなら、その責任は女子でなく、男子にある。なぜなら、男子は天然足者の嫁を取らないという根強い考え方があるからだ…（筆者による要点翻訳）」[36] と、当時台

湾の男子の纏足の嫁を求める風俗習慣を指して、解纏足の責任は男子にあると述べている。また、同報道には立法措置や学校教育、保甲規約などの方法を通じ、解纏足を強力に推進していくことの期待が示されている。さらに、同報道では纏足は衛生にも大きな害を与えていたと指摘しており、女子教育から解纏足を促進していく重要性も強調している。なお、女子教育の中で生徒たちが自身らを比較して解纏足の必要性を知り始めていた様子を次のように述べている。

「外へ出て教育を受ける女子が徐々に増加している。最近、教師から聞いたことによると、学校には纏足者と纏足しない者がいるそうである。その生徒たちは自身らを比較して、纏足の不便と纏足をしない身体の便利さを理解することができる。また、自身の纏足の弊害を知ったら、纏足を解かない者は少ないであろう（筆者訳）」[37)]

上述により、学校で女子天然足者が増加していくと共に、学校が女生徒に纏足の不便と天然足の便を見分ける機会を与えていたことがわかる。また、天然足女生徒による自由に体を動かす具体的な様は、纏足女生徒がまねをする対象になっており、解纏足に拍車をかける力になっていたことが考えられる。さらに、学校の体育授業、遠足などの身体活動を行う時には、「纏足をした身体の不便と纏足をしない身体の便」という差は、一目瞭然であったと思われる。なお、学校の解纏足と身体活動に関する検討は本章の第四節に譲りたい。

第二項　辛亥革命以後の解纏足運動

1910 年以後、中国大陸は革命の影響を受けて、断髪の風潮を徐々に盛り上げていった。その風潮はまもなく台湾社会に伝播した。1911 年 1 月 25 日、黄玉階と謝汝銓は清国の俗習であった辮髪が日本への同化に妨げとなることを認め、「漸次国習に循い母国に同化する」という目的を目指し、加えて不便、不衛生などの理由を挙げ、「断髪不改装」を組織した[38)]。そのため、同年 2 月 7 日に佐久間総督は官邸で黄玉階、謝汝銓らを召見し、「断髪不改装」を組織したことを称賛した。同時に、佐久間総督は単に台湾社会における男子の辮髪旧慣に注目するだけではなく、女子の纏足問題にもかなり強い関心を持っており、台湾社会に存在する男子辮髪、及び女子纏足という弊風を併行して除去することを期待しているという見解も述べていた[39]。

その後、断髪の風潮が次々に台湾全島を風靡するにつれ、台湾各地の断髪者は急速に増加していったが、解纏足運動の推進はまだまだ時勢の赴くところではなかった[40]。このような状況に対して、1911年4月〜7月の『台湾時報』は「女子解纏足会はあまり盛行していないし、青年の女子たちはまだ解纏足をしたくない（筆者訳）」「約10年前に、天然足会を組織したが、解纏足運動の推進は完全には実施されず、解纏足者は極めて少ない（筆者訳）」などと述べ、約10年間にわたって行われた解纏足運動の結果を批判した。また、同報道は断髪運動の風潮を利用すると同時に、解纏足運動の不調の難局を打開していくという改善策を報じている[41]。すなわち、当時の台湾社会は今まで推進した解纏足運動に対していささか失望していたため、断髪運動を台湾各地方に推進する際には、解纏足運動も一緒に行うよう期待したのである。このような解纏足運動の改善策は一体どのように進められたのだろうか。以下、二つの例を挙げてみよう。

①1911年4月の「解纏足者百名」：去る日嘉義庁下樸仔脚にては八十余名の断髪者ありしが今又鹽水港管内太子宮に於ては解纏足の擧あり客月二十二日明治三十年以後出生の女子百零五名は受持巡査の尽力にて保正保甲等が勧誘せし結果纏足を解きたる此方一二人宛例に習ふものを生じ今日に至りては地方の解纏足者総計百二十三名に及べりと男子の断髪と相並びて寔に結構なる傾向と称すべし[42]。

②1911年5月の「台南断髪状況」：…台南庁に於て断髪は唯だ勧誘に止めて別に強制を加へざる方針の内容なるも纏足は辮髪と異なり人道に関する問題なるより保甲規約を以て蹠趾彎曲して恢復の望みなきものを除くの外二十歳未満者の纏足は悉く之を解かしめ児女に対しては無論纏足せしめざること違約者は保甲処分を受くるの制裁なるを以て久しき問題たりし悪習慣も漸く其跡を絶つに至るべしと云ふ…[43]。

以上から、次のことが窺える。

①1911年3月22日に嘉義庁下樸仔脚の解纏足の展開状況は、地方の警察、保正、保甲を通じて1897年以後（約14歳以下）出生の女子105名に解纏足を勧誘していたことがわかる。約2週間後、地方の解纏足者は123名に達しており、男子の断髪人数に相当するという良い結果がみられる。三日後、『漢文台湾日日新報』には嘉義庁下樸仔脚の太子宮の解纏足の状況については、「これは文明の進展として喜ぶべき現象だが、この現象を模倣する地方はまだ聞

いたことがない。纏足は身体に最も有害であり、労働を最も阻害する要因である。本島人は纏足の弊害を知っているが、それでも解纏足を行わなかった。本島人は非常に頑固である。纏足を禁止するには法律に頼らなければならない（筆者訳）」[44] と述べ、纏足風俗の根強さとそれゆえに法律の手段で改善しなければならないと指摘している。

②1911 年 5 月から、台南庁は男子の断髪を奨励すると同時に、人道的な問題として、20 歳以下の女子に対して纏足禁止と纏足解放の項目を保甲規約に加え、強制的に解纏足運動を推進していったことがわかる。結果、『台湾日日新報』によると、1911 年 8 月 23 日まで、台南庁において約 9,929 名の女子はすぐに纏足を解いたと報道した[45]。したがって、このような強制的に纏足禁止を実施する施策によって、台南庁地方政府が纏足習慣を改革することに成功し、長い間台湾社会に存在していた纏足問題をいかに解決したかその方法を示していた。この経験は、台湾総督府が後に全面的に纏足禁止と解纏足奨励を実施する鑑となったと考えられる。

1911 年 5 月の台南庁が断髪運動と纏足禁止を実施して以後、台湾各地の解纏足運動が再び盛り上がった。例えば、①1911 年 5 月 28 日の淡水解纏足会の開会[46]、②1911 年 7 月 5 日の北斗支庁の断髪解纏発会[47]、③1911 年 8 月 14 日の台北解纏足発会式（発起者：陳宇卿【参事であった洪以南の夫人】、施招【艋舺区長であった黄應麟の夫人】）[48]、④1911 年 11 月 3 日の宜蘭解纏足発会式[49]、⑤1911 年 11 月 8 日の台中解纏足運動（発起者：区長であった張錦上の夫人）[50]、⑥1914 年 10 月 26 日の鹿港解纏足会[51]、⑦1914 年 11 月 25 日の彰化解纏足会（発起者：区長であった楊吉臣の夫人、参事であった呉徳功の夫人など。）[52]、⑧1914 年 12 月 6 日の員林解纏足会[53]、⑨1914 年 12 月 8 日の阿罩霧解纏足会（発起者：林献堂の夫人、林烈堂の夫人など）[54]、など台湾各地方の解纏足運動を展開した。

上述の事例から、1911 年以後の解纏足会の発起者は男性だけでなく、多くの婦人も次々に解纏足運動に参加するようになったことがわかる。また、各地方リーダーの妻たちが解纏足会を発起し、纏足解放を唱える会を組織した例もみられる。このような状況から、女性の中でも纏足に対する考え方の転換期を迎えたことがわかる。こうして台湾の女子は新しい時代に踏み出すことができた。

一方、留意したいことは、1911 年 8 月 14 日に国語学校附属女学校（艋舺公学校の内）において台北解纏会と愛国婦人会が連携した発足は、全島各地方の公学校生徒や父母に大きな影響を与え、各庁や地方でも続々と解纏足会が発足した[55]。その具体的な影響について、『愛国婦人会台湾支部貳拾五周年』には、「女子公学校及び各公学校女児の不纏足と解纏足とは、大に旧慣打破に効を奏して漸次老婦の迷夢を醒し、一般中流婦人を風靡せり。然して上流家庭のものは自然此の大勢に促され愛児の教育に導かれ、又陰に支那大陸の変遷を耳にする等漸く覚醒を見るに至れるなり」[56]とあり、台湾社会において強固な纏足風潮も日に日に衰退し、公学校の女生徒から社会の婦人までの解纏足、あるいは不纏足の潮流は台湾社会に幅広く浸透していたことを指摘している。また、同日の『漢文台湾日日新報』は「国民須知」というタイトルを付けて、日本語と漢文で台北解纏足発会式の情報、及び解纏足が急務であるとの論述を報道した。日本語の内容は以下の通りである。

「習慣ワ第二天性ダト云ツテ。中々一朝一夕ニ易ラレルモノデナイ。然シ良習慣デアレバ。何時マデモ保存シテ宜シイガ。悪習慣デアルトキハ。一日モ早ク易エナクテワナラヌデス。聞ク《（ママ）》バ本日艋舺公学校ノ講堂デ臺北人士ノ解纏式オ舉ゲラルルソオデアリマスガ誠ニ喜シイコトデアル。纏足ト云ウワ生蕃ノ黥ヨリモ野蛮ナ習慣デ。女ノ足オ小サイ時ヨリ帛デ縛シテ畸形ニナシテソレオ喜ブノワ。豈ニ殘酷ノ極デワアリニ《（ママ）》セヌカ。見ヨ。纏足ノ婦人ワ、凡テノ運動ガ不自由デ、稍モスレバ、仆（タオ）レル心配ガアルノデス。ソレデ夫オ助ケテ仕事オスルコトモ十分出來ナイシ、生ンダ子供モ弱イモノガ多イ。ナンデモ唐ノ前ノ時ヨリ既ニ纏足者ガアリマシテ、爾來年ト共ニ纏足ノ弊習ガ跋扈シテ來タノデス。コノ點ニ於テ決シテ民族ノ為ニ宜シクナイ。断髪ヨリモ解纏ノ方ガ一層必要ダト、我々ワ思ツテ居ルガ男ノ方ガ断髪シナケレバ女ノ方ガ、亦解纏シナイノデス。故ニ断髪会ノ後ニ解纏会ノ出來テキタノワ、寧ロ當然ト云ツ《（ママ）》テバナリマセヌ」[57]

以上のことから、『漢文台湾日日新報』の「国民須知」には、纏足習慣は生蕃の刺青より野蛮であり、纏足が女性身体の奇形をもたらす残酷な習慣であり、纏足による身体活動が十分に行えず、運動を自由自在に行うことができず、産んだ子供も弱いものが多いなど多くの点で台湾人女子の心身、台湾の民族に悪影響を及ぼすと報道している。また、台湾社会において男子の断髪問題を取り除くことができなければ、女子の纏足問題もうまく解決することができないと、当時の台湾社会に存在している男女の悪習に対して問題解決の順序を決めていたことを示している。

加えて、『台北州宜蘭公学校創立四拾周年記念誌』『台湾旧慣冠婚葬祭と年中行事』には、1911年10月頃、中国大陸においては革命が成功し、中華民国の世となる時勢変遷の上で、纏足や辮髪を改めなければならない風潮は急速に中国全土を風靡し、台湾にまで怒濤のように押し寄せてきた[50]ということから、時局の推移をきっかけに断髪運動及び解纏足運動の気運が台湾全島の各地方に盛り上がったことがわかる。

その後、『台湾日日新報』の報道によれば、①1911年11月頃、鳳山では10,295名の解纏足者[59]、②1912年2月頃、打狗では6,557名の解纏足者[60]、③1912年3月頃、阿公店では17,015名の解纏足者[61]、④1912年4月頃、台中庁の沙轆支庁では3,000余名の解纏足者[62]、⑤1913年10月頃、宜蘭では832名の解纏足者[63]、⑥1913年11月頃、鹿港では1,800余名の解纏足者[64]、⑦1914年11月頃、彰化では15,500余名解纏足者[65]、⑧1914年12月頃、員林では14,000余名の解纏足者[66]、など台湾全島の各庁や地方において纏足者は続々と纏足を解き始めた。

しかし、呉文星の研究によれば、この時期の解纏足の状況は断髪運動が急速に高まると共に、解纏足運動も盛り上がり、一部の地方においては良い効果を収めていたが、台湾各地方による解纏足運動を推進するやり方が不統一であったため、台湾全島にまでその成果は上がらなかったと指摘している[67]。つまり、この時期の解纏足運動の進展は1911年以前より一歩進んでいたが、台湾全島の纏足女子を全面的に解放する契機とまではまだ至っていなかったと言えよう。

第三節　解纏足移行期の学校女子教育

第一項　学校女子教育の概況

1．台湾公学校の女子教育の概況

本章第一節に述べたように、1905 年の日露戦争後、植民地台湾における初等学校教育としての公学校に入学を希望する台湾人子弟が年々増加をみせ、公学校の就学率が著しく増加してきた。また、「台湾公学校令」が公布された当時の 1898 年は、わずかに 55 校、約 2,400 名の生徒に過ぎなかったが、1907 年には 192 校、約 34,400 名の生徒数を算するに至った。したがって、従来の勅令による「台湾公学校令」では、「其の規定の事項に往々支梧を生ずる点」があったので、台湾総督府は 1907 年 2 月 26 日勅令第 14 号で「台湾公学校令」を廃止し、同時に律令第 1 号で新たに「台湾公学校令」を公布した。この改正によって、公学校教育はすべて地方税によって維持せらるべきものとなった。すなわち、公学校の設立、維持の費用は設立地域内住民の負担になり、その負担金の滞納には、租税滞納処分と同様な方法で徴収し得ることと改めた[68]。

また、新公学校令の公布の同日に、台湾総督府は府令第 5 号で、「台湾公学校規則」を改正した。改正された「台湾公学校規則」の主な事項は、以下の通りである。

第二条中「十六歳」ヲ「二十歳」ニ改ム

第三条　公学校ノ修業年限ハ六箇年トス但シ土地ノ情況ニ依リ四箇年又八箇年ト為スコトヲ得
公学校ノ教科目ハ修身、国語、算術、漢文、唱歌、体操トシ女児ノ為ニ裁縫ヲ加ヘ
修業年限八箇年ノ公学校ニハ理科、図画及男児ノ為ニ手工、農業、商業ノ一科目若ハ二科目ヲ加フ
土地ノ情況ニ依リ漢文、唱歌、裁縫ヲ缺キ又修業年限六箇年ノ公学校ニ在リテハ男児ノ為ニ手工、農業、商業ノ一科目若ハ二科目ヲ加フルコトヲ得[69]

改正された「台湾公学校規則」と改正前の規則を比べると、三つの特徴がみられる。

①「八歳以上十四歳以下」という入学年齢を緩和することを認め、「満八歳以上満二十歳以下」に改められた。植民地教育当局が公学校の就学率を上げようと意図したものと考えられる。②1904 年の「台湾公学校規則」が改正されて以来、公学校の修業年限は六ヶ年と規定されていた。しかし、実際実施した結果によれば、民度の低い地方では長過ぎるという意見が、また、民度の高い大都会ではさらに高等の学校と連絡を図る点などから短か過ぎるという意見が上がっていた[70)]。今回の改正では土地の情況によって、四ヶ年また八ヶ年となすことを得ると規定され、公学校教育は弾力性を持つことが認められた。③教科目については、従来の手工、農業、商業は男女共通の科目、随意科目と規定されていたが、今回の変更では、これらの科目を男子のみに課することとし、一科目若しくは二科目を必修とした。このような変更から、台湾植民地の殖産興業のための労働者養成という実業教育を重視する統治者の意図が窺える。

ちなみに、1907 年頃、公学校の女児教育の進展について、『台湾教育沿革誌』は、「公学校令実施当時は、女児は男児と席同《（ママ）》じうしていたが、斯くては女子の特性たる柔和貞淑の美徳を缺く恐あり、且本島の旧慣にも反するので、男女に依り学級を別つ事に改めたが、其の後社会の進歩は最早幼年者の学級を別つ必要を認めず」[71)] と述べられており、台湾社会が徐々に公学校の女子教育について理解を深めていたことに伴い、1907 年に至る頃には、「所謂男女七歳にして席を同うせず」という台湾社会の伝統的な観念を徐々に打破し始めていたことがわかる。したがって、台湾総督府は 1907 年 2 月 26 日訓令第 25 号で、「台湾公学校編制規程」の第四条「全校女児ノ数三十人以上ナルトキハ男女ニ依リ学級ヲ別ツ」を「第五学年以上ノ女子生徒三十以上ナルトキハ男女ニ依リ学級ヲ別ツヘシ」に改正した[72)]。

1898 年の「台湾公学校規則」が公布されて以来、約 14 年を経過し、植民地近代教育としての公学校教育がようやく台湾社会に定着しており、その発展にも著しい効果を上げていたが、時勢の変遷及び実施の成績に鑑み、いくつか改変を要すべき点が生じてきた。したがって、1912 年 11 月 28 日、台湾総督府は府令第 40 号で、「台湾公学校規則」を全面的に改正した[73)]。改正された「台湾公学校規則」の全条文は 94 条からなるが、その主な事項は、以下の通りである。

第一条　公学校ハ本島人ノ児童ニ国語ヲ教ヘ徳育ヲ施シテ国民タルノ性格ヲ養成シ竝身体ノ発達ニ留意シテ生活ニ必須ナル普通ノ知識技能ヲ授クルヲ以テ本旨トス

第二条　公学校ノ修業年限ハ六箇年トス但シ土地ノ情況ニ依リ四箇年ト為スコトヲ得

第三条　修業年限ハ六箇年ノ公学校ノ教科目ハ修身、国語、算術、漢文、理科、手工及図画、農業、商業、唱歌、体操、裁縫及家事トシ農業、商業ハ其ノ一科目ヲ男児ニ課シ裁縫及家事ハ女児ニ課ス

土地ノ情況ニ依リ漢文、唱歌、裁縫及家事ノ一科目若ハ数科目、農業、商業ノ中其ノ一科目ヲ闕クコトヲ得

第四条　修業年限ハ四箇年ノ公学校ノ教科目ハ修身、国語、算術、漢文、手工及図画、農業、商業、唱歌、体操、裁縫及家事トシ農業ハ男児ニ裁縫及家事ハ女児ニ課ス

土地ノ情況ニ依リ漢文、唱歌、裁縫及家事ノ一科目若ハ数科目ヲ闕クコトヲ得

第五条　第三条第二項及前条第二項ニ依リ教科目ヲ闕カムトスルトキハ庁長ニ於テ豫メ之ヲ台湾総督ニ報告スヘシ

第六条　公学校ニ実業科ヲ置クコトヲ得

第七条　公学校ノ教科目中児童身体ノ状況ニ依リ学習スルコト能ハサルモノアルトキハ学校長ニ於テ之ヲ其ノ児童ニ課セサルコトヲ得[74]

すなわち、この「公学校規則」の大改正においては、公学校の目的として徳育、国語教育、及び身体の発達、国民としての性格を養成することが強調されていた。また、『台湾教育史』には、今回の大改正について、「国民精神の涵養と勤労著実の習慣を得しめん事を目的としたものであり公学校教育の実際化、生活化を図らんとしたものである事が明かである」と指摘しており、「①修業年限は原則を六箇年とし土地の状況に依っては四箇年とする事が出来る、従来の八箇年公学校を廃止した。②教科目は新に理科、手工及図画、農業、商業、裁縫及家事を加へ農業及商業は其の一科目を男児に課し裁縫及家事は女児に課するものである。③従来の七学年八学年を廃して実業科を置いた。④毎週教授時数は従来に比し大に増加した、各学年を通じ二時乃至四時を増加した、第五六学年の如きは毎週教授時数三十二時に達した」と改正の特徴を述べている[75]。

つまり、今回の公学校規則の変更は国語、修身及び実学の三者並行となり、国民精神の修養と勤労著実に重点が置かれていたことがわかる。また、女生徒に課する裁縫及び家事という技芸科目の規定からみると、台湾人女子に対しても、女性の特性を育成していこうとする姿勢が窺える。

さて、日露戦争後の1906年から、第一次世界大戦の1914年まで、公学校女子教育はどのように発展したのだろうか。（表2-1参照）

表 2-1：公学校女子教育の発展概況（1906-1914 年）

年度	学校数	学級数	児童数（人）	就学率（%）	教員数（人）			学齢の女子数（人）	女子の就学数（人）	女子の就学率（%）
					内地人	本島人	計			
1906	180	568	31,798	5.31	281	455	736		4,095	
1907	192	601	34,382	4.5	293	459	752		3,770	
1908	203	672	36,898	4.93	322	557	879	329,615	3,350	1.02
1909	214	719	38,974	5.54	331	617	948	327,227	3,389	1.04
1910	223	784	41,400	5.76	329	673	1,002	340,039	3,773	1.11
1911	236	867	44,670	6.06	370	758	1,128	347,348	4,001	1.15
1912	248	955	49,554	6.63	451	808	1,259	355,230	4,879	1.37
1913	250	1,026	54,712	8.32	509	820	1,329	322,302	5,829	1.81
1914	270	1,156	60,404	9.09	581	867	1,448	338,092	6,827	2.02

出所：台湾総督府各年度学事年報,吉野秀公『台湾教育史』台北：台湾日日新報社,1927 年,p.201,pp.315-316.游鑑明「日據時代台湾的女子教育」台北：国立台湾師範大学歴史研究所修士論文,1987 年,p286.により作成

表 2-1 のように、1914 年の学校数、教員数、児童数と 1906 年のそれとを比較すると、学校数は 1.5 倍、教員数は 1.97 倍に増加し、児童数は 1.9 倍になっている。就学率は約 1.7 倍に増加したが、それでもまだ 10%にも達していなかった。しかし、『台湾教育史』によると、全体の出席率は 1906 年の 65.52%から 1914 年の 90.19%に達していたという[76)]。これらの各数値からみれば、穏やかな歩調ではあるが、公学校教育が次第に発展していった様子が見られる。

一方、1914 年の女子の就学数は、1906 年の数字と比較すると、約 1.67 倍に達していたことがわかる。また、1914 年までの公学校教育を受ける女子数は既に 6,000 人を越えていた。しかし、1914 年の女子の就学率は、わずか 2.02%に過ぎなかったという。しかも、『台湾日日新報』によると、1906 年の頃には、台湾人女子の向学心は漸次発達していたが、各公学校において女生徒が中途退学する傾向があり、その比率も高かった[77)]。

ではなぜ、日本の台湾統治開始から約二十年を経ても女子教育は不振であったのだろうか。以下、いくつかの『台湾教育』『台湾日日新報』の記事を取り上げ、この時期に

おける、台湾の公学校女子教育の発展状況を検討してみよう。

① 女子の就学は実に困難な問題でした、昔から女には学問をさせないもの学問させても人にやるのであるから何もならないと言ふ打算的方面の理由を一様に唱へて居ました。明治三十八九年頃であったかと思ひますが二名の女児を入学させましたが、人に笑はれると言ふので一人は三四日、一人は一ケ月程で退学してしまひました。其後また一人入学させましたが、その女の子は、男の着物を着て全く男生と同様の姿で通学して居ましたから、在学生以外の者はどれが女の子であるかを見分けることが出来ませんでした。男と同様に農業等を課して居たのです。広東部落は是で少しも差支なかったのです。此れ丈はとうとう感心に卒業しました[78]。

② 女生徒の早く退学する理由は啻に早くより後庭に籠らせて婚期を待つといふ慣習上の理由のみならず斯くの如く悲しむべき事由が一般女生徒の就学を妨害するなり然らば如何に之を処置すべきか[79]。

③ 全島各公学校に於て女児の就学を奨励し及び女児相応の教育をなす為め本島人の女教師を養成する必要あることは夙くより唱導せらるゝ所なり…現に全島を通じて公学校の教員たる本島人女教師三十余名あれど是等は孰れも裁縫科受持の雇教師に過ぎず自ら一教室を受持つ程の教師にあらずされば孰れの学校に於ても全教科に通ずる本島人女教師の輩出を希望する…[80]。

④ 本島人の男子教育は年々著るしき発達進歩を遂げ公学校の外に国語学校、医学校其他の特種教育を施すべき機関さへ設けられ…一方女子の教育は男子教育と同じく十年前より之を実施し居るに拘はらず未だ男子のそれに□（判読不能）ばざること甚だ遠く今全島公学校現在生徒の男女別を見るも男三万九千七百二十七名、女四千百十九名にして即ち女生徒は僅に男生徒の約十分の一に過ぎず斯くの如く本島女子教育の萎靡として振るはざるは独り教育上の研究問題たるべきのみならず…しかも此在学者さへ実際に於て日々出席するもの甚だ少数なりと云ふ一般本島人教育思想の未だ極めて幼稚なる事は女子教育不振の一原因なるに相違なきも公学校に於ける本島女子教員の缺乏は実に其直接原因なるべしと聞く…[81]。

上述をまとめると、近代女子教育の気風はまだ全面的に台湾社会に普及しておらず、1909年の数値によれば、台湾公学校の女生徒数はわずかに男生徒数の約十分の一に過ぎなかったということがわかる。また、1909年10月頃の『台湾日日新報』によると、当時の女生徒の出席率も低かったのである。具体的に言えば、台湾女子教育不振の理由は、主に二つの理由がある。

第一は、台湾人女子教員の欠乏が女子教育の発展を阻害していたことである。この問題は長い間台湾女子教育の現場にずっと存在していた。しかし、植民地教育当局は適当な解決の方法を提示していなかった。これに対して、当時の言論は公学校における女児の就学を奨励するため、台湾人女子教員を養成することが必要だと呼び掛けていたのである。

第二は、当時の台湾社会において女子教育に対する保守的な思想がまだ存在していたため、当時の女子は公学校に入学して近代教育を受けることがかなり難しくなっていたと考えられる。しかも、女子は公学校に入学することができるとしても、結婚適齢期に近くなると、公学校から退学して実家の後庭に婚期を待つという慣習もあった。つまり、台湾社会は女子教育に対して思想の幼稚、及び婚姻の習慣が女生徒の就学を阻害していたと考えられるのである。

図 2-1：1906 年頃、苗栗庁大甲公学校の女生徒

出所：台湾慣習研究会「苗栗庁大甲公学校女生徒」『台湾慣習記事』第 6 巻 5 号,1906 年 5 月,p.巻頭.
（国立台湾図書館所蔵）

2．国語学校第二附属学校（附属女学校）女子教育の概況

1905 年 12 月 13 日、「国語学校規則中改正」の要旨には、「第二附属学校の本科は、恰も公学校女子部の如き観があったのを改め、目下供給困難を感じつゝある本島女子教員を養成し、以て急需に應ずる事とした」[82] と、当時台湾の学校女子教員が足り

ない状況に対応した改革であったことが述べられている。同時に同校の目的は、「本島人女子教員ノ養成ヲ主トシ兼テ技芸教育ヲ施ス所トス」[83]と変更された。その結果、1906年4月5日、第二附属学校規程が改正され、本科の女児教育はこれを廃して八芝蘭公学校に引き継ぎ、同校は中等教育機関として、台湾における女教員養成という役割を担うことになり、純然たる中等学校となった[84]。

「台湾総督府国語学校第二附属学校規程」の全条文は10条からなるが、その主な事項は、以下の通りである。

第一条　本校ハ本島人女子ニ師範教育又ハ技芸教育ヲ施スヲ以テ目的トス

第二条　本校ニ師範科師範速成科及技芸科ヲ置ク
師範科及師範速成科ハ公学校教員タルヘキ者ニ必要ナル学科ヲ授ケ、技芸科ハ主トシテ手芸ヲ授ク

第三条　修業年限ハ師範科及技芸科ハ三箇年、師範速成科ハ二箇年トス

第四条　師範科及師範速成科ニ入学スヘキ生徒ハ年齢満十四歳以上二十五歳以下ニシテ公学校卒業者又ハ之ト同等以上ノ学力アル者トス
但シ師範速成科ニ限リ当分ノ内公学校第四学年ノ課程ヲ修了シタル者又ハ之ト同等以上ノ学力ヲ有スル者ヲ入学セシムルコトヲ得

第五条　技芸科ニ入学スヘキ生徒ハ年齢満十三歳以上二十五歳以下ニシテ公学校第四学年ノ課程ヲ修了シタル者又ハ之ト同等以上ノ学力ヲ有スル者トス

第六条　師範科及師範速成科ノ教科目ハ修身、教育、国語、漢文、歴史、地理、算術、理科、家事、習字、図画、唱歌、体操トス

第七条　技芸科ノ教科目ハ修身、国語、算術、理科、裁縫、造花、刺繍、習字、図画、唱歌、体操トス
但シ造花、刺繍ノ二科目ハ生徒ノ志望ニ依リ其一ヲ課ス

第八条　学年、学期、教授日数、休業日、入退学、服務及試験ニ関シテハ台湾総督府国語学校師範部乙科ノ規程ヲ準用ス

第九条　教科課程表ハ左ノ如シ（以下の通り：筆者）[85]

表 2-2：国語学校第二附属学校師範科課程表

学年＼教科目		修身	教育	国語	漢文	歴史地理	算術	理科	家事	習字図画	唱歌	体操	計
第一学年	毎週教授時間	一		七	二	二	三	二	七	二	二	二	三〇
	程度	人倫道徳ノ要領作法		話方、書方、読方、作文、文法	講読、作文	本邦地誌	整数、小数、諸等数	博物及理化学ニ関スル事項	裁縫、刺繍、編物、衣食住ニ関スル事項	楷行草臨画、寫生	単音唱歌楽器使用法	遊戯	
第二学年	毎週教授時間	一	一	六	二	二	三	二	七	二	二	二	三〇
	程度	同上	教育ノ大意	同上	同上	本邦歴史	分数、比例	同上	同上	同上	同上	同上	
第三学年	毎週教授時間	一	三	六	二		三	二	七	二	二	二	三〇
	程度	同上	同上教授法	同上	同上		百分算、開平、開立	同上人身生理	同上育児法	同上	同上	同上	

出所：小野正雄編『創立満三十年記念誌』台北：台北第三高等女学校同会学友窓会,1933 年,pp.76-78.により作成

注：第三学年第三学期ニ於テハ実地授業ニ従事セシム

表 2-3：国語学校第二附属学校師範速成科課程表

学年＼教科目		修身	教育	国語	漢文	歴史地理	算術	理科	家事	習字図画	唱歌	体操	計
第一学年	毎週教授時間	一		七	二	一	三	二	一〇	二	二	二	三二
	程度	人倫道徳ノ要領作法		話方、書方、読方、作文、文法	講読、作文	本邦地誌	整数、小数、諸等数	博物及理化学ニ関スル事項	裁縫、刺繍、編物、衣食住ニ関スル事項	楷行草臨画、寫生	単音唱歌、楽器使用法	遊戯	
第二学年	毎週教授時間	一	三	六	二	一	二	二	九	二	二	二	三二
	程度	同上	教育ノ大意教授法	同上	同上	本邦歴史	分数、比例	同上人身生理	同上育児法	同上	同上	同上	

出所：小野正雄編『創立満三十年記念誌』台北：台北第三高等女学校同会学友窓会,1933 年,pp.78-79.により作成

注：第二学年第三学期ニ於テハ他ノ教科目ノ教授時数ヲ減シ毎週十時乃十五時間実地授業ニ従事セシム

表 2-4：国語学校第二附属学校技芸科課程表

学年	教科目	修身	国語	算術	理科	裁縫	造花	刺繍	図画習字	体操唱歌	計
第一学年	毎週教授時間	一	四	二		一一	一〇	一〇	二	二	三二
	程度	人倫道徳ノ要領作法	話方、書方、読方、作文、文法	整数及小数、		通常衣服ノ縫方、裁方簡易ナル編物	簪類ノ造花	簡易ナル繍ヒ方	楷行草臨画、寫生	遊戯単音唱歌	
第二学年	毎週教授時間	一	四	二	一	一一	一〇	一〇	二	一	三二
	程度	同上	同上	諸等数	博物及理化学ニ関スル事項	同上	同上装飾品ノ造方	同上	同上	同上	
第三学年	毎週教授時間	一	三	一	二	一一	一二	一二	一	一	三二
	程度	同上	同上	同上	同上	同上	同上	繍ヒ方	臨画、寫生	同上	

出所：小野正雄編『創立満三十年記念誌』台北：台北第三高等女学校同会学友窓会,1933 年,pp.79-80.により作成

注：造花、刺繍ノ二科目ハ生徒ノ志望ニ依リ其一ヲ課ス

上述の「台湾総督府国語学校第二附属学校規程」によって、国語学校第二附属学校には師範科（3 年)、師範速成科（2 年)、技芸科（3 年）が置かれ、同学校の組織は根本的な大変革が行われ、女教員の養成を主とし、技芸教育を兼ねて施すこととなっていたことがわかる。しかし、このような組織変更に対して様々な反対意見が起こった。例えば、1905 年の全島公学校女生徒数はわずか 3,653 人であり、その出席率は五割強であったという状況から、反対者は時期尚早であるとして、組織変更に抵抗した。一方、賛成者は、現在の士林は将来の校地に不適当であり、校地移転を主張する者が多く、また、移転後師範教育に相当する設備を整えた後、全島より生徒を募集すべしとの意見もあった。しかし結果として、予算や設備などが改正された規程を伴わなかったため、

師範科及び師範速成科は実現をみるに至らず、わずかに元の手芸科を技芸科と改めるに過ぎなかった。今回の組織変更によって、全校の生徒はわずかに 24 名（ほかに仮設補習科生 2 名）という小規模の学校となり、廃校の危機に直面した[86)]。

1907 年 1 月、第三代主事であった三屋大五郎（1885 年の第五回体操伝習所卒業生）[87)] が着任し、同年 4 月に初めて技芸科生徒を全島に募集し、各地より入学する者 41 名に上り、衰微の校運発展を挽回し、廃校の危機を乗り越えた。同年 9 月、三屋大五郎主事は退官してしまったが、国語学校教授第一附属学校主事であった鈴江団吉は当校の主事事務取扱を兼務することとなった。鈴江主事は本島女子教育の先駆を以て任として当校の事業拡張及び革新を図ったため、通学、寄宿、及び教育研究にとって便利な枢要の中心地に校地を移転することが必要と決断した。そして、1908 年 4 月、国語学校第二附属学校を当時の台北の中心街であった艋舺公学校内に移転することになり、創立十年間その盛名をはせた士林女学校時代も、ついに終了を告げることとなった[88)]。

艋舺に移転した後の国語学校第二附属学校の生徒数は徐々に増加したが、生徒の向学心が未だ発達しておらず、出席率はおよそ 86.96%に過ぎなかった（1906-1914 年間の生徒数の変化状況について、表 2-7 を参照）。また、家事や事故を理由として欠席する通学者及び半途退学者が多かったため、生徒育成の方針は自然に各地方からの教員希望の生徒を重視する傾向があった。加えて、師範科、師範速成科を実施せず、卒業後教員就職を希望する技芸科の生徒が非常に多い状態から、国語学校第二附属学校は便宜的手段として技芸科の課程表に変更を加え、教育、漢文、家事、手工の四科目を増加し、各科目の毎週教授時間数も増減変更して教授していた（増加した科目の内容、及び変更した毎週教授時間は、表 2-5、2-6 を参照）。したがって、このように変更された技芸科の課程表は、全く師範科と技芸科の課程を折衷したものであった。ゆえに、国語学校第二附属学校技芸科の名称は技芸科であっても、実態は全く「技芸教員養成師範科」であった[89)]。

そして、1910 年 5 月 7 日、「国語学校規則中改正(府令第四一号)」により、国語学校第二附属学校は学校名を「国語学校附属女学校」へと改称したが、技芸科の名称及び内容には何の変更もなく、依然として技芸を中心としての女教員の養成に努めていた。1919 年に至るまで、このような女教員の養成制度は、女子高等普通学校師範科の出現と同時に廃止せられるまで続いたのであった[90]。

表 2-5：1910 年度、国語学校第二附属学校技芸科課程表（追加）

学年＼教科目	教育	漢文	家事	手工
第一学年		読み方 綴り方		紙細工 繊維細工 編物
第二学年		同上	衣食住ニ関スル事項	同上
第三学年	教育ノ大意 教授法	同上	同上並看護、養老、育児、家事経済	同上並袋物

出所：小野正雄編『創立満三十年記念誌』台北：台北第三高等女学校同会学友窓会,1933 年,p.87.により作成

表 2-6：1910 年度、国語学校第二附属学校技芸科課程表の毎週教授時間

学年＼教科目	修身	教育	国語	漢文	算術	理科	家事	裁縫	造花	刺繍	図画 習字	手工	体操 唱歌	計
第一学年	一		八	二	二			六	四	四	二 二	三	一 一	三六
第二学年	一		六	二	二	二	二	五	四	四	一 二	二	二 一	三六
第三学年	一	三	五	一	二	二	二	四	四	四	二	二	三 一	三六

注：上述の教科課程改正は、当初時勢の趨向及卒業生の多数が公学校教員志望者たる等の事情より、試みに変更実施の結果規程改正方を申請しいたるものが、1913 年 2 月 10 日の民政長官通牒で、当分不得止ものとして変更假施行方を公然承認せられたものである。

出所：小野正雄編『創立満三十年記念誌』台北：台北第三高等女学校同会学友窓会,1933 年,pp.87-89.により作成

表 2-7：国語学校第二附属学校（附属女学校）女子教育の概況（1906-1914 年）

年度	1906年		1907年		1908年		1909年		1910年		1911年		1912年		1913年		1914年	
分科	技術科	師範科	技術科	師範科	技術科	師範科	技術科	師範科	技術科	師範科	技術科	師範科	技術科	師範科	技術科	師範科	技術科	師範科
学級数	2	0	2	0	2	0	3	0	3	0	3	0	3	0	3	0	3	0
生徒数（人）	26	0	51	0	84	0	88	0	89	0	99	0	118	0	122	0	124	0
退学若クハ死亡者（人）	16		6		18		15		13		9		14		11		15	
卒業生（人）	10		7		1		22		25		21		29		28		26	
寄宿生（人）																		
備考	技芸科第一回卒業				艋舺に移転した				「国語学校附属女学校」と改称した									

注：師範科は実施せず

出所：小野正雄編『創立満三十年記念誌』台北：台北第三高等女学校同会学友窓会,1933 年,pp.188-189. により作成

第二項　学校側の解纏足の状況

既に述べたように、1906-1914 年の間には、台湾総督府は漸進政策に基づいて強制的な禁止措置を採用しなかったが、台湾社会が近代化を進めるにつれ、台湾社会の解纏足気風も徐々に盛り上がっていたのである。また、第二節第一項では、近代植民地学校が作った新女性のイメージは解纏足運動を宣伝する模範的な役割として効果があったと指摘た。近代教育機関としての植民地学校は台湾各地方に新知識を伝播すると同時に、少なくとも各地方の解纏足の推進という役割を担っていた。

以下、『台湾日日新報』『台湾教育』『台湾総督府学事年報』『創立満三十年記念誌』などの教育関係の史料を用い、学校側の纏足率、解纏足の状況、解纏足の方法、解纏足の宣伝などの問題について、検討していこう。

『台湾協会会報』の「台湾風俗の推移」の記事によると、1906 年頃には、台湾全島において解纏足運動は火の消えたように停滞していたが、台南地方の有志者、あるいは各地方の学校は、解纏足運動を推進し続けていたことを指摘している[91)]。このような解纏足の記事に対して、当時の学校で実際の纏足実状、及び纏足率はどのような状況だったのであろうか。1907 年 10 月 11 日、『台湾日日新報』は当時の台南第一公学校女生徒の状況を次のように述べている。

「女学生の就学率漸く多きを加へたるは勿論なるも殊に注目を要すべきは天然足生徒の増加したる一事にして現今に在りては纏足生徒七天然足生徒三の割合にまで達したりと云ふ…」[92)]

上述のことから、台南第一公学校の場合は女生徒の入学者が徐々に増加しており、天然足の女生徒も増えてきたことがわかる。また、同校の纏足率は 7 割、天然足 3 割であったことが窺える。さらに、天然足の女生徒が増加し、3 割に達したということから、1907 年以前、同校の纏足率はおよそ 7 割以上であったことが推測できる。半年後の 1908 年 4 月 12 日、『台湾日日新報』の「纏足漸移（纏足の漸次減少：筆者）」はまた同校の解纏足状況を報道した。その報道の内容は以下の通りである。

「…これらの解纏足の女生徒の中には、もちろん入学前から天然足だった者もいた。入学後に解纏足した者もすべて合わせると、およそ全女生徒の八割が纏足しない者であった。また、入学後に教員の勧誘によって解纏足した者もいたそうである。纏足者は運動の面で天然足者ほど活発に動けないという理由からだ。女生徒が纏足の不自由さを漸く理解するようになったため、解纏足の要求を父兄に提出し、父兄は寵愛に基づいて、解纏足を快諾した（筆者訳）」[93)]

これより、1907 年 10 月-1908 年 4 月の間には、台南第一公学校女生徒の解纏足率は急速に増加し、およそ 8 割に達していたことが推測できる。それは、教員が①運動が不活発になるという説法を以て勧誘したこと、②女生徒が纏足の不自由さを理解したこと、③父母が自分の娘を寵愛すること、という三つのことが相互に絡み合って効を奏したものと考えられる。特に、運動の不活発の勧誘、及び纏足の不自由の理解という点からみれば、これらの解纏足の施策は少なくとも学校体育に関する身体活動を実施したことと関係があると考えられる。ちなみに、1898 年頃には国語学校第三附属学校は纏足を矯正するために、身体運動を通じて女生徒に纏足の不便を体験させるという施策を実施していた。したがって、台南第一公学校の事例からみれば、1907 年に至るまで、台湾植民地学校は運動の不活発、及び纏足の不自由という類似の観点をめぐって解纏足の施策を展開していたことがわかる。つまり、近代学校の身体活動教育としての体育教育は、解纏足を推進する上で重大な役割を演じたことが徐々に理解され始め、注目されたと考えられるのである。

さて、1898 年に国語学校第三附属学校の「纏足矯正方針実施」が出された約 11 年後、台湾における学校側の実際的な天然足率、纏足率、解纏足率はどのような状況だったのであろうか。表 2-8 をみてみよう。

表 2-8：1909 年 6 月 30 日、国語学校及公学校女生徒天然足、纏足、解纏足に関する調査

庁	児童総数（A）	天然足（B）	纏足（C）	解纏足（D）	天然足率 B/A	纏足率 C/A	解纏足率 D/A
台　北	1,196	152	982	62	12.71%	82.11%	5.18%
宜　蘭	226	14	211	1	6.19%	93.36%	0.44%
桃　園	242	125	116	1	51.65%	47.93%	0.41%
新　竹	377	357	18	2	94.69%	4.77%	0.53%
台　中	545	252	277	16	46.24%	50.83%	2.94%
南　投	183	133	49	1	72.68%	26.78%	0.55%
嘉　義	492	116	355	21	23.58%	72.15%	4.27%
台　南	614	231	335	48	37.62%	54.56%	7.82%
阿　緱	141	93	47	1	65.96%	33.33%	0.71%
台　東	69	67	2	0	97.10%	2.90%	0%
花蓮港	17	11	4	2	64.71%	23.53%	11.76%
澎　湖	29	2	15	12	6.90%	51.72%	41.38%
計	4,131	1,553	2,411	167	37.59%	58.36%	4.04%
国語学校第二附属学校	88	21	36	31	23.86%	40.91%	35.23%
総計	4,219	1,574	2,437	198	37.31%	57.76%	4.69%

出所：台湾総督府民政部学務部学務課編『台湾総督府学事年報』台北：台湾総督府民政部学務部学務課, 1912 年,pp.184-185.により作成

まず、上表の総計欄をみると1909年6月30日当時、纏足者は合計で2,437人であり、台湾人女生徒総人口の4,219人に対し、その比率は57.76%に及んでいたことがわかる。また、1909年の学校女生徒の纏足率は1905年の「臨時台湾戸口調査」の56.9%より僅かに高かったが、解纏足率は1905年の「臨時台湾戸口調査」の1.09%よりおよそ4倍に増加していたことがわかる。すなわち、1909年までの学校女生徒の纏足風潮は当時の台湾社会より厳しい状態を示していた。その理由として、当時の学校女生徒は台湾社会の中上流階級からの入学者が多かったことと深い関係があると考えられる。一方、学校の解纏足率はまだ5%にも達していなかったが、学校側は解纏足運動推進に努力し続けていたことが窺える。

続いて、台湾における各地方の公学校の天然足率、纏足率、解纏足率の状況をみてみよう。

台湾における各地方の公学校の纏足率について、纏足者の割合が5割以上を占める地方は台北、宜蘭、台中、嘉義、台南、澎湖であり、ほとんど閩族が定住している地方である。これに反し、桃園、新竹、南投、阿緱、台東、花蓮港などの地方は粤族、あるいは原住民が定住している地方であるため、天然足率が高かったのである。つまり、第一章第二節に述べたように公学校の纏足率も、地方の人口構成、種族、及び民俗などと深い関係があったと考えられる。

また、台湾における各地方の公学校の解纏率の平均割合は4.69%に過ぎなかったが、5%以上に達した地方は台北、台南、花蓮港、澎湖である。その解纏率が形成された理由については、台北、台南、澎湖など各地方の解纏足運動の発展と大いに関係があったと考えられる。さらに、これらの結果は『台湾日日新報』『漢文台湾日日新報』『台湾協会会報』が報道した解纏足運動の進展内容とほぼ一致している。

なお、上表によって、当時の台湾女子教育の模範校というべき「国語学校第二附属学校」の纏足率は40.91%であり、解纏足率は35.23%に達し、天然足率は23.86%を占めていたことがわかる。特に留意したいのは、同校の纏足率は台湾各公学校の平均値より低く、解纏足率は平均値の7.5倍である。これらの各数値によれば、国語学校第二附属学校は確かに各地方公学校の解纏足の推進・模範校という役割を担っていたことが窺える。

さて、1909年頃の学校側の実際的な解纏足の状況を理解した後、1909年以後の学校側の解纏足の状況はこの先どのように進められていったのであろうか。以下、いくつかの『台湾日日新報』の記事から検討をはじめる。

まず、艋舺公学校の事例をみてみよう。

1910 年 1 月 23 日、当時艋舺公学校長であった加藤忠太郎は、当校の解纏足状況について、「本校在籍の女生徒は八十二名いる。纏足者は二十六名、解纏足者は三十六名、天然足者は二十名である。解纏足後約一週間は歩行が不自由である。その後、徐々に回復し、半月も経たない内に、自由に動けるようになる（筆者訳）」[94] と述べ、艋舺公学校の纏足率は 31.7％であり、解纏足率は 43.9％に達し、天然足率は 24.4％を占めていたという解纏足を推進した状況を示している。また、同記事によれば、解纏足方法は半月を経たのち、身体が自由行動の機能を回復するようになったとの指摘をしている。すなわち、台北にあった艋舺公学校は解纏足の効果が現れていたのみならず、解纏足の方法についても、かなり経験を積んでいたことがわかる。

次に、台中公学校女生徒の解纏足の状況について、1911 年 5 月 12 日の『台湾日日新報』には、「過日の台中公園に於ける招魂祭に参列したる台中公学校女生徒の纏足如何を見るに六十余名の参列生徒中纏足者は僅かに五六名に過ぎざる有様に候洵に喜ぶべき現象と深く感じ申候」[95] と述べられており、当時の台中公学校女生徒は纏足が少なくなった状況を報告している。

ではなぜ、台中公学校女生徒の纏足者が少なくなったのであろうか。この理由について、1911 年 10 月 11 日の『漢文台湾日日新報』は、「纏足の害を婦人が漸く理解してきた。加えて、有志者による勧誘のため、解纏足者が増えてきた。これは喜ばしい現象である。台中公学校には五十名の女生徒がいる。その内、纏足者は僅か三名であり、まもなく解放する予定である。女子は学校入学後、纏足の不便さを知る。体操、及び旅行をする時には激しい苦痛が生じた。これらのことを互いに感じたことにより、天然足への回復が可能になった。こうして、纏足の風潮が途絶えることになるだろう。これは女性たちにとって幸せなことだ（筆者訳）」[96] と述べている。すなわち、台中公学校の場合は①知識面で纏足の不便さを女生徒に教えること。②身体面で体操、旅行などの活動を通じて女生徒に実際に不便を体験させること。という身心両方から解纏足の施策が行われていたことがわかるのである。特に留意したいことは、1911 年の台中公学校の事例、あるいは 1908 年台南第一公学校の事例から、学校教育の中で体操、運動、旅行などの身体活動の実施は、解纏足運動を積極的に推進する上で重大な役割を演じていたと考えられるのである。

続いて、辛亥革命以後の深坑公学校の解纏足状況をみてみよう。

1912年6月22日の『台湾日日新報』には、「黄氏阿娥（林黄氏阿娥：筆者）は艋舺附属女学校（1907年、国語学校第二附属学校技芸科第一回卒業生：筆者）を卒業しており、文明教育の方面にすぐれた成果をあげている。現在、深坑公学校の女教員として就任している。最近、彼女は生徒たちの模範として、率先して解纏足をした。驚いたことにこれを受けて、全校五十余名の女生徒が殆んど解纏足をした（筆者訳）」[97]という公学校側の解纏足記事を報道した。また、『創立満三十年記念誌』には、林黄氏阿娥が書いた「三十年前の女子教育」は、「私は古風の娘の型に育てられて、足を小さくしばって、毎日家の下女に負ぶはれて、通学して居たのでございます」[98]という述懐から、彼女は纏足により歩行すら困難であったことがわかる。

上述のことから、林黄氏阿娥は国語学校第二附属学校で近代教育を受けた時に、なぜ解纏足をしなかったのかについてはわからないが、卒業後、地方公学校の女教員として近代文明を女生徒に教え、また女生徒の模範になるという役割を図るため、自分が率先して解纏足をしていたと考えられる。したがって、林黄氏阿娥の事例から、国語学校第二附属学校の卒業生は、後に台湾各地方の公学校女教員となって、各地方の解纏足運動を推進する重要な役割を担ったと考えられる。

ちなみに、林黄氏阿娥は纏足を解いた直後、1912年7月25日から8月14日までの四週間の「台北庁女教員講習会（講習科目：国語、裁縫、唱歌、体操など）」に参加して合格した。後に、林黄氏阿娥は台湾の女教員の中で、はじめて訓導の免許状を持つ教員になったという[99]。

最後に、台湾各地方の公学校の中で纏足率が一番高く、9割にまで達していた宜蘭地方の解纏足状況をみてみよう。

1912年3月30日の『台湾日日新報』には、宜蘭地方の公学校の解纏足状況について、「初めて解纏足を実行したのは宜蘭街区長林沢蔡氏の娘、林氏蓁涼である。明治三十九年、宜蘭公学校に在学中に、林氏は纏足という悪習を解いた。同校の婦女は林氏の行動自由を認めて模範とした。その後、林氏に感化され解纏足する者が徐々に増えてきた。宜蘭の解纏足会が設立される前に、同校の女生徒は自分から解纏足したものが

3 分の 2 を占めたという…（筆者訳）」[100] と報道した。また、この解纏足の状況に対し、『宜蘭庁第六統計書』の統計資料によると、1913 年 4 月頃、宜蘭地方の公学校の纏足率は 70.18%（306 人）であり、解纏足率は 16.51%（72 人）に達し、天然足率は 13.31%（58 人）を占めていたことから[101]、宜蘭地方の公学校は纏足習慣にいち早く取り組んだことが窺える。

さて、纏足を禁止する以前の 1914 年には、台湾における公学校側の実際的な天然足率、纏足率、解纏足率はどのような状況だったのであろうか。表 2-9 をみてみよう。

表 2-9：1914 年 10 月末日、公学校女生徒天然足、纏足、解纏足に関する調査

庁	児童総数 (A)	天然足 (B)	纏足 (C)	解纏足 (D)	天然足率 B/A	纏足率 C/A	解纏足率 D/A
台　北	1,991	447	1,257	287	22.45%	63.11%	14.41%
宜　蘭	481	127	326	28	26.40%	67.53%	5.82%
桃　園	414	315	33	66	76.09%	7.93%	15.94%
新　竹	628	594	20	14	94.59%	3.18%	2.23%
台　中	835	695	3	137	83.23%	0.36%	16.41%
南　投	251	228	4	19	90.84%	1.59%	7.57%
嘉　義	726	475	146	105	65.43%	19.61%	14.46%
台　南	963	624	135	204	64.80%	14.02%	21.18%
阿　緱	361	317	25	19	87.81%	6.90%	5.26%
台　東	31	31	0	0	100%	0%	0%
花蓮港	74	64	6	4	86.49%	8.10%	5.41%
澎　湖	66	55	1	10	83.33%	1.52%	15.15%
計	6,821	3,972	1,956	893	58.23%	28.67%	13.09%

出所：台湾教育会「公学校児童の辮髪及び纏足に就きて」『台湾教育』第 152 号,1914 年 12 月,p36.により作成

表 2-9 のように、1914 年 10 月の公学校の天然足率、纏足率、解纏足率と 1909 年 6 月の公学校の状況（表 2-8 を参照）を比較すると天然足率は 1.55 倍、解纏足率は 3.24 倍に増加し、纏足率は約半分程度と大幅に減少し、28.67%になっている。また、

この調査によって、当時の台湾公学校においては、約6割の女子が天然足者であったということがわかる。つまり、天然足を維持する慣習、及び解纏足の風潮は台湾公学校に幅広く浸透していたことがわかる。言い換えると、1898年頃の国語学校第三附属学校、及び1900年頃の「台北天然足会」が解纏足運動を実施・推進して以来、約15年を経過し、公学校において解纏足運動の成果が顕著にみられたと言えよう。

しかし、台湾における各地方の公学校の天然足率、纏足率、解纏足率の状況をみると、当然ながらその地域差もみられる。例えば、台北、宜蘭の公学校の纏足率はまだ6割以上を占め、天然足率も低かったのである。その地域差が形成された理由については、十分明らかではないが、おそらく閩族が定住している地方気風、あるいは解纏足の風潮がまだ全面的に普及していなかったことと深い関係があると考えられる。解纏足運動は台湾の中部、南部、東部などの地方公学校においてまず実現されていったのである。

一方、国語学校附属女学校は1908年に艋舺移転以後、社会的にも断辮髪、解纏足運動が最も盛んに行われた時期であり、向学心も著しく向上していた[102]。このような社会の変化に伴い、国語学校附属女学校の天然足者と解纏足者の人数は明らかに増加していた。1911年8月から1913年12月までの国語学校附属女学校の調査結果は次の通りであった（表2-10を参照）。

表2-10：1911-1913年12月間の、国語学校附属女学校の足区別の調査表

年＼足の区別	天然足	解纏足	纏足
1911年8月	25%	68%	7%
1912年3月	24.7%(23人)	67.7%(63人)	7.5%(7人)
1913年4月	28.3%(34人)	53.3%(64人)	18.3%(22人)
1913年12月	28.6%(34人)	58.8%(70人)	12.6%(15人)

出所：小野正雄編『創立満三十年記念誌』台北：台北第三高等女学校同会学友窓会,1933年,p.94.「附属女学校成績」『台湾日日新報』,1912年3月23日：2;「附属女学校（三）」『台湾日日新報』,1913年4月26日：4;台湾教育会「附属女学校通信」『台湾教育会雑誌』第140号,1913年12月,p.60.により作成

1913年12月の国語学校附属女学校の天然足率、纏足率、解纏足率と1909年6月の状況（表2-8を参照）を比較すると、天然足率は4.74%、解纏足率は23.57%に

増加し、纏足率は約 3 分の 1 の程度まで大幅に減少し、12.6%になっていたことがわかる。また、この調査によって、当時の国語学校附属女学校においては、約 6 割の女子が解纏足者であったということがわかる。纏足風潮が盛行していた台北でも、国語学校附属女学校は、解纏足運動を積極的に推進していたことがわかる。

当時国語学校附属女学校嘱託であった脇野つい（在職期間：1909 年 4 月-1912 年 5 月）は、同校の解纏足状況を次のように回顧している。

「又解纏足に就いては、主事はじめ諸先生が、始終其奨励に努めておいでになったやうで御座いましたが、当時尚多数の纏足者がありまして、或年の同窓会の余興に、『自分は纏足を解きたいけれど、祖母が同意して呉れぬので困って居ります。何ぞよい工夫はないものでせうか』といったやうな意味の対話をした者がありまして、つくづく移風のむづかしいものであるといふ事を、感じさせられたことがあります」[103)]

脇野の追憶から、当時国語学校附属女学校は纏足者が多かったため、先生たちは女生徒に解纏足を奨励しており、解纏足の推進に尽力していた様子が窺える。しかし、纏足する生徒は自分が纏足を解きたいと思っても、祖母らが解纏足の許可を出してくれなかったという状況もあった。したがって、解纏足が可能かどうかということは、親族が同意するかどうかと深い関係があったのである。

また、1901 年 10 月から 1932 年 6 月まで、国語学校附属女学校嘱託であった久芳としは、「恰も此の五六年間（1909-1915 年：筆者）は一般に解纏足の気運大に進み、纏足者用の女靴、色縺等の刺繍は全く不用に帰し…」[104)] と述べ、解纏足の風潮が台湾社会に流行するにつれ、纏足者用の刺繍品の需要が衰微しつつあるという状況を指摘している。

さらに、『創立滿三十年記念誌』には、1911 年 8 月の台北解纏発会式の様子、当時の同校の纏足状況、及び学校体育の困難について次のような記述が見える。

「明治四十四年八月、台北解纏足会発会式を当校で挙げ、会員一千六十余名に上っているが、当時当校生徒の状況は生徒百人に対し、天然足二五、解纏足六八、纏足者七の割合を示し、大正六年に及んで漸く纏足者を見ざるに至っている。学校体育がかゝる方面に相当の努力を要したる当時の、所謂体育なるものが如何なるものなりしかは現代人の想像の外であらう」[105]

上述のことから、台北解纏足会発会式に会員が大勢集まってきたことがわかる。また、当時国語学校附属女学校は多くの女生徒が解纏足していたことが窺え、1917年に至り、纏足者がようやくみられなくなってきたという学校側の解纏足変遷の様子を窺い知ることができる。

なお、「現代人の想像の外」であるような「学校体育がかゝる方面に相当の努力を要した」内容はどのようなものだったのだろうか。周知の通り、纏足による行動の不自由によって、歩くこと、働くことが困難であり、もちろん様々な体育・スポーツもできなかった。したがって、纏足者、あるいは解纏足者という身体不自由の問題が学校体育の授業に与える影響は、依然として厄介な問題になっていったことが推測でき、女子体育の実施が如何に困難であったかが容易に想像できるであろう。

第三項　『公学校用国民読本』にみられる纏足に関する記述

1912年の「台湾公学校規則」の改正以降、台湾公学校と小学校の教育内容は徐々に接近していった。加えて、第一期の公学校の『台湾教科用書国民読本』が発行されて、約10年を経過した時点で、台湾総督府は「台湾公学校ニ於テ、従来教科用書トシテ使用シ居タル台湾教科用書国民読本ハ、明治三十二年乃至三十四年ノ編纂ニ係リ、爾来十余年間ニ於ケル時勢ノ変遷ト、実際教授上ノ経験トハ、全然之ヲ改正スベキ必要ヲ生ジタルヲ以テ…」[106] という理由に鑑み、1913-1914年の間には、台湾総督府により、第二期の公学校の国語教科書となる『公学校用国民読本』が発行された[107]。

また、周婉窈、許佩賢の研究によれば、台湾総督の府定第二期『公学校用国民読本』が出版された時には、日本国内の国定教科書制度が実施されていたため、『公学校用国民読本』の編纂様式（例えば：句讀法、仮名用法、用紙、製本、字数など）は、殆んど日本国定教科書を参照しており、さらに、第一期の『台湾教科用書国民読本』の特徴であった「応用」「土語讀方」の部分も廃止されていたと指摘している[108]。

一方、第二期の『公学校用国民読本』の挿し絵の部分については、周婉窈では、第二期の『公学校用国民読本』の挿し絵と第一期の『台湾教科用書国民読本』の挿し絵を比較すると大きな相違点は男子の辮髪、及び女子の纏足の画像がみられなくなっていたことを指摘している[109]。（図 2-2,図 2-3,図 2-4,図 2-5 を参照）

図 2-2：天然足（一）
出所：台湾総督府編『台湾教科用書国民読本　第二巻』台北：台湾総督府, 1914 年, p. 14.（国立台湾図書館所蔵）

図 2-3：天然足（二）
出所：台湾総督府編『台湾教科用書国民読本　第二巻』台北：台湾総督府, 1914 年, p. 20.（国立台湾図書館所蔵）

図 2-4：天然足（三）
出所：台湾総督府編『台湾教科用書国民読本　第四巻』台北：台湾総督府, 1914 年, p. 42.（国立台湾図書館所蔵）

図 2-5：天然足（四）
出所：台湾総督府編『台湾教科用書国民読本　第五巻』台北：台湾総督府, 1914 年, p. 48.（国立台湾図書館所蔵）

ではなぜ、男子の辮髪、及び女子の纏足の画像がみられなくなっていたのであろうか。この理由について、『台湾公学校教科書編纂趣意書　第二編』は、「挿絵ハ児童ニ適確ナル印象ヲ与フルヲ主眼トシ、上級ニ進ムニ随ヒテ漸次其ノ数ヲ減ジタリ、又人物、衣服、家屋等ヲ画クニ当リテハ、ナルベク人民ノ多数ヲ占ムル中流以下ノ社会ノ実況ニ適合スルヤウ注意シ、一方ニ於テハ時勢、世運ノ趨向ヲ察シ、併セテ帝国ノ風尚ニ近接セシムルヲ期シテ、辮髪、纏足等ハ之ヲ採ラザルコトトセリ、且其ノ文中ニ挿ム位置ニ就キテモ、努メテ上下、左右変化アラシメタリ」[110] と述べている。すなわち、日本植民地教育当局が第二期の『公学校用国民読本』を編纂する時には、辛亥革命以後の断髪運動及び解纏足運動の気運が台湾全島の各地方に盛り上がった状況を考慮し、日本帝国の風尚と近代文明社会より合致することを期待して、『公学校用国民読本』の挿し絵から、男子の辮髪、及び女子の纏足をすべて除去していたと考えられる。また、このように公学校の教科書を通じて纏足習慣を全面的に改革することが期待されていたと考えられる。これは日本植民地政府が台湾を日本化という形で近代化しようとする統治意図を反映したものであった。

さて、第二期『公学校用国民読本』に載せられた纏足に関する内容を検討してみよう。

『公学校用国民読本』の「第八巻第十三課　阿片と纏足」の内容（原文は図 2-6 を参照）は以下の通りである。

> 「世の中には、いつの間にか慣れてしまって、ちっとも、悪いことヽ気のつかないでいることがあります。纏足などがそれです。悪いことヽ知っていながら、どうしてもやめられない事があります。阿片を吸ふの《(ママ)》などがそれです。纏足の不便なことは、遠くへあるいて行けないのでも分ります。又よく働くことも出来なければ、十分運動することも出来ません。折角りっぱな足をもって生れたものを、こんな不具にして喜ぶのは、何といふ悪い習慣でせう…本島の習慣の中で、一番悪いのは此の二つです。近頃、此の習慣がだんだんへって来るやうになったのは、大そう喜ばしいことです」[111]

上述のことからは、次のことが窺える。①台湾では、阿片吸飲、及び纏足という悪習は、昔から台湾に根を下ろしており、容易に止めることができない習慣であったことが示されている。②また、小さな足が美しいという纏足の意識が台湾に浸透しており、それが女性に身体障害をもたらすことであるとは考えられていなかった。③台湾人女子は纏足による行動の不自由によって、遠距離を歩行すること、労働能力を失うこと、運動を十分にすることなどがあまりできないと強調されている。④文末の部分には、公学校の生徒たちに阿片と纏足が二大悪習であると明言されている。⑤しかし、この二つの習慣がだんだん減ってきていることを喜ばしいことだとしている。

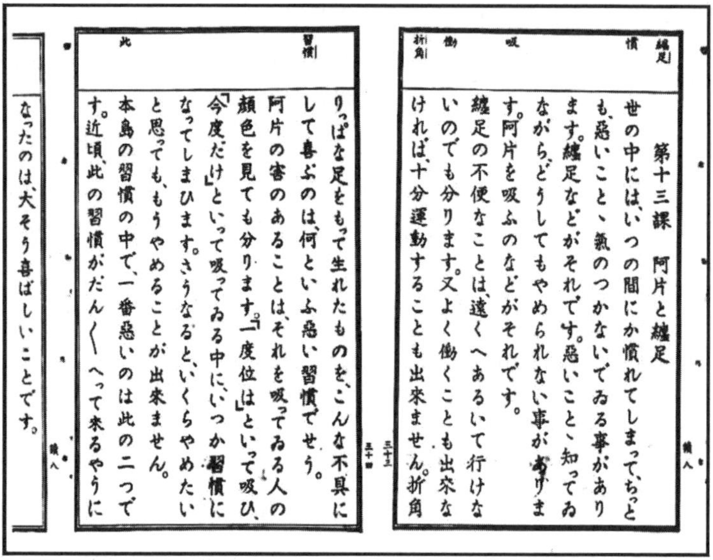

纏足　慣　吸　働　折角

第十三課　阿片と纏足

世の中には、いつの間にか慣れてしまつて、ちつとも惡いこと、氣のつかないでゐる事があります。纏足などがそれです。惡いこと、知つてゐながら、どうしてもやめられない事があります。阿片を吸ふのなどがそれです。

纏足の不便なことは、遠くへあるいて行けないのでも分ります。又よく働くことも出來なければ、十分運動することも出來ません。折角

三十三

習慣　此

りつぱな足をもつて生れたものを、こんな不具にして喜ぶのは、何といふ惡い習慣でせう。

阿片の害のあることは、それを吸つてゐる人の顔色を見ても分ります。「一度位は」といつて吸ひ、「今度だけ」といつて吸つてゐる中に、いつか習慣になつてしまひます。さうなると、いくらやめたいと思つても、もうやめることが出來ません。

本島の習慣の中で、一番惡いのは此の二つです。近頃、此の習慣がだん〱へつて來るやうになつたのは、大そう喜ばしいことです。

三十四

図 2-6：公学校教科書の「阿片と纏足」の課文

出所：台湾総督府編『公学校用国民読本　第八巻』台北：台湾総督府,1914 年,pp.33-35.
（国立台湾図書館所蔵）

ちなみに、1914 年に出版された『台湾教科用書漢文読本』の「第五巻第十六課　婦人纏足」には、「纏足に関する内容」が載せられた（原文は図 2-7 を参照）。その漢文の内容は、日本語の『公学校用国民読本』の意味とほぼ同じであるが、纏足の習慣、方法、影響を加えて公学校の生徒に教える内容であった。また、文末の部分には、『孝経』の『身體髪膚、受之父母、不敢毀傷、孝之始也（身体髪膚之れを父母に受く。敢えて毀傷せざるは、孝の始めなり。という意味）』という概念を通じて早めに解纏足を

しようと呼び掛けていた[112]。したがって、台湾植民地教育当局は、台湾の公学校において日本語の教科書で解纏足を宣伝するだけではなく、漢文教科書の中でも中国の伝統的な経書を引用しながら、解纏足運動に努力していたことがわかる。

以上をまとめれば、台湾植民地教育当局の意図は公学校教科書を通じて、纏足が女子の心身に悪影響を及ぼすというメッセージ、及び当時の台湾社会では纏足の状況が少なくなったことを公学校の生徒たちに伝えたかったのだと考えられる。また、1914 年までには、台湾総督府は纏足を禁止しなかったが、その代わりに近代植民地学校が間接的に解纏足の宣伝を促進していたことがわかる。

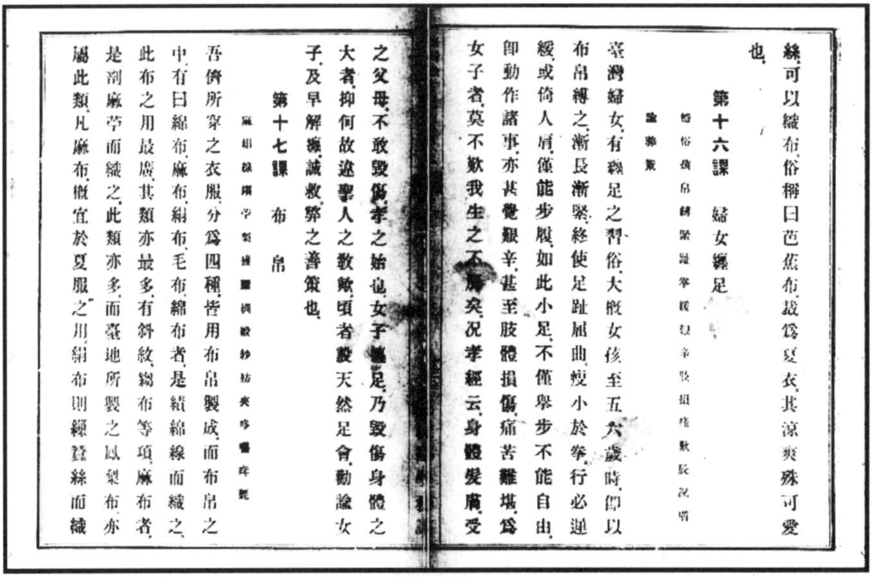
絲、可以織布、俗稱曰芭蕉布、裁爲夏衣、其涼爽殊可愛
也、

第十六課　婦女纏足

臺灣婦女、有纏足之習俗、大概女孩至五六歲時、即以
布帛縛之、漸長漸緊、終使足趾屈曲、瘦小於拳、行必遲
緩、或倚人肩、僅能步履、如此小足、不僅舉步不能自由、
即動作諸事、亦甚覺艱辛、甚至肢體損傷、痛苦難堪、爲
女子者、莫不歎我生之不幸矣、況孝經云、身體髮膚受
之父母、不敢毀傷、孝之始也、女子纏足、乃毀傷身體之
大者、抑何故違聖人之教歟、頃者設天然足會、勸諭女
子、及早解纏、誠救弊之善策也、

第十七課　布帛

吾儕所穿之衣服、分爲四種、皆用布帛製成、而布帛之
中、有曰綿布、麻布、絹布、毛布、綿布者、是績綿線而織之、
此布之用最廣、其類亦最多、有斜紋、縐布等項、麻布者、
是剖麻苧而織之、此類亦多、而臺地所製之鳳梨布、亦
屬此類、凡麻布、概宜於夏服之用、絹布則繅蠶絲而織

図 2-7：公学校漢文読本の「婦人纏足」の課文

出所：台湾総督府編『台湾教科用書漢文読本　第五巻』台北：台湾総督府,1914 年,p.13.
（国立台湾図書館所蔵）

第四節　解纏足移行期の学校女子体育

第一項　「台北庁体操法教程」における女子の普通体操（1907 年）

1．「台北庁体操法教程」の作成背景と浜崎伝造の「新案遊戯」

1）「台北庁体操法教程」の作成背景

第一章第四節に述べたように、1904 年 3 月 11 日、「台湾公学校規則」が改正され、体操科の内容及び程度は「此ノ科ヲ授クルニハ初ハ適宜ニ遊戯ヲ為サシメ漸ク普通体操ヲ加フヘシ、女児ニハ適当ノ遊戯ヲ為サシムヘシ」[113] とされたが、台湾人向けの体操教科書はまだ作られていなかった。加えて、「台湾公学校規則」の中には、纏足女子へ体操を如何に実施するかという問題は明確に示されていなかったため、公学校の女子体育授業の現場では様々な疑問が生じたことは容易に想像できる。

後に、1905 年台北庁は庁管内公学校の纏足女子のみに対しては体操をせず、適当な遊戯を実施するという方針を明確にした。しかしながら、国語学校第一附属学校女子部では、纏足女子の関心や足の状況などを考慮した段階的な体操の授業（遊戯・普通体操など）を行っており、纏足女子に対する体操科の授業内容や方法について先導的な試みを工夫していた。

「国語学校及公学校女生徒纏足及天然足種族別」の調査資料によると、1909 年 6 月の段階で、台湾全島の女生徒の纏足率は 57.76％であったことから(台北庁管内の公学校の纏足者は 82.1％、解纏足者は 5.1％、天然足者は 12.8％、表 2-8 を参照)[114]、女子纏足が学校の体操科の授業に与える影響は依然として大きな問題であったことが推測できる。したがって纏足女子の体操についての国語学校第一附属学校女子部の試みは台湾総督府の注目するところであったとみられる。

2）浜崎伝造の「新案遊戯」

1907年、台湾総督府国語学校（現在の国立台北教育大学）に浜崎伝造が助教授として着任した。浜崎伝造は纏足と体育の関係に着目し、次のように述べている。

「世人は多く言ふ、彼の欧米人のコルセット、支那人の纏足、日本人の跪座は孰れも相匹敵すべき悪習なりと、爾り吾人も亦均しく之を信ぜんとす。而して彼の纏足跪座等が生理的発育を阻害するは明かなる事実なれど根本的に之が改良を施さんは容易の業にあらず。されば先づ之が救済の道を講ずるを刻下の急務なりとす。其の方法一にして足らずと雖も、下肢の運動を奨励するは最も、又有効なる方法なりと信ず。殊に本島女子にありては、其の運動を行ふに際して自己の身体に多少の不自由を感じ、やがて纏足の不自然にして不具者たることを自覚するに至り、自ら其の悪習を悛むるにも至るべきなり」[115)]

上記より、浜崎伝造は当時の世界各地における欧米人のコルセット、日本人の跪座、中国人の纏足など各地に存在する悪習に対する生理的な発育の影響に注目し、運動を用いた改善策を提出した。その中で、浜崎は纏足女子に対して下肢運動を奨励する体育指導法を実験調査として述べ、まず、下肢運動を実施することで纏足女子に自身の身体不便を自覚させ、纏足という悪習をなくすよう促している。すなわち、纏足と解纏足は不自由と自由の身体の関係であり、運動の実施は纏足の身体を改善する手段であると主張している。

そして、浜崎伝造は正しい姿勢を保つ下肢運動の一つの例として、小、公学校の男女生徒に「変換行進（図2-8を参照）」という遊戯を取り上げて奨励した[116)]。これは、手をつないで行進を行うことで互いに支え合い、転倒の危険性を回避するという纏足女生徒の身体問題への特別な配慮がなされた遊戯である。後に、この遊戯は彼が作った「台北庁体操法教程」の一部（第一学年第二学期第五節）にも取入れられた。

以上を総べれば、1909年まで、台湾における学校の女子纏足の比率は57.76%を占めており、台北庁管内の公学校は82.1%に達していたことがわかる。このような状況下で、台湾の女子に体育を実施することは相当の困難が存在していたと考えられる。その具体的な解決に尽力した最初人物が浜崎伝造である。1907年、国語学校に着任した浜崎伝造は纏足が女子の生理的な発育に悪影響をもたらすことを理解しただけではなく、纏足女子に下肢運動を奨励する体育指導法を実施すべきという改善策を実験調査として提出していたことがわかる。このことから、浜崎伝造は台湾社会の纏足習慣が女子体育の発展を阻害していた事態に注目していたものと思われる。また、浜崎の積極的な纏足の改善策の考え方がその後「台北庁体操法教程」における女子の普通体操の作成の上で大きな示唆を与えていたことは想像に難くないであろう。

図 2-8：変換行進

出所：浜崎伝造「新案遊戯」『台湾教育会雑誌』,59 号,台湾教育会,1907 年 2 月,pp.19-20.
（国立台湾図書館所蔵）

2．著者「浜崎伝造」について

では、浜崎伝造はいつ頃台湾へ渡り、どのようなことを行ったのだろうか。また、なぜ浜崎伝造は当時の台湾の体育状況に着目したのだろうか。

浜崎伝造は熊本県出身、1881 年 8 月生まれである。1900 年、熊本県天草郡の魚貫小学校に勤めた。その後、1905 年に日本体育会体操学校を卒業した。1907 年 3 月、台湾総督府国語学校助教授（体操科教員免許状所有者）として台湾に渡った。同校在勤中に『台湾教育会雑誌』で「新案遊戯」「小公学校適用新体操法」「台湾公学校体操法（承前）」「輝く皇国」などを続々と発表し、「台北庁体操法教程」『台湾公学校体操法』を著した。1907-1911 年の間に、確認できるだけでも三回の公学校体操講習会の講師を担当している。また、1909年4月から、国語学校第二附属学校（後の国語学校附属女学校）体操教授の兼務となったが、1912年3月に体操教授の兼務を解かれた。そして、1920年7月、台湾において39歳の若さで病死している。教員としてその生涯を尽くした人物である。（浜崎伝造の略歴、著書については、表2-11、2-12を参照）さらに、彼の経歴を知る手がかりとして、『台湾教育史』の「教育界の人々」に彼に関する記述がある。

「明治40年3月国語学校助教授として渡台、東京体操学校（日本体育会体操学校：筆者）の出身で新体操を普及せしめた同氏の効績は忘るべからざるものがある、在職十有三年大正九年七月病気の為逝世した」[117)]

この記述から、浜崎伝造は新体操を台湾に普及するため、努力をしていたことがわかる。ちなみに、1907年5月から8月まで、浜崎伝造が『台湾教育雑誌』に発表した「小公学校適用新体操法（62号）」「台湾公学校体操法（承前）（63号）」「台湾公学校体操法（承前）（64号）」「台湾公学校体操法（承前）（65号）」などの四つの実験調査の考案は、後に「台北庁体操法教程」となって結実した。また、1907年8月、浜崎伝造が作った「台北庁体操法教程」は台湾総督府の府定教科用書ではなかったが、この体操法教程は台湾全島に向けた最初の体操教科書と言えるものであり、纏足女子用の体操が工夫されており、植民地台湾体育史を研究する際には、極めて貴重な資料である。

なお、浜崎伝造は『台湾教育雑誌』に連載した台湾公学校体操法に関する実験調査の考案を整理し、翌年3月25日に『台湾公学校体操法』というタイトルで出版した[118)]。しかし、この『台湾公学校体操法』は台湾、日本のいずれの図書館にも保存されておらず、具体的な内容を確認することはできない。

以上のことから、浜崎伝造は日本体育会体操学校の卒業生として、1907年に台湾に着任後、当時の台湾の社会環境に適合する体操法を積極的に研究しており、纏足女子用の体操を含んだ新体操の教授法を台湾に普及させる役割を果たした重要な人物だと思われる。

表 2-11：浜崎（元崎）伝造の略歴

年（西暦）	経　歴
明治 14 年（1881）	8 月、熊本県天草郡久玉村に生まれる。
明治 33 年（1900）	天草郡魚貫小学校雇拝命、数年県下の教育に従事する。
明治 38 年（1905）	日本体育会体操学校を卒業する。
明治 40 年（1907）	3 月、台湾総督府国語学校助教授（体操科教員免許状所有者）として渡台（月俸二十五円）。 5 月 27 日から四週間（毎週月、水、金曜日、一日二時間）、台北庁臨時体操講習会（対象は小、公学校の職員）の講師を勤める。
明治 41 年（1908）	2 月 8-9 日、公学校教諭の体操講習会の講師となる。 3 月 25 日、浜崎伝造が編集した『台湾公学校体操法』を出版する。
明治 42 年（1909）	4 月、国語学校第二附属学校（後の国語学校附属女学校）の体操教授を兼務する。
明治 44 年（1911）	7 月、台湾小学校及台湾公学校教員検定委員会臨時委員を命ぜられる。 7 月、東勢角公学校にて地方学事聯合講習会（台中、南投）体操科の講師となる。
大正元年（1912）	3 月、国語学校附属女学校の体操科の兼務を解かれる。
大正 9 年（1920）	7 月、心臓性脚気病の為死亡。

出所：「浜崎伝造任国語学校助教授」『台湾総督府公文類纂』1907 年 3 月 5 日永久保存第四巻.「体操講習」,『台湾日日新報』,1907 年 5 月 7 日：2.「臨時体操講習会期日変更」,『庁報（台北庁）』,1907 年 5 月 29 日：第 588 号.「官庁事項」,『庁報（台北庁）』,1907 年 6 月 9 日：第 590 号.「体操学校同窓会会員名簿（明治四十年五月現在）」『体育』,163 号,日本体育会体操学校,1907 年 6 月.「体操の講習」,『台湾日日新報』,1908 年 2 月 8 日：2.「台北庁普通体操改定報告ノ件」『台湾総督府公文類纂』1908 年 4 月 13 日永久保存第二十一巻.「台北通信」『台湾教育会雑誌』,112 号,台湾教育会,1911 年 7 月,p.57.「国語学校助教授浜崎伝造教員検定委員会臨時委員ヲ命ス」『台湾総督府公文類纂』1911 年 7 月 1 日永久保存第七巻.「附属女学校通信」『台湾教育会雑誌』,126 号,台湾教育会,1912 年 10 月,p.69.台北師範学校『台北師範学校創立三十周年記念誌』台北：台北師範学校,1926 年,p.22.吉野秀公『台湾教育史』台北：台湾日日新報社,1927 年,p.562.鳥居兼文編『芝山巌史』台北：芝山巌史刊行会,1932 年,p.354.小野正雄編「旧職員名簿」『創立満三十年記念誌』台北：台北第三高等女学校同会学友窓会,1933,p.549.台湾教育会『芝山巌誌』台北：台湾教育会,1933 年,p.142.日本体育大学同窓会編『同窓会名簿』東京：日本体育大学同窓会,2001 年.により作成

表 2-12：浜崎（元崎）伝造の著書

<table>
<tr><th>著　書</th><th>備考</th></tr>
<tr><td>「新案遊戯」『台湾教育会雑誌』59 号, 台湾教育会, 1907 年 2 月, pp. 18-21.</td><td></td></tr>
<tr><td>「小公学校適用新体操法」『台湾教育会雑誌』62 号, 台湾教育会, 1907 年 5 月, pp. 24-42.（第一学年～第二学年）</td><td rowspan="4">『台湾教育会雑誌』と『台湾総督府公文類纂』に載せた「台北庁体操法教程」の相違点は次の 3 点である。①名称については、『台湾教育会雑誌』には、二つの名称が存在する。②『台湾総督府公文類纂』には、体操科の目的と教程がある。③『台湾教育会雑誌』には、本島女子に対して特別に実施する普通体操の動作規定に関する記載が数多くみられる。</td></tr>
<tr><td>「台湾公学校体操法（承前）」『台湾教育会雑誌』63 号, 台湾教育会, 1907 年 6 月, pp. 8-24.（第三学年～第四学年）</td></tr>
<tr><td>「台湾公学校体操法（承前）」『台湾教育会雑誌』64 号, 台湾教育会, 1907 年 7 月, pp. 9-20.（第五学年）</td></tr>
<tr><td>「台湾公学校体操法（承前）」『台湾教育会雑誌』65 号, 台湾教育会, 1907 年 8 月, pp. 9-20.（第六学年）</td></tr>
<tr><td>「輝く皇国」『台湾教育会雑誌』69 号, 台湾教育会, 1907 年 12 月, pp. 18-20.</td><td></td></tr>
<tr><td>「台北庁普通体操改定報告ノ件」『台湾総督府公文類纂』1908 年 4 月 13 日永久保存第二十一巻.</td><td>名称は「小公学校適用新体操法」である。</td></tr>
<tr><td>『台湾公学校体操法』出版地不明：新高堂, 1908 年.
（国語学校助教授浜崎氏の著にて曩に台湾教育雑誌に連載せる小公学校体操法の梗概を輯めたるものなり公学校六学年に用ゆべき体操法を説明して甚だ親切なれど教育雑誌に載せたる挿図を除けるは遺憾なり【3 月 25 日新高堂発刊一部二十銭】、「新刊介紹　台湾公学校体操法」『台湾日日新報』, 1908 年 4 月 1 日:1.）</td><td>台湾、日本の各図書館には, この本は保存されていない。</td></tr>
</table>

出所：筆者整理

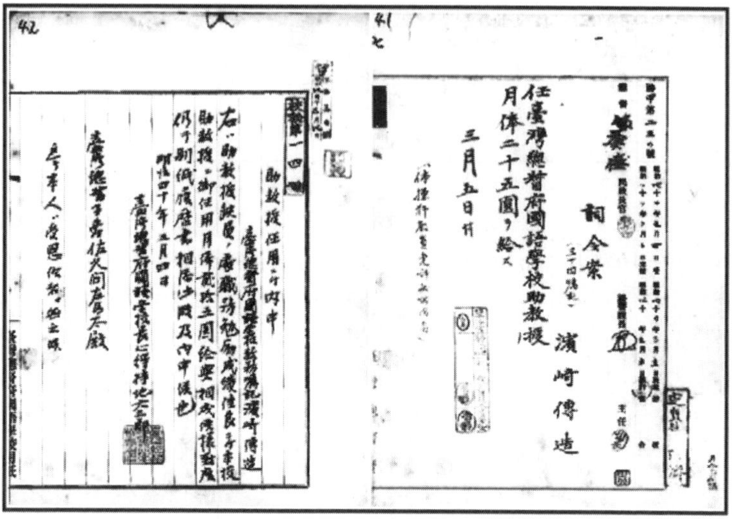

図 2-9：1907 年、浜崎伝造の「任国語学校助教授」の辞令案

出所：「浜崎伝造任国語学校助教授」『台湾総督府公文類纂』1907 年 3 月 5 日永久保存第四巻.（国立台湾図書館所蔵）

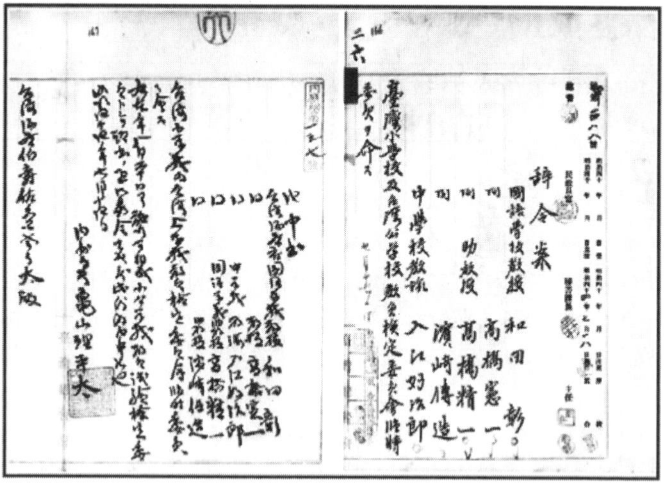

図 2-10：1911 年、浜崎伝造の「任教員検定委員会臨時委員」の辞令案

出所：「国語学校助教授浜崎伝造教員検定委員会臨時委員ヲ命ス」『台湾総督府公文類纂』1911 年 7 月 1 日永久保存第七巻.（国立台湾図書館所蔵）

3.「台北庁体操法教程」の考案理由

1）「台北庁体操法教程」の考案理由及び女子体育に対する台湾社会の認識変化

（1）女子体育に対する台湾社会の認識変化

1900年の「台北天然足会」が成立されて以来、台湾社会の中には纏足の危害を理解する人々が現れ始め、その結果、女子体育と纏足の関係に微妙な変化が生じ始めていた。例えば、本章第二節に述べたように、1906年から『漢文台湾日日新報』には、体育学や学校教育の身体活動を通じて台湾社会に呼びかけて解纏足を勧誘する言論、報道及び事例が見られるようになっていた。

女子体育及び体操教科書について、①1907年9月に『台湾教育会雑誌』の「女子体育論（漢文）」は、体操によって女子の虚弱な体格の改善が期待され、体育教育を受け入れるべきという考えが生まれたと述べている[119]。②1908年6月7日に『漢文台湾日日新報』「荷風茘雨」は、台湾人と日本人の体格の違い、特に女子纏足の習慣が悪影響を及ぼすと指摘し、健康のために台湾人向けの体操教科書の作成が必要であると述べた[120]。こうしたことから、台湾社会において、纏足女子の身体を改善することが注目され、台湾人女子の身体状況に適合する体操とその教科書が求められるように次第に認識が変化した状況が窺える。女子体育と纏足の関係はとりわけ台湾の人々の関心を引いたと言えよう。

（2）「台北庁体操法教程」の考案理由

1907年8月、台湾総督府が出した「台北庁体操法教程」には、浜崎伝造が体操法を作った理由については記載されていないが、「台北庁体操法教程」の一部を構成した『台湾教育雑誌』の「小公学校適用新体操法」から、彼の体操法の考案理由を知ることができる。1907年5月、『台湾教育会雑誌』の編者は、「小公学校適用新体操法」の冒頭で、浜崎伝造が体操法を作った理由を次のように述べている。

「国語学校助教授浜崎伝藏(造)氏は日本躰育会の躰操学校出身者なり。着任以来本島の小公学校における躰操に貢献する所あらんと欲し、種々調査研究の末、稿を起せるは即ち此の編なり。爾後本欄において連載する事としたれば、直接関係の諸士は実地施行の上、其の適否につきての意見を寄せられん事を冀ふ」[121]

以上のことから、浜崎伝造は台湾に着任後、新体操法を実施するため、種々の調査研究を行っており、台湾島向けの体操教科書を作成し始めていたことがわかる。また、浜崎伝造が作った新体操法は、実際に実施する上で台湾の状況に適するかどうか、まだ意見交換の必要があると指摘している。

そして、浜崎伝造が『台湾教育雑誌』で「小公学校適用新体操法」を発表してから、3 カ月後の 1907 年 8 月 15 日、台北庁長の佐藤友熊は、台湾総督府に「台北庁普通体操改定報告ノ件」を送付し、浜崎伝造が作った「台北庁体操法教程」も一緒に添付した。台北庁は浜崎伝造が作った体操法を採用した経緯を以下のように述べている。

> 台北総務第一四一四号ノ一六体操科ニ於ケル普通体操改定ニ付報告当所ニ於イテ本年五月総督府国語学校助教授浜崎伝造ヲ講師ニ嘱託シ臨時体操講習会ヲ開設シ管内小公学校教諭訓導及雇ヲ召集シ別冊教程及説明ニ依リ講習セシメ候処本学年第二学期ヨリ在教程及説明ニ基キ管内各小公学校体操科ニ普通体操トシテ課シ従来ノ教程ヲ改定候条此段及報告候也
>
> 明治四十年八月十五日
>
> 台北庁長　佐藤友熊[122]

すなわち、1907 年 5 月頃には、浜崎伝造は臨時体操講習会で台北庁管内教員に「台北庁体操法教程」を教えていたとみられる。また、同年 9 月から、「台北庁体操法教程」は管内小公学校体操科の内容として正式に実施されることとなったことがわかる。

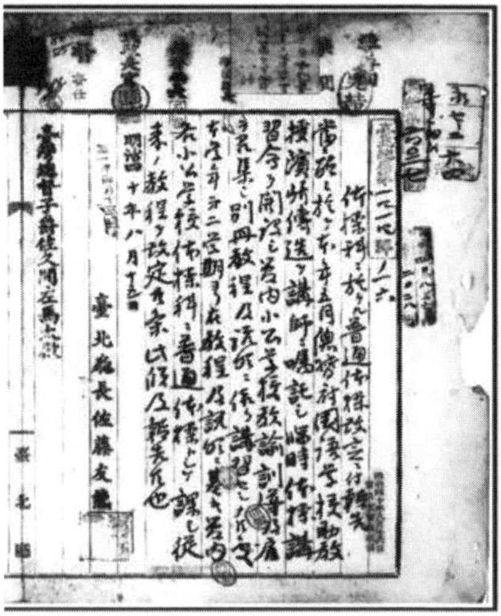

図 2-11：1907 年 8 月、体操科ニ於ケル普通体操改定ニ付報告
出所：「台北庁普通体操改定報告ノ件」『台湾総督府公文類纂』1908 年 4 月 13 日永久保存第二十一巻.

2）台湾総督府の見解

これに対する台湾総督府の見解は、以下の通りであった。

「本島女子ニ本教程ノ体操ヲ課スルハ却テ衛生上有害ノ患ナキカ実地視察シ研究スルコトヲ要スト思料ス」[123]

この意見から、台湾総督府は「衛生上有害ノ患ナキカ」という女子体育を実施する上で、配慮しなければならない問題点を指摘している。この問題点は、おそらく当時台北庁管内の公学校現場において約 8 割以上の台湾人女子の纏足問題であったことが推測できる。したがって、本島女子に対して体操を課する時には、纏足問題を顧慮しなければならないのみならず、如何に実施するかを慎重に再考察・研究する必要性があり、また時期尚早ではないかという意見を明示している。言い換えると、本島女子に対する教材については、さらなる実地視察を行う必要があり、公学校の女子に普通体操を行う段階に至っていないと総督府が認識していたことが窺える。

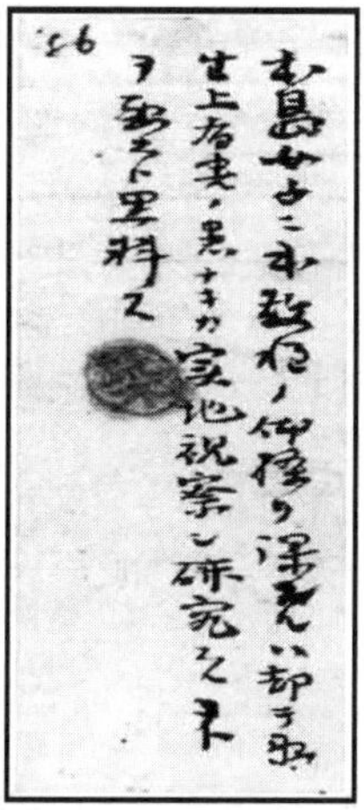
本島女子ニ本教程ノ体操ヲ課スルハ却テ衛生上有害ノ患ナキカ実地視察シ研究スルコトヲ要スト思料ス

図 2-12：台湾総督府の見解
出所：「台北庁普通体操改定報告ノ件」『台湾総督府公文類纂』1908 年 4 月 13 日永久保存第二十一巻.（国立台湾図書館所蔵）

4.　「台北庁体操法教程」における体操科の目的、内容について

1）体操科の目的

「台北庁体操法教程」の全体は、「体操科の目的」「体操法教程」「体操法教程説明」の三つの部分からなっている（図 2-13 を参照）。まず、体操科の目的から検討を始める。「台北庁体操法教程」の体操科の目的は以下の通りである。

「直接目的：1.技術ヲ授ク 2.被教育者ノ身体ヲ強壮トス①異常状態ノ矯正=特殊ノ方法②正常状態ノ保護③発育ノ幇助④健康ノ増進⑤敏捷優美⑥強壮；間接目的（訓

練的）：1.精神ノ快活 2.従順、果断、剛毅、勇気、忍耐、同情等ノ諸徳ヲ養ヒカネテ規律ヲ守リ協同ヲ尊フ習慣ヲ養ヒ（以上徳的）3.注意、観察、判断、想像等（以上知的）」[124)]

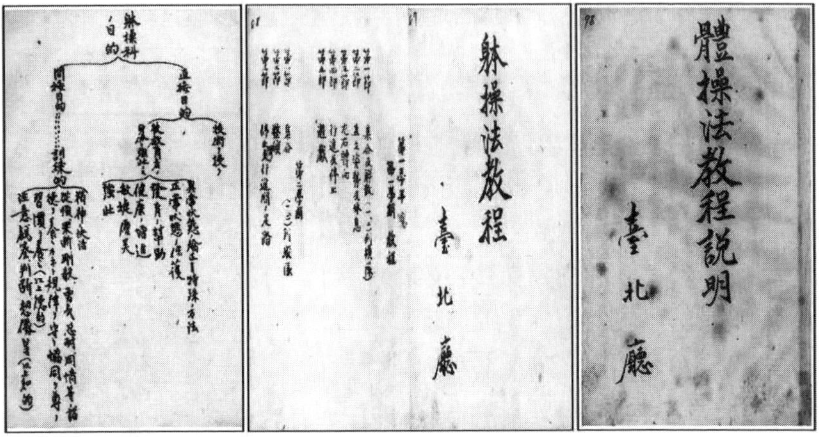

図 2-13：体操科の目的、体操法教程、体操法教程説明（左から）

出所：「台北庁普通体操改定報告ノ件」『台湾総督府公文類纂』1908 年 4 月 13 日永久保存第二十一巻.（国立台湾図書館所蔵）

この教程の体操科の目的から、次のことが窺える。①直接の目的とは、生理的な目的であり、生徒の身体面を重視していた。間接の目的とは、心理的な目的であり、生徒の精神面を強調していた。②この体操科の目的は日本内地 1907 年に出版された『小学校体操教科書』の体操科の目的と類似している。ただし、「異常状態ノ矯正＝特殊ノ方法」「正常状態ノ保護」という体操科の目的は、『小学校体操教科書』の中にみられない目的であった[125)]。③また、この体操科の目的と 1904 年の台湾公学校体操科の目的を比べると、身体の健康、発育、動作の機敏、精神の快活、協同一致、及び規律を守る習慣を追い求める目的という要点についてはほぼ一致している。（1904 年の台湾公学校体操科の目的は第一章第四節第四項を参照）。④しかし、この体操科の目的と 1904 年台湾公学校体操科の目的には、「異常状態ノ矯正＝特殊ノ方法」「正常状態ノ保護」「注意、観察、判断、想像等（以上知的）」という相違点もみられる。特に、「異常状態ノ矯正＝特殊ノ方法」という体操科の目的は、浜崎伝造が台湾に着任した後、台湾の実地状況を察知しながら、それに対応して考案したものと考えられる。

すなわち、台湾において纏足という社会風習の存在状況からみれば、「異常状態ノ矯正＝特殊ノ方法」は纏足女生徒の身体状況に配慮して特別な矯正方法を採用し、纏足・解纏足に向けた体操法の工夫を意味している。一方、「正常状態ノ保護」は天然足女生徒の身体状況の保護、及び天然足に向けた体操法の工夫であったものと推測できる。なお、このような特別な目的からみると、浜崎伝造は台湾の纏足女子に対して体育実施奨励を意図的に強調していたことを窺い知ることができる。

2）内容

次に、「台北庁体操法教程」の「体操法教程」「体操法教程説明」の内容を検討してみよう。「体操法教程」「体操法教程説明」の内容について、表 2-13、表 2-14 を参照。

表 2-13 をみれば、「体操法教程」の内容は、第一学年及び第二学年の教材は基本教練、基本姿勢、遊戯であり、第三学年から第六学年までは、①運動準備、②首及脳ノ運動、③上肢ノ運動、④全身（調和運動）、⑤肩及背ノ運動、⑥腹ノ運動、⑦腰ノ運動、⑧全身（跳躍運動）、⑨下肢ノ運動、⑩呼吸運動の 10 種目に分類され、また、足尖の開閉、頭の前後屈、挙踵、臂の転回、上体の前後屈、半屈膝、臂の側挙、左右転向、左右交互跳躍、高跳、十字行進など数十種類に分類配当された。

教練の教材については、集合解散、直立姿勢及休息、左右転向、行進及停止、整頓、番號、行進間の方向変換、駈歩、斜転向、踏替など二十数種類であり、第一学年及び第二学年に配当された。

遊戯の教材については、風車行進、水車行進、渦巻行進、変換行進、脚振行進、脛屈行進、山川遊ビ（団体競争遊戯）、菱型行進、雷遊ビ（団体遊戯）、蛇行競争、猿の穂拾ヒ、十字行進、棍棒送リ、轡、菊水、搖籃行進、旭旗、漁舟など十数種類であり、第一学年及び第二学年に配当された。

「台北庁体操法教程」の内容は遊戯の教材を除けば、1907 年に坪井玄道、可児徳が著した『小学校体操教科書』と類似している[126)]。しかし、「台北庁体操法教程」の特徴は「体操法教程」及び「体操法教程説明」の内容が「（一般の）動作」「女子の動作」「本島女子の動作」の三つに区分されていることである（図 2-14、図 2-15 を参照）。このような区分された実施方式は、内地の『小学校体操教科書』の中にみられないものであり、「台北庁体操法教程」の特徴である。

表 2-13：「体操法教程」の内容（女子及び本島女子）

学年	学期	内　容	
第一学年	第一学期	1. 集合及解散（一, 二列横隊）2. 直立姿勢及休息 3. 左右転向 4. 行進及停止 5. 遊戯	
	第二学期	1. 集合（一, 二列縦隊）2. 整頓 3. 停止間及行進間ノ足踏 4. 停止（左右轉向）5. 遊戯	
	第三学期	1. 集合（四列横（縦）隊）2. 転向行進 3. 転回 4. 方向変換（停止間）5. 遊戯	
第二学年	第一学期	1. 行進間ノ方向変換 2. 行進間ノ転回 3. 転回後ノ停止 4. 駈？ 5. 遊戯	
	第二学期	1. 番號 2. 駈歩ヨリ常歩二移ル 3. 斜転向 4. 踏替（停止, 行進間）5. 遊戯	
	第三学期	1. 排列（其ノ一, 二, 三）2. 基本姿勢（下翼, 上翼, 屈臂）3. 基本姿勢（十字形一, 二, 三, 四, 五）4. 基本姿勢（伸臂開脚）5. 基本姿勢（歩状）6. 遊戯	
第三学年	第一学期	1. 運動準備：足尖ノ開閉/直立	6. 腹ノ運動：上体ノ後屈/直立
		2. 首及脳ノ運動：頭ノ後屈/直立	7. 腰ノ運動：上体ノ側屈/下翼直立
		3. 上肢ノ運動：指ノ屈伸/直立	8. 全身（跳躍運動）：駈歩×足踏/下翼直立
		4. 全身（調和運動）：挙踵/下翼直立	9. 下肢ノ運動：半屈膝/下翼直立
		5. 肩及背ノ運動：臂ノ転回（小畫円）/十字形（一）直立	10. 呼吸運動：臂ノ側挙/直立
	第二学期	1. 運動準備：開脚/直立	6. 腹ノ運動：上体ノ後屈/直立
		2. 首及脳ノ運動：頭ノ転向/直立	7. 腰ノ運動：上体ノ側屈/下翼開脚直立
		3. 上肢ノ運動：臂ノ回旋/直立	8. 全身（跳躍運動）：左右交互跳躍/下翼直立
		4. 全身（調和運動）：挙踵行進/下翼直立 **本島女子半屈膝**	9. 下肢ノ運動：屈膝/下翼直立 **女子ハ十字行進**
		5. 肩及背ノ運動：臂ノ前伸側開/直立	10. 呼吸運動：臂ノ側挙/直立
	第三学期	1. 運動準備：①足尖ノ開閉②開脚/下翼直立	6. 腹ノ運動：上体ノ前後屈/下翼直立
		2. 首及脳ノ運動：①頭ノ前後屈②左右転向/下翼直立	7. 腰ノ運動：上体ノ側屈/下翼直立
		3. 上肢ノ運動：①指ノ屈伸②臂ノ回旋/直立	8. 全身（跳躍運動）：開脚跳躍/下翼直立
		4. 全身（調和運動）：挙踵/下翼直立	9. 下肢ノ運動：挙踵半屈膝/下翼直立
		5. 肩及背ノ運動：臂ノ前伸側開/直立	10. 呼吸運動：臂ノ側挙/直立
第四学年	第一学期	1. 運動準備：足ノ斜前, 斜後出/下翼直立	6. 腹ノ運動：上体ノ後屈/上翼開脚直立
		2. 首及脳ノ運動：弓状/直立	7. 腰ノ運動：捻体/下翼直立
		3. 上肢ノ運動：臂ノ側伸/直立	8. 全身（跳躍運動）：高跳/直立
		4. 全身（調和運動）：脚鉤/下翼直立	9. 下肢ノ運動：屈膝前出/下翼直立
		5. 肩及背ノ運動：臂ノ屈伸/十字形（三）直立	10. 呼吸運動：臂ノ側上挙/直立
	第二学期	1. 運動準備：挙踵/上翼直立	6. 腹ノ運動：上体ノ後屈/十字形（一）歩状
		2. 首及脳ノ運動：頭ノ側屈下翼閉脚/直立	7. 腰ノ運動：捻体/上翼開脚直立
		3. 上肢ノ運動：臂ノ上伸/直立	8. 全身（跳躍運動）：跳躍（交互）/下翼直立
		4. 全身（調和運動）：脚ノ屈伸/下翼脚鉤状	9. 下肢ノ運動：足ノ前出, 後出/下翼直立
		5. 肩及背ノ運動：臂ノ側挙/前屈開脚直立	10. 呼吸運動：臂ノ側挙（反掌）/直立
	第三学期	1. 運動準備：①臂ノ側挙ニテ挙踵/直立②足ノ斜前, 斜後出/下翼直立	6. 腹ノ運動：上体ノ前後屈（偶休）/下翼開脚直立
		2. 首及脳ノ運動：頭ノ側屈/下翼直立	7. 腰ノ運動：捻体/下翼開脚直立
		3. 上肢ノ運動：前, 側, 上, 後方伸臂/直立	8. 全身（跳躍運動）：前後左右開脚跳躍/下翼直立
		4. 全身（調和運動）：挙踵屈膝/下翼直立	9. 下肢ノ運動：①足ノ屈膝前出/下翼直立②脚鉤/下翼直立
		5. 肩及背ノ運動：①臂ノ前伸側開/直立②臂ノ側挙/前屈開脚直立	10. 呼吸運動：臂ノ側上挙/直立

第五学年	第一学期	1.運動準備：挙踵半屈膝/下翼直立 **本島女子ハ半屈膝** 2.首及脳ノ運動：上体ノ後屈/上翼直立 3.上肢ノ運動：臂ノ前上挙/閉足直立 4.全身（調和運動）：前進/十字形（一）挙踵直立 **本島女子ニアリテハ挙脚** 5.肩及背ノ運動：臂ノ側開/前屈十字形（五）直立	6.腹ノ運動：上体ノ後屈/屈臂歩状（一）直立 7.腰ノ運動：上体ノ側屈/半上翼,半下翼直立 8.全身（跳躍運動）：交互九十度ノ転回ニ以テノ跳躍/下翼直立 **女子ニアリテハ開脚跳躍/下翼直立** 9.下肢ノ運動：足ノ前出挙踵（交互）/十字形（一）直立**本島女子ハ前出屈膝** 10.呼吸運動：臂ノ側挙（挙踵ニ以テ）/直立
	第二学期（唖鈴）	1.運動準備：足ノ斜前斜後出/下翼直立 2.首及脳ノ運動：①頭ノ側屈/下翼直立②臂ノ前伸側開/直立 3.上肢ノ運動：前,側,上,後方伸臂/直立 4.全身（調和運動）：挙踵屈膝臂ノ側上挙上/直立 **女子ニアリテハ臂ノ側挙ニテ一脚（交互）ノ前挙** 5.肩及背ノ運動：屈膝前出臂ノ屈伸及畫円/直立	6.腹ノ運動：伸臂上体ノ前下及後屈,開脚上臂伸/直立 7.腰ノ運動：臂ノ側挙ヲ以テ捻体/直立 8.全身（跳躍運動）：臂ノ挙垂ヲ以テ一脚上ノ跳躍/直立 9.下肢ノ運動：十字行進/直立 10.呼吸運動：臂ノ側上挙
	第三学期（唖鈴）	1.運動準備：挙踵屈膝/下翼直立 **女子ハ半屈膝（挙踵ナシ）** 2.首及脳ノ運動：①頭ノ左右転向/下翼直立②臂ノ側方ヨリ上挙（偶休）/弓状直立 3.上肢ノ運動：①臂ノ側方上挙及転向/直立②臂ノ上屈/十字形（二） 4.全身（調和運動）：屈膝挙股/下翼直立 5.肩及背ノ運動：①上体ノ前傾伸臂,後傾屈臂/直立 ②臂ノ前,後,前及上方振動/直立	6.腹ノ運動：伸臂上体ノ前下方屈臂後屈/直立 7.腰ノ運動：臂ノ前挙捻体/直立 8.全身（跳躍運動）：前後左右開脚跳躍/下翼直立 9.下肢ノ運動：前後行進/下翼直立 10.呼吸運動：臂ノ側開/直立
第六学年	第一学期	1.運動準備：足ノ前,後,出挙踵屈膝（左右交互）/下翼直立 **女子ハ開脚** 2.首及脳ノ運動：上体ノ後屈/上翼開脚直立 3.上肢ノ運動：臂ノ前伸及上伸/直立 4.全身（調和運動）：脚ノ後伸/上翼直立 5.肩及背ノ運動：上体ノ前屈臂ノ側開/十字形（五）直立	6.腹ノ運動：上体ノ後屈/上伸臂開脚直立 7.腰ノ運動：捻体/上翼歩状直立 8.全身（跳躍運動）：斜前跳躍/下翼直立 **女子ハ交叉跳躍** 9.下肢ノ運動：屈膝前出及側出/下翼直立 10.呼吸運動：臂ノ前上挙/閉足直立
	第二学期（毬竿）	予習：排列法,整頓法,球竿ノ持方 1.運動準備：要意球竿ヲ前下方横位ニトル　挙踵ヲ以テ臂ノ前挙 2.首及脳ノ運動：①頭ノ左右転向/十字形（一） ②脳ヲ反ラス（偶休）/十字形（一） 3.上肢ノ運動：臂ノ前,上伸/直立 4.全身（調和運動）：挙踵屈膝臂ノ前上挙/直立	5.肩及背ノ運動：前,後下方及頭上ニ臂ノ挙垂/直立 6.腹ノ運動：上体ノ前後屈/十字形（一）直立 7.腰ノ運動：上体ノ側屈/十字形（一）直立 8.全身（跳躍運動）：屈膝側出臂ノ交互上挙/直立 9.下肢ノ運動：屈膝前出一臂ノ前屈/直立 10.呼吸運動：臂ノ前挙
	第三学期（毬竿）	1.運動準備：用意球竿ヲ前下方横位ニ取ル　始メ/開脚直立 2.首及脳ノ運動：①頭ノ左右転向/開脚直立②臂ノ上挙,反脳/開脚直立 3.上肢ノ運動：臂ノ下前,肩上,伸臂,屈臂/直立 4.全身（調和運動）：挙踵足尖ノ開閉/直立 5.肩及背ノ運動：①屈膝前出一臂後開/直立②左手左足ヲ以テ①ノ如ク行フ/直立	6.腹ノ運動：屈膝前出臂ノ上挙/直立 7.腰ノ運動：捻体/十字形（一）直立 8.全身（跳躍運動）：①屈膝側出臂ノ側挙/直立 ②一脚上ノ跳躍臂ノ上挙/直立 9.下肢ノ運動：十字行進/直立 10.呼吸運動：臂ノ上挙/直立

出所：「台北庁普通体操改定報告ノ件」『台湾総督府公文類纂』1908年4月13日永久保存第二十一巻.により作成

このことから、著者であった浜崎伝造は植民地台湾において体操を実施する際、当時の台湾人女子と日本人女子との間に大きな違いがあるということに着目していたことがわかる。浜崎は内地の体操教科書を参考しながら、台湾人女子の身体問題（体格や纏足の問題）に配慮して台湾人女子にふさわしい新しい体操指導法を考案したものと考えられる。

一方、留意したいことは、1907年の「台北庁体操法教程」の「体操法教程」の内容と「体操法教程説明」の内容を比べると、不整合箇所が31箇所(2割)みられ（表2-

14、図 2-15 を参照）、この段階では、「台北庁体操法教程」は草案の段階であったと思われる。

表 2-14：「体操法教程説明」の不整合箇所

学年	学期	体操法教程	体操法教程説明
第三学年	第二学期	3.上肢ノ運動：臂ノ回旋/直立	3.上肢ノ運動：下翼/直立
		8.全身（跳躍運動）：左右交互跳躍/下翼直立	8.全身（跳躍運動）：跳躍/下翼直立
	第三学期	1.運動準備：①足尖ノ開閉②開脚/下翼直立	1.運動準備：挙踵/下翼直立
		2.首及脳ノ運動：②左右転向/下翼直立	2.首及脳ノ運動：②前方伸臂側開
		3.上肢ノ運動：①指ノ屈伸②臂ノ回旋/直立	3.上肢ノ運動：臂ノ前,上方挙上側方下垂
		4.全身（調和運動）：挙踵/下翼直立	4.全身（調和運動）：開脚/下翼直立
		5.肩及背ノ運動：臂ノ前伸側開/直立	5.肩及背ノ運動：側方ヨリ臂ノ上方及後下方振動（掌）
		8.全身（跳躍運動）：開脚跳躍/下翼直立	8.全身（跳躍運動）：足踏二歩ヲ以テ四分一回転及跳二回/下翼直立 **本島女子ニアリテハ（一）（二）踏（三）（四）跳躍**
		9.下肢ノ運動：挙踵半屈膝/下翼直立	9.下肢ノ運動：足前側及後出/下翼直立
第四学年	第一学期	10.呼吸運動：臂ノ側上挙/直立	10.呼吸運動：呼吸/直立
	第二学期	10.呼吸運動：臂ノ側挙（反掌）/直立	10.呼吸運動：呼吸/直立
	第三学期	1.運動準備：②足ノ斜前,斜後出/下翼直立	1.運動準備：②足尖ノ開閉/下翼
		2.首及脳ノ運動：頭ノ側屈/下翼直立	2.首及脳ノ運動：①頭ノ左右転向及前後屈/下翼②臂側挙前方合掌/直立
		5.肩及背ノ運動：①臂ノ前伸側開/直立②臂ノ側挙/前屈開脚直立	5.肩及背ノ運動：臂ノ側挙轉向/直立
		7.腰ノ運動：捻体/下翼開脚直立	7.腰ノ運動：臂ノ交互側方上下ヲ以テ上体ノ側屈
		9.下肢ノ運動：①足ノ屈膝前出/下翼直立②脚鉤/下翼直立	9.下肢ノ運動：屈膝脚ノ前挙/下翼
第五学年	第一学期	1.運動準備：挙踵半屈膝/下翼直立 **本島女子ハ半屈膝**	1.運動準備：足ノ交叉/下翼直立
		2.首及脳ノ運動：上体ノ後屈/上翼直立	2.首及脳ノ運動：上体ノ後屈/十字歩状
		3.上肢ノ運動：臂ノ前上挙/閉足直立	3.上肢ノ運動：屈伸臂/開脚直立
		4.全身（調和運動）：前進/十字形（一）挙踵直立 **本島女子ニアリテハ挙脚**	4.全身（調和運動）：挙踵前後行進/十字形（一）直立 **女子ニアリテハ脚振リ行進/十字形（一）**
		5.肩及背ノ運動：臂ノ側開/前屈十字形（五）直立	5.肩及背ノ運動：臂ノ半上挙/開脚前屈直立
		6.腹ノ運動：上体ノ後屈/屈臂歩状（一）直立	6.腹ノ運動：上体ノ後屈/上翼開脚直立
		7.腰ノ運動：上体ノ側屈/半上翼,半下翼直立	7.腰ノ運動：捻体側屈/下翼歩状直立
		8.全身（跳躍運動）：交互九十度ノ転回ニ以テノ跳躍/下翼直立 **女子ニアリテハ開脚跳躍/下翼直立**	8.全身（跳躍運動）：高跳/直立 女子ニアリテハ前後右跳躍/下翼直立
		9.下肢ノ運動：足ノ前出挙踵（交互）/十字形（一）直立 **本島女子ハ前出屈膝**	9.下肢ノ運動：挙踵屈膝/上翼直立 女子ニアリテハ屈側出/下翼直立
		10.呼吸運動：臂ノ側挙（挙踵ニ以テ）/直立	10.呼吸運動：挙踵呼吸/十字形（三）直立
	第二学期	3.上肢ノ運動：前,側,上,後方伸臂/直立	3.上肢ノ運動：上伸臂/直立
	第三学期	「体操法教程」の第五学年第三学期（唖鈴）	「体操法教程説明」では第六学年第二学期（唖鈴）に該当
第六学年	第一学期	5.肩及背ノ運動：上体ノ前屈臂ノ側開/十字形（五）直立	5.肩及背ノ運動：臂ノ側挙/前屈開脚直立
		8.全身（跳躍運動）：斜前跳躍/下翼直立 **女子ハ交叉跳躍**	8.全身（跳躍運動）：斜前跳躍/下翼直立 **女子ニアテハ後置歩跳躍/下翼直立**
	第二学期	「体操法教程」の第六学年第二学期（毬竿）	「体操法教程説明」では第五学年第三学期（毬竿）に該当

出所：「台北庁普通体操改定報告ノ件」『台湾総督府公文類纂』1908 年 4 月 13 日永久保存第二十一巻.により作成

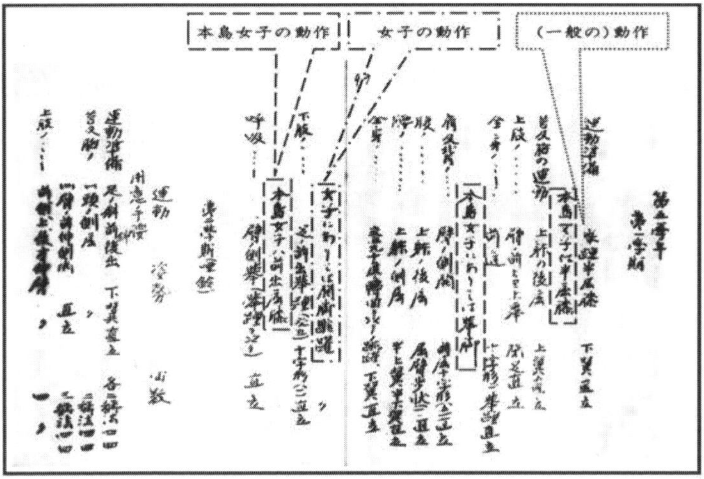

図 2-14：「一般の動作」「女子の動作」「本島女子の動作」の三つの実施動作

資料説明：線の部分は、筆者添加。
出所：「台北庁普通体操改定報告ノ件」『台湾総督府公文類纂』1908 年 4 月 13 日永久保存第二十一巻.
（国立台湾図書館所蔵）

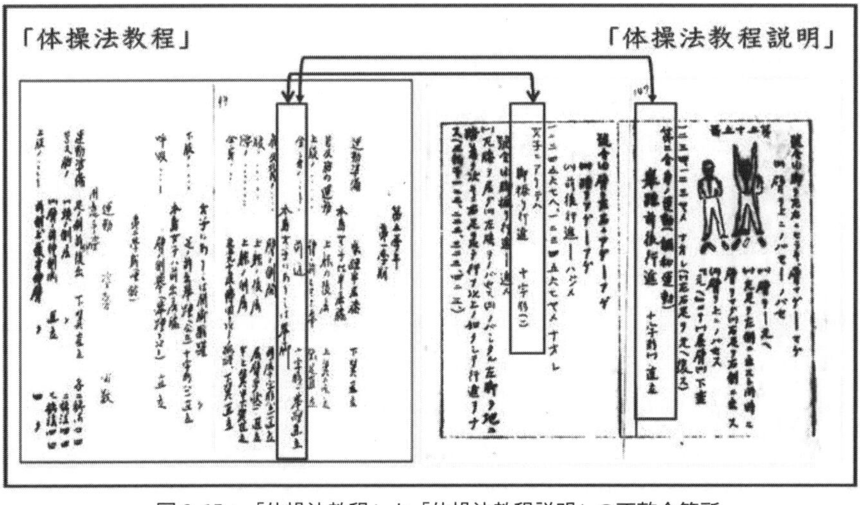

図 2-15：「体操法教程」と「体操法教程説明」の不整合箇所

資料説明：線の部分は、筆者添加。
出所：「台北庁普通体操改定報告ノ件」『台湾総督府公文類纂』1908 年 4 月 13 日永久保存第二十一巻.
（国立台湾図書館所蔵）

5．「体操法教程」と「体操法教程説明」と『台湾教育会雑誌』中にみられる一般、女子、本島女子の動作比較

既に述べたように、「台北庁体操法教程」の内容は「（一般の）動作」「女子の動作」「本島女子の動作」の三つに区分されている。また、「台北庁体操法教程」の中には、「体操法教程」と「体操法教程説明」の不整合箇所もあった。加えて、「台北庁体操法教程」は、その元になったとみられる草案が 1907 年 5-8 月の『台湾教育雑誌』に掲載されている。すなわち、「小公学校適用新体操法（62 号）」「台湾公学校体操法（承前）（63 号）」「台湾公学校体操法（承前）（64 号）」「台湾公学校体操法（承前）（65 号）」である。これらの「体操法教程」と「体操法教程説明」及び『台湾教育雑誌』中にみられる一般、女子、本島女子の動作区別は一体どのような内容を規定しているのだろうか、また規定した理由は如何なるものであったのだろうか。さらに、「台北庁体操法教程」の「体操法教程説明」と『台湾教育会雑誌』の内容は、どのような相違点が存在しているのだろうか[127)]。これらの問題を明らかにするため、以下、「体操法教程」と「体操法教程説明」及び『台湾教育会雑誌』中にみられる一般、女子、本島女子の動作について比較・検討していこう（表 2-15 を参照）。

1）「体操法教程説明」と『台湾教育会雑誌』の比較

まず、「台北庁体操法教程」の「体操法教程説明」と『台湾教育会雑誌』の内容からみてみよう。

「台北庁体操法教程」の「体操法教程説明(1907 年 8 月 15 日)」と『台湾教育会雑誌(1907 年 5-8 月)』を比べると、両方の内容はほぼ同じであるが、4 箇所に相違点がみられる。また、刊行された時期から考察すると、「体操法教程説明」は『台湾教育会雑誌』を修正したものと考えられる。

さらに、この 4 箇所の相違点については、主に第五学年に集中しており、変更の部分はいずれも『台湾教育会雑誌』中における「本島」という言葉を削除したものである。例えば、「本島女子ニアリテハ脚振リ行進/十字形（一）」を「女子ニアリテハ脚振リ行進/十字形（一）」に変更した。しかし、この変更の理由は十分明らかではない。全体をみれば、『台湾教育会雑誌』には、本島女子に対して特別に実施する普通体操の動作

規定に関する記載が数多くみられる。

2）「体操法教程」と「体操法教程説明」と『台湾教育会雑誌』の比較

次に、「体操法教程」と「体操法教程説明」と『台湾教育会雑誌』中にみられる一般、女子、本島女子の動作を検討していこう。

表 2-15 をみれば、次のことが窺える。①一般の動作は、1907 年に出版された『小学校体操教科書』の内容と酷似している。例えば、第二学年第一学期には、行進、及び駈歩の歩長と速度の規定はまったく同じものである。②女子、本島女子の動作は一般の動作よりも簡略化された動作であることがわかる。例えば、女子の場合には、左右轉向の二段階化、挙踵の省略、開脚跳躍及び前後左右跳躍の動作変更など；本島女子の場合には、標準の軽減（集合、歩長、速度、駈歩の踏替など）、轉回の二段階化、挙踵の省略などが挙げられる。③特に注目したいのは、女子、本島女子の動作の大きな特徴は、挙踵を実施していなかったことである。ではなぜ、女子、本島女子に対して挙踵を実施していなかったのか。その理由として、当時の台湾社会にみられる纏足習慣への配慮があったものと考えられる。すなわち、纏足女子は身体の重心を失い転倒しやすいため、挙踵を実施すると、身体のバランスが崩れる可能性があった。④女子の動作は本島女子の動作より跳ぶ動作の制限が少なかったことがわかる。すなわち、本島女子は開脚跳躍、交叉跳躍、置歩跳躍などの実施が免除されている。これも纏足女子への配慮と思われる。

いずれにしても、一般、女子、本島女子の動作を区分したことからみると、浜崎伝造は台湾人女子の体格や纏足などの身体問題に配慮し、一般の動作を簡略化した普通体操を「本島女子」向けに実施しようとしたと考えられる。

3）一般、女子、本島女子の動作の区分について

浜崎伝造が動作を一般、女子、本島女子の三つに区分したことについては、その区分の理由が付されていないため、一般、女子、本島女子がそれぞれだれを指すのかは厳密には不明である。しかし、現段階では二つの可能性が考えられる。

その一つとして、「一般」は男子；「女子」は日本人女子；「本島女子」は台湾人女子を指す可能性が考えられる。もう一つの可能性は「体操法教程」と「体操法教程

説明」と『台湾教育会雑誌』の内容からみると、「一般」は男子及び日本人女子、天然足の台湾人女子；「女子」は解纏足の台湾人女子；「本島女子」は纏足の台湾人女子を指すと考えられる。

この二つの可能性を考察するために、まず、踵を使わない動作の指示があった第一学年第一学期の左右転向、及び第一学年第三学期の回転についてみてみよう（図 2-16 を参照）。

「体操法教程説明」によると、第一学年第一学期の左右転向の女子動作は「女子ニアリテハ右（左）向ケノ時ハ左（右）足ヲ右（左）斜ニ踏ミ出シ右（左）足ヲ左（右）ニ引着ク」と規定している。そして、第一学年第三学期の回転については、「本島女子ニアリテハ右轉向二回行フモノトス」と記載されている。この二つの説明によって、女子、本島女子に対する実施動作は、一般の動作を二段階に分け、踵を使わない動作を実施することがわかる。つまり、女子、本島女子の動作は一般の動作より簡略化し、踵にかかる負担を軽減しているものとみることができる。

このように男女を区別した授業方法は、1907 年日本内地の「小学校体操教科書」には存在しない。また、1902 年に「台湾小学校規則」が改正されてから、台湾小学校体操科の目的、内容、方法については、日本内地の小学校と同様のものになった[128]。このことからみると、「女子」は解纏足者、「本島女子」は纏足者を指していると考えることができる。

次に、第五学年第一学期の「第八下肢ノ運動」をみてみよう（図 2-17 を参照）。

「体操法教程説明」によると、第五学年第一学期の「第八下肢ノ運動」には、一般の動作は「挙踵屈膝/上翼直立」、女子の動作は「屈膝側出/下翼直立」と規定している。これによって、女子の動作は「挙踵」を実施しないという動作制限がみられる。また、左右転向、回転の動作と同じように、踵を使わない動作であったことがわかる。このように、女子、本島女子に対する挙踵を実施しない理由として、浜崎伝造は纏足をしている女子、解纏足をした女子の身体動作の状態に配慮していたものと考えられる。なお、示範の「第五十七図」をみると、この女子は衣服、髪形、足の形状から、本島女子と思われる。また、『台湾教育会雑誌』の「第五十七図」は本島女子の動作として例示されている。

表 2-15：「体操法教程」「体操法教程説明」及び『台湾教育会雑誌』中にみられる一般、女子、本島女子の動作比較

（資料説明：◆は「体操法教程」の資料；●は「体操法教程説明」の資料；■は『台湾教育会雑誌』の資料）

学年	学期	（一般の）動作	女子の動作	本島女子の動作
第一学年	第一学期	●■「集マレ」ノ令ニテ、各児童ハ駈歩		●■本島女子ハ速歩
		●■左右轉向（左（右）踵ヲ軸トス）	●■女子ニアリテハ右（左）向ケノ時ハ左（右）足ヲ右（左）斜ニ踏ミ出シ右（左）足ヲ左（右）ニ引着ク	
	第二学期	●■「集マレ」ノ令ニテ,各児童ハ駈歩		●■本島女子ハ速歩
	第三学期	●■轉回（左（右）踵ヲ轉トス）		●■本島女子ニアリテハ右轉向二回行フモノトス
第二学年	第一学期	●■行進（而シテ歩長ハ踵ヨリ踵マデ約一尺三寸ヲ度トシ、其ノ速度ハ一分間ニ約百三十五歩トス）		●■本島女子ニアリテ歩長ハ前ト同ジク、其速度ハ一分間ニ約百歩トス
		●■駈歩（歩長ハ踵ヨリ踵マデ約一尺五寸ヲ度トシ、速度ハ一分間ニ約百八十歩ヲトス）		●■本島女子ニアリテハ、歩調ヲ一齊ニシテ出来得ル丈ケノ駈歩ヲナサシムベシ
	第二学期	●■踏替ヘ進メ（停止間）		●■本島女子ニアリテハ、駈歩ノ踏替ノミ略ス
第三学年	第一学期	●■全身（跳躍運動）： 駈歩足踏シ/下翼直立 （イ）手ヲ腰ニアゲーアゲ （ロ）踵ヲアゲーアゲ （ハ）足踏ミーハジメ	●■女子ニアリテハ（ロ）ヲ除クベシ	
	第二学期	◆●■全身（調和運動）： 挙踵行進/直立		◆●■本島女子：半屈膝/直立
		◆●■下肢ノ運動：屈膝/下翼直立	◆女子ハ十字行進 ●■女子ニアリテハ十字行進ヲ行フ	
	第三学期	●■全身（跳躍運動）：足踏二歩ヲ以テ四分一回転及跳躍二回/下翼直立		●■本島女子ニアリテハ（一）（二）足踏（三）（四）跳躍
第五学年	第一学期	◆運動準備：挙踵半屈膝/下翼直立		◆本島女子ハ半屈膝
		◆全身（調和運動）：前進/十字形（一）挙踵直立 ●■全身（調和運動）：挙踵前後行進/十字形（一）直立	●女子ニアリテハ脚振リ行進/十字形（一）	◆本島女子ニアリテハ挙脚 ■本島女子ニアリテハ脚振リ行進/十字形（一）
		◆全身（跳躍運動）：交互九十度ノ転回ニ以テノ跳躍/下翼直立 ●■全身（跳躍運動）：高跳/直立	◆女子ニアリテハ開脚跳躍/下翼直立 ●女子ニアリテハ前後左右跳躍/下翼直立	■本島女子ニアリテハ前後左右跳躍/下翼直立
		◆下肢ノ運動：足ノ前出挙踵（交互）/十字形（一）直立 ●■下肢ノ運動：挙踵屈膝/上翼直立	●女子ニアリテハ屈膝側出/下翼直立	◆本島女子ハ前出屈膝 ■本島女子ニアリテハ屈膝側出/下翼直立
	第二学期 （唖鈴）	◆●■全身（調和運動）：挙踵屈膝臂ノ側上挙上/直立	◆●女子ニアリテハ臂ノ側挙脚ノ前挙/直立	■本島女子ニアリテハ臂ノ側挙脚ノ前挙/直立
第六学年	第一学期	◆●■運動準備：足ノ前、後、出挙踵屈膝（左右交互）/下翼直立	◆●■女子ハ開脚/下翼直立	
		◆全身（跳躍運動）：斜前跳躍/下翼直立 ●■全身（跳躍運動）：斜前跳躍/下翼直立	◆女子ハ交叉跳躍 ●■女子ニアリテハ後置歩跳躍/下翼直立	
	第二学期 （唖鈴）	◆●■運動準備：挙踵屈膝/下翼直立	◆●■女子ハ半屈膝（挙踵ナシ）	
		●■全身（跳躍運動）：前後左右開脚跳躍/下翼直立/各四各八	●■女子ヘ各二各八	

出所：「台北庁普通体操改定報告ノ件」『台湾総督府公文類纂』1908 年 4 月 13 日永久保存第二十一巻. 浜崎伝造「小公学校適用新体操法」『台湾教育会雑誌』,62 号,台湾教育会,1907 年 5 月,pp.24-42.浜崎伝造「台湾公学校体操法(承前)」『台湾教育会雑誌』,63 号,台湾教育会,1907 年 6 月,pp.8-24.浜崎伝造「台湾公学校体操法(承前)」『台湾教育会雑誌』,64 号,台湾教育会,1907 年 7 月,pp.9-20.浜崎伝造「台湾公学校体操法(承前)」『台湾教育会雑誌』,65 号,台湾教育会,1907 年 8 月,pp.9-20.により作成

このように、もし、「女子の動作」が台湾人女子を指すとすれば、二つ目の可能性として挙げた、「一般」は男子及び日本人女子、天然足の台湾人女子；「女子」は解纏足の台湾人女子；「本島女子」は纏足の台湾人女子を指す可能性が高いと思われる。以上を総べれば、浜崎伝造が作った「台北庁体操法教程」は台湾島向けの最初の体操教科書原文である。しかし、「体操法教程」と「体操法教程説明」の不整合からみると、この教科書はまだ草案の段階であったと言える。この「台北庁体操法教程」は 1907 年 5 月の臨時体操講習会に参考資料として用いられ、1908 年 3 月にさらに『台湾公学校体操法』として出版されたとみられるが、台湾、日本の図書館にはいずれも現物は所蔵されていない。

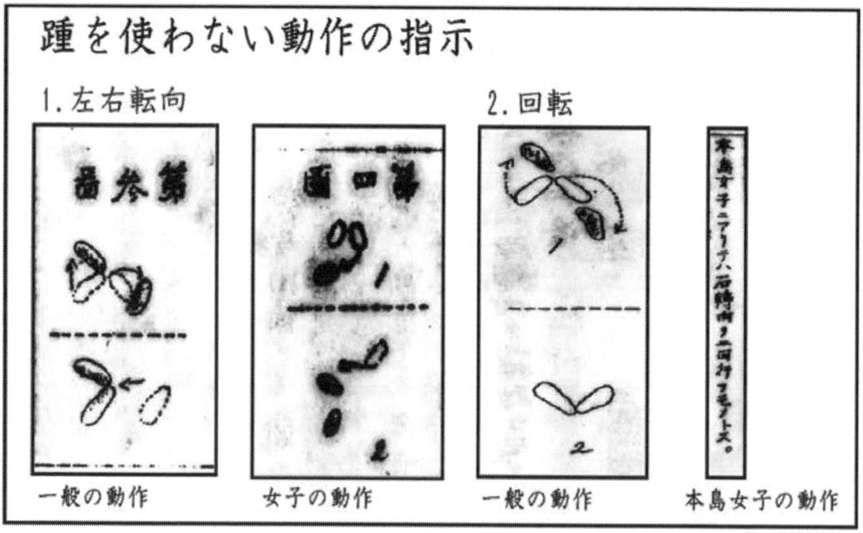

図 2-16：第一学年第一学期の左右転向、及び第一学年第三学期の回転

出所：「台北庁普通体操改定報告ノ件」『台湾総督府公文類纂』1908 年 4 月 13 日永久保存第二十一巻.（国立台湾図書館所蔵）

このように「台北庁体操法教程」は纏足・解纏足の本島女子に対して実施する特別な普通体操の動作を規定した初めての体操教科書である。しかしながら、「台北庁体操法教程」については、先行研究も不備であり、まだまだ不明瞭な点も多く、一次史料の発掘なども含めて、さらに検討する必要がある。

「台北庁体操法教程」の「体操法教程説明」　　　　『台湾教育会雑誌』
一般の動作　　　　女子の動作　　　　　　　　　　本島女子の動作

図 2-17：第五学年第一学期「第八下肢ノ運動」の一般、女子、本島女子の動作

出所：「台北庁普通体操改定報告ノ件」『台湾総督府公文類纂』1908 年 4 月 13 日永久保存第二十一巻. 浜崎伝造「台湾公学校体操法(承前)」『台湾教育会雑誌』,64 号,台湾教育会,1907 年 7 月,p.13.（国立台湾図書館所蔵）

第二項　台湾における学校の身体検査について

日本統治時期において台湾人の体格は日本人より劣等だったということがよく言われた[129]。その理由として、『台湾日日新報』では、女子の纏足、アヘンの吸飲、衛生観念の欠如、運動の不十分などの理由が身体の発育に影響を及ぼしていると指摘した。また、同報道には、台湾人の体格は日本人より身長が高くて体重が軽いという報告もみられる[130]。しかし、この報道は具体的なデータを示していない。当時、纏足習慣がある台湾人女子と纏足習慣がない日本人女子の身体上には、一体どのような相違点が存在したのだろうか。

そこで、本項では「艋舺公学校児童躰格検査成蹟」『台湾各種学校生徒及児童発育統計』の調査報告から、1907 年及び 1910 年の台湾人女生徒の身体状況を検討していこう。

1.「艋舺公学校児童躰格検査成蹟」（1907 年）

范燕秋の研究によれば、最初の台湾公学校の身体検査は 1902 年に大甲公学校の 88 名の生徒に体格検査を行ったと報告されている。また、この検査結果には、台湾人生徒の身長、体重は日本人生徒よりよくなかったと指摘されている[131]。翌年 12 月、彰化庁の公医であった日高幸平、今井清廉は彰化庁管内各小公学校の 1,097 名の生徒（小学校生徒 31 名、公学校 1,066 名）に健康診断、体格検査を行っており、生徒の発育及び健康管理のために、衛生上の注意、清潔法の励行、体育の重要性、浴場の設置などが必要であるとの意見を表明した[132]。しかし、上述の身体検査は男生徒に対してのみ検査したものであった。

1907 年 4 月に至り、艋舺公学校は専売局の高橋国手に嘱託して同校の体格検査を行った。被験者は男生徒 325 名、女生徒 70 名であり、体格検査の項目は「身長」「胸囲」「体重」「脊柱」「体格」「眼疾」「耳疾」「齲歯」であった。また、艋舺公学校の体格検査の調査報告書には、合わせて「文部省学生生徒中等発生育表との比較表」「新竹庁四公学校との比較表」も添付されていた[133]。

ちなみに、同調査報告には、「女児の出席は平常少なくも百を下らざれども、当日に限り斯くも出席を減じたるは、体格検査の何事なるを知らずして之れを忌避したるものなること、後日に於いて知られたり」[134]とあり、当時の女生徒たちは体格検査というものを知らなかったため、体格検査を敬遠して検査の当日に学校に出席しなかったことがわかる。

さて、1907 年 4 月、艋舺公学校生徒の体格検査の結果をみてみよう。

まず、艋舺公学校生徒と内地生徒の比較について、「艋舺公学校児童躰格検査成蹟」には、「当校児童は内地児童に比し、一般に体格劣等胸囲狭少なること明かなり」[135]とあり、従来の体格検査の報告書と同じように台湾人児童の体格は日本人児童より劣等だったということを指摘している。また、市街地にあった艋舺公学校生徒と田舎にあった新竹庁四公学校生徒の比較について、同調査報告には、「之れ（新竹庁四公学校生徒の体格検査成績：筆者）を当校の成蹟に比較すると、当地児童は身長に於いては漸々優勢の観あれども、其の他胸囲体重に於いて一般に劣等の地位に在ること明かなり」[136]とあり、市街地の生徒の身長は田舎の生徒より少し高かったが、胸囲、体重において田舎の生徒は市街地の生徒より佳良だったということが報告されている。

ではなぜ、市街地の台湾人児童の体格は日本人児童、田舎の台湾人児童より劣等だったのだろうか。同調査報告は、次のように述べている。

> 「一般に、本島児童の躰格が内地児童に比して劣等の地位にある主要の原因は、木村氏曾て台湾医学会雑誌に於いて発表せられし如く、（一）気候（二）衣食住の不完全（三）父母の阿片烟吸飲（四）哺乳期に於ける栄養状態の不良（五）小児期に於ける栄養状態の不良（六）小児期に於ける疾病治療の不良（七）家庭に於ける衛生上の不注意にあるが如し。殊に当地に於いては土地空気の不潔なること一層甚しく、運動の不十分、睡眠時間の不整、精神の過労、母親の纏足等は、田舎（前書の地方は広東部落なるが故に纏足せず）の児童に比して、躰格の劣等を来す主因なるものゝ如し」[137]

すなわち、台湾人児童の身体発育に影響を与える要因には、気候、阿片の吸飲、栄養の不良、衛生上の不注意などがあった。そのため、台湾人児童は日本人児童より体格が劣ると考えられたのである。また、市街地の台湾人児童は居住地の土地空気の不潔、運動の不十分、精神の過労、母親の纏足などの理由で、田舎の台湾人児童より身体の発育がよくなかったとされている。特に、母親の纏足が台湾人児童の身体発育に影響を与えていた理由は、恐らく、「富国強兵に基づく母体の国家管理」という文明化、及び医学的合理主義の観点から[138]、纏足の弊害が母体の身体に様々な影響を与えただけではなく、将来の胎児の身体発育に対して影響も及ぼしていたとの指摘をしているものと思われる。

次に、1907 年の「艋舺公学校女生徒体格検査成績」「新竹庁四公学校との比較表」「文部省学生生徒中等発生育表との比較表」中にみられる艋舺公学校女生徒、新竹庁四公学校女生徒、文部省学生女生徒の身長、体重、胸囲のデータを「表 2-16：艋舺公学校女生徒と新竹庁四公学校女生徒と文部省学生女生徒の身長、体重、胸囲の比較」にまとめ、台湾人女生徒の身体状況を検討してみよう。

1907 年の「艋舺公学校児童躰格検査成績」に載せた「艋舺公学校女生徒体格検査成績」「新竹庁四公学校との比較表」中には、女生徒に対する足の区別を調査していなかったため、艋舺公学校、及び新竹庁四公学校女生徒の纏足、解纏足、天然足の比率は未詳であった。しかし、「国語学校及公学校女生徒纏足及天然足種族別」の調査資料によると、1909 年 6 月の段階で、台北庁管内の公学校の纏足率は 82.1%、新竹庁管内の公学校の纏足率は 4.77%であったことから[139]、艋舺公学校の場合には、纏足者がまだ存在しており、一方、新竹庁四公学校の場合には、纏足者が少なかったということが推測できる。したがって、「艋舺公学校女生徒体格検査成績」から、当時の纏足女生徒の身体状況を知ることができる。

こうして、表 2-16 の「(7-12 歳) 平均」をみれば、次のような結果を得ることができる。

①身長：艋舺公学校女生徒＞文部省学生女生徒＞新竹庁四公学校女生徒
②体重：文部省学生女生徒＞新竹庁四公学校女生徒＞艋舺公学校女生徒
③胸囲：文部省学生女生徒＞新竹庁四公学校女生徒＞艋舺公学校女生徒

すなわち、纏足習慣がある艋舺公学校女生徒の体格は身長を除き、体重、及び胸囲の場合からいうと、纏足習慣が全くない文部省学生女生徒、あるいは纏足者が少ない新竹庁四公学校女生徒の体格よりよくなかったという状況がみられる。

表 2-16：艋舺公学校女生徒と新竹庁四公学校女生徒と文部省学生女生徒の身長、体重、胸囲の比較

学校	歳	満7歳以上	満8歳以上	満9歳以上	満10歳以上	満11歳以上	満12歳以上	(7-12歳)平均	満13歳以上	(7-13歳)平均
艋舺公学校女生徒（台湾）	身長	114.47	118.41	123.98	128.87	135.32	140.53	126.93	144.14	129.38
	体重	15.90	18.66	20.04	21.84	24.30	28.82	21.56	28.20	22.51
	胸囲	52.72	53.18	53.81	54.60	54.45	56.24	54.18	55.66	54.39
新竹庁四公学校女生徒（台湾）	身長	108.78	112.11	117.56	116.66	130.90	120.59	117.78		
	体重	18.84	20.04	20.94	20.16	26.16	24.54	21.78		
	胸囲	54.54	55.75	53.93	55.45	59.09	58.78	56.27		
文部省学生女生徒（日本）	身長	111.99	115.99	119.89	125.99	131.99	138.99	124.17	142.99	126.84
	体重	19.02	20.48	22.32	27.42	27.78	31.38	24.73	36.48	26.41
	胸囲	53.99	56.09	57.99	60.21	62.51	64.99	59.30	67.69	60.51

出所：加藤忠太郎「艋舺公学校児童躰格検査成蹟」『台湾教育会雑誌』67 号,台湾教育会,1907 年 10 月,pp.18-22.により作成

ではなぜ、艋舺公学校女生徒の身長はほかの各学校女生徒より高かったのだろうか。その理由について、同調査報告には、「一般に体格劣等胸囲狭少なること明かなり。但し身長に於いて当校女児は内地女児に比して漸々優勢の観あれども、其の実検査の際に纏足のまゝ測量したるを以て、自然履物の高さも加はりたるなり」[140] とあり、艋舺公

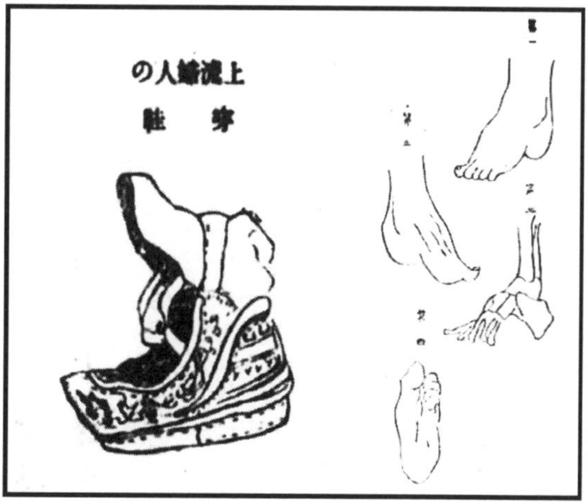

図 2-18：纏足と纏足靴
出所：作者不詳『台中市史』台中：台湾新聞社, 1934 年, p. 626.
(国立台湾図書館所蔵)

学校女生徒は纏足習慣があり、また、身体検査の当日において、纏足女生徒は纏足靴を脱がないまま（纏足靴の様子は図 2-18 を参照）、身長を測っていたことを指摘している。

2．『台湾各種学校生徒及児童発育統計』（1910 年）

1910 年 3 月 1 日、台湾総督府は「諸学校児童、生徒身体検査施行ノ件」という台湾各学校身体検査規程の草案を作成し、これを台湾中央衛生会に諮詢し、同年 4 月 19 日府令第 29 号、30 号、31 号、32 号、33 号で台湾各学校身体検査規程を公布した。その後、植民地台湾各学校のための身体検査に関する規程は、この規則に準拠することになった[141]。「諸学校児童、生徒身体検査施行ノ件」「台湾小学校児童身体検査規程」「台湾公学校児童身体検査規程」は以下の通りである。

民内第一七二六号
明治四十三年三月一日立案

諸学校児童、生徒身体検査施行ノ件

本島各学校ニ於テハ従来普ク児童、生徒ノ身体検査ヲ施行スル能ハサル事情アリ、自然学校衛生上注意ヲ缺ク虞アルノミナラス身体発達ノ状況ヲ知悉スル能ハス教育上甚タ遺憾トスル所ニ有之候今ヤ小学校及直轄学校ニハ一般ニ之ヲ施行シ得ヘク公学校ニ於テモ特殊ノ事情アルモノヲ除クノ外之ヲ施行シ得ルモノト認メラレ候ニ付本案府令并訓令ヲ以テ身体検査規程并学校医職務規程等発布相成可然哉仰高裁[142]

台湾小学校児童身体検査規程

第一条　小学校ニ於テハ学校医ヲシテ毎年四月、十月ノ二回児童ノ身体検査ヲ施行セシムヘシ

第二条　身体検査ハ左ノ各号ニ就キ施行スヘシ

一身長　二体重　三胸囲　四脊柱　五体格　六眼疾　七耳疾　八歯牙　九疾病

前項ノ外身体検査上必要ト認メタル事項ハ特ニ検査ヲ行フヘシ十月ニ於テ施行スル検査ニ在リテハ身長、体重及疾病ノ三号ニ止ムルコトヲ得

第三条　身体検査ヲ施行シタルトキハ別記第一号様式ニ依リ身体検査票ヲ調製スヘシ
第四条　身体検査ヲ施行シタルトキハ学校長ハ別記第二号様式ニ依リ統計表ヲ調製シ翌月内ニ庁長ニ報告スヘシ
庁長ハ前項ノ報告ヲ受ケタルトキハ之ヲ取纏メ直ニ台湾総督ニ報告スヘシ

台湾公学校児童身体検査規程
公学校ニ於テ児童身体検査ヲ施行スルトキハ明治四十三年四月府令第二十九号台湾小学校児童身体検査規程ニ依ルヘシ但シ女児ニ関シテハ第二条身体検査事項ニ「十天然足ト纏足トノ別」ノ一号ヲ加ヘ身体検査票及身体検査統計表ノ疾病ノ次ニ「纏足」「解纏足」ノ各欄ヲ設クヘシ
女児ニハ全ク身体検査ヲ施行セス又ハ其ノ検査事項ノ一部ヲ省略スルコトヲ得[143]

上述により、従来、台湾各学校の生徒に対して身体検査を施行することは難しい事情があり、生活環境、及び学校において衛生上の注意を欠くおそれがあるのみならず、生徒の身体発達の状況を熟知することができなかったというのである。そのため、台湾総督府は学校児童・生徒の身体発育を十分把握するために、各学校身体検査規程を制定していたことがわかる。

また、「台湾小学校児童身体検査規程」と「台湾公学校児童身体検査規程」の内容はほぼ同じだが、公学校の「身体検査票」に「天然足ト纏足トノ別」（図 2-19 を参照）を加え、及び「身体検査統計表ノ疾病」（「小学校児童身体検査統計表」は図 2-20 を参照）のところに「纏足」「解纏足」の各欄を設けることと定められた。さらに、場合によって、公学校の女生徒には、全く身体検査を施行せず、または検査事項の一部を省略し得ることになっていた。

これによって、台湾植民地教育当局は身体検査を通じて公学校の纏足女生徒の実際的な状況を把握することができるのみならず、纏足が台湾人女子の身体発育にどのような影響を与えたのかを理解するために、「天然足ト纏足トノ別」という調査項目を加えたと考えられる。

さて、「第一回台湾各学校身体検査」の結果を検討する前に、まず、被験者について説明する必要がある。

1910 年 4 月 19 日、台湾各学校身体検査規程が公布された後、台湾総督府の直轄学校（国語学校、医学校、中学校、高等女学校）をはじめ、小学校から公学校に至るまで、台湾各学校が生徒に「第一回台湾各学校身体検査」を施行し始めた。しかし、身体検査の製表材料の欠如、検査人員の不足、身体測量器具の欠乏などを理由として、小学校、及び公学校の場合には、生徒全員に身体検査を実施することができなかったのである[144]。例えば、『台湾各種学校生徒及児童発育統計』によると、小学校の被験者は 5,382 名（男子 2,805 名、女子 2,577 名）で、全生徒数（6,492 名）に対する比率は 82.90％であり；公学校の被験者は 16,729 名（男子 15,823 名、女子 906 名）で、全生徒数（41,400 名）に対する比率は 40.41％であったことがわかる[145]。

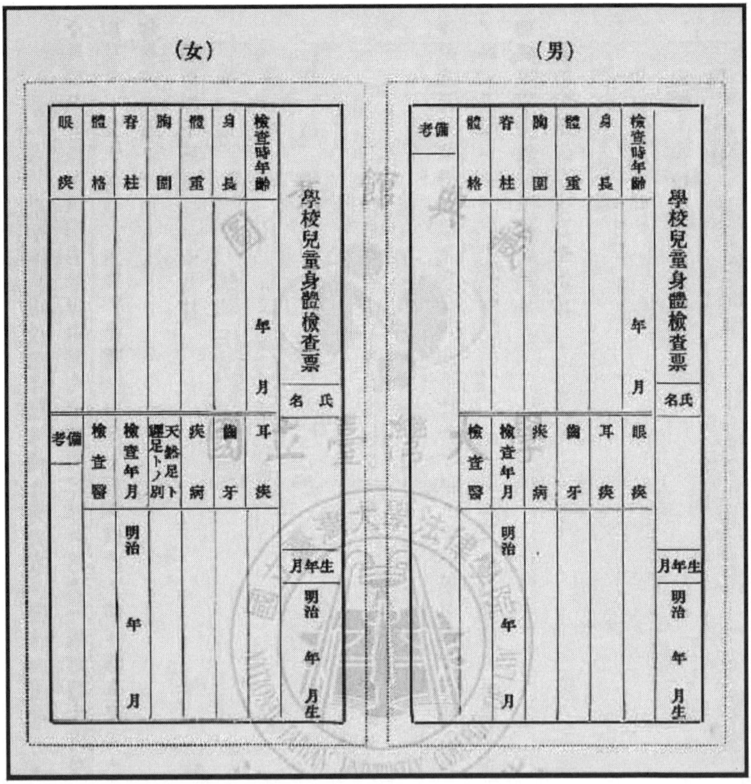
（女）
學校兒童身體檢查票
氏名
生年月　明治　年　月生
檢查時年齡　年　月
身長
體重
胸圍
脊柱
體格
眼疾
耳疾
齒牙
疾病
天然足ト纏足ノ別
檢查年月　明治　年　月
檢查醫
備考

（男）
學校兒童身體檢查票
氏名
生年月　明治　年　月生
檢查時年齡　年　月
身長
體重
胸圍
脊柱
體格
備考
眼疾
耳疾
齒牙
疾病
檢查年月　明治　年　月
檢查醫

図 2-19：1910 年 5 月の公学校児童身体検査票

出所：台湾総督官房統計課『台湾総督府統計課台湾各種学校生徒及児童発育統計（明治四十三年四月調査）』出版地不詳：台湾総督府,1913 年,p.附録 7.（国立台湾図書館所蔵）

次に、「第一回台湾各学校身体検査」の結果をみてみよう（表 2-17 を参照）。

台湾の公学校生徒と台湾の小学校生徒と日本の内地生徒の比較について、表 2-17 によれば、台湾人生徒の身長は在台日本人生徒、及び日本内地人生徒より少し高かったが、体重、胸囲の部分において在台日本人生徒、及び日本内地人生徒よりよくなかったということがわかる。また、水科七三郎が著した「台湾ニ於ケル児童ノ発育（三）」には、「公学校生徒タル本島人児童ハ在台小学校タル内地人児童ニ比スレバ大体ニ於テ稍々早熟タルノ傾向ガアル」[146] とあり、台湾人生徒の発育は日本人生徒より早熟だと指摘している。その理由として、水科七三郎は、「亜熱帯及熱帯ニ亘ル台湾ニ於テハ風土気候ノ関係ヨリシテヨリ以上早熟早老タルノ傾向アルハ自然ノ勢ナリト云ハザルヲ得ズ如上ノ如ク早熟早老デアリ且身体各部ノ発育ニシテ比較的十全ナラズトセバ…」[147] と述べ、台湾においては風土気候の関係上で、台湾人生徒の身体各部の発育は早熟早老の傾向にあると報告していた[148]。

図 2-20：1910 年 4 月の学校児童身体検査統計表
出所：2-19 と同じ附録.

続いて、「第一回台湾各学校身体検査」の「天然足ト纏足トノ別」の調査結果を検討してみよう。（表 2-17,表 2-18 を参照）。

水科七三郎が著した「台湾ニ於ケル児童ノ発育（三）」には、1910 年 4 月の「天然足及纏足」の調査結果が次のように述べられている。

「本島人女ニ固有ノ悪習タル纏足ハ風俗上世界七不思議ノ一ニ数ヘラル程ノモノニテ吾々ノ眼ヨリ見ルトキハ一文半銭ノ価値ナキノミナラズ実ニ有害無益デアリト思フ併シ乍ラ習慣ノ力ト云フモノハ実ニ恐シキモノデ官民有識ノ士ハ之ガ陋習ヲ改メ天然足ニ復セシメントスルモ覚醒セル女性ノ少キガ為…全島平均ニ於テ天然足三九ニ対シ纏足六一ノ比例ニテ約四分、六分ノ割合ナリト謂フベシ勿論地方庁ニ依テ多少ノ差ハアルケレドモ大勢右様ノ次第デアル而モ茲ニ注意スベキハ比較的年少者ト年老者ニハ纏足ナクシテ天然足ナルハ其ノ實数ノ少キニモ依ルコトダガ年少者ハ他動的ニ年老者ハ自動的ニ纏足ノ不自然ヲ矯メ様トスル傾向ガ漸次社会ニ認メラル、機運ニ際会シタルニハアラザルカ若シ然ラズトスルモ其ノ斯クアランコトヲ希望シテ止マザル所以ハ独リ纏足者自身ノ苦痛ヲ解放スル許リデハナク帝国文化ノ恩澤ヲシテ彼等ニ及ボシタキ為メデアル…」[149)]

上述のことから、台湾女性の纏足習慣は「風俗上世界七不思議」であり、「一文半銭ノ価値ナキ」「有害無益」な風習であるとして纏足を批判していたことがわかる。また、「第一回台湾各学校身体検査」によると、公学校女生徒の纏足率は約 61%、天然足率は約 39%と解纏足運動が十分に進んでいない状況を示している。つまり、台湾社会において官民、及び有識者が解纏足運動を推進していたが、覚醒した女性はまだ少なかったというのである。しかし、台湾社会において解纏足者はまだ少なかったが、年少者は他動的に、年老者は自動的に纏足の不自然を矯めるにつれ、解纏足を漸次的に認める傾向も見えるようになっていたのである。

だが、水科七三郎は纏足が台湾人女生徒の身体発育にどのような影響を与えたのかについては、詳しく説明していない。そのため、『台湾各種学校生徒及児童発育統計（明治四十三年四月調査）』中に見られる国語学校附属女学校、台湾の高等女学校、日本の高等女学校、台湾の公学校女生徒、台湾の小学校女生徒、日本の小学校女生徒の身長、体重、胸囲のデータを「表 2-17：台湾の公学校と台湾の小学校と日本の小学校の身長、体重、胸囲の比較」「表 2-18：国語学校附属女学校と台湾の高等女学校と日本の高等女学校の身長、体重、胸囲の比較」にまとめたので、台湾人女生徒の身体状況を検討してみよう。

初等教育機関である表 2-17 の「(7-16 歳）平均」の女生徒の部分をみれば、次のような結果を得ることができる。

①身長：台湾の公学校女生徒＞台湾の小学校女生徒＞日本の小学校女生徒
②体重：日本の小学校女生徒＞台湾の小学校女生徒＞台湾の公学校女生徒
③胸囲：日本の小学校女生徒＞台湾の小学校女生徒＞台湾の公学校女生徒

すなわち、纏足率は61.29%であった状況で、台湾の公学校女生徒の身体発育の状況は、台湾の小学校女生徒、及び日本の小学校女生徒より劣っている傾向がみられる。具体的にいえば、台湾の公学校女生徒の身長は台湾の小学校女生徒、及び日本の小学校女生徒より約2-3センチ高いが、体重は約2キロ軽く、胸囲は約2-3センチ小さいということがわかる。

ではなぜ、台湾の公学校女生徒の身長は台湾の小学校女生徒、及び日本の小学校女生徒より高かったのだろうか。その理由について、『台湾各種学校生徒及児童発育統計（明治四十三年四月調査）』及び水科七三郎の調査報告は触れていないが、おそらく1907年の艋舺公学校女生徒と同じように、纏足女生徒は纏足靴を脱がないまま、身長を測っていた可能性があると思われる。

一方、中等教育機関の女生徒の身体発育はどのような状況だったのであろう。表2-18の「（13-18歳）平均」をみれば、次のような結果を得ることができる。

①身長：台湾の高等女学校＞国語学校附属女学校＞日本の高等女学校
②体重：台湾の高等女学校＞日本の高等女学校＞国語学校附属女学校
③胸囲：台湾の高等女学校＞日本の高等女学校＞国語学校附属女学校

上述の結果から、纏足率は41.10%であった状況で、国語学校附属女学校生徒の身長は日本の高等女学校より約1.41センチ高かったが、台湾の高等女学校より約0.6センチ低かったのである。また、体重は約2-3キロ軽く、胸囲は約10-13センチ小さいということがわかる。すなわち、国語学校附属女学校生徒の身体発育の状況は台湾の高等女学校生徒、及び日本の高等女学校生徒より相当程度劣っていたという状況がみられる。

以上を総べれば、纏足習慣があった台湾の学校女生徒の体格は確かに劣位の傾向がみられる。特に、体重、及び胸囲において纏足が悪影響を及ぼしていたことが窺える。

表 2-17：台湾の公学校、台湾の小学校及び日本の小学校の身長、体重、胸囲の比較

学校＼歳		6歳	7歳	8歳	9歳	10歳	11歳	12歳	13歳	14歳	15歳	16歳	(7-16歳)平均	17歳	18歳	19歳	20歳	21歳	22歳	23歳	24歳
台湾の公学校（女）	身長	102.72	108.41	112.76	116.34	123.22	126.67	130.15	136.72	138.39	146.03	148.07	128.68	152.00	149.43	140.90	154.55				
	体重	16.21	16.87	17.59	19.14	21.21	22.63	23.72	27.71	27.90	33.13	36.16	24.61	40.39	43.18	42.00	52.63				
	胸囲	51.52	51.92	53.11	54.08	55.15	56.86	57.45	60.41	61.72	65.50	64.56	58.08	69.20	71.90	74.00	80.00				
	天然足	1	22	81	83	62	39	30	18	7	3	3	348人 38.71%	1	1	1	1				
	纏足者		13	90	103	103	85	84	37	19	7	10	551人 61.29%	1	1						
台湾の小学校（女）	身長		106.51	111.22	115.34	123.12	124.88	129.38	133.75	138.94	142.45	142.08	126.77								
	体重		18.12	18.33	19.79	21.91	24.09	26.79	29.23	34.17	36.76	37.09	26.63								
	胸囲		51.81	53.12	54.31	56.38	58.05	60.68	62.56	66.49	69.07	70.76	60.32								
日本の小学校（女）	身長		105.6	110.0	114.5	118.8	123.5	128.4	133.3	138.4	141.6	142.8	125.59								
	体重		17.0	18.4	20.3	22.2	24.3	27.0	30.1	33.9	36.9	39.3	26.94								
	胸囲		52.4	54.1	55.7	57.3	59.2	61.2	63.7	66.6	69.0	70.8	61.00								
台湾の公学校（男）	身長	108.41	109.39	112.75	116.99	121.57	125.69	129.04	133.19	137.99	142.83	149.33	127.88	153.28	156.27	159.47	161.00	163.37	163.32	168.03	156.94
	体重	18.63	19.64	19.04	20.49	22.06	23.74	25.36	27.48	30.51	32.86	37.30	25.85	40.75	43.30	46.83	47.56	49.08	51.12	51.83	47.76
	胸囲	52.79	54.18	55.26	56.57	57.90	59.29	60.64	62.06	65.13	66.11	69.38	60.65	70.73	73.73	76.01	77.05	76.83	76.68	80.66	80.13
台湾の小学校（男）	身長		107.69	112.69	116.27	121.34	125.47	129.24	132.71	137.18	141.17	139.93	126.37		141.50		154.00				
	体重		17.49	19.20	20.59	22.61	24.64	26.91	29.14	32.32	34.82	36.67	26.44		32.06		60.00				
	胸囲		53.23	55.23	56.81	58.69	60.39	62.86	63.86	66.46	67.52	68.50	61.36		65.00		89.00				
日本の小学校（男）	身長		106.70	111.30	115.80	120.30	124.40	128.60	133.30	138.00	141.70	145.70	126.58								
	体重		17.60	19.20	21.10	22.90	24.90	27.10	29.60	32.80	36.60	38.30	27.01								
	胸囲		54.10	55.90	57.90	59.60	61.60	63.10	65.40	67.90	70.00	72.20	62.77								

出所：台湾総督官房統計課『台湾各種学校生徒及児童発育統計（明治四十三年四月調査）』台北：台湾総督府,1913 年,p.6,pp.20-21,p.33,pp.附録 11-12.により作成

表 2-18：国語学校附属女学校、台湾の高等女学校及び日本の高等女学校の身長、体重、胸囲の比較

学校＼歳		12歳	13歳	14歳	15歳	16歳	17歳	18歳	(13-18歳)平均	19歳	20歳	21歳	24歳	28歳	34歳
国語学校附属女学校（台湾人）	身長	147.00	142.08	143.03	146.30	149.31	150.71	145.62	146.18	149.15		151.27	154.50	157.50	151.27
	体重	39.00	34.46	33.71	38.03	40.24	40.19	41.93	38.09	42.76		43.28	41.70	48.10	43.28
	胸囲	58.00	60.20	60.07	62.14	62.94	63.53	61.10	61.66	65.00		62.00	70.00	68.00	62.00
	天然足	1	2	8	12	12	6	3	43人 58.90%	3		2	1	1	2
	纏足者	0	3	7	2	5	11	2	30人 41.10%	3		1	0	0	1
高等女学校（在台の日本人）	身長	137.23	143.07	144.72	147.72	148.72	149.45	146.89	146.78						
	体重	30.66	35.95	37.57	41.89	44.08	47.15	44.26	41.83						
	胸囲	64.94	70.08	71.25	74.97	75.55	80.20	77.87	74.89						
高等女学校（日本人）	身長		137.70	142.10	144.80	147.40	148.10	148.50	144.77	148.60	148.00				
	体重		32.40	35.80	40.00	43.10	44.80	45.90	40.33	46.50	47.00				
	胸囲		65.10	68.00	70.90	73.90	74.80	75.60	71.42	77.10	78.00				

出所：台湾総督官房統計課『台湾各種学校生徒及児童発育統計（明治四十三年四月調査）』台北：台湾総督府,1913 年,pp.3-4,pp.13-14.により作成

第三項　「台湾公学校規則」の改正内容（1912 年）

1912 年 11 月 28 日、「台湾公学校規則」が改正され、同規則（第二十七條）において、体操科の目的は、「体操ハ身体各部ヲ均斉ニ発育セシメ動作ヲ機敏ニシ精神ヲ快活ニシ以テ健康ヲ増進シ兼テ規律ヲ守リ節制ヲ重ムスルノ習慣ヲ養フヲ以テ要旨トス」[150] と規定された。また、同規則同條によれば、体操科の内容、及び方法は「体操ハ初ハ遊戯ヲ課シ漸ク進ミテハ普通体操ヲ加フヘシ、体操ハ教授ニ依リテ習成シタル姿勢及規律ハ常ニ之ヲ保タシメムコトヲ務ムヘシ」[151] とされ、体操科（遊戯及び普通体操）と唱歌（単音唱歌）を合わせて週 3 時間の授業が必修となった[152]。

さらに、1904 年の「台湾公学校規則」中における「女児ニハ適当ノ遊戯ヲ為サシムヘシ」という一節が削除された。1912 年 12 月の『台湾教育』の「台湾公学校規則改正せらる」は、この変更の理由を次のように述べている。

「『女児には適当の遊戯を為さしむへし』の一項を削除せられたるは、当年必要なりし事項も、時勢の進運と教育の普及とによりて、其の必要なきに至ることを證明するものにして台湾教育の為誠に喜ぶべきの至なり」[153]

すなわち、「当年必要なりし事項」、及び「時勢の進運」ということからみれば、台湾において解纏足運動が進んでいくにつれ、公学校において纏足女生徒が徐々に少なくなり、体操科の規則を変更する必要があったと考えられる。また、この改正によって、女子に対する教材内容は、遊戯、及び普通体操となっており、男女の別もみられなくなった。なお、この変更に対して、蔡禎雄は「本島人女子の体育が次第に普及してきたことと、公学校の体操の内容の一つである普通体操が男女ともに定着してきたことが窺える」[154] と指摘しているように、少なくとも公学校の女生徒にも普通体操を実施できる段階に至ったと総督府が認識したことが窺える。

第四項　『公学校教授細目』の「体操科教授細目」について（1914年）

1．『公学校教授細目』編纂の趣旨

1912年11月28日、「台湾公学校規則」の改正以後、国語学校附属公学校は台湾人を対象にした初等教育の研究校という役割を担うこととして、1913年4月から、公学校規則教則の趣旨に基づき、農業、唱歌の二教科目を除く、『公学校教授細目』を編成し始めていった[155]。1914年2月、当時国語学校附属公学校主事であった田中友二郎は、『公学校教授細目』の作成過程について次のように述べている。

「公学校規則の改正に伴ひ、教授細目改正の必要を生じ、大正二年四月稿を起し…本教授細目編纂の趣旨は公学校規則教則の趣旨に基き、既に教科書の制定せられたるものは之に従ひ…編纂の手続は左記当校各教科研究委員に於て起案し、之を日々の教授に試み、一学年間の実験に基きて審議討究を重ね、更に職員総会の議に附して決定したるものにして、中には特に国語学校教官の指導を受けたるものなきにあらずと雖も、大体に於て未だ研究の及ばざる処もあるべく…此等は実施の結果に鑑み、他日の研究を待ちて漸次修正せんことを期す」[156]

また、『公学校教授細目』の前文で、台湾総督府の見解は、以下のように述べられている。

「本教授細目は公学校に於ける教授細目編製上の参考に資せんか為に刊行せるものなるか故に、各公学校に於ては夫々土地の情況を斟酌して取捨増減し、別に其の校に適切なる教授細目を編製せんことに努むべし」[157]

以上のことから、『公学校教授細目』は各教科研究委員が約一年間の研究、実験に基づき、議論を重ねていたものであったことがわかる。さらに、『公学校教授細目』の刊行目的は台湾における各公学校が授業を実施する上で、各教科目の参考とすることができるように作成したものであるが、各地方の情況によって実際の授業内容をさらに調整する必要があると指摘している。したがって、1914 年の『公学校教授細目』は各地方公学校の参考用書であったと言える。

なお、「各教科研究委員」の名簿によって、『公学校教授細目』の「体操科教授細目」は、国語学校附属公学校の井上教諭（井上正男）、前川教諭（前川治）、松本教諭（松本寛吉）、倉岡教諭が同校での研究、実験を経て、さらに国語学校教官の指導を受けて、作成したものであったことがわかる[158)]。ちなみに、1914 年 12 月 23 日、前川治（台湾総督府視学）と井上正男（台湾総督府国語学校教諭）は「体操科教授要目取調委員」になり、「体操科教授要目取調委員報告書」という台湾最初の府定の体操教科書原案を作成した[159)]。

2．『公学校教授細目』の「体操科教授細目」編纂の趣旨及び実施上の注意

「体操科教授細目」の全体は、「体操科教授細目編纂の趣旨並に実施上の注意」「体操科新教材配当表」「各学年・学期ごとの配当表」の三つの部分からなっている。

「体操科教授細目編纂の趣旨並に実施上の注意」によれば、「体操科教授細目」は「教材を大別して体操、教練、遊技の三種とし、各種運動とも三週乃至四週を練習期として同一教材を反覆練習せしめ、漸次其歩を進む様配当したり」[160)] と示されている。また、体操に属する諸運動の目的、遊技に属する諸運動の目的、教練の目的が明示され、主に心身健康に対して諸運動の実施効果を説明し、さらには、実施上の注意点も述べられている[161)]。

なお、「体操科教授細目編纂の趣旨並に実施上の注意」には殆んど男女の別はなかったが、ただ二箇所には、女子に対する実施上の注意点が述べられている。その二箇所は、以下の通りである。

①行進を主とする遊技は行進就中軽快なる歩行に依りて、心身を整斉温雅ならしめ、快活にして規律ある習慣を養成する効あり。主として女子に課するものとす。

②遊技は主として競争的のものを採用したり。併し幼年児童にはお月様、日丸の旗の如き発表的動作を主とするもの、女生には歩法の如き行進を主とするものを課する

も差支なし。[162)]

上述のことから、行進遊技は心身の快活、規律、整斉、及び温雅という習慣を養成する効果があり、主に女子に課するものであったことがわかる。一方、競争遊技は男女生徒の区別がなく、全員に課するものであったが、女子の場合には行進遊技の歩法で競争遊技を行うこととした。すなわち、「体操科教授細目」の編集者たちは台湾人女子の纏足者ないし解纏足者の身体問題に配慮して、競争的な歩法を簡略化した競争遊技を実施することを認めたのである。

3．『公学校教授細目』の「体操科教授細目」中にみられる女子に実施しない項目

さて、「体操科教授細目」の内容を教材配当表について、表 2-19 を参照し、検討してみよう。

表 2-19 をみれば、体操科体操の教材は①下肢運動、②上肢運動、③平均運動、④頭の運動、⑤呼吸運動、⑥胸の運動、⑦背の運動、⑧腹の運動、⑨躯幹側方運動、⑩懸垂運動、⑪跳躍運動の 11 種目に分類され、さらに学年ごとに各種目、踵上下、臂側挙、頭左右転、上体左右転、挙踵半屈膝、開脚臂側伸、駈歩足踏、懸垂直立、其場跳躍など数十種類に分類配当された。

教練の教材については、集合解散、直立不動、足踏中踏替、半右（左）向、順數番号、行進中踏替、行進中の後向、斜行進、停止間方向変換、行進間方向変換など三十数種類が学年ごとに配当された。

遊技の教材については、渦巻行進、盲目鬼旗送、毬入競争、徒歩競走、場所取鬼、ボール送、人送競争、旗廻ボール送、蛙跳、千鳥ボールなど三十数種類が学年ごとに配当された。

この「体操科教授細目」の教材内容について、蔡禎雄は「日本内地で 1913 年に公布された『学校体操教授要目』のそれと酷似している…公学校体操科の指導要領は内地のそれに統一する傾向が窺える」[163)] と指摘している。しかし、「体操科教授細目」中にみられる女子に実施しない項目については、まったく検討していなかった。

では、1914 年「体操科教授細目」の「体操科新教材配当表」中にみられる女子に実施しない項目をみてみよう（表 2-19,表 2-20 を参照）。

体操の部分については、①懸垂：懸垂・左右振動、懸垂横行、両側臂立懸垂振動、両側懸垂・前進②跳躍：前進幅跳、前進高跳などの項目は、女子に対して実施していなかった。また、1907 年の「台北庁体操法教程」と比較すると、女子に対する「挙踵」の制限が設けられておらず、跳ぶ動作の制限については減少している。

教練の部分については、駈歩停止、行進より駈歩、駈歩より行進、駈歩間の後向などの項目は、女子に対して実施していなかった。

遊技の部分については、帽子取、対列フットボール、片脚相撲、棒押、擬馬戦争、鉢巻取、キャプテンボール、フットボール、擬馬競走は、女子に対して実施されていなかった。

以上のことから、1914 年「体操科教授細目」は、男女を区別して実施されるよう規定していた。また、1907 年、浜崎伝造が作った「台北庁体操法教程」と比較すると、女子の動作制限が少なくなっており、女子動作の簡略化という傾向は見受けられなくなっている。

さらに、1913 年、内地の『学校体操教授要目』と比較すると、台湾の公学校において男女ともに実施しない項目（例えば、棒引、高跳、斜高跳、跳下、腰掛上臂立伏臥、両側懸垂横行、懸垂脚挙、懸垂屈膝挙股、脚懸上、吊縄登降、階梯登降、横跳上跳下、開閉脚横跳、斜振跳、横振跳など）を除けば[164]、「体操科教授細目」中には女子の動作制限がより多く見出される（表 2-20 を参照）。このように女子の動作制限の実施方式は、内地の『学校体操教授要目』の中にはみられないものであり、「体操科教授細目」の一つの特徴である。

なお、このような特徴の形成理由には、台湾において纏足がまだ全面的に禁止されていなかったことが背景にあると思われる。「公学校児童の辮髪及び纏足に就きて」の統計資料によると、1914 年 10 月に女生徒の纏足率は 28.67%、解纏足率は 13.09%であり[165]、このことが少なくとも体操の授業にも影響を及ぼしたと考えられる。

表 2-19：1914 年「体操科教授細目」の「体操科新教材配当表」

（資料説明：△は男子のみに課するもの）

学年		内　　容
第一学年	体操	1. 下肢：踵上下、屈膝挙脚、足尖開閉 2. 上肢：臂側挙、臂側上挙、臂前挙、臂前上挙、手腰 3. 平均：直立挙踵、直立手腰挙踵 4. 頭：頭左右転、頭前後屈 5. 呼吸：臂側挙挙踵呼吸 6. 胸： 7. 背：（手腰） 8. 腹： 9. 躯幹側方：直立手腰・上体左右転 10. 懸垂： 11. 跳躍：（競争遊技）（駈歩）
	教練	集合解散、直立不動・前に準へ・縦隊行進・右（左）向・伍々右（左）向・番号（一、二）・整頓・停止・駈歩・間隔及び距離開閉・後向・足踏
	遊技	整列競争、渦巻行進、盲目鬼旗送、毬入競争、徒歩競走、△帽子取、体前ボール送、盲目手引、△対列フットボール
第二学年	体操	1. 下肢：挙踵半屈膝、足前出、側歩、前後歩 2. 上肢：屈臂、臂前屈側開、手頸 3. 平均：挙踵半屈膝、閉足挙踵、平均基上の行進、足尖行進 4. 頭： 5. 呼吸： 6. 胸： 7. 背：（手頸）（臂前屈側開） 8. 腹： 9. 躯幹側方：閉足上手腰・体左右転 10. 懸垂： 11. 跳躍
	教練	足踏中踏替、半右（左）向、順数番号
	遊技	場所取鬼、ジャンケンイクサ、股下ボール送、輪抜、△片脚相撲
第三学年	体操	1. 下肢：足後出、脚前振、脚側振 2. 上肢：屈臂前伸、屈臂上伸、屈臂側伸、屈臂下伸 3. 平均：臂前屈側開挙踵、臂側挙半屈膝 4. 頭：頭左右屈 5. 呼吸：臂側上挙挙踵呼吸 6. 胸：開脚手腰・上体後屈 7. 背：開脚手腰・上体前屈 8. 腹：（上体後屈）（脚前振） 9. 躯幹側方：開脚手腰・上体左右屈、閉足手腰・上体左右屈 10. 懸垂： 11. 跳躍：駈歩足踏、其場跳躍、前方跳躍
	教練	足踏より前進、行進中踏替、横隊行進・順数番号列の開方・廻れ右止れ、行進中の後向、停止間の伍の分合、行進間伍の分合
	遊技	腋下抜、ボール送、人送競争、旗廻ボール送、手渡ボール、デッドボール
第四学年	体操	1. 下肢：足斜前（後）出 2. 上肢：臂上下展伸、臂側前展伸 3. 平均：閉足臂側挙挙踵、挙踵屈膝、脚前（側）挙 4. 頭： 5. 呼吸： 6. 胸：臂側挙開脚・上体後屈、手腰足閉・上体後屈 7. 背：屈臂・上体前屈、臂前屈・上体前屈 8. 腹： 9. 躯幹側方：手頸開脚・上体左右転、手頸閉足・上体左右転、手頸閉足・上体左右屈 10. 懸垂：懸垂直立・屈臂挙踵、懸垂直立・屈膝挙股、懸垂直立・脚前挙 11. 跳躍：其場転向跳躍、△前進幅跳
	教練	△駈歩停止、縦隊行進より右左向止れ、△行進より駈歩、 △駈歩より行進
	遊技	蛙跳、千鳥ボール

第五学年	体操	1. 下肢：足各方出踵上下屈膝足前（側）出（徐歩） 2. 上肢：臂側挙転回、臂前下後下振動合撃（亜鈴）、臂側上屈（亜鈴）、臂前屈臂側開（亜鈴） 3. 平均：臂側挙・平均基上の行進、閉足挙踵臂側挙踵屈膝、臂前挙挙踵臂側開（亜鈴）、臂側上挙挙踵亜鈴合撃（亜鈴） 4. 頭： 5. 呼吸： 6. 胸：臂上伸開脚・上体後屈、直立臂側挙・上体後屈 7. 背：手頸開脚・上体前屈、手頸・上体前屈 8. 腹：手腰開脚・上体後倒、足前出手頸・上体後倒、跪座・上体後倒、手腰跪座・上体後倒 9. 躯幹側方：開脚臂側伸・上体左右転、手頸足斜出・上体左右転 10. 懸垂：懸垂、両側懸垂、△懸垂・左右振動、△懸垂横行 11. 跳躍：△前進高跳、其場廻転跳躍、左右交互屈膝前出臂上方及後下方振動亜鈴合撃（亜鈴）
	教練	斜行進、停止間方向変換、行進間方向変換、徐歩
	遊技	コーナーボール、メジシンボール、△棒押、△擬馬戦争、△鉢巻取、△キャプテンボール、旋廻フットボール
第六学年	体操	1. 下肢： 2. 上肢：一臂上伸一臂側伸、臂左右上下交互背後亜鈴合撃（亜鈴）、臂前伸（球竿）、臂下伸（球竿）、臂上伸（球竿） 3. 平均：脚後挙、臂側挙挙踵半屈膝亜鈴合撃（亜鈴）、直立挙踵臂前挙半屈膝臂上挙（球竿） 4. 頭： 5. 呼吸： 6. 胸：手支持・上体後屈 7. 背：臂上伸・上体前屈、臂上伸閉足・体前屈、直立臂上挙交互屈、膝前出頭上屈臂（球竿） 8. 腹：足前出臂上伸・上体後倒、開脚屈臂・上体前屈後倒（球竿） 9. 躯幹側方：足前（後）出・屈臂・上体左右屈、臂上伸開脚・上体左右屈 10. 懸垂：逆手懸垂、△両側臂立懸垂振動、△両側懸垂・前進 11. 跳躍：交互左右屈膝前出臂上挙（球竿）
	教練	△駈歩間の後向
	遊技	輪抜人捕、△フットボール、△擬馬競走

出所：台湾総督府「体操科教授細目」『公学校教授細目』台北：台湾総督府,1914 年,pp.1-34.により作成

表 2-20：1914 年「体操科教授細目」と 1913 年『学校体操教授要目』の教材配当表の男子のみの教材の比較（資料説明：□は共通部分）

学年	種目別	1914年「体操科教授細目」	1913年『学校体操教授要目』
第一学年	遊技	帽子取、対列フットボール	帽子取競争
第二学年	遊技	片脚相撲	
第四学年	体操	跳躍：前進幅跳	
	教練	駈歩停止、行進より駈歩、駈歩より行進	
	遊技		棒押、棒引
第五学年	体操	懸垂：懸垂・左右振動、懸垂横行 跳躍：前進高跳	跳躍：高跳、斜高跳、跳下
	遊技	棒押、擬馬戦争、鉢巻取、キャプテンボール	対列フットボール
第六学年	体操	懸垂：両側臂立懸垂振動、両側懸垂・前進	腹：腰掛上臂立伏臥 懸垂：懸垂横行、両側懸垂横行、懸垂脚挙、懸垂屈膝挙股、脚懸上、吊縄登降、階梯登降 跳躍：横跳上跳下、開閉脚横跳、斜振跳、横振跳
	教練	駈歩間の後向	
	遊技	フットボール、擬馬競走	

出所：台湾総督府「体操科教授細目」『公学校教授細目』台北：台湾総督府,1914 年,pp.1-34.井上一男『学校体育制度史』東京：大修館書店,1971 年,pp.292-295.により作成

第五項　初等教育機関としての公学校における女子体育の実際

この時期の公学校女子体育は学校現場でどのように行われたのであろうか。当時の公学校現場の実態を明らかにする資料は少なく、ここでは、『漢文台湾日日新報』『台湾日日新報』『台湾教育会雑誌』を主要資料として、公学校運動会の記事、及び大稲埕女子公学校の「体育の奨励」などの事例から、公学校女子体育の状況を明らかにすることを試みる。

1．運動会にみられる公学校の女生徒

前述したように、公学校女生徒の体操科の授業について、具体的な記述は殆んどみられない。しかし、当時の新聞、雑誌に掲載された公学校運動会の記事から、女生徒が運動会に参加した状況を知ることができる。そこで、『漢文台湾日日新報』『台湾日日新報』『台湾教育会雑誌』に掲載された公学校運動会の記事の中にみられる女生徒の状況をまとめたのが、「表 2-21：1914 年前、公学校運動会の記事中にみられる女生徒の参加状況」である。これによって、1906-1914 年の公学校女子体育の状況を検討してみよう。

表 2-21：1914 年前、公学校運動会の記事中にみられる女生徒の参加状況

NO	期日	名称・参加学校	場所・人数	内容・その他	典拠資料
1	1901.04.03	大嵙崁公学校第一回大運動会	埔庄溪原（男女生徒約240余名）	女生徒は行進、鬼遊びなどの項目に参加した	台湾日日新報,1901.04.07
2	1903.10.25	国語学校第一附属学校運動会	龍山寺前（約200余名）	優勝した女生徒は殆んど纏足してない女生徒であった	台湾日日新報,1903.10.28
3	1905.11.05	大稲埕公学校運動会	元工兵隊構内（人数不明）	女生徒は綾なす柱、梳頭競走、花輪送、看護婦、お月さま、菊などの項目に参加した	台湾日日新報,1905.11.07 台湾教育会雑誌、44号、1905年11月
4	1905.11.23	八芝蘭公学校運動会	八芝蘭公学校内（男生徒約500余名、女生徒約40余名）		漢文台湾日日新報,1905.11.25
5	1906.05.19	深坑庁下各学校連合運動会	深坑街（約800余名）	約100余名の女生徒も参加した	漢文台湾日日新報,1906.05.24

6	1906.11.20	淡水、海墘厝 公学校連合運動会	場所、人数不明	女生徒は遊戯に参加した	台湾日日新報, 1906.11.20
7	1906.12.09	台南庁下公学校連合運動会	鹽埕庄原野（男女生徒約1,300余名）		漢文台湾日日新報, 1906.12.13
8	1906.10.17	大稲埕公学校運動会	元工兵隊構内（男女生徒約2,000余名）	女生徒は唱歌遊びの小春、菊、お月さまなどの項目に参加した	漢文台湾日日新報, 1906.10.17 台湾日日新報, 1906.10.19
9	1907.09.25	小公学校連合運動会	羅東公学校内（男女生徒約1,000余名）		漢文台湾日日新報, 1907.10.05
10	1908.09.27	宜蘭庁下小公学校連合運動会	宜蘭公学校内（人数不明）	女生徒も参加した	漢文台湾日日新報, 1908.10.01
11	1908.11.14	大稲埕公学校運動会	大稲埕公学校内　（人数不明）	女生徒は遊戯、唱歌などの項目に参加した	漢文台湾日日新報, 1908.11.15
12	1908.11.24	彰化小公学校及び和美線、埔荖崙公学校連合運動会	彰化公園内（男女生徒約600余名）	女生徒は月瀬造花競爭、運轉世界大地球競爭などの項目に参加した	台湾日日新報, 1908.12.03 漢文台湾日日新報, 1908.12.04
13	1909.11.07	大稲埕公学校運動会	大稲埕公学校内（人数不明）	女生徒は豊年祭遊戯、戯毬などの項目に参加した	漢文台湾日日新報, 1909.11.09
14	1909.12.12	斗六小公学校連合運動会	場所不明（男生徒約360余名、女生徒約80余名）		漢文台湾日日新報, 1909.12.14
15	1910.11.06	艋舺公学校運動会	艋舺公学校内（人数不明）	約300余名の本島婦人が出席した。女生徒は兔亀の唱歌、蓮花の唱歌、慰問袋競走などの項目に参加した	台湾教育会雑誌、104号、1910年11月 漢文台湾日日新報, 1909.11.08
16	1910.11.20	台南第一公学校運動会	菜市埔（男女生徒約900余名）		漢文台湾日日新報, 1910.11.23
17	1910.11.28	員林、社頭、永靖、大莊連合運動会	員林街郊外の平原（男女生徒約750余名）	約50余名の女生徒が参加した	漢文台湾日日新報, 1910.12.01
18	1911.10.22	枋橋公学校運動会	枋橋本校（人数不明）	纏足女生徒も競走に参加した	漢文台湾日日新報, 1911.10.26
19	1911.10.30	艋舺公学校運動会	艋舺公学校内（男女生徒約750余名）	女生徒は子守競走、布体操などの項目に参加した	漢文台湾日日新報, 1911.11.01 台湾日日新報, 1911.10.31
20	1911.11.23	台南第一公学校運動会	台南第一公学校内（人数不明）	四、五、六学年の女生徒はバスケットボールなどの項目に参加した	台湾日日新報, 1911.11.27
21	1913.04.27	頭圍、二圍、礁溪、宜蘭公学校連合運動会	宜蘭公学校内（人数不明）	男女生徒は運動会に参加した	台湾日日新報, 1913.05.01
22	1913.10.30	艋舺公学校運動会	艋舺公学校内|（男女生徒約800余名）	女生徒は唱歌遊戯などの項目に参加した	台湾日日新報, 1913.11.02
23	1913.11.01	大稲埕公学校運動会	大稲埕公学校内　（人数不明）	大稲埕女子公学校の生徒も参加しており、種々の唱歌などの項目を演じた。	台湾日日新報, 1913.11.03
24	1914.03.15	枋橋、漳和、土城公学校連合運動会	場所、人数不明	女生徒は参加した	漢文台湾日日新報, 1911.10.26

著者作成

日本統治下台湾における公学校運動会は、1897 年 11 月 23 日の「国語学校第一、第二、第三、第四附属学校連合運動会」が初めて開催されてから、以後徐々に年に一回の形で各地方の公学校に定着していくようになった[166)]。しかし、1914 年以前の公学校運動会に関する記事には、女生徒が運動会に参加したことを明確に書いた記事は少ない。したがって、記録はされていないが、実際に運動会に参加した女生徒の事例はもっと多かった可能性があると思われる。1895-1914 年の公学校運動会に関する記事はおよそ 200 あるが、女生徒の参加が確認できるのはわずか 25 の事例であった。

表 2-21「1914 年以前、公学校運動会にみられる女生徒の参加状況」から、次のことを窺い知ることができる。すなわち、①最初の台湾公学校の女生徒が運動会に参加した記録は、1901 年 4 月 3 日の大艋舺公学校第一回大運動会であった。②そして、1905 年以後、女生徒が運動会に参加した事例は、徐々に増加していった。このことは、1905 年以後、公学校女生徒に対する体操科の授業が実施されるようになったことを示していると考えられる。③また、参加した種目から推測すると、当時の公学校女生徒に対して行われる体操科の授業内容は、「綾なす柱」「看護婦」「お月さま」「菊」「鬼遊び」「小春」などの行進遊戯、唱歌遊戯、表情遊戯のほか、「梳頭競走」「子守競走」「戯毬」「バスケットボール」「布体操」などの競走遊戯、球技遊戯、体操も実施されたと考えることができる。④注目したいのは、当時運動会に参加した纏足生徒、解纏足生徒、及び天然足者の比率は確認できなかったが、NO.18 は「纏足女生徒も競走に参加した」と明記しており、NO.2 も纏足女生徒が運動会に参加していた可能性を思わせる。

さらに、当時の運動会の状況について、『漢文台湾日日新報』は、「男生徒の体操、行進は歩調整然、進退一致であり、女生徒も少しも遜色がなかった（筆者訳）」[167]「月瀬造花競爭、運轉世界大地球競爭等数番を演じ孰れも喝采を博せり（筆者訳）」[168] と報道し、公学校女生徒たちの身体の動きがよくなってきていることを報じている。

また、公学校運動会は当時注目されて多くの参観者を集めた。これについて、『台湾日日新報』は、「殊に愉快なりしは本島婦人の頗る多かりし事…結局本島婦人界の一進歩として賞賛すべき事ならん斯くて男子の勇壮なる運動競技女子の優雅なる唱歌遊戯を如何なる感を以て見たりしか…」[169]「本島人にて例の籠居主義の婦人さへ数多見えたりしは運動会の一大成功といふべし」[170]「殊に外出を厭ぶ本島婦女子の来観多かりしは教育上最も喜ばしき事共なり…」[171] と述べ、当時の台湾婦人は外出を嫌がる習慣があったにも関わらず、公学校運動会へ参観した台湾婦人がいたことが指摘されている。すなわち、公学校運動会の開催は、籠居主義の台湾婦人までも動かすほどの注目を集めており、公学校生徒たちの運動競技、唱歌遊戯という近代体育の内容が人々に紹介される機会となったと考えられる。

一方、運動会以外に、公学校の遠足、公学校の修学旅行、及び生蕃の見学などの事例からも、公学校女生徒の体操科授業の状況を窺い知ることができる。例えば、①1911 年 10 月 21 日、台中公学校は生徒の身体健康、または学校体育のために、男女生徒を西大墩へ遠足に連れて行き、山に登った[172]。②1907 年 10 月 1 日、大稲埕公学校は全校の男女生徒を淡水の海岸へ修学旅行に連れて行き、種々の運動、遊戯を行った[173]。③1906 年 10 月 23-25 日、台湾総督府警部は恒春の生蕃を連れて台北に行き、士林公学校女生徒の体操、大稲埕公学校の遊戯を見学した[174]。上述の事例から、公学校女生徒の体操授業が次第に軌道に乗り始めていること、授業以外の体育的行事も活発に行われ始めていたことを示している。

ちなみに、1913 年に至り、台南女子公学校の解纏足生徒の体操授業について、『台湾教育会雑誌』の「台南女子公学校通信」は、「纏足児童は第一学年に十名、第二学年に九名、第三学年に五名、第四学年に四名、第五学年に四名、第六学年に四名計三十六名有之、児童百に付八の割合に当り居り候。解纏足児童は総数百四十七名有之、児童百に就き約三十二の割合と相成居候。斯かる状態に有之候間、体操及び遊戯等にも差したる差支も無之、殆んど男児同様相取扱居候」[175] と報告している。

以上のことから、1913 年の台南女子公学校の纏足率は 8 %、解纏足率は 32%、天然足は 60%であり、解纏足、及び天然足の女生徒が増えてきたことがわかる。したがって、解纏足女生徒に対して体操科を如何に実施するかという問題が浮上してきたことは想像に難くない。解纏足女子に対する授業内容や方法に関する史料は少なく、当時の解纏足女子に対する体操科の状況を明らかにするのは困難であるが、台南女子公学校の解纏足女子に対する体操科実施の事例から、その手がかりを得ることができる。台南女子公学校は、殆んど男女の差別がない授業方法を採用し、体操、遊戯を解纏足女生徒に対して実施したと述べている。このような、解纏足女生徒に体操科授業を実際に行っていた事例として台南女子公学校の史料は貴重である。

2．大稲埕女子公学校の「体育の奨励」（1912 年）

一方、当時の台北の中心街にあった大稲埕女子公学校の体操授業はどのような状況だったのであろうか。1912年6月13日の『台湾日日新報』は、同校の「体育の奨励」の状況を次のように述べている。

「健全なる精神は健全なる体躯に宿るてふ語は争はれぬ事実である、而して又教育上の原則として体育の必要缺くべからざる事は茲に呶々の言を弄するまでもない、本校の教育も此の法則に基き遊戯及び体操を正科に入れ、熱心に体育奨励の途を講じて居る、然し本島の女子は悲むべき古来の習慣に依って、未だに纏足てふ人為的の不具者もあるので、最初は此の点を顧慮し体育は成る可く消極的の方針に依り任意に適当の遊戯、体育教授を行ひ来りしも、種々の経験に基き近来一定の法式に依る普通一般の遊戯及び体操を為さしめしに、案外其の成績良好で其の行動に何等支障なきを実験した。初年級より三年級迄は遊戯、三年より六年級は体操と区別してあるが、遊戯も体操も近来は著しく進歩し、殆んど内地生と異るなき程度にまで達して居る、殊に喜ぶべき現象は生徒は一股に体操や運動を喜ぶ傾向の旺んになって来たことである」[176)]

上述のことから、台湾には女子纏足という古来の習慣があったため、女子体育が台湾に導入された当初には、植民地教育当局は女子纏足が学校体操科の授業に与える影響という点を配慮し、体操に代わる遊戯を適宜実施するという消極的な方針を採用していたことが窺える。そして、植民地教育当局は台湾人女子に対する体操科の方法を模索・実験し、一定の経験を積んだ上で、一般の遊戯、及び体操を台湾人女子に実施することができるようになったというのである。したがって、大稲埕女子公学校の場合において、「体育の奨励」という学校方針に基づき、体操科の授業は一学年より三学年まで主に遊戯を実施し、三学年より六学年まで主に体操を教えることと定められた。また近年、女生徒に対して遊戯、体操を実施した成果は顕著にみられ、台湾人女生徒と日本人女生徒の体操科の程度は徐々に接近していったのである。さらに、台湾人女生徒は体操、運動を好むようになっていったとされている。

なお、「体育の奨励」を実施した結果、同報道の「生徒の衛生状態」には、「生徒の衛生状態は一般に良好で僅かにトラホーム患者を見るのみで、概して体育奨励の結果、身体の健康は勿論精神的にも敏捷或は快濶の点に於て以前と全く一変せるやうに思はれる」[177)] とあり、体育奨励の結果によって、大稲埕女子公学校生徒の衛生状態、身体健康、及び精神状態などの点が一変して良くなっていたことを述べている。すなわち、1912 年頃から台湾人女子体育は纏足の影響から徐々に抜け出し始めており、天然足へ向かっていく段階に達したと言えよう。

第六項　中等教育機関としての国語学校第二附属学校（附属女学校）における女子体育の実際

1．国語学校第二附属学校師範科、師範速成科、技芸科における体操教科の確立（1906 年）

本章第三節に述べたように、「台湾総督府国語学校第二附属学校規程」は、「師範科及師範速成科ノ教科目ハ修身、教育、国語、漢文、歴史、地理、算術、理科、家事、習字、図画、唱歌、体操トシ技芸科ノ教科目ハ修身、国語、算術、理科、裁縫、編物、造花、刺繍、習字、図画、唱歌、体操トス但造花、刺繍ノ二科目ハ生徒ノ志望ニ依リ其ノ一ヲ課ス」[178] と定めていた。これによって、体操が初めて必修教科となり、台湾人の女子中等教育機関に体操が必修となった。また、法的な側面からいうと、初等教育機関としての公学校は 1898 年から体操必修としており、中等教育機関としての国語学校第二附属学校まですべての台湾人の学校女子体育の必修制度が確立されたと言えよう。

そして、同規則(第九條)の教科課程表において、師範科及び師範速成科の体操科は週 2 時間、遊戯を内容として定められたが、師範科及び師範速成科の生徒を募集せず、その結果、教科課程表は作成されていたが、実施するに至らなかった。これに対して、技芸科の体操科は唱歌・体操の教科目として、第一学年は週 2 時間、第二、三学年は週 1 時間、単音唱歌と遊戯を内容として実施されることになった[179]。

国語学校第二附属学校が艋舺公学校内に移転した後の 1909 年頃には、本島女教員養成のため、技芸科課程表が若干変更された。そして、技芸科課程表の毎週授業時間数において、技芸科の体操科は全学年週 1 時間と規定された[180]。

さらに、体操科の実施時間について、1904 年 3 月の初等教育機関の「台湾公学校規則」の改正と比較すると若干の相違(公学校の女児は毎週 2 時間；第二附属学校は毎週1時間)がみられるが、この理由は明らかではない。

なお、1906年以後、国語学校第二附属学校において女生徒に対する体操科の授業は必修として義務づけられたが、台湾社会における解纏足の気風はまだ十分には形成されておらず、1909年6月の段階で、同校における女子纏足の比率は40.91%であり、解纏足の比率は35.23%、天然足の比率は23.86%を占めていた[181]。解纏足運動を認めない台湾社会の風潮の中で、同校の体操科の授業は女子纏足の問題に依然として頭を悩ませていたと考えられる。

2．国語学校第二附属学校技芸科における女子体育の状況（1906-1909年）

1）社会見学活動と寄宿舎の活動

さて、当時国語学校第二附属学校の女生徒に対する体育はどのように進められていったのであろうか。まず、生徒の社会見学活動と寄宿舎の活動から検討を始める。

1908年、国語学校第二附属学校は当時の台北の中心街にあった艋舺へ移転した。これによって、交通の便も良く学外の社会見学活動も行うことができるようになった。しかし、『創立満三十年記念誌』の記述からみれば、実は、多くの生徒は纏足をした足のせいで、歩いて社会見学活動をすることよりもむしろ、学校での手芸活動の方が好まれていたことがわかる[182]。

一方、当時国語学校第二附属学校は、寄宿生が日々の生活を楽しめる様にと、「日曜祭日を利用して見学遊覧に引率し、或は種々なる菓子の製造や料理の試作をなさしめ、又は戸外の遊戯運動を奨励し…」[183]と様々な活動を行っていた。また、同校第四回技芸科を1910年に卒業した張李氏徳和は、当時の寄宿生の運動をする様子を次のように述べている。

「又は近くの亀山に登り、あちらこちら散歩の後…当時舎監には大橋先生、久芳先生、高岡先生、桜井先生方がお出になりましたが、皆同一の宿舎でしたから、一緒に球をしたり縄跳をしたり、かるたを取ったり遊戯をしたり、ほんとうにこの時ばかりは、なつかしい故郷をも忘れて愉快でした。日曜日には圓山に、劍潭山にまた台湾神社に、面白く一日を遊び暮しました」[184]

上述の思い出は 1907-1910 年頃と思われる。張李氏の追憶から、生徒本人の足の状況を確認することはできないが、寄宿生のために、放課後には戸外の遊戯運動を奨励しており、山登り、球類運動、縄跳などの体育に関する活動が実施されていたことがわかる。また、当時国語学校第二附属学校は、体操科の授業以外にも生徒に様々な方法を用いて身体活動をさせる工夫を凝らしていたことが推測できる。

2）生徒の体操の思い出と運動会の記事

既に述べたように、国語学校第二附属学校では 1906 年 4 月から体操科を正式に実施し始めた。ここで、当時 1906-1909 年の間に体操を学んだ女生徒はどのように思っていたのであろうか。また、纏足女子は、このような体育的施策をどのように受け止めていたのであろうか。当時の生徒の思い出と運動会の記事から若干の検討をしておきたい。

同校技芸科を卒業した梁張氏蝦（1907 年卒）、林黄氏包（1908 年卒）の 2 名は、体操の思い出を次のように語っている。

①音楽は皆がすきでしたが、纏足者等もある処から、体操はあまり好みませんでした[185]。

②学校で一番困りましたのは体操でした。本島の古い習慣で、いやしくも女子たるものは皆纏足して居りました。足の一番小さいのが、一番美人だといふ考が、頭にこびりついて居るので、誰も足が割合小さうございました。で歩くにもひょろひょろとして今にも倒れさうでしたから、体操など上手にする筈がございません。体操の時間になりますと、ぐずぐずして或る時は体操の先生がにくらしいと思ったこともございました[186]。

纏足により、体操をうまく行うことができず、嫌悪感を抱いていたことやそういった嫌悪感が体操科の実施に影響を及ぼしていたことを窺い知ることができる。また、当時の生徒は「美観」にまつわる伝統的な台湾社会の文化的風習を根強く受けていたことを示している。特に、林氏の思い出からは、女子の纏足習慣の継続や体操の必要性への疑問、纏足の体育への影響などが窺えよう。

しかし、1909 年に至ってその美観に関する観念は少しずつ変化してきた。例えば、国語学校は 1909 年 11 月 3 日に運動会を行った時、国語学校第二附属学校の女生徒も参加していた。当時の運動会の状況について、『台湾日日新報』には、「附属女生徒の遊戯『小春』は本島少女の遊戯丈け更に床しく大喝采博し」[187] と報道している。八日後、『台湾日日新報』は、国語学校第二附属学校の女生徒の心情を次のように述べている。

「彰化和美線某氏の娘は、公学校を卒業した後、国語学校第二附属女学校に入学しました。最近、父と母に手紙を出しました。曰く、『私は纏足をしているから、運動会に参加する時、とても不便に感じました。また、聞くところによると、洪軍(太平天国軍：筆者)が漳州を陥落させた日に殺された婦人の十分の八、九は殆んど纏足者だったそうです。私はとても寒心に堪えないので、解纏足をしました。これで桎梏を脱するように思えました。父上・母上は美観の理由だけを考えないでくださるようお願いします』。娘の両親はこの手紙を読んだ後、ほほえみを浮かべたと言う。この娘は豊かな感受性があると思われます(文明女)(筆者訳)」[188]

上述のことから、次のことが窺える。①身体的な面から：運動会に参加させることで纏足女子に自身の身体不便を自覚させ、纏足という悪習をなくすよう促した。すなわち、纏足と解纏足は不自由と自由の身体の関係であり、体育は纏足の身体を改善する手段であると考えられていた。②心理的な面から：運動会に参加したことから、女生徒は纏足の必要性に疑問を持ち始め、纏足という美観の観念が揺るぎ、纏足から解纏足への確固たる意志を両親に表明したことがわかる。③社会的な面から：この解纏足の関連報道について、植民地政府はマスコミを利用し、女子教育を受けた文明的な新女性像を宣伝し、台湾社会に対する価値転換として間接的に解纏足運動を誘導したことが窺える。

3．国語学校附属女学校の改称(1910年)と女子体育の状況(1910-1914年)

1）国語学校附属女学校の改称と「特設の体操」

本章第三節に述べたように、1910年5月7日、「国語学校規則中改正(府令第四一号)」により、国語学校第二附属学校は学校名を「国語学校附属女学校」へと改称したが技芸科の名称及び内容には殆んど変更がなかった[189)]。また、台湾社会の断辮髪、解纏足運動が盛んに行われるにつれ、国語学校附属女学校の天然足者と解纏足者の人数は明らかに増加していた[190)]。したがって、女子纏足の問題が学校の体操科の授業に与える影響は徐々に少なくなっていったことが推測できる。

また、既に述べたように、国語学校附属女学校と改称した後、教科内容には何の変更もなされなかった。しかし、1911 年の国語学校附属女学校の教授科目について、『台湾日日新報』には、「教授科目としては修身、国語、算術、裁縫、造花、刺繍、習字、図画、唱歌、教育、特設の体操等なれど多くは技芸を授くる目的に重きを置かる由来本島女子は纏足の関係より手芸に長するを以て此の成績の甚だ良好なるを欣ぶ可し…」[191)] と、これまでの「体操」を「特設の体操」に改称したと報じている。これが事実であれば、非常に注目すべき問題であるが、事実は確認されていない。

ただ、『創立満三十年記念誌』は、1910 年には「生徒は依然殆んど纏足者なる」[192)] と述べ、さらに本章第三節第二項に述べたように 1911 年以後、国語学校附属女学校における生徒の解纏足の比率は約 6 割に達しており、「特設の体操」が行われていた可能性は否定できない。

ちなみに、『創立満三十年記念誌』の「旧職員名薄」によると、「台北庁体操法教程」を作った浜崎伝造は 1909 年 4 月から 1912 年 3 月まで兼務として、国語学校附属女学校で体操を教えており[193)]、纏足・解纏足に向けた体操が行われて、それが「特設の体操」と受け止められた可能性も考えられる。

2）遠足と運動会の記事

さて、解纏足の比率が高まる中の国語学校附属女学校の生徒と体育はどのように進められたのであろうか。まず、生徒の遠足会から検討を始める。

『台湾日日新報』は、1910 年の国語学校附属女学校の遠足会を行った様子を次のように述べている。

「第二附属学校女生徒（国語学校附属女学校女生徒：筆者）は約八十余名である。五月二十八日に枋橋の方面に遠足会を行い、その日の内に学校に戻った。本島女子は外出を嫌う長い習慣があり、牢固として破りがたいそうだ。最初の遠足には多くの困難があったが、今日に至って、この弊害は取り除かれた。これは文明の恩沢に間違いない(筆者訳)」

上述の「本島女子は外出を嫌う長い習慣があり」について、同校第四回技芸科を卒業した駱陳氏阿玉(1910 卒)は「昔教化未だ開けず、殊に婦人女子は旧礼教に囚われ纏足をなし、若き婦人は外出しないのが一般の風習でございました」[195] と述べている。したがって、国語学校附属女学校が遠足会を行ったのは、台湾の頑固な習慣を打破した象徴であり、女生徒の足の状態は改善され、解纏足運動が進んでいることが窺える。また、女生徒が自分の足で歩き、遠足に参加することが可能になったことで、国語学校第三附属学校時代(約 1898-1902 年頃)の遠足事例（第一章第四節を参照）よりも女生徒の体力が向上していることが窺える。

次に、運動会の記事を検討してみよう。

1911 年 10 月 31 日、艋舺公学校の運動会では、国語学校附属女学校の女生徒は二、三の種目に参加していた[196]。当時の運動会の状況について、『漢文台湾日日新報』には、「艋舺女学校（国語学校附属女学校：筆者）は約五十余名の三年生が昨日の運動会に参加し、体操輪をもって整然とダンスをした。また、一年生は幼年の女児を連れて天真爛漫に唱歌遊戯を演出した。これは学校の教え方が良い事を示している（筆者訳）」[197] と報道している。

このように、運動会で唱歌遊戯、輪体操などが行われており、学校が普段の授業の中で体操や遊戯を指導していたことが推測できる。

3)「本島女生の昨今　国語附属女学校」の報道（1914 年）

一方、遠足、運動会の事例以外には、1914 年 12 月 4 日の『台湾日日新報』の「本島女生の昨今　国語附属女学校」という記事の中に、国語学校附属女学校の纏足状況、及び体操実施の様子について次のような記述がみえる。

「▼袴の効果は独り内地通の学生らしく見えるとか調法たとか云ふ許りでなく服装の整頓は体操上にも著しく便宜を与へ昨今の体操を一見しただけで従前のそれとは丸で違った体操の様に調子が乗って来たのはいゝ結果である袴と称するも巾着の様に上で口を締める様に出来て居るから高等女学校の行燈袴とは少々仕立方が変って居ることは袴の下に着て

居る衣服との配合上内地式と本島式との区別が出来ざるを得ないので本島女学生でも和服着服のものには純内地式の行燈袴を用ひさせて居る▼百十余人の全生徒中纏足者が兎に角一人も無くなった事は特筆すべき問題で同校が如何に纏足を解く事に努力して居るかが眼る同校では纏足の不自然にして衛生上恐るべき弊害あることを知らしめる為め纏足の模型を作ったり各種の統計を調製したりして此の弊風の打破に努め此等の参考品は過日の衛生展覧会にも出品されて居た通りである足尖きの骨を曲げ指を折って態々小さな靴を穿かせんとする本島の悪風を自覚した同校生徒は入学すると共に断然纏足を弛めて来る何分十何年来の圧迫に依り縮小された足を急に解いては腫れなり痛んだりするので長い間に徐徐と弛め一年もたてば下駄が穿ける位に成るさうである纏足者の一番多いのは大稲埕方面公学校出身で地方の出身に割合少ないのも研究問題であらう▼本島人の体格が内地人に比し劣等だと云ふ原則は女生徒にも応用が出来る身長は延びても胸囲が足らず体重が軽い殊に技芸などを課せられる同校に於ては仕事が細かい為めに身体に無理が行く恐れがあると云ふので本年度第一学期の終りから放課後毎日約二三十分間体操を課する事にした其の結果はまだ日が浅いから何とも云へぬが全校生徒が今迄気を詰めた教室を去って体操場に集まり指揮官の命ずるまゝに心ゆくばかり首を動かし手を廻はし足を伸はすなど苟も体育に心を寄せる者が見たら寧ろ羨望禁じ難いものがあるであらう」[198]

『台湾日日新報』の報道からは、次のことが窺える。①国語附属女学校は 1898 年に開校して以来、様々な解纏足策を講じた結果、1914 年 12 月に至り、纏足女生徒がやっといなくなった。しかし、『創立満三十年記念誌』には、1914 年には「解纏足とは云ふものゝ中には尚纏足類似のものも多かった」[199] とあり、纏足問題が解消したわけではなかった。②また、身体検査によると、同校女生徒の体格は日本人女生徒より劣位だったため、教員は女生徒の身体発育の状況や関心などを考慮し、本年度第一学期の終りから毎日の放課後において約二三十分間の体操を女生徒に課しており、身体発育を改善するように期待していた。③さらに、台湾人女生徒が袴を着用したことは、体操の実施に顕著な成果をもたらした。

以上を総べれば、1906 年 4 月「台湾総督府国語学校第二附属学校規程」において、体操が初めて必修教科となり、台湾の女子中等教育機関に体操が制度的に位置づけられた。また、同校は体操科の授業以外にも生徒に運動会や遠足など様々な方法を用いて身体活動をさせる工夫を凝らしていた。学校では、纏足の身体が改善され、女生徒の体力も向上した。1914年12月に至り、同校においては纏足女生徒がいなくなっていたが、解纏足をしたものの、纏足と類似している状態の女生徒が多かった。加えて、同校女生徒の体格が日本人女生徒より劣ったため、同校は放課後の二三十分間の体操を女生徒に課するという方法を用いて女生徒の身体改善を図ろうとしていた。これらの経験は、天然足期の女子体育に向けた基盤を形成することとなったと考えられる。

【引用・参考文献】

1）佐藤源治『台湾教育の進展』台北：台湾出版文化株式会社,1943年,pp.76-77.吉野秀公『台湾教育史』台北：台湾日日新報社,1927年,p.247.

2）蔡禎雄「日本統治下台湾における初等学校教科体育の歴史的考察」筑波：筑波大学体育科学研究科博士論文,1991年,p.63.

3）伊藤潔『台湾　四百年の歴史と展望』東京：中央公論社,1993年,pp.100-101.

4）末光欣也『台湾の歴史　日本統治時代の台湾』台北：致良出版社,2004年,pp.137-139.蔡禎雄「日本統治下台湾における初等学校教科体育の歴史的考察」筑波：筑波大学体育科学研究科博士論文,1991年,p.64.

5）佐藤源治『台湾教育の進展』台北：台湾出版文化株式会社,1943年,pp.64-65.

6）末光欣也『台湾の歴史　日本統治時代の台湾』台北：致良出版社,2004年,p.137.

7）李園会『日據時期台湾師範教育制度』台北：南天書局,1997年,p.63.

8）上述の事件に関する詳細の経緯は、井出季和太『台湾治績志』台北：台湾日日新報社,1937年,pp.424-427.を参照されたい。

9）伊藤潔『台湾　四百年の歴史と展望』東京：中央公論社,1993年,pp.97-98,p.102.

10）伊藤潔『台湾　四百年の歴史と展望』東京：中央公論社,1993年,pp.95-97.黄昭堂『台湾総督府』東京：教育社,1989年,pp.94-97.末光欣也『台湾の歴史　日本統治時代の台湾』台北：致良出版社,2004年,pp.138-141.

11）この時期における具体的な基盤工事の整備は、井出季和太『台湾治績志』台北：台湾日日新報社,1937年,pp.468-562.末光欣也『台湾の歴史　日本統治時代の台湾』台北：致良出版社,2004年,pp.142-159.を参照されたい。

12）佐藤源治『台湾教育の進展』台北：台湾出版文化株式会社,1943年,p.77.李園会『日據時期台湾師範教育制度』台北：南天書局,1997年,p.64.

13）蔡禎雄「日本統治下台湾における初等学校教科体育の歴史的考察」筑波：筑波大学体育科学研究科博士論文,1991年,pp.65-66.

14）佐藤源治『台湾教育の進展』台北：台湾出版文化株式会社,1943年,p.76.許世楷『日本統治下の台湾―抵抗と弾圧―』東京：東京大学出版社,1972年,pp.180-181.

15）台湾総督府『台湾総督府民政事務成蹟提要　第十編（明治三十七年分）』出版地不詳：出版機関不詳,出版年不詳,p.220.

16）台湾女性史入門編纂委員会『台湾女性史入門』京都：人文書院,2008 年,pp.118-119.

17）高洪興『纏足史』台北：華成図書,2004 年,p.211.台湾女性史入門編纂委員会『台湾女性史入門』京都：人文書院,2008 年,p.119.

18）筆者不詳「台湾風俗の推移」『台湾協会会報』第 96 号,台湾協会会報,1906 年 9 月,pp.32-33.

19）「解纏足之盛況」『漢文台湾日日新報』,1905 年 7 月 30 日:5.

20）「天然足之風漸盛」『漢文台湾日日新報』,1907 年 1 月 13 日:4.

21）「解纏漸移」『漢文台湾日日新報』,1908 年 4 月 12 日:2.

22）「澎湖島の纏足矯正」『台湾日日新報』,1909 年 3 月 11 日:4.

23）「澎湖通信　禁止纏足」『漢文台湾日日新報』,1908 年 5 月 17 日:5.

24）「南部行政状況（続）」『台湾日日新報』,1908 年 12 月 6 日:2.

25）「禁纏足の励行」『台湾日日新報』,1909 年 2 月 5 日:2.

26）「看護婦生徒」『台湾日日新報』,1906 年 4 月 28 日:2.「看護婦生徒」『漢文台湾日日新報』,1906 年 4 月 29 日:3.

27）「女子教育の進歩」『台湾日日新報』,1906 年 5 月 26 日:2.「女教勃興」『漢文台湾日日新報』,1906 年 5 月 27 日:2.

28）「本島女教員と其成績」『台湾日日新報』,1906 年 11 月 15 日:2.「本島女教員及其成績」『漢文台湾日日新報』,1906 年 11 月 16 日:2.

29）「文明婦人」『漢文台湾日日新報』,1908 年 3 月 5 日:5.

30）日本統治初期において女教員が足りない問題について、「女教員の養成」『台湾日日新報』,1906 年 3 月 6 日:2.游鑑明「日據時期台湾的女子教育」台北：国立台湾師範大学歴史研究所修士論文,1987 年,pp.94-99.を参照されたい。

31）台湾総督府民政学務部学務課『台湾総督府学事年報』台北：台湾総督府民政学務部学務課,1912 年,pp.184-185.

32）水科七三郎「地震と台湾婦人」『台湾日日新報』,1906 年 4 月 8 日:1.水科七三郎「地震と台湾婦人」『台湾統計協会雑誌』第 17 号,台湾統計協会,1906 年 5 月,pp.38-40.

33）「震災及本島婦人」『漢文台湾日日新報』,1906 年 4 月 12 日:2.

34）蔡振芳「婦人纏足」『漢文台湾日日新報』,1907 年 5 月 5 日:5.

35）「説纏足之害」『漢文台湾日日新報』,1907 年 7 月 30 日:4.

36）「纏足之弊宜矯」『漢文台湾日日新報』,1908 年 12 月 17 日:2.

37）「纏足之弊宜矯」『漢文台湾日日新報』,1908 年 12 月 17 日:2.

38）「断髪会成る」『台湾日日新報』,1911 年 1 月 25 日:7.「断髪会の趣旨」『台湾日日新報』,1911 年 1 月 27 日:7.

39）「謁督憲稟断髪会事」『漢文台湾日日新報』,1911 年 2 月 8 日:2.「紀断髪会事」『台湾時報』19 号,台湾協会,1911 年 2 月,p.73.

40）呉文星『日治時期台湾的社会領導階層』台北：五南,2008 年,p.233.

41）周火生「纏足之害」『台湾時報』21 号,台湾協会,1911 年 4 月,pp.77-78.蘇瑤池「就纏足而言」『台湾時報』22 号,台湾協会,1911 年 5 月,pp.76-77.黄應麟「勧改纏足」『台湾時報』24 号,台湾協会,1911 年 7 月,pp.60-61.

42)「解纏足者百名」『台湾日日新報』,1911 年 4 月 5 日:4.「湖海訪国」『漢文台湾日日新報』,1911 年 4 月 6 日:3.

43)「台南断髪状況」『台湾日日新報』,1911 年 5 月 18 日:3.「台南断髪状況」『台湾時報』22 号,台湾協会,1911 年 5 月,p.50.

44)「楊花点点」『漢文台湾日日新報』,1911 年 4 月 8 日:1.

45)「解纏一万人」『漢文台湾日日新報』,1911 年 8 月 23 日:3.

46)「淡水解纏足会近況」『漢文台湾日日新報』,1911 年 5 月 5 日:3.「淡水解纏足会開会況」『漢文台湾日日新報』,1911 年 5 月 29 日:3.

47)「断髪解纏発会」『漢文台湾日日新報』,1911 年 7 月 7 日:3.

48)「台北解纏足発会式」『漢文台湾日日新報』,1911 年 8 月 16 日:3.

49)「宜蘭解纏足発会式」『漢文台湾日日新報』,1911 年 11 月 8 日:3.「実行解纏数」『漢文台湾日日新報』,1911 年 11 月 23 日:3.

50)「解纏継起」『漢文台湾日日新報』,1911 年 11 月 12 日:3.

51)「鹿港解纏足会」『台湾日日新報』,1914 年 10 月 28 日:3.

52)「彰化解纏足会盛況」『台湾日日新報』,1914 年 11 月 27 日:3.

53)「解纏足会」『台湾日日新報』,1914 年 12 月 4 日:3.

54)「阿罩霧の解纏足　林家の率先實行」『台湾日日新報』,1914 年 12 月 10 日:3.

55) 竹中信子『植民地台湾の日本女性生活史　大正編』東京：田畑書店,1996 年,p.83.

56) 愛国婦人会台湾支部『愛国婦人会台湾支部貳拾五周年』台北：愛国婦人会台湾支部,1929 年,pp.30-32.

57)「国民須知」『漢文台湾日日新報』,1911 年 8 月 14 日:2.

58) 平野正義編集『台北州宜蘭公学校創立四拾周年記念誌』台北：宜蘭公学校,1939 年,p.20.鈴木清一郎『台湾旧慣冠婚葬祭と年中行事』台北：台湾日日新報社,1934 年,pp.117-119.

59)「鳳山雑信」『台湾日日新報』,1911 年 11 月 15 日:2.

60)「打狗雑信」『台湾日日新報』,1912 年 2 月 18 日:2.

61)「阿公店之近状」『台湾日日新報』,1912 年 3 月 6 日:4.

62)「断髪と解纏足」『台湾日日新報』,1912 年 4 月 8 日:2.

63)「解纏近況」『台湾日日新報』,1913 年 10 月 3 日:2.

64)「鹿港之解纏足」『台湾日日新報』,1913 年 11 月 5 日:6.

65)「彰化解纏足会盛況」『台湾日日新報』,1914 年 11 月 27 日:3.

66)「員林解纏足会」『台湾日日新報』,1914 年 12 月 8 日:3.

67) 呉文星『日治時期台湾的社会領導階層』台北：五南,2008 年,pp.235-236.

68) 台湾教育会編『台湾教育沿革誌』台北：台湾教育会,1939 年,p.276.佐藤源治『台湾教育の進展』台北：台湾出版文化株式会社,1943 年,p.88.

69) 台湾教育会編『台湾教育沿革誌』台北：台湾教育会,1939 年,p.279.

70）台湾教育会編『台湾教育沿革誌』台北：台湾教育会,1939 年,p.278.
71）台湾教育会編『台湾教育沿革誌』台北：台湾教育会,1939 年,p.251.
72）台湾教育会編『台湾教育沿革誌』台北：台湾教育会,1939 年,p.251.
73）台湾教育会編『台湾教育沿革誌』台北：台湾教育会,1939 年,p.288.吉野秀公『台湾教育史』台北：台湾日日新報社,1927,pp.266-267.
74）台湾教育会編『台湾教育沿革誌』台北：台湾教育会,1939 年,pp.291-292.
75）吉野秀公『台湾教育史』台北：台湾日日新報社,1927 年,pp.268-269.
76）吉野秀公『台湾教育史』台北：台湾日日新報社,1927 年,p.199,p.316.
77）「台中公学校の成績」『台湾日日新報』,1906 年 3 月 31 日:4.
78）菅虎吉「台南県時代」『台湾教育』391 号,台湾教育会,1934 年 12 月,p.69.
79）「公学校生徒募集の標準」『台湾日日新報』,1906 年 1 月 26 日:2.
80）「本島人の女教師」『台湾日日新報』,1906 年 1 月 26 日:2.
81）「本島女子師範教育必要」『台湾日日新報』,1909 年 10 月 20 日:2.
82）台湾教育会編『台湾教育沿革誌』台北：台湾教育会,1939 年,p.599.
83）台湾教育会編『台湾教育沿革誌』台北：台湾教育会,1939 年,p.820.
84）台湾教育会編『台湾教育沿革誌』台北：台湾教育会,1939 年,pp.720-721.
85）台湾教育会編『台湾教育沿革誌』台北：台湾教育会,1939 年,pp.821-826.
86）台湾教育会編『台湾教育沿革誌』台北：台湾教育会,1939 年,p.721.小野正雄編『創立満三十年記念誌』台北：台北第三高等女学校同会学友窓会,1933 年,p.65,pp.80-81.
87）「三屋大五郎退隠料證書交付及受領ノ件」『台湾総督府公文類纂』1910 年 2 月 7 日永久保存第五十九巻.
88）小野正雄編『創立満三十年記念誌』台北：台北第三高等女学校同会学友窓会,1933 年,pp.65-66, pp.81-83.
89）小野正雄編『創立満三十年記念誌』台北：台北第三高等女学校同会学友窓会,1933 年,pp.86-87, pp.94-95.
90）台湾教育会編『台湾教育沿革誌』台北：台湾教育会,1939 年,p.826.小野正雄編『創立満三十年記念誌』台北：台北第三高等女学校同会学友窓会,1933 年,pp.89-90.
91）筆者不詳「台湾風俗の推移」『台湾協会会報』第 96 号,台湾協会会報,1906 年 9 月,pp.75-76.
92）「台南公学校の進歩」『台湾日日新報』,1907 年 10 月 11 日:2.「台南公学校之進步」『漢文台湾日日新報』,1907 年 10 月 12 日:5.
93）「解纏漸移」『漢文台湾日日新報』,1908 年 4 月 12 日:2.
94）「纏足及解纏」『漢文台湾日日新報』,1910 年 1 月 23 日:5.
95）「公学校生徒と纏足」『台湾日日新報』,1911 年 5 月 12 日:3.「台中雑事」『漢文台湾日日新報』,1911 年 5 月 13 日:3.
96）「台中通信」『漢文台湾日日新報』,1911 年 10 月 11 日:3.
97）「編輯賸録」『台湾日日新報』,1912 年 6 月 22 日:6.
98）林黄氏阿娥「三十年前の女子教育」『創立満三十年記念誌』台北：台北第三高等女学校同会学友窓会,

1933 年,pp.375-376.

99) 林黄氏阿娥「三十年前の女子教育」『創立満三十年記念誌』台北：台北第三高等女学校同会学友窓会, 1933 年,pp.375-377.「地方学事講習会」『台湾日日新報』,1912 年 7 月 12 日:2.「講習会巡り（一)」『台湾日日新報』,1912 年 8 月 14 日:2.「女講習生修業式」『台湾日日新報』,1912 年 8 月 16 日:6.

100) 「巾幗模範」『台湾日日新報』,1912 年 3 月 30 日:5.

101) 宜蘭庁編「公学校児童身体検査ノ二（女)」『宜蘭庁第六統計書』宜蘭：宜蘭庁,1914 年,pp.153-154.

102) 台湾教育会編『台湾教育沿革誌』台北：台湾教育会,1939 年,p.826.大欣鉄馬編『台北第三高等女学校創立三十五周年記念誌』台北：台北第三高等女学校同会学友窓会,1933 年,p.15.

103) 脇野つい「本島生に対して家事教授の思出」『創立満三十年記念誌』台北：台北第三高等女学校同会学友窓会,1933 年,pp.400-401.

104) 久芳とし「本校刺繍科に於ける既往の発達及変遷」『創立満三十年記念誌』台北：台北第三高等女学校同会学友窓会,1933 年,p.410.

105) 小野正雄編『創立満三十年記念誌』台北：台北第三高等女学校同会学友窓会,1933 年,pp.93-94.

106) 台湾総督府編『台湾公学校教科書編纂趣意書　第二編』台北：台湾総督府,1914 年,p.1.

107) 周婉窈,許佩賢「台湾公学校与国民学校国語読本総解説　制度沿革、教科和教科書」『日治時期台湾公学校与国民学校国語読本：解説・総目次・索引』台北：南天書局,2003 年,p.36.

108) 周婉窈,許佩賢「台湾公学校与国民学校国語読本総解説　制度沿革、教科和教科書」『日治時期台湾公学校与国民学校国語読本：解説・総目次・索引』台北：南天書局,2003 年,p.36.

109) 周婉窈「写実与規範之間―公学校国語読本挿画中的台湾人形象」『台大歴史学報』34 号,国立台湾大学歴史学系,2004 年,p.99-100.

110) 台湾総督府編『台湾公学校教科書編纂趣意書　第二編』台北：台湾総督府,1914 年,pp.22-23.

111) 台湾総督府編『公学校用国民読本　第八巻』台北：台湾総督府,1914 年,pp.33-35.

112) 台湾総督府編『台湾教科用書漢文読本　第五巻』台北：台湾総督府,1914 年,p.13.

113) 台湾教育会編『台湾教育沿革誌』台北：台湾教育会,1939 年,p.265.

114) 台湾総督府民政学務部学務課『台湾総督府学事年報』台北：台湾総督府民政学務部学務課,1912 年, pp.184-185.

115) 浜崎伝造「新案遊戯」『台湾教育会雑誌』,59 号,台湾教育会,1907 年 2 月,pp.18-19.

116) 浜崎伝造「新案遊戯」『台湾教育会雑誌』,59 号,台湾教育会,1907 年 2 月,pp.19-20.

117) 吉野秀公『台湾教育史』台北：台湾日日新報社,1927 年,p.562.

118) 「新刊介紹　台湾公学校体操法」『台湾日日新報』,1908 年 4 月 1 日:1.

119) 自然道人「女子体育論（漢文)」『台湾教育会雑誌』66 号,台湾教育会,1907 年 9 月,pp.1-3.

120) 「荷風茘雨」『漢文台湾日日新報』,1908 年 6 月 7 日:2.

121) 浜崎伝造「小公学校適用新体操法」『台湾教育会雑誌』62 号,台湾教育会,1907 年 5 月,p.24.

122) 「台北庁普通体操改定報告ノ件」『台湾総督府公文類纂』1908 年 4 月 13 日永久保存第二十一巻.

123) 「台北庁普通体操改定報告ノ件」『台湾総督府公文類纂』1908 年 4 月 13 日永久保存第二十一巻.

124) 「台北庁普通体操改定報告ノ件」『台湾総督府公文類纂』1908 年 4 月 13 日永久保存第二十一巻.

125）日本内地 1907 年に出版された『小学校体操教科書』の体操科の目的については、坪井玄道，可児徳『小学校体操教科書』東京：大日本図書株式会社,1907 年,pp.1-3.を参照されたい。

126）これについては、坪井玄道，可児徳『小学校体操教科書』東京：大日本図書株式会社,1907 年.を参照されたい。

127）「台北庁体操法教程」と『台湾教育会雑誌』の相違点はタイトルの名称、構成の内容、動作の規定などの三つの点がある。詳しくは、表 2-12 の備考を参照されたい。

128）台湾教育会編『台湾教育沿革誌』台北：台湾教育会,1939 年,pp.427-428.

129)この言論にていては、范燕秋「日本帝国下植民地台湾的人種衛生（1894-1945）」台北：国立政治大学歴史学系博士論文,2001 年,pp.79-88.を参照されたい。

130）国北山人「台人今日之現状及始政二十周年紀念計画事業」『台湾日日新報』,1915 年 6 月 17 日:6.

131）范燕秋「日本帝国下植民地台湾的人種衛生（1894-1945）」台北：国立政治大学歴史学系博士論文,2001 年,p.79.

132）「学校生徒健康診断の報告（上）」『台湾教育会雑誌』25 号,台湾教育会,1904 年 4 月,pp.19-23.「彰化庁下生徒健康診断（下）」『台湾教育会雑誌』29 号,台湾教育会,1904 年 8 月,pp.13-21.

133）加藤忠太郎「艋舺公学校児童躰格検査成蹟」『台湾教育会雑誌』67 号,台湾教育会,1907 年 10 月,pp.18-22.

134）加藤忠太郎「艋舺公学校児童躰格検査成蹟」『台湾教育会雑誌』67 号,台湾教育会,1907 年 10 月,p.16.

135）加藤忠太郎「艋舺公学校児童躰格検査成蹟」『台湾教育会雑誌』67 号,台湾教育会,1907 年 10 月,p.16.

136）加藤忠太郎「艋舺公学校児童躰格検査成蹟」『台湾教育会雑誌』67 号,台湾教育会,1907 年 10 月,p.16.

137）加藤忠太郎「艋舺公学校児童躰格検査成蹟」『台湾教育会雑誌』67 号,台湾教育会,1907 年 10 月,p.17.

138）この観点にいては、荻原美代子「ブルマー登場以前－衣服と脚の関係から」『ブルマーの社会史 女子体育へのまなざし』東京：青弓社,2005 年,pp.30-33.を参照されたい。

139）台湾総督府民政学務部学務課『台湾総督府学事年報』台北：台湾総督府民政学務部学務課,1912 年,pp.184-185.

140）加藤忠太郎「艋舺公学校児童躰格検査成蹟」『台湾教育会雑誌』67 号,台湾教育会,1907 年 10 月,p.16.

141）台湾教育会編『台湾教育沿革誌』台北：台湾教育会,1939 年,pp.390-391.

142）「諸学校児童、生徒身体検査施行ノ件」『台湾総督府公文類纂』1910 年 4 月 16 日永久保存第五十四巻.

143）「府令第二十九号」『台湾総督府報』2937 号,台湾総督府,1910 年 4 月 19 日.「府令第三十号」『台湾総督府報』2937 号,台湾総督府,1910 年 4 月 19 日.

144）水科七三郎「台湾ニ於ケル児童ノ発育（一）」『台湾統計協会会報』86 号,台湾統計協会,1913 年 4 月,pp.52-54.水科七三郎「台湾ニ於ケル児童ノ発育（三）」『台湾統計協会会報』88 号,台湾統計協会,1913 年 6 月,p.27.

145）各庁身体検査施行学校、及び生徒数については、台湾総督官房統計課『台湾各種学校生徒及児童発育統計（明治四十三年四月調査）』台北：台湾総督府,1913 年,pp.1-33.を参照されたい。

146）水科七三郎「台湾ニ於ケル児童ノ発育（三）」『台湾統計協会会報』88 号,台湾統計協会,1913 年 6 月,p.42.

147）水科七三郎「台湾ニ於ケル児童ノ発育（五）」『台湾統計協会会報』90 号,台湾統計協会,1913 年 8 月,p.24.

148）1910年4月の台湾各学校身体検査に関する詳細の比較内容は、水科七三郎「台湾ニ於ケル児童ノ発育（一）」『台湾統計協会会報』86号,台湾統計協会,1913年4月,pp.51-55.水科七三郎「台湾ニ於ケル児童ノ発育（二）」『台湾統計協会会報』87号,台湾統計協会,1913年5月,pp.21-37.水科七三郎「台湾ニ於ケル児童ノ発育（三）」『台湾統計協会会報』88号,台湾統計協会,1913年6月,pp.27-43.水科七三郎「台湾ニ於ケル児童ノ発育（四）」『台湾統計協会会報』89号,台湾統計協会,1913年7月,pp.41-52.水科七三郎「台湾ニ於ケル児童ノ発育（五）」『台湾統計協会会報』90号,台湾統計協会,1913年8月,pp.13-24.水科七三郎「台湾ニ於ケル児童ノ発育（六）」『台湾統計協会会報』91号,台湾統計協会,1913年9月,pp.23-35.を参照されたい。

149）水科七三郎「台湾ニ於ケル児童ノ発育（三）」『台湾統計協会会報』88号,台湾統計協会,1913年6月,pp.40-42.

150）台湾教育会編『台湾教育沿革誌』台北：台湾教育会,1939年,p.299.

151）台湾教育会編『台湾教育沿革誌』台北：台湾教育会,1939年,p.299.

152）台湾教育会編『台湾教育沿革誌』台北：台湾教育会,1939年,pp.316-317.

153）「台湾公学校規則改正せらる」『台湾教育』,128号,台湾教育会,1912年12月,p.13.

154）蔡禎雄「日本統治下台湾における初等学校教科体育の歴史的考察」筑波：筑波大学体育科学研究科博士論文,1991年,p.83.

155）台湾総督府『公学校教授細目』台北：台湾総督府,1914年,p.1.

156）台湾総督府『公学校教授細目』台北：台湾総督府,1914年,pp.1-2.

157）台湾総督府『公学校教授細目』台北：台湾総督府,1914年,p.1.

158）台湾総督府『公学校教授細目』台北：台湾総督府,1914年,p.4.

159）「体操科教授要目取調委員設置」『台湾総督府公文類纂』1914年12月1日永久保存第四十一卷.「体操科教授要目取調委員報告書」『台湾総督府公文類纂』1916年1月1日十五年保存第三十卷.

160）台湾総督府「体操科教授細目」『公学校教授細目』台北：台湾総督府,1914年,p.1.

161）台湾総督府「体操科教授細目」『公学校教授細目』台北：台湾総督府,1914年,pp.1-4.

162）台湾総督府「体操科教授細目」『公学校教授細目』台北：台湾総督府,1914年,pp.3-4.

163）蔡禎雄「日本統治下台湾における初等学校教科体育の歴史的考察」筑波：筑波大学体育科学研究科博士論文,1991年,p.83.

164）1913年『学校体操教授要目』には、男子のみの教材もあったが、帽子取競争、棒押、対列フットボール、懸垂横行を除ければ、ほかの男子のみの教材は台湾の公学校においては男女ともに実施しない教材である。

165）「公学校児童の辮髪及び纏足に就きて」『台湾教育』,152号,台湾教育会,1914年12月,p.36.

166）日本統治下台湾における公学校運動会の発展については、金湘斌「日治初期台湾初等学校運動会之歴史考察（1895-1911）」台北：国立台湾師範大学体育学系修士論文,2007年.を参照されたい。

167）「公学校運動会之盛況」『漢文台湾日日新報』,1906年10月19日:3.

168）「中部運動会」『漢文台湾日日新報』,1908年12月4日:4.

169）「大稲埕公学校運動会」『台湾日日新報』,1905年11月07日:3.

170）「大稲埕公学校運動会」『台湾日日新報』,1906年10月19日:2.

171）「桃園公学校秋季運動会」『台湾日日新報』,1914 年 11 月 11 日:3.

172）「学生遠行」『漢文台湾日日新報』,1911 年 10 月 22 日:3.

173）「学校生徒修学旅行」『漢文台湾日日新報』,1907 年 9 月 29 日:5.

174）「恒春蕃之観光感想（中）/台北観光中之感想」『漢文台湾日日新報』,1906 年 12 月 6 日:3.

175）「台南女子公学校通信」『台湾教育会雑誌』138 号,台湾教育会,1913 年 10 月,p.71.

176）「台北学界一瞥（四）大稲埕女子公学校（下）」『台湾日日新報』,1912 年 6 月 13 日:1.

177）「台北学界一瞥（四）大稲埕女子公学校（下）」『台湾日日新報』,1912 年 6 月 13 日:1.

178）小野正雄編『創立満三十年記念誌』台北：台北第三高等女学校同会学友窓会,1933 年,p.76

179）小野正雄編『創立満三十年記念誌』台北：台北第三高等女学校同会学友窓会,1933 年,pp.76-80.

180）小野正雄編『創立満三十年記念誌』台北：台北第三高等女学校同会学友窓会,1933 年,p.88.

181）「国語学校及公学校女子生徒纏足及天然足種族別」の調査資料による。台湾総督府民政学務部学務課『台湾総督府学事年報』台北：台湾総督府民政学務部学務課,1912 年,pp.184-185.

182）小野正雄編『創立満三十年記念誌』台北：台北第三高等女学校同会学友窓会,1933 年,p.85.

183）小野正雄編『創立満三十年記念誌』台北：台北第三高等女学校同会学友窓会,1933 年,p.90.

184）張李氏徳和「笈を負うて学都士林へ」『創立満三十年記念誌』台北：台北第三高等女学校同会学友窓会,1933 年,p.383.

185）梁張氏蝦「入学当時の思出」『創立満三十年記念誌』台北：台北第三高等女学校同会学友窓会,1933 年,p.377.

186）林黄氏包「士林女学校時代の思出」『創立満三十年記念誌』台北：台北第三高等女学校同会学友窓会,1933 年,p.382.

187）「国語学校運動会」『台湾日日新報』,1909 年 11 月 5 日:5.「国学運動」『漢文台湾日日新報』,1909 年 11 月 6 日:5.

188）「桂香月影」『漢文台湾日日新報』,1909 年 11 月 11 日:5.

189）台湾教育会編『台湾教育沿革誌』台北：台湾教育会,1939 年,p.826.大欣鉄馬編『台北第三高等女学校創立三十五周年記念誌』台北：台北第三高等女学校同会学友窓会,1933 年,p.15.

190）この時期の国語学校附属女学校の天然足率、纏足率、解纏足率については、「表 2-10：1911-1913 年 12 月の間、国語学校附属女学校の足区別の調査表」を参照されたい。

191）「附属女学校」『台湾日日新報』,1911 年 10 月 05 日:1.「台北公学校近況」『漢文台湾日日新報』,1911 年 10 月 09 日:2.

192）小野正雄編『創立満三十年記念誌』台北：台北第三高等女学校同会学友窓会,1933 年,p.85.

193）小野正雄編『創立満三十年記念誌』台北：台北第三高等女学校同会学友窓会,1933 年,p.549.

194）「学界雜俎」『漢文台湾日日新報』,1910 年 5 月 31 日:2.「遠足兩誌」『漢文台湾日日新報』,1910 年 6 月 2 日:5.

195）駱陳氏阿玉「初めて家庭を離れて学寮に」『創立満三十年記念誌』台北：台北第三高等女学校同会学友窓会,1933 年,pp.384-385.

196）「艋舺公學校運動會」『漢文台湾日日新報』,1911 年 10 月 13 日:3.「艋校運動準備」『漢文台湾日日新報』,1911 年 10 月 16 日:3.「編輯賸録」『漢文台湾日日新報』,1911 年 10 月 31 日:3.「艋舺の運動のデー」『台湾日日新報』,1911 年 10 月 31 日:7.

197) 「楓葉荻花」『漢文台湾日日新報』,1911 年 11 月 1 日:3.

198) 「本島女生の昨今　国語附属女学校」『台湾日日新報』,1914 年 12 月 4 日:1.

199) 小野正雄編『創立満三十年記念誌』台北：台北第三高等女学校同会学友窓会,1933 年,p.101.

第三章
天然足普及期の学校女子体育
（1915-1925年）

第一節　天然足普及期の台湾の社会的背景

第一項　内地延長主義政策の背景

日本の台湾植民地統治が約20年を経過し、大正期に入った第一次世界大戦の戦需景気の中で、台湾の経済は大きく拡大した。例えば、交通網・運輸機関の整備、工業の機械化、衛生状態の改善、水道・電話の敷設、学校の拡充、及び教育機会の拡大は、台湾人の生活水準の向上に貢献した[1)]。また、台湾の砂糖、米作の豊収は帝国経済を支える重要な位置を占めていた。しかし、この時期の台湾統治の根幹は依然として「三一法」（旧六三法の延続）という苛酷な法律の下、台湾人に参政権が与えられないのみならず、台湾人の権利が踏みにじられることも多く、台湾人と日本人の間の格差も依然として存在していた[2)]。

一方、台湾人の日本への留学は1901年頃に始まり、さらに年々増加して1915年には既に300人を超えていた。これらの留学生は内地の大正デモクラシー、あるいは2千年の封建帝制を打倒した辛亥革命という民主化運動の影響を強く受けており、反日思想を高めつつあった。こうした情勢に関する情報は日本内地から帰島した留学生を通じて台湾人の有識者たちにも浸透していた[3)]。そして、第一次世界大戦が終わろうとする1917年11月にロシア革命が起こり、社会主義政権が誕生し、植民地の解放と民族の独立を唱えた。加えて、第一次世界大戦後には、アメリカのウィルソン大統領が「民族自決」を唱えて、植民地支配下の人々に大きな希望を抱かせた。このような植民地解放の世界潮流は、台湾人に大きな影響を及ぼしている[4)]。

上述の様々な情勢変化に鑑み、日本の植民地統治に抵抗する運動は、1915年の「西来庵事件」の前後を境に、「非合法」の武力抵抗から合法的な政治運動へと移行していった[5)]。1914年12月、自由民権のリーダーであった板垣退助の台湾訪問を契機として、日本・台湾の有識者を集めて「台湾同化会」が台北において結成された。しかし、「台湾同化会」運動に加わった台湾人の真の目的は、日本への同化よりも日本人と平等の待遇を要求することにあった。そのため、同会は間もなく台湾総督府からの圧迫を受け、「公安ヲ害スル」との理由で、1915年2月に解散を命じられた。

成立後わずか2ヶ月足らずで解散した台湾同化会であったが、その影響は各地に散在する台湾人有志を結集させ、さらに日本内地の台湾留学生を刺激した。また、同化会のリーダーであった林献堂を中心に、「六三法」の撤廃を目的とする「啓発会」が結成され、日本政府への運動も継続された[6)]。

このような動きに対して、1915年6月、第六代総督であった安東貞美は施政方針において、「唯夫れ島民は言語風俗を殊にするを以て動もすれば輙ち意思の扞格を生ぜんことを怖る」と述べ、台湾社会の特殊性をそのまま尊重放置する児玉・後藤政治以来の台湾植民地統治方針を同化政策に変更する時機にきたとの認識を示した。こうして、風俗改良会、同風会、国語普及会などの社会教化団体が台湾各地に設立させられたという[7)]。その結果、1915年までには、台湾全島において辮髪、纏足などの旧慣が一掃され、断髪者は約133万名、解纏足者は約76万3千名に達した[8)]。

そして、1918年7月22日、第七代総督明石元二郎は、着任にあたり、総督高等官吏に対し次のような訓示を述べている。

> 「一、植民地の施政方針はその時々の状況や社会変化により変更することが重要でありこの施政方針の変更は歴代総督の治績により、台湾統治の基礎が確立され不動となった時に必ず到来するものである。二、台湾が真の日本本土、即ち内地と同等の領土を建設するためには官吏諸君の努力如何にかかっている。三、もしこの根本目的から逸脱すれば、日本は領土を拡大しても統治能力が欠如していることを証明するようなもので、見方によっては当初から統治能力が無かったと言われても仕方がない」[9)]

すなわち、明石総督の訓示によれば、台湾が単なる植民地ではなく、台湾の内地化、本島人の日本人化を目標とする新しい植民地台湾統治の方針であり[10)]、台湾島を日本国土の延長上にある一地域として位置付け、同化政策を具体化し、台湾人の同化等の政策を展開していくこととなる。

第二項　内地延長主義政策の始まりと展開

明石元二郎が台湾総督に就任した直後、1918年9月、植民地文官総督制をもつ原敬内閣が誕生した。加えて、原敬内閣が成立して間もなく、1918年11月の第一次世界大戦の終戦、1919年3月の「朝鮮の三・一独立運動」の勃発、同年5月の「中国の五・四運動」の発生などの影響を受けて、植民地台湾に対して同化政策の推進を急速に促進していった[11)]。

こうした内外情勢に照らして、明石総督にとっては如何に植民地台湾における統治体制を改善するかが急務となった。そのため、明石総督は内台同化政策に基づき、①法院の三審制度を復活し、②台湾教育制度の系統化、実業教育と専門教育の拡充を実施し、③台湾総督府官制、組織を改正した。また、文官総督制の導入、台湾軍の創設などの変革によって、台湾総督は文官の就任が可能になった[12)]。すなわち、台湾総督は武官総督制から文官総督制へと移行していった。さらに、この一大改革は、以後の統治体制を大きく転換させることとなる。

1919年10月29日、田健治郎は台湾の初代文官総督に任命され、同年11月11日、台湾に着任し、翌日府内の高等官を集め、統治方針を次のように訓示した。

「予は文官として初めて此の重任に膺り殊に責任の重を感ず、抑も台湾は帝国を構成する領土の一部にして当然帝国憲法の統治に従属する版図なり、英佛諸国属領の唯本国の政治的策源地たり又は経済的利源地たるに止る植民地と同一視すべきにあらず、随って其の統治の方針は総て此の大精神を出発点とし諸般の施設経営をなし本島民衆をして純然たる帝国臣民として諸般の施設経営を為し本島民衆をして我朝廷に忠誠ならしめ国家に対する義務観念を涵養すべく教化善導せざるべからず。統治の方針此の如しと雖も之を実行に行ふに当り其の施行の方法に就ては慎重なる査核を遂げ其の緩急順序を謬らざるを期するの要あり、地勢民情、言語風俗を異にする台湾民衆に向て急激に総て内地と同様の法律制度を実施せんとするが如きは勿ち齟齬扞格を来し却て之が疾苦を招くの虞なしとせず、先づ以て教育の普及を務め一面其の智能徳操を啓発し一面我朝廷撫育の精神と一視同仁の聖旨を感得せしめ之を醇化融合して内地人と社会的接触上何等逕庭なき地歩に達せしめ、結局政治的均等の域に進ましむべく教化善導せざるべからず、而して此を貫徹するの道は官府にあっては誘液指導を怠らず民衆にあっては忠順勤勉に吝ならず相互に協力して最善の力を盡すにあり」[13)]

すなわち、この訓示は、台湾の特殊地域性を否定し、日本帝国領土の一部として同一性を強調した、いわゆる内地延長主義の採用を表明したものである。また、忠誠の帝国臣民、国家に対する義務観念を育成するために、従来には比較的軽視されてきた台湾人の教育を重視することとなった。さらに、一視同仁、融合同化の精神によって、それまでの専制政治を転じて台湾人の政治的地位を向上させ、法律制度を日本内地と同一化する統治目標を掲げた。

なお、矢内原忠雄の研究によれば、田健治郎の訓示は台湾社会の特殊性認識に基づいて旧慣尊重、差別的警察専制統治、教育施設に対する冷淡な態度という警察政治的建設時代から、転じて内地延長主義・同化主義に移り、教育尊重、文治政治、民族融合という文治的発展期へと移った重要な転換期と指摘している[14)]。

一方、既に述べたように、大正期に入り、台湾人による地位向上、待遇改善、「六三法」の撤廃運動を目的とした反日運動が行われつつあった。特に、1918年に成立した「啓発会」が解散させられた後、1920年1月、「新民会」が再発足し、台湾における地方自治への台湾人の参画を目的とした「台湾議会設置請願運動」が展開された。

すなわち、日本統治下の台湾における近代的・合法的な民族運動が正式に開始していった。1921年1月から1934年2月に至るまで、14年にわたり十五回に及ぶ帝国議会への請願が続けられた。ちなみに、第一回請願書を帝国議会に提出して間もなく、日本政府は多年の懸案事項である「六三法」を廃止し、その代わりに翌年1月1日より、「台湾ニ施行スベキ法令ニ関スル法律」、いわゆる「法三号」を施行し始めた。この基本法に従い、台湾の特殊地域的位置付けを希薄化し、総督の独裁性を大幅に抑制し、またはこの基本法の一部を除いて、台湾人と日本人の法律上の立場はほぼ平等になった。つまり、「法三号」の最大特徴は法令の施行上で、内地延長主義の精神を採用したことであったと言えよう[15)]。

以上の各情勢に照らして、田健治郎総督は着任した後、内地延長主義に基づき、まず台湾における地方官制、及び地方自治の問題に着目し、改革への準備を進めた。1920年7月から地方制度の大改正を断行し、地方自治制度として日本内地のシステムがそのまま適用されることとなり、県・市・町・村にあたる州・郡・市・街・庄の区分がなされ、それぞれに地方議会である「協議会」が設置された。また、この改革によって、台湾人にも各協議会の構成員となる権利が与えられ、台湾人自身の地方自治への参画の道が開かれたのである[16)]。

ちなみに、これ以後、州・郡・市・街・庄の小、公学校連合運動会が盛んに開催されるようになった。特に、1923年4月の皇太子（後の昭和天皇）の台湾訪問に伴い、第一回全島小、公学校連合運動会が開催され、皇太子の観戦を契機に台湾人と日本人の体育・スポーツ大会に日台混成の台湾チームが派遣されるほどになった[17)]。

また、教育面もこの内地延長主義政策の下で行われていた。植民地台湾の教育政策について、この時期の大きな改革は、1919年1月4日と1922年2月6日に「台湾教育令」の公布・改正及び内地・本島人の共学制度の実施であった。日本人と台湾人の間の差別教育を撤廃し、共学が認められ、台湾人に対する教育の機会均等が実現した。しかし、日本語常用をしない公学校出身の台湾人にとって、中等以上の学校の入学試験を合格することは容易ではなかった[18)]。

一方、この時期において産業振興、及び基礎建設の方面では、東西横断道路と縦貫鉄道海岸線の開通、台湾電力株式会社の設立、日月潭発電所の建設、水利灌漑事業の整備、道路網の整備拡張などが行われた。1917年の統計でみると、これらの成果は、鉄道は600余キロに延長され、耕地面積は74万甲（台湾で使用される面積の単位、1甲＝2934坪）に増大し、米の生産は500余石に倍増し、砂糖生産は3億4400余万キロへと飛躍的に増大した。また、台湾総督府の公営事業収入も3696万円となった。つまり、台湾はまさに日本政府の「金のたまごを産む鶏」になったと言えよう[19)]。

以上のように、この時期には、台湾総督府は法律、経済、教育などの方面から台湾人に均等の機会を与え始めており、あらゆる面で内地延長主義に基づいて新しい植民政策が展開された。これにより、台湾の社会はさらに近代化し、住民の生活水準も向上していった。しかしながら、台湾の政治、経済、教育などの面は完全に植民地化され、依然として日本に従属するものとなったことも見逃せない。したがって、台湾人による地位向上、待遇改善を目的としての民族運動も盛んになっていった。要するに、この時期は日本の台湾統治時代の中で社会の変遷、経済の向上、風俗習慣の顕著な変化があっただけではなく、民衆の啓蒙運動、民族の社会運動も盛り上がり、重要な意味を持つ転換期であったと言えよう。

第二節　纏足風習の終焉

第一項　「風俗改良会」の成立（1914 年）

台湾古来の旧慣を改め、日本内地同化を目的とする改革運動は、1900 年「台北天然足会」の設立と共に漸次盛んになり、1903 年宜蘭に「同風会」、1914 年 3 月 11 日台中に「風俗改良会」が設立された。これらの組織は何れも冠婚葬祭、その他一般風俗の矯正を目的とするものであった[20]。

特に、1914 年 3 月に設立された台中の「風俗改良会」では、台中庁長であった枝徳二が管内の庁参事、区長、及び地域の士紳林献堂、林烈堂、蔡蓮舫、蔡恵如などに働きかけて台湾人風俗改良会を組織させ、主に辮髪と纏足の弊風を追放することを企図した。そして、台中庁下の各支庁長は同会の奨励趣旨を理解して辮髪、纏足の追放に尽力していった。また、1914 年 12 月 8 日には、台中庁下阿罩霧庄（現在の台中県霧峰郷）の名望家林家において、庁長、及び多数の官民を招待し、率先解纏足会を開いた[21]。当日の解纏足会の状況をみた新聞記者は、「次に林献堂氏泰然として長身を檀上に運び、咳一咳して明快なる辯舌を以て滔々懸河の如く説き去り、一に纏足の天道に反するのみならず、一家生計上幾何の不利を醸しつつあるかを実例を引証し、且は社会の進捗に遅れず時勢の要求に默從する之を賢と云ふ。諸君は能く此の謂を解せざるべからずと結び拍手喝采の裡に檀を却きたり」[22] と述べ、後来「台湾議会設置請願運動」の急先鋒になった林献堂の解纏足運動を推進する姿を報じている。さらに、『日本統治下の民族運動（上巻）』によると、阿罩霧解纏足会の開催は当時の台湾人に大きな衝撃を与えており、その後、解纏足の気運は台中庁管内を風靡しただけではなく、台湾全島の各地方に盛り上がったという[23]。

なお、「表 3-1：1915 年 1 月 1 日から 6 月 17 日までの『台湾日日新報』中にみられる解纏足会の事例」によれば、1915 年 1 月から台湾各地方の解纏足会が開催された数は以前より多く、また、纏足者の多くが続々と纏足を解いていったことがわかる。

一方、1914 年 12 月 20 日、板垣退助が台湾を訪問して台湾同化会が結成された際、同会は「一視同仁の聖旨を奉體し、内台人の和、風俗の改良、精神修養等の方面に努力せん」[24] という目的を掲示し、「其の実行手段としては会員を募集り、倶楽部を設け、学校を興し、纏足、辮髪等の俗習を矯正」[25] するという実際的な実行目標を設定した。台湾同化会は 1915 年 2 月に解散を命じられたが、同会に入会した台湾の有識者は殆んど台湾各地方の参事、区長、保正などの社会上流階級であり、加えて、同会の影響は台湾全島に社会教化団体の設立（例えば、桃園庁下三角湧の同風会、宜蘭庁下の敦風会、基隆庁下の敦俗会、嘉義庁下の同風会、台中庁下の同仁会、新竹庁下の矯風会、台北庁下の風俗改良会など）を促進したため、断髪運動、解纏足運動は急速的に台湾各地方に広がることとなった[26]。

ちなみに、1914 年末には、『台湾日日新報』は根強い纏足風習を改変し難いという社会気風に鑑みて、台湾人を対象に「論纏足弊害及其救済策」の漢文論文募集を行い、入選した 44 篇の論文は 1915 年 1 月から 4 月 16 日にわたって『台湾日日新報』に掲載された。入選した各論文の内容をまとめると、およそ三つに大別することができる。第一は、纏足という習慣が心身の健康、衛生、行動の自由、労働の能力、人的資源の浪費、経済の発展、子供の出産、種の強化、国勢の盛衰など多くの点で女子の心身から国家の利益まで悪影響を及ぼしていたことを指摘する論である。第二は、纏足の弊害を指摘すると同時に、従来の解纏足運動の成果があまり芳しくない主要な原因（例えば、社会の気風は旧習を墨守していること、女子教育が発達していないこと、天然足会のメンバーは男性が多いこと、官民たちは漸進主義を守ることなど）を指摘したものである。第三は、女子教育の奨励、公学校女生徒の纏足禁止、社会リーダー階層の唱導率先、公権力の積極的な介入（例えば、総督府が纏足禁止令を頒布すること、地方行政制度を利用して解纏足機関、団体をあまねく設立すること、保甲規約の中に纏足を禁じる条項を追加すること）などの救済策を提案するものであった[27]。

1909 年に国語学校を卒業した朱阿貴の「論纏足弊害及其救済策」は、「天然足をわざと縛った結果、自由に運動することができなくなる。運動は体育、生理上最も必要であり、欠かせないものである。ゆえに、足を縛ると、生理的に運動ができないため、体育の理と大いに相違する（筆者訳）」[28] と述べ、また、第一等当選、第二等当選の論文の中にも、纏足は「体育の大切さを重視しない」[29]、「体力退歩」[30] などの運動や体育の観点がみられる。

以上をまとめれば、1914 年「風俗改良会」が設立されてから、断髪運動、解纏足運動は台湾全島において急速にその風潮を形成することとなった。また、台湾社会における解纏足者の増加、社会の中・上流階層の理解、及び各方面の条件が揃っていくにつれ、台湾全島の纏足女子を全面的に解放する気運がようやく生まれてきたと言えよう。このような状況を、呉文星は「解纏足、断髪を励行する時機は熟した」[31] と述べている。

表 3-1：1915 年 1 月 1 日から 6 月 17 日までの『台湾日日新報』中にみられる解纏足会の事例

No.	期日	名称（地域）	開催場所	内容・その他	典拠資料
1	1914.12.29	宜蘭解纏足会（宜蘭庁）	場所不明	解纏足者は約700名	台湾日日新報, 1915.1.3
2	1915.1.9	員山の断髪解纏会（宜蘭庁）	派出所	解纏足者は約540名 出席者は区長、地方官員、保正、甲長、壮丁団など	台湾日日新報, 1915.1.13
3	1915.1.13	葫蘆墩解纏足会（台中庁）	現地の公学校構内	解纏足者は約1,850名出席者は庁長、警務課長、愛国婦人会会員など	台湾日日新報, 1915.1.9 台湾日日新報, 1915.1.10
4	1915.1.14	塗葛窟解纏足会（台中庁）	水裡港廟内	解纏足者は約306名、未解纏足者は約60名 出席者は庁長、区長張錦尚、及び区長の妻葉氏珠答など	台湾日日新報, 1915.1.14 台湾日日新報, 1915.1.15
5	1915.1.24	台中解纏足会（台中庁）	台中公園	解纏足者は約1,000名 出席者は庁長、総督府警視、林献堂、林烈堂など	台湾日日新報, 1915.1.16 台湾日日新報, 1915.1.26
6	1915.2.5	大甲解纏足会（台中庁）	大甲公学校構内	支庁管内の女子は約10,600人、その内、解纏足者は約3,500名、未解纏足者は約3,000名 出席者は庁長、総督府警視、解纏足者代表王何氏瑞春など	台湾日日新報, 1915.2.8 台湾日日新報, 1915.2.9
7	1915.2.16	鹿港解纏足会（台中庁）	文廟	解纏足者は9,574名、未解纏足者は5,974名、解纏足不能者は4,940名	台湾日日新報, 1915.1.26
8	1915.2.19	太平庄解纏足会（台中庁）	役場	該庄の天然足者は2,845名	台湾日日新報, 1915.2.22
9	1915.2.20	犁頭店解纏足会（台中庁）	現地の公学校構内	天然足者は1,994名、解纏足者は約1,009名、解纏足不能者は324名（図3-4を参照）	台湾日日新報, 1915.2.22 台湾日日新報, 1915.2.23
10	1915.2.28	溪湖解纏足会（台中庁）	溪湖公学校構内	解纏足者は約3,000名、未解纏足者は約700名、解纏足不能者は730名	台湾日日新報, 1915.3.2 台湾日日新報, 1915.3.3
11	1915.3.02	沙轆解纏足会（台中庁）	天公廟内	解纏足者は約750名 出席者は支庁長、区長、同区保甲連合会長など	台湾日日新報, 1915.3.5
12	1915.3.6	三十張犁解纏足会（台中庁）	天公廟内	解纏足者は約700名 来会者は約300名	台湾日日新報, 1915.3.8 台湾日日報, 1915.3.9
13	1915.3.14	関帝廟解纏足会（台中庁）	警察官吏派出所	解纏足者は約2,00名	台湾日日新報, 1915.3.16

14	1915. 3. 17	木柵解纏足会（台北庁）	場所不明	当地最初の解纏足会であり、約1,000名の纏足者は17日に解纏足をする予定	台湾日日新報, 1915. 3. 12
15	1915. 3. 20	北斗解纏足会（台中庁）	北斗支庁構内	北斗支庁管内には、解纏足者の総数は4,199名であり、婦人全員の95%以上を占めていた	台湾日日新報, 1915. 3. 20台湾日日新報, 1915. 3. 21
16	1915. 3. 23	月律解纏足会（嘉義庁）	場所不明	出席者は約1,000名	台湾日日新報, 1915. 3. 28
17	1915. 4. 10	大里杙解纏足会（台中庁）	役場	管内の女子は3,790人、その内、天然足者は2,063名、解纏足者は約1,200名、解纏足不能者は385名、未解纏足者は152名	台湾日日新報, 1915. 4. 10 台湾日日新報, 1915. 4. 12
18	1915. 4. 18	溪洲解纏足会（台中庁）	警察官吏派出所		台湾日日新報, 1915. 4. 17
19	1915. 4. 27	樹仔脚解纏足会（台中庁）	警察官吏派出所	管内の女子は約596人、その内には、天然足者は260名、解纏足者は281名、解纏足不能者は55名	台湾日日新報, 1915. 4. 18台湾日日新報, 1915. 4. 19
20	1915. 4. 30	二八水解纏足会（台中庁）	派出所		台湾日日新報, 1915. 4. 29
21	1915. 5. 05	牛罵頭解纏足会（台中庁）	観音廟	解纏足者は約1,000名	台湾日日新報, 1915. 5. 05
22	1915. 5. 6	四張犁解纏足祝賀会（台中庁）	三界公廟	解纏足者は約500名	台湾日日新報, 1915. 5. 6
23	1915. 5. 25	基隆断髪解纏大会（基隆庁）	場所不明		台湾日日新報, 1915. 5. 25
24	1915. 6. 2	梧棲解纏足会（台中庁）	媽祖廟		台湾日日新報, 1915. 6. 03
25	1915. 6. 9	木柵断髪解纏足会（台北庁）	保正であった張老牛氏の家	解纏足者は約210名	台湾日日新報, 1915. 6. 11
26	1915. 期日不明	南港、五份の断纏（台北庁）	場所不明	始政紀念日前に、解纏足を実施する予定	台湾日日新報, 1915. 6. 10
27	1915. 6. 10	文山堡内湖区断髪解纏足会（台北庁）	場所不明		台湾日日新報, 1915. 6. 10
28	1915. 6. 12	直興堡三重埔区断髪解纏足会（台北庁）	場所不明		台湾日日新報, 1915. 6. 10
29	1915. 6. 17	文山堡深坑区断髪解纏足会（台北庁）	場所不明		台湾日日新報, 1915. 6. 10
30	1915. 6. 17	国語講習会及び断髪解纏足会（桃園庁）	場所不明	始政紀念祝賀会の一イベントとして開催	台湾日日新報, 1915. 6. 9
31	1915. 6. 17	淡水支庁の解纏足会（台北庁）	場所不明	始政紀念祝賀会の一イベントとして開催	台湾日日新報, 1915. 6. 10
32	1915. 6. 17	西螺解纏足会（嘉義庁）	西螺公学校	出席者は会長陳氏明鏡、公学校長、愛国婦人会幹事など	台湾日日新報, 1915. 6. 23

出所：筆者整理

第二項　纏足風習の禁止

1．纏足禁止令の公布（1915 年）

1915 年、台湾総督府は纏足、辮髪という弊風を徹底的に一掃しようとした。そのため、1915 年 4 月 15 日、民政長官より各庁長に「本島婦人纏足禁止及解纏ノ事項ヲ保甲規約中ニ加ヘシム」という通牒を発した[32]。この通牒の内容は以下の通りである。

「本島婦人ノ纏足ハ近時減少ノ傾向アルモ此ノ弊風ヲ自覚セス今尚新ニ纏足スル者アリテ容易ニ其ノ跡ヲ絶タサル現況ナルニ依リ人道及衛生上看過スヘカラサルモノト認メ纏足ノ禁止及解纏足ノ事項ヲ保甲規約ニ追加セシメ漸次纏足ノ陋習ヲ打破スル様大正四年四月十五日民警第九一五号ヲ以テ民政長官ヨリ各庁長ヘ通達シ保甲規約ニ追加セシメタリ」[33]

すなわち、台湾総督府は人道上の考慮、衛生上の危害を認め、加えて、纏足という弊風の改善が非常に困難であることを理由に、台湾の各地方の保甲規約を通して全面的に纏足の習慣を粛正、禁止、及び解纏足奨励を推進するようになったのである。

纏足禁止令を公布した後、同年の 4 月下旬から、各地方の派出所の警察による監督下で、区長、保正、甲長らは各管轄をまわり、未解纏足者の人数を調べ、期限を定めて解纏足運動を大規模に展開し始めた。そして、台湾の各地方は続々と解纏足会を行って集団的に解纏足を実施した（表 3-1 の No.18-32 の事例を参照）。また、多くの地方ではそろって 6 月 17 日の「始政紀念日」を最終期限とし、纏足禁止令を守らない者に対して、保甲規約によって処罰しようとした。さらに、同日において台湾を治める台湾総督府は「始政二十周年紀念」を機に、各地の「風俗改良会」を提唱組織することを奨励し、纏足、断髪という旧慣を一挙に除去しようとしたのである[34]。

その結果、「表 3-2：1915 年 6 月末、本島婦女解纏足調査表」からわかるように、1915 年 4 月 15 日から 6 月末までのわずか 3 ヶ月足らずの間に、直ちに纏足を解いた女子は 225,805 人であり、台湾人女子総人口の 1,420,943 人に対し、その比率は 15.89 %に相当したことがわかる。また、同資料は、1915 年 6 月末まで、台湾人女子の天然足率は41.29%であり、全体の解纏足率は34.9%に達していたと指摘している。

なお、同年8月26日に、『台湾日日新報』は「陋習全く改まる」という見出しを掲げ、生理的理由で解纏足できない者（足の指が曲がってしまい回復できない者）を除外すれば、台湾において（台南庁を除く）合計で763,960名の女子は纏足を解いたと報道した[35)]。つまり、公権力の介入によって厳格に執行したため、解纏足運動は台湾の各地方で着々と進められ、成果を上げた。その後、解纏足者の数字は逐年増加の傾向を示し[36)]、台湾における纏足風習は徐々に終焉へ向かっていった。このように1915年の纏足禁止令は、長い間台湾社会に存在していた「三寸金蓮」の時代を終結させる大きな役割を果たした。

表3-2：1915年6月末、本島婦女解纏足調査表

庁	纏足セサル者 (人)	未タ解纏足ヲ為ササル者 (人)	解纏足ヲ為スコト能ハザル者 (人)	保甲規約改正前解纏足ヲシタル者 (人)	保甲規約改正後解纏足ヲシタル者 (人)	計 (人)
台　北	42, 297	73, 318	30, 397	11, 099	66, 534	223, 645
宜　蘭	2, 946	26, 466	9, 285	7, 498	11, 947	58, 142
桃　園	39, 476	6, 178	10, 232	1, 177	4, 285	61, 348
新　竹	35, 206	3, 633	4, 211	2, 359	4, 136	49, 545
台　中	141, 836	494	19, 242	100, 821	17, 055	279, 448
南　投	27, 930	3, 169	5, 137	5, 544	15, 379	57, 159
嘉　義	92, 131	7, 697	22, 967	139, 081	5, 040	266, 916
台　南	107, 582	43, 535	37, 192	2, 198	67, 299	257, 806
阿　緱	82, 691	9, 223	4, 722		33, 248	129, 884
台　東	2, 636	51	154	113	3	2, 957
花蓮港	4, 155	336	171	226	144	5, 032
澎　湖	7, 820	3, 129	17, 314	63	735	29, 061
計	586, 706 (41. 29%)	177, 229 (12. 47%)	161, 024 (11. 33%)	270, 179 (19. 01%)	225, 805 (15. 89%)	1, 420, 943

備考：解纏足ヲ為ササル者ハ病気又ハ農繁ノ時期ナルヲ以テ病気全快シ又ハ農閑ノ時期に至リ漸次解纏ノ見込ミ

出所：石渡榮吉「本島人同化ノ趨勢（一）」『台湾統計協会会報』123号,台湾統計協会,1916年4月,p.12.

2．第二回臨時台湾戸口調査の天然足者、纏足者、解纏足者（1915 年）

纏足禁止令に伴い、台湾における天然足率、纏足率、解纏足率はどのように変化したのであろうか。以下、1915 年 10 月の「第二回臨時台湾戸口調査」の結果を「表 3-3：地方別天然足、纏足、解纏足の状況」「表 3-4：年齢別天然足、纏足、解纏足の状況」の二つの表にまとめたので、これらを検討してみよう。

表 3-3：地方別天然足、纏足、解纏足の状況（5歳以下の幼児は除外）

庁	総数（A）（人）	天然足（B）（人）	纏足（C）（人）	解纏足（D）（人）	天然足率 B/A	纏足率 C/A	解纏足率 D/A
台　北	189,490	33,704	84,000	71,786	17.76%	44.33%	37.88%
宜　蘭	56,395	7,685	21,471	27,239	13.63%	38.07%	48.30%
桃　園	94,366	74,583	13,932	5,851	79.04%	14.76%	6.20%
新　竹	135,762	124,025	6,023	5,714	91.35%	4.44%	4.21%
台　中	232,914	99,225	20,495	113,194	42.60%	8.80%	48.60%
南　投	48,150	22,660	6,268	19,222	47.06%	13.02%	39.92%
嘉　義	215,587	58,576	30,608	129,403	26.79%	14.00%	59.21%
台　南	221,498	66,246	70,192	85,060	29.91%	31.69%	38.40%
阿　緱	103,575	79,475	6,399	17,701	76.73%	6.18%	17.09%
台　東	14,462	14,237	160	165	97.75%	1.11%	1.14%
花蓮港	13,071	12,051	638	382	92.20%	4.88%	2.92%
澎　湖	25,493	6,342	18,852	299	24.88%	73.95%	1.17%
総計	1,353,763	598,709	279,038	476,016	44.23%	20.61%	35.16%

出所：台湾総督官房臨時戸口調査部『[大正四年] 第二次臨時台湾戸口調査記述報文』出版地不詳：台湾総督官房臨時戸口調査部,1917 年,p.402.により作成

表 3-4：年齢別天然足、纏足、解纏足の状況

年齢級 （人）	総数（A） （人）	天然足（B） （人）	纏足（C） （人）	解纏足（D） （人）	天然足率 B/A	纏足率 C/A	解纏足率 D/A
10 歳以下	460, 587	447, 576	1, 385	11, 626	97. 18%	0. 30%	2. 52%
11-15 歳	173, 979	124, 134	6, 067	43, 778	71. 35%	3. 49%	25. 16%
16-20 歳	151, 111	67, 136	16, 559	67, 416	44. 43%	10. 96%	44. 61%
21-25 歳	125, 617	41, 137	20, 810	63, 670	32. 74%	16. 57%	50. 69%
26-30 歳	117, 663	33, 644	21, 705	62, 314	28. 59%	18. 45%	52. 96%
31-35 歳	121, 230	31, 690	26, 648	62, 892	26. 14%	21. 98%	51. 88%
36-40 歳	104, 155	24, 947	26, 757	52, 451	23. 95%	25. 69%	50. 36%
41-45 歳	89, 116	20, 249	27, 353	41, 514	22. 73%	30. 69%	46. 58%
46-50 歳	68, 242	16, 169	25, 486	26, 587	23. 69%	37. 35%	38. 96%
51-55 歳	51, 764	11, 981	24, 511	15, 272	23. 15%	47. 35%	29. 50%
56-60 歳	48, 147	10, 201	25, 348	12, 598	21. 18%	52. 65%	26. 17%
61-65 歳	37, 099	7, 918	21, 095	8, 086	19. 34%	58. 86%	21. 80%
66-70 歳	26, 438	5, 792	16, 004	4, 642	21. 91%	60. 53%	17. 56%
71 歳以上	29, 047	6, 567	19, 310	3, 170	22. 61%	66. 48%	10. 91%
総計	1, 604, 195	849, 141	279, 038	476, 016	52. 94%	17. 39%	29. 67%

出所：台湾総督官房臨時戸口調査部『[大正四年] 第二次臨時台湾戸口調査集計原表（全島之部）』出版地不詳：台湾総督官房臨時戸口調査部,1917 年,pp.2-35,pp.1460-1467.により作成

上述の表 3-4 の総数調査によると 1915 年 10 月 1 日当時、纏足者は合計で 279,038 人であり、台湾人女子総人口の 1,604,195 人に対し、その比率は 17.39%に相当することがわかる。また、台湾全島の纏足の状況について、『[大正四年] 第二次臨時台湾戸口調査記述報文』には、「古来ノ悪習容易ニ打破スル能ハサリシカ官民先覚者ノ慫慂ニ依リ漸次解纏足ヲ為ス者多ク殊ニ輓近男子ノ断髪ト共ニ婦人ノ解纏足亦各地ニ行ハレ十年前女ノ人口中纏足者ハ五六.九四%ナリシニ今ヤ一七.三六%ニ下レリ而シテ生理上纏足ヲ解除スルモ旧態ニ復スヘカラサル者アルモ尚解纏足ヲ励行スヘキ余地アルヘシ」37) と述べている。この記述報文に記載された纏足率は表 3-4 の統計と若干異なるところがあったが、10 年間の官民による解纏足運動が推進されるにつれ、台湾社会においては強固な纏足風習がようやく打破されるようになり、纏足率は 10 年前の調査よ

りおよそ 40%減少していたということが報告されている。さらに、同文には、今後台湾社会の纏足問題を完全に解決するために、なお解纏足を継続して奨励することが必要であると指摘されている。

しかし、『[大正四年] 第二次臨時台湾戸口調査記述報文』は、その女子総人口の中より、纏足時期に達しない 5 歳以下の幼児を除外すれば、纏足率は 20.61%になると述べている。このことについて、同報告書は次のように述べる（表 3-3 を参照）。

「解纏足トハ一旦纏足シタル者ニシテ本調査ノ際既ニ解纏シタル者ヲ謂フ故ニ天然足者ヲ包含セサルコト勿論ナリ而シテ本調査ノ結果ニ依レハ本島現在人口中本島人及支那人ノ婦人中五歳以下ノ幼児ヲ除外スルトキハ一、三五三、七六三人ニシテ其ノ中天然足者ハ五九八、七〇九人（四四.二三%）解纏足者ハ四七六、〇一六人（三五.一六%）纏足者ハ二七九、〇三八人（二〇.六一%）ニシテ第一次調査後十年間ニ於テ解纏足ノ激増ト同時ニ纏足者ハ激減シ天然足者亦増加シ随テ幼年者ニ纏足ヲ施ス者ノ漸々減少スルノ傾向アルコトハ争フヘカラサルノ事実ナリ由来風俗ノ改易ハ最困難トスル所ナルニ世ノ風潮ニ従ヒ各地方靡然トシテ解纏足ノ行ハルルニ至リシハ甚欣フヘキ現象ト謂フヘシ」[38)]

上述により、 5 歳以下の幼児を除外すれば、1915 年当時、天然足率は 44.23%、解纏足率は 35.16%になると指摘している。すなわち、十年前の第一次調査時より纏足でない女子が大幅に増加していた（図 3-5 を参照）。ただし、纏足率と解纏足率を合わせると 55.77%になるという状況からみれば、1915 年に至るまで、当時の台湾においては、約半数の女子が纏足の経験者であったということがわかるのである。また、この調査によって、纏足者が激減したと同時に、天然足者の人数が激増したが、台湾においてはおよそ 47 万人の解纏足者がまだ存在している。つまり、1915 年当時に纏足習慣は一挙に打破されたが、それと共に、台湾において数多くの解纏足者も出現したのである。このように、台湾において纏足者は徐々にみられなくなってきたが、解纏足者を中心に、纏足の影響は台湾社会から直ちに消えたわけではなかったと考えられる。

続いて、台湾における地方別、年齢別の天然足者、纏足者、解纏足者の状況をみてみよう。

「表 3-3：地方別天然足、纏足、解纏足の状況」によると、天然足者の割合が三割以下を占める地方は宜蘭、台北、澎湖、嘉義、台南であり、纏足者の割合が三割以上を占める地方は澎湖、台北、宜蘭、台南であった。これらの地方は纏足習慣が根強かった閩族が定住している地方であるため、纏足習慣を改める速度がほかの地方よりやや悠長であった傾向が窺える。しかし、嘉義、台中、宜蘭、南投、台南、台北の解纏足率も三割以上を超えていたことからみれば、台湾社会における解纏足の風潮の浸透、及び公権力の介入に伴い、かつては根強かった纏足風習が大きく崩壊し始めていたことが知られる。

ちなみに、澎湖の纏足率は73.95％（18,852人）に達したが、『[大正四年] 第二次臨時台湾戸口調査集計原表（地方之部）』によると、澎湖の15歳以下の解纏足率は2.09％（221人）、纏足者はわずか0.37％（38人）であった[39]。つまり、15歳以下に限ってみれば、澎湖庁は1908年5月に纏足禁止の告諭を発布してから、7年後の1915年には、1901年以降に出生した女子の纏足禁止・天然足奨励という目標を達成していたのである（澎湖庁の纏足禁止の事例は第二章第二節第一項を参照）。

一方、「表3-4：年齢別天然足、纏足、解纏足の状況」によると、1915年当時、年齢別天然足者の比率は、16-20歳は44.43％、11-15歳は71.35％、10歳以下は97.18％に達しており、年齢別纏足者の比率は、16-20歳は10.96％、11-15歳は3.49％、10歳以下は0.30％に降下していたことがわかる。このような状況について、『[大正四年] 第二次臨時台湾戸口調査記述報文』には、「尚二十歳以下ニモ甚低キハ近時纏足ノ弊害ヲ覚知シ妙齢ノ女子ニ纏足ヲ施ササルト解纏足ノ多キヲ加ヘタル結果ナルヘシ」[40] とあり、20歳以下の女子たちは纏足の弊害をよく理解していたため、纏足を解き、あるいは天然足をそのまま維持する女子が多かったと述べている。すなわち、纏足習慣はようやく衰亡期を迎えたのである。

なお、天然足世代への移行と同時に、天然足女性の登場は台湾社会における経済発展への一助となっただけではなく、易服改装の気風をはじめ、審美観念の転換、台湾人の価値観などの変化に結び付いた[41]。

ちなみに、1934年9月4日の『台湾日日新報』は「纏足時代から自然美の時代へ　歩行の仕方でわかるお人から昔よりも活溌軽快になった」というタイトルを掲げて、「纏足の解放が叫ばれていた。それ以来、纏足が少くなり、今日では殆んどその影をすらみることが出来なくなった。この変化によって、婦人に対する美の認識も変り今日では局部美よりも、全体の均齊美が尊ばれるやうになった…」[42] と報道し、1934 年に至り、台湾社会において纏足者が殆んどみられなくなっており、台湾人女子に対する美観意識も変化しつつあることを述べている。

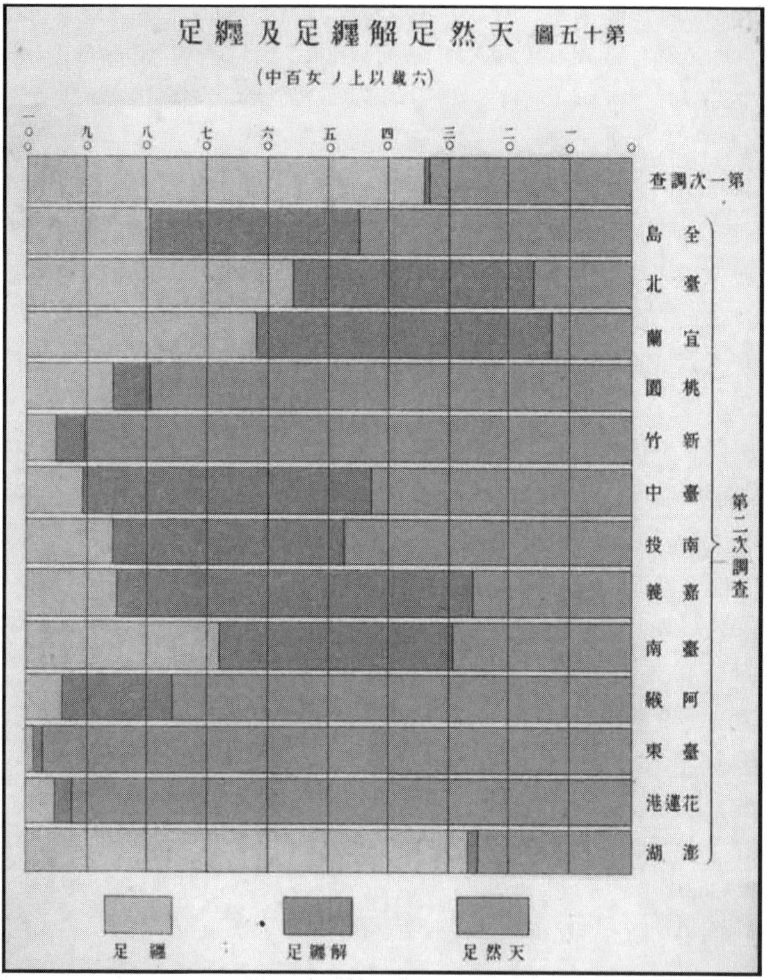

図 3-1：1915 年の天然足、解纏足、及び纏足の比例図

出所：台湾総督官房臨時戸口調査部『[大正四年] 第二次臨時台湾戸口調査記述報文』出版地不詳：台湾総督官房臨時戸口調査部,1917 年,第十五図天然足解纏足及纏足.（国立台湾図書館所蔵）

第三節　天然足普及期の学校女子教育

第一項　学校女子教育の概況

1．「台湾教育令」（1919 年）及び「台湾教育令改正」の公布（1922 年）

本章第一節に述べたように、台湾において第一次世界大戦後、民主主義、及び民族自覚という思潮が高まった。また同時期、ロシアにおいて社会革命が達成されたことを契機に、中国では五・四運動が起こり、朝鮮でも三・一独立運動が発生したことで、日本の台湾植民地政策は従来の差別政策を練り直す必要に迫られた。すなわち、この時期において台湾総督府の植民地政策は「内地延長主義」を強調する同化主義へと方向を転換した。

一方、このような背景の変化に伴い、台湾人の向学心は一層高まり、台湾人の初等教育機関である公学校への就学率が急速に上昇した。そのため、台湾人は総督府に公学校の数的な増加を要求し、加えて、より充実した教育の実施も求めた。また、上流階層の家庭は公学校のみならず、中等教育、高等教育機関の水準を上げることやその系統性も希望していた。簡単に言えば、当時台湾人に対する教育はその施設において不充分であっただけでなく、各種教育機関の間における系統的連絡にも欠き、これを一つの教育制度と称するまでには至らなかったという[43)]。

以上の潮流を察知した台湾総督明石元二郎は台湾人の不満を緩和する方策として、日本国内との教育の格差を是正し、同化政策を実施するため教育基本方針を見直し、1919 年 1 月 4 日、勅令第 1 号により「台湾教育令」を公布し、台湾教育制度の改善、及び台湾学制の統一・系統化を確立した[44)]。

この教育令の公布により、台湾の初等普通教育、男子高等普通教育、女子高等普通教育、専門教育、師範教育、実業教育の機関が系統的に認められ、台湾人に対する教育がはじめて一つの制度として確立した[45]。また、「台湾教育令」により、およそ四つの重要な改革が行われた。①国語学校を廃し、台北、及び台南師範学校を設立した。②台湾人中等教育機関としては台湾公立台中中学校が公立台中高等普通学校と改称され、また、女子教育のために台北女子高等普通学校、彰化女子高等普通学校が設立された。しかしながら、何れも日本人の中学校、及び高等女学校に比べれば、修業年限が一年短く定められた。③初めて独立の実業学校が創設された。しかしながら、日本人、台湾人ではその系統が別にされた。④専門学校としては台湾総督府医学校を改称して医学専門学校と称し、且つ新たに農林専門学校、及び商業専門学校が設立されたが、台湾人に対する専門教育は年限、及び程度において日本人より低かった[46]。

上述のことから、台湾人教育の系統的な制度が確立されたが、すべての教育機関において、日本人に対する教育に比べれば、その程度は低く設定された。しかしながら、「台湾教育令」の公布は「本島教育に一新紀元を画した」[47] と言えよう。

台湾教育令公布後、台湾人に対する教育制度は次第に整備されてきたが、しかも日本人の教育に比べて程度が低く、加えて日本人の教育機関との間に連絡を欠く不便があり、自然に不平不満の声が上げるようになった。このため、初代の文官総督であった田健次郎は、台湾教育の充実改善を企図し、教育の内台同化を図るため、1922 年 2 月 6 日勅令 20 号を以て「台湾教育令改正」を公布した[48]。

改正された「台湾教育令」の内容によれば、改革は主に次の二つの重点があった。

①台湾における日本人と台湾人の間の差別教育を撤廃し、教育上全く均等の機会を与えられることとなった。また、教育上において日本人、本島人、蕃人の差別称を見ることができなくなり、単に日本語を常用するか否かによって区分した。このため、初等教育の場合には日本語を常用する者は小学校、常用せざる者は公学校に収容し、中等以上の学校は全く区別を設けないこととした[49]。

②内台共学制度を導入して進学を希望する者に対し、実業教育を含む中等教育以上の中学校、高等学校、専門学校などを全面的に台湾人子弟に開放した。このため、台湾の学校教育系統は、従来の複雑な形態から日本内地とほぼ同様の単純な形態となった[50]。

上述のように、この制度は日本人・台湾人の共学と中等以上の教育機関の開放という二つの特徴がみられ、台湾人に対する教育の機会均等を実現し、台湾教育制度完成の外観をも揃えていた。しかし、台湾の全ての学校系統を内地化したが、事実上普通教育よりも高等教育を重んじ、日本人のための教育機関に変質し、かつ日本人による高等教育機関独占を実現することとなった[51)]。要するに、「台湾教育令改正」は台湾教育の発展に対して重要な意義があるが、日本語を常用しない公学校出身の台湾人にとって、中等以上の学校の入学試験に合格することは容易ではなかった。

2．台湾公学校の女子教育の概況

1919 年の台湾教育令の公布、及び 1920 年の地方制度改正に伴い、公学校は 1921 年 4 月より、市、街、庄などの自治団体の所管となったため、従来の台湾公学校令が廃止され、公学校規則の改正も必要となってきたのである[52)]。このため、同年 4 月 24 日に、台湾総督府は府令第 75 号で、「台湾公学校規則」を改正した。改正された「台湾公学校規則」の主な事項は、以下の通りである。

第五条　公学校ノ修業年限ハ土地ノ情況ニ依リ四年ト為スコトヲ得

第六条　修業年限六年ノ公学校ノ教科目ハ修身、国語、算術、漢文、地理、理科、図画、実科、唱歌、体操、裁縫及家事トス
実科ハ農業、商業、手工ニ分チ一種又ハ二種ヲ男児ニ課シ裁縫及家事ハ女児ニ課ス
土地ノ情況ニ依リ漢文、裁縫又ハ家事ハ之ヲ闕クコトヲ得

第七条　修業年限四年ノ公学校ノ教科目ハ修身、国語、算術、漢文、図画、唱歌、体操、裁縫及家事トス
裁縫及家事ハ女児ニ課ス
土地ノ情況ニ依リ漢文、裁縫又ハ家事ハ之ヲ闕クコトヲ得

第八条　公学校ノ教科目中児童身体ノ状況ニ依リ学習スルコト能ハサルモノアルトキハ学校長ニ於テ之ヲ其ノ児童ニ課セサルコトヲ得

第九条　公学校ニ於テハ何レノ教科目ニ於テモ常ニ徳性ノ涵養ト国語ノ習熟トニ留意シテ国民ニ必要ナル性格ヲ陶冶セムコトヲ務ムヘシ
知識技能ハ常ニ民度及土地ノ状況ニ顧ミ生活ニ必須ナル事項ヲ選ヒテ之ヲ教授シ反覆練習シテ実用ニ適セシメムコトヲ務ムヘシ
何レノ教科目ニ於テモ其ノ教授ハ児童ノ心身発達ノ程度ニ副ハシメムコトヲ要ス
各教科目ノ教授ハ其ノ目的及方法ヲ誤ルコトナク互ニ相関連シヲ補益セシメムコトヲ

要ス

男女ノ特性及其ノ将来ノ生活ニ注意シテ各適当ノ教育ヲ施サムコトヲ務ムヘシ

第十条　修身ハ教育ニ関スル勅語ノ趣旨ニ基キテ児童ノ徳性ヲ涵養シ道徳ノ実践ヲ指導スルヲ以テ要旨トス

修身ハ初ハ近易適切ナル事項ニ付人倫道徳ノ要旨ヲ授ケ漸ク進ミテハ国家及社会ニ対スル責務ノ一斑ニ及ホシ国法ニ遵ヒ公徳ヲ尚ヒ公益ニ盡スノ気風ヲ成シ又女児ニ在リテハ特ニ貞淑ノ徳ヲ養ハムコトヲ務ムヘシ

修身ヲ授クルニハ嘉言、善行、諺辭等ニ基キテ勧戒シ之ヲ服膺セシメムコトヲ務メ又普通ノ作法ニ嫻ハシムヘシ

第十一条　国語ハ普通ノ言語文章ヲ教ヘテ其ノ応用ヲ正確自在ナラシメ兼テ知徳ヲ啓発シ特ニ国民精神ノ涵養ニ資スルヲ要旨トス

第三九条　一学級ノ児童数ハ六十人ヲ標準トス

特別ノ事情アルトキハ前項ノ標準ヲ超過シテ十人迄ヲ増スコトヲ得

第四十条　第五学年以上ノ女児ノ数四十人以上ナルトキハ男女ニ依リ学級ヲ別ツヘシ

特別ノ事情アルトキハ前項ノ規定ニ依ラサルコトヲ得

第四一条　修身、図画、実科、唱歌、体操、裁縫及家事ハ数学年ノ全部又ハ一部ノ児童ヲ合セテ同時ニ之ヲ教授スルコトヲ得但シ実科、裁縫及家事ニ付テハ児童七十人ヲ超エサル場合ニ限ル[53)]

上述により、今回の「公学校規則」の改正は、前回の改正と同様に徳性の涵養、国語教育の強化、国民性格の育成などが強調されていたことがわかる。また、女児の場合にも依然として裁縫、家事という技芸科目を加えて教えると規定された。全体をいえば、各教科目の毎週教授時間、及び程度は若干の修正を加えたが、公学校に関する修業年限、教科目、及び教則などの基本準則はあまり変わっていなかった。

しかし、「男女ノ特性及其ノ将来ノ生活ニ注意シテ各適当ノ教育ヲ施サムコトヲ務ムヘシ」「女児ニ在リテハ特ニ貞淑ノ徳ヲ養ハムコトヲ務ムヘシ」という条文からみると、植民地当局は男女の特性に注目し、女性にふさわしい温良貞淑という性格を育成しようとしていることが窺える。

1922年の「台湾教育令改正」の公布に伴い、1922年4月1日、台湾総督府は府令第65号で、「台湾公立公学校規則」を公布した。「台湾公立公学校規則」の全条文

は96条からなるが、その主な事項は、以下の通りである。

第一条　公学校ハ市街庄立トス但シ市街庄組合立又ハ街庄組合立トナスコトヲ得
市街庄ナキ地ニ於テハ州立又ハ庁地方費立トス
第三条　国語ヲ常用スル者ニシテ公学校ニ入学セムトスル者アルトキハ学校長ハ州知事又ハ庁長ノ許可ヲ受ケ之ヲ入学セシムルコトヲ得
第十五条　公学校ノ修業年限ハ土地ノ情況ニ依リ四年又ハ三年ト為スコトヲ得
第十七条　修業年限六年ノ公学校ノ教科目ハ修身、国語、算術、日本歴史、地理、理科、図画、唱歌、体操、実科、裁縫及家事トシ随意科目トシテ漢文ヲ加フ
実科ハ農業、商業、手工ニ分チ其ノ一種又ハ二種ヲ男児ニ課シ裁縫及家事ハ之ヲ女児ニ課ス
土地ノ情況ニ依リ漢文、裁縫又家事ハ之ヲ闕クコトヲ得
第十八条　修業年限四年ノ公学校ノ教科目ハ修身、国語、算術、図画、唱歌、体操、裁縫及家事トシ随意科目トシテ漢文ヲ加フ
裁縫及家事ハ女児ニ課ス
土地ノ情況ニ依リ図画、漢文、裁縫及家事ハ之ヲ闕クコトヲ得
土地ノ情況ニ依リ実科ヲ加フルコトヲ得但シ実科ハ農業、手工ニ分チ其ノ一種ヲ課スルコトヲ得
第十九条　修業年限三年ノ公学校ノ教科目ハ修身、国語、算術、唱歌、体操、実科トス
実科ニ関シテハ前条第四項ノ規程ヲ準用ス
第二三条　公学校ニ於テハ台湾教育令第四条ノ趣旨ヲ遵守シテ児童ヲ教育スヘシ
何レノ教科目ニ於テモ常ニ徳性ノ涵養ト国語ノ習熟トニ留意シテ国民ニ必要ナル性格ヲ陶冶セムコトヲ務ムヘシ
知識技能ハ常ニ土地ノ状況ニ顧ミ生活ニ必須ナル事項ヲ選ヒテ之ヲ教授シ反覆練習シテ実用ニ適セシメムコトヲ務ムヘシ
何レノ教科目ニ於テモ其ノ教授ハ児童ノ心身発達ノ程度ニ副ハムコトヲ要ス
男女ノ特性及其ノ将来ノ生活ニ注意シテ各適当ノ教育ヲ施サムコトヲ務ムヘシ
各教科目ノ教授ハ其ノ目的及方法ヲ誤ルコトナク互ニ相連絡シテ補益セムコトヲ要ス
第二四条　修身ハ教育ニ関スル勅語ノ趣旨ニ基キテ児童ノ徳性ヲ涵養シ道徳ノ実践ヲ指導スルヲ以テ要旨トス
修身ハ初ハ近易適切ナル事項ニ付人倫道徳ノ要旨ヲ授ケ漸ク進ミテハ国家及社会ニ対

スル責務ノ一斑ニ及ホシ以テ品位ヲ高メ志操ヲ固クシ国法ニ遵ヒ公徳ヲ尚ヒ公益ニ盡スノ気風ヲ養ハムコトヲ務ムヘシ
女児ニ在リテハ特ニ貞淑ノ徳ヲ養ハムコトニ注意スヘシ
修身ヲ授クルニハ嘉言、善行、諺辭等ニ基キテ勧戒シ常ニ之ヲ服膺セシメムコトヲ務メ又普通ノ作法ニ嫻ハシムヘシ

第二五条　国語ハ普通ノ言語文章ヲ知ラシメ正確ニ思想ヲ発表スルノ能ヲ養ヒ兼テ知徳ヲ啓発シ特ニ国民精神ノ涵養ニ資スルヲ以テ要旨トス[54)]

新しく公布された「台湾公立公学校規則」と 1921 年の「台湾公学校規則」を比べると、様々な相違点がみられる。例えば、①国語を常用する者（日本人）が公学校に入学することを得る。②公学校の修業年限は土地の状況により、四年となすことを得る規定を、四年または三年となすことを得ると改正した。③修業年限六年の公学校の教科目に日本歴史を加え、従来必修であった漢文科を随意科目とした。④毎週教授時数の最大限と最低限を定める。（公学校規則第四十条）⑤公学校の就学年齢を六歳以上に改め、小学校の入学年齢と一致させることになった。（公学校規則第七十七条）

また、進学に関する規定について、『台湾教育史』は「上級学校の入学に関しては修業年限六年の公学校卒業者は尋常小学校卒業者と公学校高等科第一年修了者又は卒業者は各々高等小学校第一年修了者又は卒業者と同等の学力ある者と見做される」[55)]と述べており、公学校卒業者に小学校卒業者と同様の学力を認め、日台教育上の差別を撤廃するようになっていたことが窺える。つまり、「台湾教育令改正」の公布に伴って「台湾公立公学校規則」「台湾公立小学校規則」の公布以後、台湾の教育現場に属する特殊な事情以外のものは、公学校と小学校の規則ではそれほど大きな格差もみられないようになっていた。

さて、纏足禁止後の 1915 年から全島陸上競技大会に初めて女子競技が行われた 1925 年まで、公学校女子教育はどのように発展したのだろうか。この発展概況を示したのが表 3-5 である。

表 3-5：公学校女子教育の発展概況（1915-1925 年）

年度	学校数	学級数	児童数（人）	就学率（%）	教員数			学齢の女子数（人）	女子の就学数（人）	女子の就学率（%）
					内地人（人）	本島人（人）	計（人）			
1915	284	1, 280	66, 078	9. 63	639	950	1, 589	350, 572	7, 891	2. 25
1916	305	1, 452	75, 545	11. 06	722	1, 055	1, 777	354, 358	10, 082	2. 85
1917	327	1, 675	88, 099	13. 14	833	1, 359	2, 192	355, 841	12, 999	3. 65
1918	394	2, 122	107, 659	15. 71	927	1, 752	2, 679	357, 435	17, 684	4. 95
1919	438	2, 414	125, 135	20. 69	1, 067	2, 220	3, 287	298, 264	21, 961	7. 36
1920	495	3, 115	151, 095	25. 11	1, 162	2, 760	3, 922	286, 391	26, 816	9. 36
1921	531	3, 635	173, 802	27. 22	1, 324	3, 246	4, 570	296, 660	30, 450	10. 26
1922	592	4, 202	200, 608	28. 82	1, 404	3, 555	4, 959	300, 611	35, 484	11. 8
1923	715	4, 512	215, 108	28. 6	1, 618	3, 493	5, 111	303, 786	35, 766	11. 77
1924	725	4, 702	220, 540	28. 69	1, 631	3, 515	5, 146	302, 957	36, 641	12. 09
1925	728	4, 636	220, 120	29	1, 701	3, 343	5, 044	311, 958	39, 157	12. 55

出所：台湾総督府各年度学事年報,吉野秀公『台湾教育史』台北：台湾日日新報社,1927 年,p.316,p.404,p.498.游鑑明「日據時代台湾的女子教育」台北：国立台湾師範大学歴史研究所修士論文,1987 年,p286.により作成

上表のように、1925 年の学校数、教員数、児童数と 1915 年のそれとを比較すると、学校数は 2.56 倍、教員数は 3.17 倍に増加し、児童数は 3.33 倍になっている。特に、就学率は 9.63%から 29.00%と、約 3.1 倍に増加している。また、『台湾教育史』によると、全体の出席率は 1915 年から 1925 年までの間には、終始 9 割以上に達していたという[56]。これらの各数値によれば、公学校は年々興隆の傾向がみられる。つまり、台湾人の向学心の向上、及び社会経済の好況によって、公学校教育はますます発達していったことが窺える。言い換えれば、この時期は台湾初等教育の躍進期だと言えよう。

一方、女子の就学率をみると、1918 年の段階では、まだ 5%にも達していない。このような状況に対して、『台湾教育史』には「殊に女児就学は極めて不振の状態」であったと指摘している[57]。さらに、1925 年に至っても、女子の就学数はわずか 12.55%に過ぎなかった。それでも、1925 年の女子の就学率は、1915 年に比較すると、約 5.57 倍に増加していることがわかる。特に、1925 年までの公学校教育を受ける女子数は既に約 39,000 人を越えていた。

ではなぜ、1897 年に台湾女子教育が始まってから約 20 年を経た 1918 年に至っても、

就学率はわずか 5%に過ぎなかったのであろうか。そして、なぜ女子の就学率は、1918 年以後の約 7 年間に、5%にも達していない段階から、急速に当時の約 2.5 倍に当る 12.55%（1925 年）にまで増加したのだろうか。これらの問題を明らかにするため、以下、いくつかの『台湾教育』『台湾日日新報』の記事を取り上げ、この時期において、台湾の公学校女子教育の発展状況を検討してみよう。

1915 年 6 月頃、三叉河公学校訓導であった周登新は『台湾教育』の中で、学校側の具体的な「本島女子教育の不振なる原因」を論述している。この論述の最初は、「女子は世に最大恩恵を持てる母となる重大の任務を有するものにして、其の掌には国民の運命を握り居れり。美的国民を作り、忠勇なる兵士を養ふは誰ぞ。母たる人々に委託せざるものあらんや」[58] とあり、女性は国家の母として良好な国民、忠勇な兵士を育成する役割を担うと述べている。そして、当時の台湾女子教育の現況については、「如何なるかと察するに、都会は格別、地方の公学校を参観せば、或は二人或は三人或は四人の如く、教室の一隅に男生と共学し、殆ど男生の比較とならざるもの甚だ夥しと謂はざるを得ず」[59] と報告している。最後に、当時の台湾女子教育の不振原因について、「第一は男女別の誤解より生じたる原因。儒教に男女の別を内外の別と云ふことあり…第二は家事の手助等より生じたる原因。従来本島に、婢及び僕と云ふ内地の女中小使と同じく、主人の命により種々働くものあり…第三は女生の悲観より生じたる原因。教室の一端に男生と共学して、万事耻しく思ひ、ために趣味を生ぜずして向学心を起さず」[60] と論じている。つまり、台湾社会に存在する儒教の男女別という伝統的な観念、あるいは女子教育に対する保守的な思想が台湾女子教育の不振をもたらしていたと述べている。

しかし、1915 年に纏足が全面的に禁止されて以後、台湾女子教育の状況は少しずつ変化し始めていった。1916 年の『台湾日日新報』は、「台中本島人教育」の状況を次のように述べている。

「…婦女子の教養は実に刻下の緊要問題なるが同庁に於ける風俗改良会の事業として最も難事業たる本島婦人解纏足実行の一事は実に男子の断髪実行と等しく婦人の境遇乃至思想上に一大刺戟を与へたるは争ふべからざる事実にして素よりこれ時代の進運に伴ふ一現象に相違なきも本島婦人としては正に自覚的新境涯に入りたるものと云ふべく従って今

後に於ける本島女子教育に対しては益々深甚の考慮を盡して之が奨励普及を図り以て優良なる次代国民の養成に努むること最も必要とする所なるべし」[61]

すなわち、台湾人女子が纏足の束縛から解放されて以後、植民地当局は纏足の問題を転じて女子教育の問題について注目し始めていたことがわかる。そのため、植民地政府は台湾女子教育を積極的に奨励し始めており、優秀な次世代の国民を育成していきたいという意図が窺える。

また、1917年の頃、大稲埕女子公学校長であった本田茂吉は、「本島女子教育の現状」について、「余は本島女子教育を以て国語普及民育の正面的手段となすもの即ち、将を捕へんと欲せば先づ馬を射よと同じく本島人家庭の実勢力を握り又直に育児の任に当たる者たるべき女子を先づ教育して特有の頑迷思想を打破し、悪習俗を矯正し、以て彼等をして国語の普及を図らしめざるべからず」[62] と述べている。さらに、同年6月7日の『台湾日日新報』の「婦人の指導」には、「本島婦人の指導啓発は本島人同化上の根本要義にして而かも其の捷徑たること言を俟たす台中庁にては大正六年度以降に於て女子教育の普及発達を促進せしめん計画を立て…」[63] と報道している。なお、1918年11月の『台湾教育』第197号の巻頭は「公学校女子就学奨励の急務を論ず」というタイトルをあげ、当時の台湾女子教育の緊急課題を論じた。その概要は以下の通りである。

「公学校規則の制定以来茲に二十年、全島公学校校数約四百、就学児童約十有三万、之を二十年の昔と比較すれば一見其の進歩の著大なるに驚かざるを得ず…然れども就学児童の男女を比較し、十三万の内女児は僅に二万に満たずといふに至りては、吾人は転た其の懸隔の甚しきに失望せざるを得ず。抑々女児就学の少なき原因に就いては其の説く所固より一ならず。曰く女児教育は不必要なり。曰く女子を教育しても聘金に変りなし。曰く女子を教育すれば贅沢となる。曰く男児と机を並ぶるを好まず。曰く女教師なき為裁縫及手芸を習ふこと能はず。曰く通学距離遠し。曰く家事の手伝の為就学せしめ難し…幸にして女子の就学年を経る毎に増加せば、公学校教育は真に地方教化の中心たる実を挙げ得べく、国語普及の如きも一人の女子教育は優に五人の男児教育に匹敵すべし。風俗の改良に於ても女子の力に俟つべきもの極めて多し。吾人は島民をして帝国臣民たるの資性を具備せしむるに在りといふ本島統治の大方針に副ふべき最捷徑は公学校女子就学の奨励を第一義と信じる…」[64]

上述の種々の言説により、台湾女子教育を発達させることは、日本語の普及、風俗の改良、国民性の養成、台湾人の同化などの植民政策を推進する上で、大きな効果があると植民地教育当局が認識していたことが窺える。すなわち、植民地台湾において近代女子教育の奨励は単に女子を解放することができるだけでなく、同化政策を積極的に行う上でも重大な役割を演じると考えられていたのである。

したがって、1916年から台北庁、台中庁、桃園庁は台湾社会に女子教育の重要性を呼び掛けて女子教育の奨励方針を出し、学務の関係者を通じて公学校の女子就学者を積極的に勧誘して募集し、女子教育を振興しようとした状況がみられる[65]。

ちなみに、1918年末には、『台湾日日新報』は台湾女子教育の不振を打破しようと、台湾人を対象に「女子教育論」の漢文論文募集を行い、入選した8篇の論文は1918年11月30日から12月11日にわたって『台湾日日新報』に掲載された。入選した各論文の内容をまとめると、およそ良妻賢母、家庭、育児、男女平等、経済の発展、国家の盛衰など多くの観点から女子教育の重要性を指摘していた。ここで特に注目すべきは、第三位の王文徳、第四位の員峯山荘主人、第六位の王則修、第七位の許仲熹の論文の中には、女子体育の重要性、体操と身体健康、体育と女子身体の強弱、台湾人体格の貧弱、台湾女子体育の不振など多くの運動や体育の観点がみられ、女子教育の不振が体育の発展にも不利な影響を及ぼす可能性があると指摘している[66]。すなわち、当時の台湾社会でも、一部の知識階級は運動や体育の観点から、女子教育を奨励しようと考えていたことがわかる。

3．国語学校附属女学校（台北女子高等普通学校、台北第三高等女学校）女子教育の概況

1910年5月7日、「国語学校規則中改正(府令第四一号)」の実施と共に、台湾における女子中等教育機関としての国語学校第二附属学校は、学校名を「国語学校附属女学校」と改称した。しかし、技芸科の名称及び内容には何の変更もなく、依然として技芸を中心としての女教員養成という役割を担っていた。しかし、のちに公学校卒業生の増加に伴い、台湾社会の状況は、いつまでも技芸科のみに満足することを許さないようになった。特に、1915年以降、当校の入学志願者及び在学生の増加につれ(1915-1925年間の生徒数の変化状況について、表3-9を参照)、多数の生徒が普通教育の向上充実を希望し、教員志願者も多く、学科上においても、指導上においても変更を余儀なくされる事態となった。そしてついに、旧時の特色であった技芸の時間を知的学科に割り当てることとなった。つまり、国語学校附属女学校技芸科の教授内容及び女教員の養成制度は、台湾社会の期待に沿う制度として受け入れられず、その役割も時代の潮流に合わないと判断されたのである。そのため、これに代わって、女子高等普通学校開設の必要性が叫ばれるようになり、その中に師範科を設けて教員養成をすることが適当ではないかとの思潮が高まる結果となった[67)]。

1919 年 1 月 4 日、勅令第一号を以て「台湾教育令」が公布され、台湾人教育の制度が確立した。同年 4 月 1 日、国語学校は廃止され、台北師範学校となり、附属女学校は「台湾公立台北女子高等普通学校」として独立した。同時に彰化女子高等普通学校が新設されたので、台北女子高等普通学校は、全島唯一の台湾人女子中等教育機関という地位を失ったが、女子中等教育の普及風潮は台湾の各地に徐々に拡大し始めた。なお、1921 年 4 月には、さらに台南女子高等普通学校を増設した。「台湾教育令改正」が公布された 1922 年 2 月に至るまで、台湾人女子中等教育機関は総計三校となった[68)]。

1919 年 1 月 4 日、公布された「台湾教育令」の中には、次のような女子高等普通学校に関する主な条文がみられる。

第一条　台湾ニ於ケル台湾人ノ教育ハ本令ニ依ル

第六条　普通教育ヲ為ス学校ヲ分チテ公学校、高等普通学校及女子高等普通学校トス

第十三条　女子高等普通学校ハ女子ニ高等普通教育ヲ施シ婦徳ヲ養成シ生活ニ有用ナル知識技能ヲ授クル所トス

第十四条　女子高等普通学校ノ修業年限ハ三年トス

第十五条　女子高等普通学校ニ入学スルコトヲ得ル者ハ修業年限ハ六年ノ公学校ヲ卒業シタル又ハ之ト同等以上ノ学力ヲ有スル者トス

第十六条　女子高等普通学校ニ実科ヲ置キ又ハ実科ノミヲ置クコトヲ得
実科ノ修業年限ハ三年以内トシ其ノ入学資格ニ関シテハ台湾総督之ヲ定ム

第三十条　高等普通学校又ハ女子高等普通学校ニハ修業年限一年ノ師範科ヲ置キ公学校ノ教員タルヘキ者ヲ養成スルコトヲ得
高等普通学校師範科又ハ女子高等普通学校師範科ニ入学スルコトヲ得ル者ハ高等普

通学校又ハ女子高等普通学校ヲ卒業シタル者トス[69]

そして、「台湾教育令」に基づいて、1919 年 4 月 20 日、台湾総督府は府令第 47 号で、「台湾公立女子高等普通学校規則」を公布した。「台湾公立女子高等普通学校規則」の全条文は 54 条からなるが、その主な事項（「表 3-6：公立女子高等普通学校教科目ノ程度及毎週教授時数表」及び「表 3-7：公立女子高等普通学校師範科教科目ノ程度及毎週教授時数表」）は、以下の通りである。

第四条　公立女子高等普通学校ノ教科目ハ修身、国語、歴史、地理、算術、理科、家事、裁縫、手芸、図画、音楽、体操トス
前項ノ教科目ノ外随意科目トシテ漢文、教育ヲ加フルコトヲ得
第五条　生徒身体ノ情況ニ依リ学習スルコト能ハサル教科目ハ之ヲ生徒ニ課セサルコトヲ得
第六条　公立女子高等普通学校ニ於テハ生徒ノ教養上左ノ事項ニ注意スヘシ
一　何レノ教科目ニ於テモ徳性ノ涵養ト国語ノ練熟トニ留意シ国民性格ヲ確立セシムルコトニ力ムヘシ
二　貞淑温良ニシテ慈愛ニ富ミ勤倹家事ニ従フコトヲ好ムノ習性ハ女子ニ最必要ナルヲ以テ何レノ教科目ニ於テモ常ニ此ニ留意シテ教授セムコトヲ要ス
三　知識技能ハ常ニ生徒将来ノ生活ニ適切ナル事項ヲ選ヒテ之ヲ教授シ成ルヘク実際ニ応用セシムルコトニ力ムヘシ
第四六条　師範科ノ教科目ハ修身、教育、国語、漢文、地理、算術、理科、家事、裁縫、手芸、図画、音楽、体操トス[70]

表 3-6：公立女子高等普通学校教科目ノ程度及毎週教授時数表

学年	教科目	修身	教育	国語	漢文	歴史	地理	算術	理科	家事	裁縫	手芸	図画	音楽	体操	計
第一学年	毎週教授時間	二		一〇	（二）	二		二	二		九		一	一	二	三二（三三）
	程度	道徳ノ要旨、作法		話方、講読、作文、語法、習字	講読、作文		帝国地理	整数、小数、珠算	植物、動物		運針法、普通衣類ノ縫ヒ方、裁チ方、繕ヒ方	刺繍、造花、編物等ノ家事的手芸	臨画、寫生画、考案画	単音唱歌	体操、教練、遊戯	
第二学年	毎週教授時間	二		七	（二）	二		二	四		一〇		一	一	二	三二（三三）
	程度	同上		同上	同上	帝国歴史	外国地理 地文一斑	諸等数、分数、珠算	生理及衛生、物理及化学	衣食住ノ大要及実習	同上	同上	同上	同上（楽器使用法）	同上	
第三学年	毎週教授時間	二	（二）	七	（二）	一		二	四		一二		一	一	二	三二（三五）
	程度	同上	教育大意	同上、文法	同上	同上		比例、歩合算、求積、珠算	物理及化学、鑛物	養老、育児、看護、交際、割烹、家事経済ノ大要及実習	同上	同上	同上	同上（複音唱歌）	同上	

出所：台湾教育会編『台湾教育沿革誌』台北：台湾教育会,1939 年,pp.837-839.により作成

表 3-7：公立女子高等普通学校師範科教科目ノ程度及毎週教授時数表

教科目	修身	教育	国語	漢文	歴史	地理	算術	理科	家事	裁縫	手芸	図画	音楽	体操	計
毎週教授時間	二	六	六	二	二		二	四		五		二	三	二	三六
程度	国民道徳ノ要旨、作法、教材研究	心理学、教育学ノ大意、教授法、管理法、保育法、台湾教育法規	講読、作文、習字、語法、文法、発音矯正法、教材ノ研究	同上、教材研究		本島及南支那、南洋地理、教材研究	筆算、珠算、教材研究	博物、物理及化学、救急療法、標本採集及製作法、教材研究	衣食住、養老、育児、看護、交際、割烹、家事経済ノ大要及実習教材研究	同上、教材研究	同上、教材研究	同上、黒板画、教材研究	単音唱歌、複音唱歌、楽典、楽器使用法、教材研究	同上、教材研究	本表ノ外若干週教育ノ実習ヲ課ス

出所：台湾教育会編『台湾教育沿革誌』台北：台湾教育会,1939 年,pp.839-840.により作成

上述の内容によって、女子高等普通学校には本科(3 年) が置かれ、台湾社会から長年に渡り要望されていた師範科（1 年）も附設された。また、新設の女子高等普通学校は女子に高等普通教育を施し、婦徳の養成と生活に有用なる知識技能の授与という目的を標榜していたことがわかる。そのため、女子高等普通学校の教科課程は、国語学校附属女学校時代の教科課程（技能教科六に対し、普通教科四の割合の重さ）と異なり、普通教科をかなり重視した。この時の教科内容の改変について、『創立満三十年記念誌』は、新教科課程は従前の規定よりおよそ裁縫、手芸の 11 時間を減少し、修身、体操、家事、理科の 9 時間を増やした以外に、新たに歴史、地理の 5 時間を加えたと述べている。結果として、普通教科は計 9 科目（修身、教育、国語、歴史、地理、算術、理科、漢文、家事）で教授時数は週 61 時間、技能教科は計 5 科目（裁縫、図画、音楽、手芸、体操）で教授時数は週 43 時間と改められ、教科の比重は普通教科六に対し、技能教科四の割合を示すこととなり、従前の割合とは逆になった[71)]。

なお、女子高等普通学校師範科の新設は台湾人女子教員の各学科の指導能力を向上させただけではなく、師範科において台湾人女子教員の養成制度を確立したと言えよう。

一方、1919 年の「台湾教育令」では、台湾人教育の程度は日本内地より一段低いだけでなく、卒業生の内地諸学校への連絡を欠き、不便不利甚だしいため、普通教育を要望する台湾人はこれに満足せず、台湾の学校から中途退学して日本内地へ留学する者が年々増加してきた。また、台湾総督田健治郎は内地延長主義という統治方針を標榜し、台湾における教育制度を根本より改革し始め、範を内地の教育制度に採り、時勢の要求に最も適合した「台湾教育令改正」を制定した。1922 年 2 月 6 日、勅令第二十号を以て「台湾教育令改正」が公布され、同年 4 月 1 日から実施された。これによって、初めて内地・本島人の共通の教育制度が確立されたのであった[72)]。

上述の背景に基づき、「台湾教育令改正」の共学制度の実施と同時に、既設の台北第一高等女学校（日本人、四年程度）、台北第二高等女学校（日本人、二年程度）、台中高等女学校（日本人、二年程度）、台南高等女学校（日本人、四年程度）、台北女子高等普通学校（台湾人、三年程度）、彰化女子高等普通学校（台湾人、三年程度）、台南女子高等普通学校（台湾人、三年程度）の七校は全部、修業年限四年の高等女学校に統一された。この状況により、台北女子高等普通学校は高等女学校に昇格し、「台北州立台北第三高等女学校」に改称され、修業年限は三年から四年に延長され、師範科は新規則によって講習科へと改称された。また、新教育令実施の結果、25年間の台湾独自の女子教育の中で、初めて内地人女子にも入学が許可された[73]。

台北第三高等女学校はこの「台湾教育令改正」に伴って、基本は台北女子高等普通学校時代の教育方針を踏襲したが、学科教授においては、各学科目の時間数を増減し、英語、幾何代数、外国歴史などの新科目を増加し、また各学科目の内容もその程度を深化させた。これによって、昇格当時に編入した生徒は幾多の困難に直面したとされている（当時の教科目、内容程度について、表3-8を参照）。その後1925年度に、ようやく台北第三高等女学校の学科教授の状況は、全学年に正規の課程を設置できる段階へと至ったのである。また、教員養成の役割を担う講習科は、さらに教授内容を向上充実し、訓育及び教育実習をも一層厳密にしており、加えて、各高等女学校卒業生から選抜した入学者の素質・実力は著しく上昇したため、多年要望された普通の学力技能を兼備する台湾人女教員を育成することができるようになっていた。すなわち、この改正によって、台湾女教員養成史上に一時期が劃されたのである[74]。

表3-8：台北第三高等女学校各学年及び講習科の課程表

学年＼教科目		修身	教育	国語	台湾語	外国語（英語）	歴史	地理	数学	理科	家事	裁縫	手芸	図画	音楽	体操	計
第一学年（本科）	毎週教授時間	二		六	（一）	一	三		三	二		四	二	二	二	三	三〇（三一）
	程度	道徳ノ要領作法		講読、作文、習字	講読、作文又ハ会話	発音、綴字、読方及訳解、会話及作文、書取、習字	日本歴史	日本地理	算数	植物、動物		通常衣服ノ縫ヒ方、裁チ方、繕ヒ方	刺繍、編物、袋物	臨画、寫生画、考案画	基本、練習、単音唱歌、楽典	体操、教練、遊戯	
第二学年（本科）	毎週教授時間	二		六	（一）	三	三		二	三		四	二	一	二	三	三一（三二）
	程度	同上		同上、文法	同上	同上	日本歴史	外国地理	同上	生理及衛生、鑛物、博物通論		同上　ミシン使用法	同上	同上	同上、複音唱歌	同上	
第三学年（本科）	毎週教授時間	二		五	（一）	三	二		三	三	二	四	二	一	一	二	三一（三二）
	程度	同上		同上	同上	読方及訳解、会話及作文、書取	外国歴史	外国地理	算数、幾何、代数	物理	衣食住ノ大要及実習	同上	同上、造花	同上	同上、楽器使用法	同上	

第四学年（本科）	毎週教授時間	一	一	五		三	二	三	三	四	四	二		一	三	三二
	程度	同上	教育大意	同上		同上	外国歴史日本歴史地理概説	同上	物理、化学	育児、養老、看護、割烹、家事経済ノ大要及実習	同上	同上		同上	同上	
講習科	毎週教授時間	二	六	六	二		三	二	二	二	三	二	二	二	二	三六
	程度	道徳ノ要領、作法、教材研究	心理学、教育大意、教授法、管理法、保育法、教育法規	講読、作文、習字、語法、文法、発音矯正法、教材研究	講読、作文、教材研究		日本歴史、教材研究、日本地理、外国地理、教材研究	算数、教材研究	博物、物理化学、救急療法、標本採集、製作保存法、教材研究	衣食住、育児、養老、看護、交際、割烹、家事経済ノ大意及実習教材研究	普通衣類ノ裁チ方、縫ヒ方、繕ヒ方、教材研究	刺繍、編物、袋物、造花、教材研究	同上、教材研究	単音唱歌、複音唱歌、楽典、楽器使用法、教材研究	同上、教材研究	

出所：小野正雄編『創立満三十年記念誌』台北：台北第三高等女学校同会学友窓会,1933 年,pp.138-139. により作成

表 3-9：国語学校附属女学校（台北女子高等普通学校、台北第三高等女学校）女子教育の概況（1915-1925 年）

年度	1915年	1916年	1917年	1918年	1919年	1920年	1921年	1922年	1923年	1924年	1925年
生徒数	135	134	175	214	278	275	277	340	506	506	526
退学若クハ死亡者	5	14	17	11	30	9	16	28	40	30	31
卒業生	40	37	36	37	69	76	71	24	65	72	94
寄宿生	79	58	105	101	157	179	175	164	161	165	145
備考				「台北女子高等普通学校」と改称し、師範科と附属校を置いた	師範科第一回卒業		州に移管し、台北州立となった	「台北第三高等女学校」と改称した			

出所：小野正雄編『創立満三十年記念誌』台北：台北第三高等女学校同会学友窓会,1933 年,p.189.により作成

第二項　『台湾総督府学校生徒及児童身体検査統計書』（1917 年）中にみられる解纏足の状況

本章第二節に述べたように、1915 年 4 月 15 日、台湾総督府は保甲規約を利用して全面的に纏足の追放を打ち出した。その後、『台湾日日新報』『台湾教育雑誌』には、学校側の解纏足の状況、解纏足に関する記事もあまり報道されなくなった。

この時期における学校側の解纏足の状況は、断片的な資料から当時の状況を窺い知ることができる。例えば、

①解纏足運動の有名な推進者であった黄応麟の娘黄快治は、「1914 年頃に、彼女が在籍している龍山公学校では解纏足運動に同調し、教科書の課文を通じて解纏足を宣伝するのみならず、教師が棒で女生徒の足を検査し、女生徒が確実に解纏足をしたかどうかを確認した（筆者訳）」[75] と述懐し、纏足が禁止される前に、当時の公学校が纏足を厳格に取り締まり始めていたことを指摘している。

②1915 年 3 月、『台湾教育会雑誌』は、「纏足者は毎年新入学生中に多少之ありと雖も、これも漸次解纏し、現今の纏足者は僅に五名に過ぎず」[76] と、新入学生の中で纏足をしている者が次第に少なくなっている状況を述べている。また、1917 年 5 月に入り、『台湾日日新報』は「纏足者は昨年二名入学したるを最後とし本年は最早一名もなく天然足も亦尠からざる由なるが此等は一に公学校教育の効果と謂ふべし右の如く初等教育著しき進歩は延いて…」[77] と、国語学校附属女学校の生徒の中に纏足者がいなくなったと明言している。

③1919 年、高雄公学校の教員に就任した葉陶（当時 15 歳）は、「学校の運動会ある日に彼女は解纏足の決意を固め、船で通勤する途中で足を解き、布を海に投げ捨てた」[78] と述べている。葉陶の追憶から、纏足が禁止された 4 年後に運動会がきっかけとなって、纏足を解いた女教員がいたことがわかる。

上述の事例から、台湾総督府が全面的に纏足の風習を禁止した後の学校側の解纏足の状況について窺い知ることができるが、実際の天然足者、纏足者、解纏足者の実態については不明瞭である。そこで、『台湾総督府学校生徒及児童身体検査統計書』（1917 年 4 月）に記されている天然足率、纏足率、解纏足率についてみてみよう（表 3-10,表 3-11 を参考）。

表 3-10：1917 年 4 月、公学校女生徒の年齢別天然足、纏足、解纏足の状況

年齢	総数（A）（人）	天然足（B）（人）	纏足（C）（人）	解纏足（D）（人）	天然足率 B/A	纏足率 C/A	解纏足率 D/A
7 歳	32	32	0	0	100%	0%	0%
8 歳	1,659	1521	0	138	91.68%	0%	8.32%
9 歳	2,175	1878	7	290	86.35%	0.32%	13.33%
10 歳	2,190	1781	7	402	81.32%	0.32%	18.36%
11 歳	2,004	1516	15	473	75.65%	0.75%	23.60%
12 歳	1,599	1146	13	440	71.67%	0.81%	27.52%
13 歳	1,101	722	17	362	65.58%	1.54%	32.88%
14 歳	542	310	16	216	57.20%	2.95%	39.85%
15 歳	286	133	11	142	46.50%	3.85%	49.65%
16 歳	88	46	1	41	52.27%	1.14%	46.59%
17 歳	36	16	0	20	44.44%	0%	55.56%
18 歳	10	6	0	4	60.00%	0%	40.00%
19 歳	1	0	0	1	0%	0%	100%
20 歳	1	1	0	0	100%	0%	0%
総計	11,724	9108	87	2529	77.69%	0.74%	21.57%

出所：台湾総督府内務局学務課『[大正六年四月] 台湾総督府学校生徒及児童身体検査統計書』出版地不詳：台湾総督府内務局学務課,1919 年,pp.318-325.により作成

表 3-11：1917 年 4 月、国語学校附属女学校の年齢別天然足、纏足、解纏足の状況

年齢	総数（A）（人）	天然足（B）（人）	纏足（C）（人）	解纏足（D）（人）	天然足率 B/A	纏足率 C/A	解纏足率 D/A
14 歳	20	15	0	5	75.00%	0%	25.00%
15 歳	48	27	0	21	56.25%	0%	43.75%
16 歳	52	32	0	20	61.54%	0%	38.46%
17 歳	30	18	0	12	60.00%	0%	40.00%
18 歳	13	7	0	6	53.85%	0%	46.15%
19 歳	8	3	0	5	37.50%	0%	62.50%
20 歳	2	2	0	0	100%	0%	0%
22 歳	1	1	0	0	100%	0%	0%
総計	174	105	0	69	60.34%	0%	39.66%

出所：台湾総督府内務局学務課『[大正六年四月] 台湾総督府学校生徒及児童身体検査統計書』出版地不詳：台湾総督府内務局学務課,1919 年,pp.70-73.により作成

表 3-10 の総計欄をみると 1917 年 4 月当時、天然足者は合計で 9,108 人であり、台湾公学校女生徒総人口の 11,724 人に対し、その比率は 77.69%にも及んでいたことがわかる。また、1917 年 4 月の公学校の天然足率、纏足率、解纏足率と 1914 年 10 月の公学校の状況（表 2-9 を参照）を比較すると、天然足率は 1.33 倍、解纏足率は 1.65 倍に増加し、纏足率は大幅に減少して 0.74%になっている。このことから、当時の

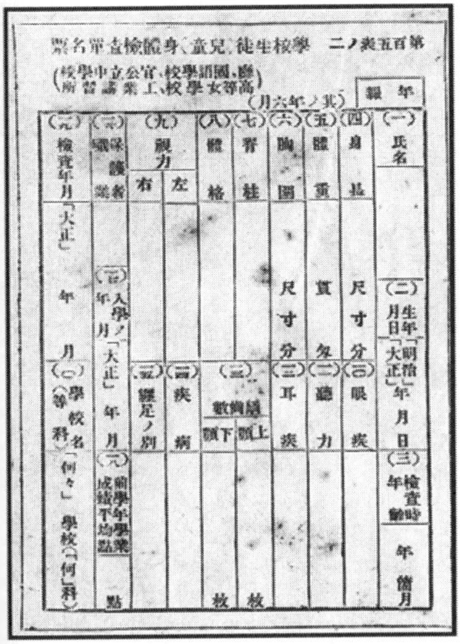

3-2 : 1917年、学校生徒（児童）身体検査票名単
出所：「訓令第五十二号」『台湾総督府報』1268号, 湾総督府, 1917年4月20日.（国立台湾図書館所蔵）

台湾公学校においては、纏足者が非常に少なくなったことがわかる。

また、表3-11の総計欄をみると、国語学校附属女学校においては、天然足率は60.34%、纏足率は0%、解纏足率は39.66%であった。前述した1917年5月4日の『台湾日日新報』が報道した通り、纏足者がいなくなったことがわかる。つまり、国語学校附属女学校においては、学校創立から約20年という長い歳月を経て、纏足者がいなくなったのである。

以上をまとめると、『台湾総督府学校生徒及児童身体検査統計書』の「纏足ノ別」の調査から、台湾における近代教育機関としての公学校、及び国語学校附属女学校においては、1917年に至り、纏足が消滅したことがわかる。しかし、公学校女生徒の解纏足率は21.57%、国語学校附属女学校の生徒解纏足率は39.66%であり、纏足の影響は台湾の諸学校に根強く残っていたと考えられる。解纏足者がいなくなるまでにこの後幾年かを要したのである。

この点については、1916年から1926年までの国語学校附属女学校（台北女子高等普通学校、台北第三高等女学校）の入学身体検査書から手がかりを得ることができる[79]。1916年度の国語学校附属女学校の入学身体検査書には「足」という検査項目があり、その区別として「天然足」「纏足」「解纏足」が設けられている[80]。しかし、1920年度の台北女子高等普通学校の入学身体検査書には、「足」の検査項目は残されているものの、「纏足」の欄が削除されている[81]。台湾の学校において纏足者が殆んどいなくなったことが背景にあると思われる。そして、1927年度には、台北第三高等女学校の入学身体検査書に「足」という検査項目自体が見当たらず、天然足、解纏足の区別も全て削除されるに至った[82]。このことから、1927年度には、少なくとも植民地教育当局は台湾の学校において纏足の影響がすべて排除されるに至ったと認識していたことが窺える。

第四節　天然足普及期の学校女子体育

第一項　諸法規にみる学校女子体操科

1．初等教育機関としての公学校体操科規則の改正

1）「台湾公学校規則」の改正内容（1921 年）

1921 年 4 月 24 日、「台湾公学校規則」が改正され、同規則（第十九條）において、体操科の目的は、「体操ハ身体ノ各部ヲ均斉ニ発育セシメ動作ヲ機敏ニシ精神ヲ快活ニシ以テ健康ヲ増進シ兼ネテ規律ヲ守リ節制ヲ重ムスルノ習慣ヲ養フヲ以テ要旨トス」[83)] と規定された。また、同規則同條によれば、体操科の内容、及び方法は「体操ハ初ハ遊戯ヲ課シ漸ク進ミテハ普通体操ヲ加フヘシ、体操ノ教授ニ依リテ習成シタル姿勢及規律ハ常ニ之ヲ保タシメムコトヲ務ムヘシ」[84)] とされ、「修業年限六年公学校各学年教授程度及毎週教授時数表」の中に体操科の教授内容を体操、遊戯、教練と明記し、第一学年から第四学年は唱歌（単音唱歌）と合わせて週 3 時間、第五学年と第六学年は週 2 時間と定められた[85)]。

この体操科の目的、内容、方法については、1912 年に改正された「台湾公学校規則」第二十七条のそれと全く同様であった。しかし、「修業年限六年公学校各学年教授程度及毎週教授時数表」によって、体操科の教授内容は教練という教材項目を加え、第五学年、第六学年の授業時数が週 3 時間から週 2 時間に減少したという若干の変更がみられる。

ではなぜ、1921 年に至り、公学校体操科の授業時間が減少したのだろうか。また、「台湾公学校規則」（遊戯、普通体操）と「修業年限六年公学校各学年教授程度及毎週教授時数表」（体操、遊戯、教練）の規定は異なっているのだろうか。この変更に対して、蔡禎雄は、植民地当局は国民性格の涵養及び生産技能の培養などを理由として、修身、国語の授業時間数を増加し、第五学年及び第六学年体操科の授業時間数を減少したと指摘している[86)]。さらに、「台湾公学校規則」と「毎週教授時数表」の不一致

について、蔡禎雄は「おそらく台湾総督府当局者の誤筆であろう」[87]と推断している。また、1914年の『公学校教授細目』の「体操科教授細目」と1916年の「体操科教授要目取調委員報告書」の実施内容には、すでに体操、教練、遊技についての記載があり[88]、蔡禎雄の推断は肯定できるであろう。

なお、1921年の改正は1912年と同じように、女子に対する特別な記載がみられない。これによって、公学校体操科において、男女に関わらず、体操、遊戯、教練を実施することになったことがわかる。すなわち、植民地教育当局が纏足に対する配慮を不要と判断し始めていることを示している。

2）「台湾公立公学校規則」における体操の内容（1922年）

1922年2月6日の「台湾教育令改正」の公布に伴い、1922年4月1日、台湾総督府は府令第65号で、「台湾公立公学校規則」を公布した。その規則の第三十二条によれば、体操科の目的、内容、及び方法は、次のように述べられている。

第三十二条　体操ハ身体ノ各部ヲ均斉ニ発育セシメ動作ヲ機敏ニシ以テ健康ヲ保護増進シ精神ヲ快活ニシテ剛毅ナラシメ兼テ規律ヲ守リ協同ヲ尚フノ習慣ヲ養フヲ以テ要旨トス
体操ハ体操、教練及遊戯ニ付簡易ナル動作ヨリ始メ漸ク其ノ程度ヲ進メテ之ヲ授クヘシ
高等科ニ於テハ前項ニ準シ一層其ノ程度ヲ進メテ之ヲ授クヘシ
体操ハ男児及女児ノ別ニ依リ其ノ授クヘキ事項ヲ斟酌スヘク又便宜運動生理ノ初歩ヲ知ラシムヘシ
土地ノ情況ニ依リ体操ノ教授時間ノ一部又ハ教授時間ノ外ニ於テ適宜ノ戸外運動ヲ為サシメ又ハ水泳ヲ授クルコトアルヘシ[89]

また、「修業年限六年公学校各学年教授程度及毎週教授時数表」の中に、体操科の教授内容を体操、遊戯、教練と明記し、第一学年と第二学年は唱歌（単音唱歌）、図画（簡易ナル描写）と合わせて週3時間、第三学年から第六学年は週2時間と定められている[90]。

今回、公布された「台湾公立公学校規則」と1922年に公布された「台湾公立小学校規則」と1921年に改正された「台湾公学校規則」を比べると、およそ三つの特徴がみられる。①この体操科の目的、内容、及び方法は、台湾小学校のそれと酷似している。

これについて、蔡禎雄は「ただ『動作ヲ機敏』と『四肢ノ動作ヲ機敏』、『健康ヲ保護増進』と『全身ノ健康ヲ保護増進』という用語上の若干の違いだけで、小・公学校体操科の目的は同じであるといってもよい。これは、『台湾教育令』改正後、台湾人と日本人が共学できるようになったための措置である」[91] と指摘している。すなわち、公学校と小学校における体操科の規則上においては、殆んど同じになってきたことが窺える。②体操科の内容は体操、遊戯及び教練を内容として実施されるのみならず、さらに運動生理学の初歩、土地の情況によって戸外運動、水泳を行うことが定められている。③興味深いのは、「体操ハ男児及女児ノ別ニ依リ其ノ授クヘキ事項ヲ斟酌スヘク」ということから、公学校体操科の実施は男女心身の状況を顧み、教材、運動量等を適切に行う段階に至っていたと植民地教育当局が認識していたことが窺える。

以上をまとめると、1922 年の「台湾公立公学校規則」の公布によって、台湾総督府が公学校体操科の規則を大幅に改正していたことがみられ、公学校体操科の目的、内容、及び方法は、大きく飛躍していったと言えよう。

２．中等教育機関としての女子高等普通学校（高等女学校）体操科規則

１）「台湾公立女子高等普通学校規則」における体操の内容（1919 年）

1919 年 1 月 4 日の「台湾教育令」の公布に伴い、同年 4 月 20 日に台湾総督府は府令第 47 号で、「台湾公立女子高等普通学校規則」を公布した。その規則の第十八条によれば、体操科の目的は「体操ハ身体各部ノ発育ヲ均斉ニシテ健康ヲ増進シ兼テ規律ヲ守ルノ習慣ヲ養フヲ以テ要旨トス」[92] と定められ、体操科は週 2 時間、「体操ハ体操ヲ主トシ遊戯及教練ヲ加フヘシ」[93] を内容として実施されることになった。

これらを、同時公布した台湾男子用の「台湾公立高等普通学校規則」と比較すると、体操科の実施内容、時間については、およそ同じになってきたことが窺える。つまり、纏足の影響に対する配慮は見られないということである。また、この体操科規則は台湾総督府が初めて公布した台湾における女子中等教育機関のための専用規則であった。言い換えれば、法的側面からいうと、約 22 年を経過し、台湾における女子中等教育機関はついに明確な体操の実施準則が示され、台湾における女子体育も完全に新しい段階に至っていたと言えよう。

2)「台湾公立高等女学校規則」における体操の内容（1922 年）

1922 年 2 月 6 日の「台湾教育令」の改正に伴い、同年 4 月 1 日に「台湾公立高等女学校規則」が公布された。そして、同規則の第二十二條において、体操科の目的は、「体操ハ身体ノ各部ヲ均斉ニ発育セシメテ之ヲ強健ナラシメ四肢ノ動作ヲ機敏ナラシメ容儀ヲ整ヘ精神ヲ快活ニシ兼テ規律ヲ守リ協同ヲ尚フノ習慣ヲ養フヲ以テ要旨トス」と定められ、体操科は週 3 時間、「体操ハ体操、教練、遊戯ヲ授ケ又便宜運動生理ノ大要ヲ知ラシムヘシ」を内容として実施されることになった[94]。

この改正に伴い、ついに台湾人女子と日本人女子の体操科の目的、実施内容は、内地延長主義政策の下、法規上での統一が達成されたのである。このことは、植民地教育当局が纏足の影響について全く配慮していないことを示している。

第二項「体操科教授要目取調委員報告書」にみる学校女子体育（1916 年）

1.「体操科教授要目取調委員報告書」編纂の経緯

1914 年 2 月、『公学校教授細目』の「体操科教授細目」が出版されて約 1 年も経たない内に、日本内地で 1913 年に公布された『学校体操教授要目』に応じて、台湾総督府は同年 12 月 15 日に、「体操科教授要目取調委員会」を設置した[95]。その設置の理由は、以下のように述べられている（原文は図 3-3 を参照）。

民学第二六二六号
大正三年十二月十五日立案
体操科教授要目取調委員設置ノ件

本島ニ於ケル各学校ノ体操科教授ハ本島ノ気候及学校生徒身体ノ発育状態等ニ省ミ内地ニ於テ行ヘル体操科教授ノ方法ニ斟酌工夫ヲ加ヘ最適切ナル要目ヲ定メ各種学校ヲシテ準據スル所ヲ知ラシムル必要有之候ニ付体操科教授要目取調委員ヲ設置シ体操科ニ関スル智識経験ヲ有スル者ニ同委員ヲ命シ右事項調査セシメラレ然ルヘキヤ　仰高裁[96]

すなわち、台湾総督府は台湾の気候環境及び学校生徒身体の発育状態という日本内地と相違する二つの観点から、実際に実施する上で台湾の状況に適する府定の体操教科書を作成する方針を決めた。そのため、台湾総督府は日本内地において行われる体操科教授の方法を斟酌し、「体操科教授要目取調委員会」を設置して体操科に関する知識や経験を持っている者を取調委員会委員に任命し、種々の調査研究を行う必要があると指摘している。

そして、同年12月23日、台湾総督府は前川治（台湾総督府視学）、菅田茂郷（台湾総督府国語学校助教授）、甲木儀次郎（台湾総督府国語学校助教授）、池田初雄（台湾総督府中学校教諭）、松岡辰三郎（台湾総督府中学校教諭）、辻清恵（台湾総督府高等女学校教諭）、森川亀吉（台湾総督府国語学校教諭）、井上正男（台湾総督府国語学校教諭）、樋口ふじ（台湾総督府国語学校嘱託）を「体操科教授要目取調委員」に任命した[97]。なお、1915年4月21日、池田初雄は台湾総督府台南中学校に転勤したため、「体操科教授要目取調委員」を解任され、代わりに台湾総督府台北中学校に嘱託された新沼佐助が任命された[98]。また、1916年1月29日、樋口ふじは国語学校を解職されたため、「体操科教授要目取調委員」も解任された[99]。

その後、各取調委員による約一年半の調査・研究に基づき、その結果を1916年7月20日に「体操科教授要目取調委員報告書」として台湾総督府に提出した[100]。また、同年に『学校体操教授要目』というタイトルで出版された。しかし、台湾、日本の各図書館には、この本は保存されておらず、具体的な内容を確認することはできない。さらに、1917年2月3日、台湾総督府は訓令第9号で（訓令の内容は図3-5を参照）、公学校の外に国語学校、中学校、高等女学校、公立中学校長あてに『学校体操教授要目』に沿って実施するよう命じた[101]。後に、台北師範学校は「体操科教授要目取調委員報告書」に載せた在台日本人の小学校、高等女学校、中学校の体操科教授要目に関する内容を削除し、体操科教材、体操科教授上の注意及び台湾人の公学校体操科教材配当表、国語学校体操科教材配当表などの内容を若干修正し、1919年6月に『台湾公学校体操教授要目』というタイトルで出版した[102]。

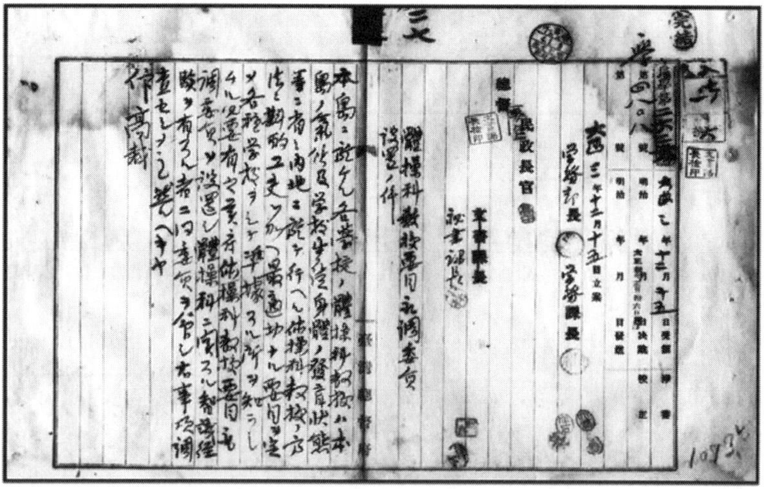

図 3-3：「体操科教授要目取調委員設置ノ件」

出所：「体操科教授要目取調委員設置」『台湾総督府公文類纂』1914 年 12 月 1 日永久保存第四十一巻.（国立台湾図書館所蔵）

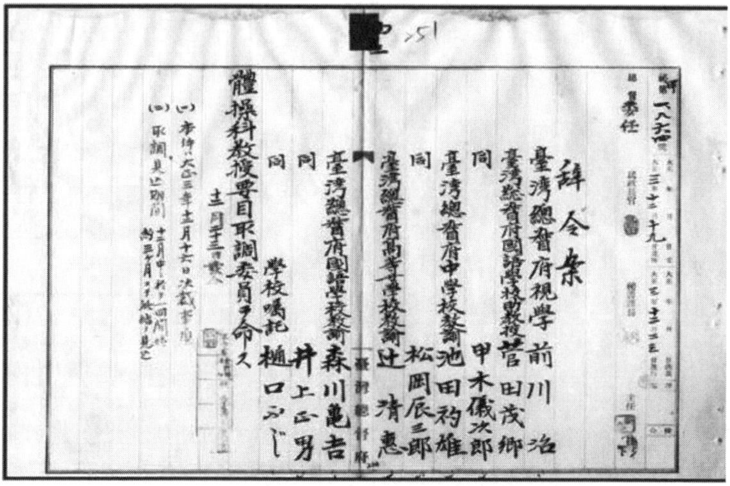

図 3-4：「体操科教授要目取調委員ヲ命スルノ件」

出所：「府視学前川治体操科教授要目取調委員ヲ命スルノ件」『台湾総督府公文類纂』1914 年 12 月 1 日永久保存第十二巻.（国立台湾図書館所蔵）

以上のことから、「体操科教授要目取調委員報告書」は各委員が約一年半の調査に基づき、台湾の気候風土及び学校生徒身体の発育状態を配慮・考案していたものであったことがわかる。また、この体操科教授要目は、初めて台湾に在住する日本人、台湾人の各段階学校生徒に向けた台湾独自の府定体操教科書と言えるものであり、植民地台湾体育史を研究する際には、極めて貴重な資料の一つである。

2．「体操科教授要目取調委員報告書」中、特に顧慮すべき諸点

「体操科教授要目取調委員報告書」は、「体操科教材（体操、教練、遊技、武道）」「体操科教材之配当（小学校、高等女学校、中学校、公学校、国語学校附属女学校、公立中学校、国語学校国語部、国語学校師範部）」「体操科教授時間外ニ於テ行フベキ諸運動」「体操科教授上ノ注意」「学校ニ設備スベキ体操器械」の五つの部分からなっている。

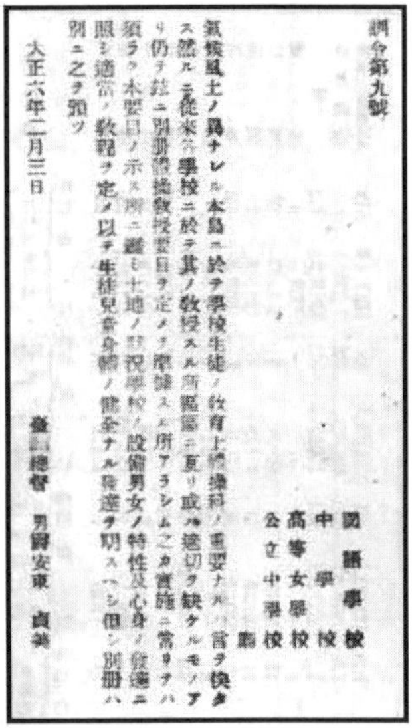
訓令第九號
國語學校
中學校
高等女學校
公立中學校
氣候風土ノ異ナレル本島ニ於テ學校生徒ノ教育上體操科ノ重要ナルハ言ヲ俟タス然ルニ從來各學校ニ於テ其ノ教授スル所區區ニ亘リ或ハ適切ヲ缺クルモノアリ仍テ茲ニ別冊體操教授要目ヲ定メテ準據スル所アラシム之カ實施ニ當リテハ須ラク本要目ノ示ス所ニ鑑ミ土地ノ狀況學校ノ設備男女ノ特性及心身ノ發達ニ照シ適當ノ教材ヲ定メ以テ生徒兒童身體ノ健全ナル發達ヲ期スヘシ但シ別冊ハ別ニ之ヲ頒ツ
大正六年二月三日
臺灣總督　男爵安東貞美

図 3-5：訓令第 9 号の内容
出所：「訓令第九号」『台湾総督府報』1212 号，台湾総督府，1917 年 2 月 23 日．（国立台湾図書館所蔵）

台湾における学校体操科教授要目取調に関する概要は、①取調ノ範囲：体操科教材ノ選択、体操科教材ノ配当、体操科教授時間外ニ於テ行フヘキ諸運動、体操科教授上ノ注意、体操科設備上ノ注意、②体操科教材ノ範囲：体操、教練、遊技、武術（道）、③体操科教材ノ配当ヲナセシ学校ノ種類：小学校、高等女学校、内地人中学校、公学校、国語学校附属女学校、公立中学校並国語学校国語部、国語学校師範部（公学校師範部乙科【本島人】、公学校師範部甲科【内地人】、小学校師範部【内地人】）、④体操科教材配当ノ標準、⑤本要目取調ニ関シ特ニ顧慮セシ事項、⑥文部省制定学校体操教授要目ニ比シ本要目ノ特ニ注意ヲ拂ヒタル諸点の六つの部分に区分されている[103]。特に第五部分の、台湾において学校体操科を実際に実施する上で顧慮すべき諸点は、「体操科

教授要目取調委員報告書」中の「体操科教材」「体操科教材ノ配当」を作成する際に大きな影響を与えたとみられる。この理由として日本内地と異なる台湾の状況に適した独自の体操教科書の必要性があったと考えられる。

さて、「本要目取調ニ関シ特ニ顧慮セシ事項」の内容を検討していこう。

「本要目取調ニ関シ特ニ顧慮セシ事項」は、①内地人児童生徒ト本島人児童生徒トノ取扱に関する顧慮、②本島人ノ風土気候、産業及家庭生活ニ関スル顧慮、③本島ニ於ケル児童生徒ノ心身発育及男女特性ニ対スル顧慮、④学校ノ程度、種類学校経済ノ状況等ニ関スル顧慮の四つの部分に区分されている[104]。そして、これらの顧慮事項から、次のことを窺い知ることができる。

第一に、全体の内容を簡単にまとめると、これらの顧慮事項は、既に述べたように台湾の気候風土及び学校生徒身体の発育状態に重点を置いており、台湾人生徒と在台日本人生徒が体操科を行う上で人種、家庭生活、社会上の要求などの各相違状況を配慮していたことがわかる。

第二に、台湾人生徒と在台日本人生徒に対する心理上及び社会上の要求については、小学校、内地人中学校、国語学校内地生という在台日本人生徒の場合には、「精神ノ沈着剛毅及勇気」[105] を要求し、一方、公学校、本島人中学校、国語学校本島生という台湾人生徒の場合には、「規律静粛及従順」[106] を強調したのである。このような台日生徒に対するそれぞれ異なる要求は、1922 年に公布される以前の「台湾小・公学校規則」中の体操科目的の精神と大体一致している。さらに、女学校の場合について、同顧慮事項には、「同シク女学校ト雖高等女学校ト附属女学校トハ多少其ノ趣ヲ異ニセサルヘカラス」[107] とあり、植民地教育当局が高等女学校と附属女学校という日本人女生徒と台湾人女生徒両者の差、及び実施趣旨上で多少の相違も認識していたことを述べている。要するに、「体操科教授要目取調委員報告書」の顧慮事項には、台湾において台日生徒の個別心身発育に配慮した状況があったが、台日間の差別的な教育も存在していることが窺える。

第三に、在台日本人児童生徒の風土馴化の問題について、同顧慮事項には、「殊ニ内地人児童生徒ニツキテハ新領土ノ自然的及社会的環象ニヨリ心身ニ受クル影響決シテ小ナラサルヘシ而シテ此ノ影響ハ男女ニヨリ夫々相違アルヘキハ言ヲ俟タサル所ナリ即チ本項ニ関シテモ亦大ニ斟酌ヲ必要トスヘシ」[108] とあり、植民地教育当局が在台日本人の亜熱帯・熱帯馴化という気候風土への適応の問題を注目しており、在台日本人児童生徒の心身の発育・適応状況による台湾の気候風土・社会環境を克服できるような植民地に適する体操教科書を作成する意図を述べている。

第四に、「本島人ノ風土気候、産業及家庭生活ニ関スル顧慮」について、同顧慮事項には、「気候風土及地方産業等ノ状況ハ大ニ斟酌ノ要アルヘシ…農村漁村山地等ノ学校ニアリテハ務メテ児童ノ産業的労働ヲ奨励スルカ故ニ其ノ学校ニ於テ行ハレムヘキ体操ハ規律ヲ守リ静粛ヲ尚フノ習慣ヲ養フニ適スルモノヲ課スルヲ可トスヘク其ノ他地方産業状況ノ相違並家庭生活ノ状態等ニ関シ十分ノ顧慮ヲナスノ要アルヘシ但シ纏足及辮髪ノ如キ習慣ハ漸次廢滅ニ歸スヘキモノトシ之ヲ顧慮スルコト無シ規律秩序機敏正齊等ノ目的ヲ達スルヤウ教程ノ定メタリ」[109] と述べている。すなわち、このような顧慮事項から、台湾人生徒のための体操科教授要目を作成する目的は、「児童ノ産業的労働ヲ奨励スル」「規律ヲ守リ静粛ヲ尚フノ習慣ヲ養フ」「規律秩序機敏正齊等ノ目的ヲ達スル」に重点が置かれていることがわかる。また、台湾植民地の殖産興業のための労働者を養成していくという統治者の意図も窺える。言い換えれば、台湾人に対して学校教育での体操科の実施は、地方産業を積極的に推進する場合にも重大な役割を期待していたと考えられるのである。

なお、興味深いのは、「纏足及辮髪ノ如キ習慣ハ漸次廢滅ニ歸スヘキモノトシ之ヲ顧慮スルコト無シ」ということからみると、1916 年 7 月 20 日に「体操科教授要目取調委員報告書」が提出された時には、すでに台湾総督府が纏足の風習を全面的に禁止しており、また、学校において纏足女生徒が漸次みられなくなってくるにつれ、台湾人女生徒に適する学校体操科教授要目では、纏足を顧慮する必要がなかったことを示している。つまり、体操教材の側面からいうと、女子纏足の問題が学校の体操科の授業に与える影響もなくなっていったことが推測でき、それにより、この時期の台湾女子体育の発展は纏足の影響から抜け出しており、天然足期の段階に至っていたと総督府が認識していたことが窺える。

しかし、「体操科教授要目取調委員報告書」の実施内容からみると、台湾人女生徒と在台日本人女生徒との実施内容は同じではない。これはなぜだろうか。また、その相違点が形成された理由は一体何であろうか。これらの問題については、本項の第 3 号で検討する。

3．「体操科教授要目取調委員報告書」中にみられる公学校、小学校、国語学校附属女学校、高等女学校の実施内容の比較

1）1916年の「体操科教授要目取調委員報告書」と1913年の文部省制定『学校体操教授要目』の比較

上述の問題を検討するため、また、1916年の「体操科教授要目取調委員報告書」の位置付けを把握するために、まず、1916年の「体操科教授要目取調委員報告書」と1913年の文部省制定『学校体操教授要目』との間にどのような相違点が存在したのかを知る必要がある。

図3-6：「体操科教授要目取調委員報告書」の表紙
出所：「体操科教授要目取調委員報告書」『台湾総督府公文類纂』1916年1月1日十五年保存第三十巻.（国立台湾図書館所蔵）

「体操科教授要目取調委員報告書」中の「文部省制定学校体操教授要目ニ比シ本要目ノ特ニ注意ヲ拂ヒタル諸点」から、1916年の「体操科教授要目取調委員報告書」と1913年の文部省制定『学校体操教授要目』の相違点を知ることができる。その相違点の特徴は以下の通りである[110]。

①体操：台湾の体操教授要目の体操教材配当の標準は日本の体操教授要目のそれよりも詳しく示されている。具体的には、その標準は単に各学校各学年に対するのみならず、各学期各週各時間にわたって記されている。また、体操科教材の部分においては、体操教材諸運動の効果をあげて運動の目的を明らかにし、さらに、備考欄を加えて、諸運動の結合、運動の難易度及び性質をも明記した。

②教練：台湾の体操教授要目の教練教材の内容は日本の体操教授要目のそれよりも厳密に示されている。具体的には、各教材の選択及び分類をはじめ、号令、歩兵操典の準用条項、実施の備考までをも明記した。また、教材配当において、台湾小学校の場合には、日本の体操教授要目に配当する趣旨によるだけでなく、台湾の特殊な事情を

も顧慮してその教材を各学年に配当した。台湾公学校の場合は、台湾小学校の要求程度よりもその標準を低く設定し、軍事的教練に属する項目を削除した（台湾人生徒の国語学校師範部乙科及び公立中学校も同様）。国語学校附属女学校においては、高等女学校の内容に準拠、その要求程度は低く設定されている。その理由として、軍事的教練の教授は、台湾人の植民地政府の軍事的抵抗を喚起することに繋がりかねなかったことが考えられよう[111]。

③遊技：台湾の体操教授要目の遊技教材の内容は日本の体操教授要目のそれよりも詳細に示されている。具体的には、各教材の選択をはじめ、効果、目的、方法、用具、注意事項に至るまで記載されている。また、遊戯という言葉を遊技に変更したことについては、遊戯の種類が非常に多く、その中から特に教育的価値があるものを選択し、これを遊技としたとされている。さらに、遊技に含まれる種目の名称については、なるべく競争という文字を使わずその名称が設定された。

以上のことから、1916 年の「体操科教授要目取調委員報告書」は 1913 年の文部省制定『学校体操教授要目』に記載された内容に比べ、さらに厳密に編纂されたものであることがわかる。しかしながら、教練の部分には、台湾人生徒と在台日本人生徒両者の相違点を述べているのみであり、体操及び遊技の部分は、全く言及されていなかった。また、台湾の体操教授要目の体操教材配当の標準は日本の体操教授要目のそれよりも詳しく示されており、1916 年の段階では、同じ基準を用いて台湾人生徒と在台日本人生徒、そして日本人生徒の比較を行うことは非常に困難であったと考えられる。

2）「体操科教授要目取調委員報告書」中にみられる台湾人女生徒と在台日本人女生徒の「体操科教材配当ノ標準」の比較

さて、「体操科教授要目取調委員報告書」中にみられる台湾人女生徒と在台日本人女生徒両者の実施内容の比較を行うために、公学校、小学校、国語附属女学校、高等女学校の「体操科教材配当ノ標準」を検討してみよう（表 3-12、表 3-13 を参照）。

初等教育機関である表 3-12 の公学校と小学校の「体操科教材配当ノ標準」の比較から、次のような結果を得ることができる。

①第一学年から第六学年までの「体操科教材配当ノ標準」の主副「材料（原文のまま、以下同様）」については、公学校の第五、六学年の主材料には、「徒手小隊教練」

を実施しないと定められた以外、公学校と小学校の相違点は全くみられなかった。

②公学校実業科と小学校高等科の「体操科教材配当ノ標準」の主副材料について、公学校実業科には男女の別はなく、「主材料は発育的体操、矯正的体操、鍛錬的体操；副材料は徒手各個教練、徒手隊列教練」と規定された。小学校高等科には、男女の別があり、主材料は「男子は①発育的体操、矯正的体操②鍛錬的体操③徒手各個教練、徒手隊列教練④徒手小隊教練、執銃教練；女子は発育的体操、矯正的体操」；副材料は「男子は遊技；女子は①鍛錬的初歩ノ体操②徒手各個教練、徒手隊列教練③遊技（行進遊技ヲ含ム）」と定められた。すなわち、公学校実業科は、小学校高等科の要求程度よりもその標準を低く設定し、特に徒手小隊教練、執銃教練という軍事的教練に属する項目を削除したということがわかる。また、公学校実業科の「体操科教材配当ノ標準」には、なぜ男女の別がないのかという点については明らかではない。

表 3-12：「体操科教授要目取調委員報告書」中にみられる公学校と小学校の「体操科教材配当ノ標準」の比較

学年		主副材料	公学校（本科、実業科）	小学校（尋常科、高等科）
本科（尋常科）	第一学年 第二学年	主	遊技	遊技
		副	発育的体操 徒手各個教練、徒手隊列教練初歩	発育的体操 徒手各個教練、徒手隊列教練初歩
	第三学年 第四学年	主	発育的体操	発育的体操
		副	徒手各個教練、徒手隊列教練 遊技	徒手各個教練、徒手隊列教練 遊技
	第五学年 第六学年	主	男子：①発育的体操、矯正的体操②鍛錬的初歩ノ体操③徒手各個教練、徒手隊列教練 女子：発育的体操、矯正的体操	男子：①発育的体操、矯正的体操②鍛錬的初歩ノ体操③徒手各個教練、徒手隊列教練④徒手小隊教練 女子：発育的体操、矯正的体操
		副	男子：遊技 女子：①徒手各個教練、徒手隊列教練②遊技（行進遊技ヲ含ム）	男子：遊技 女子：①徒手各個教練、徒手隊列教練②遊技（行進遊技ヲ含ム）
実業科（高等科）	第一学年 第二学年	主	発育的体操、矯正的体操 鍛錬的体操	男子：①発育的体操、矯正的体操②鍛錬的体操③徒手各個教練、徒手隊列教練④徒手小隊教練、執銃教練 女子：発育的体操、矯正的体操
		副	徒手各個教練、徒手隊列教練	男子：遊技 女子：①鍛錬的初歩ノ体操②徒手各個教練、徒手隊列教練③遊技（行進遊技ヲ含ム）

出所：「体操科教授要目取調委員報告書」『台湾総督府公文類纂』1916 年 1 月 1 日十五年保存第三十巻. により作成

一方、中等教育機関である表 3-13 の国語学校附属女学校師範科と高等女学校の「体操科教材配当ノ標準」を比較すると、次のような結果を得ることができる。

①第一、二学年の「体操科教材配当ノ標準」の主副材料について、国語学校附属女学校師範科と高等女学校の相違点は殆んどみられなかった。但し、国語学校附属女学校師範科の副材料には、「鍛錬的初歩ノ体操」を実施しないと定められた。

②第三、四学年（国語学校附属女学校師範科は第三学年まで）の「体操科教材配当ノ標準」の主副材料について、国語学校附属女学校師範科と高等女学校の主材料は「発育的体操、矯正的体操」と規定されたが、副材料は「国語学校附属女学校師範科は鍛錬的初歩ノ体操；高等女学校は鍛錬的体操」と定められた。要するに、高等女学校は、国語学校附属女学校師範科の要求程度よりもその水準を高く設定したということがわかる。

ちなみに、国語学校附属女学校師範科の目的は公学校教員を養成するため、「教授演習、体操科ノ理論」という内容を加えた。しかし、国語学校附属女学校師範科は 1919 年まで成立に至らなかったため、1916 年の国語学校附属女学校師範科の学校体操科教授要目は植民地教育当局が将来の公学校女子教員を育成する準備のため、先に作成したものと考えられる。だが、このような体操科教授要目は実際に実施されたかどうかは確認できない。また、国語学校附属女学校師範科の「体操科教材ノ配当」の備考には、「技芸科並ニ師範速成科ニ於テハ、右教材ノ中（国語学校附属女学校師範科の教材：筆者）適宜一取捨シテ授クベシ」[112] と述べられ、国語学校附属女学校技芸科の体操科教授要目の程度は国語学校附属女学校師範科よりもその標準を低く設定したことが窺える。

表 3-13：「体操科教授要目取調委員報告書」中にみられる国語学校附属女学校師範科と高等女学校の「体操科教材配当ノ標準」の比較

学年	主副材料	国語学校附属女学校師範科（三年制）	高等女学校（四年制）
第一学年 第二学年	主	発育的体操、矯正的体操	発育的体操、矯正的体操
	副	①徒手各個教練、徒手隊列教練 ②遊技（行進遊技ヲ含ム）	①鍛錬的初歩ノ体操②徒手各個教練、徒手隊列教練③遊技（行進遊技ヲ含ム）
第三学年 第四学年	主	①発育的体操、矯正的体操 ②教授演習、体操科ノ理論	発育的体操、矯正的体操
	副	①鍛錬的初歩ノ体操②徒手各個教練、徒手隊列教練③遊技（行進遊技ヲ含ム）	①鍛錬的体操②徒手各個教練、徒手隊列教練③遊技（行進遊技ヲ含ム）

出所：「体操科教授要目取調委員報告書」『台湾総督府公文類纂』1916 年 1 月 1 日十五年保存第三十巻.
により作成

3）「体操科教授要目取調委員報告書」中にみられる台湾人女生徒と在台日本人女生徒の「体操科教材ノ配当表」の比較

次に、台湾人女生徒と在台日本人女生徒両者の具体的な実施内容を比較する前に、まず、公学校、小学校、国語附属女学校、高等女学校の「体操科教材ノ配当表」の概要を知る必要がある。

体操科体操の教材は①下肢の運動、②頭の運動、③上肢の運動、④胸の運動、⑤懸垂運動、⑥平均運動、⑦背の運動、⑧腹の運動、⑨躯幹側方運動、⑩跳躍運動、⑪呼吸運動の 11 種目に分類され、さらに学年ごとで各種目、足尖開閉、頭後屈、屈臂、上体後屈、懸垂直立屈臂挙踵、挙踵、手腰、脚前振、上体左（右）転向、駈歩、臂側挙など百数十以上の種類に分類配当された。

教練の教材については、①徒手各個教練、②隊列教練の 2 種目に分類され、不動の姿勢をはじめ、休憩、左（右）転、集レ、解レ、番号、斜行進、側面縦隊ヨリ同方向ニ横隊までの数十種類が学年ごとに配当された。

遊技の教材については、①競走遊技、②動作遊技、③行進遊技の 3 種目に分類され、盲目鬼、旗取り、徒歩競走、フットボール、学校、犬、オ月様、紙鳶、隊列、渦巻、十字、連鎖など数十種類が学年ごとに配当された。

上述の「体操科教材ノ配当表」の教材内容について、「日本統治下台湾における初等学校教科体育の歴史的考察」を著した蔡禎雄は、全く触れていない[113]。また、「日治初期(1895-1916)台湾公学校的女子体育與放足運動」を著した謝仕淵は、初等教育機関としての公学校、小学校の教材内容について、簡単に論述しているが、中等教育機関としての国語附属女学校、高等女学校の教材内容をまったく検討しておらず、さらに、公学校の教材内容の解釈に誤りもみられる。例えば、遊技の部分には、女子のみの教材を男子のみの教材として誤って解釈している[114]。したがって、公学校、小学校、国語附属女学校、高等女学校の「体操科教材ノ配当表」の教材内容の比較については、原資料に基づいて再検討する必要がある。

そこで、公学校、小学校、国語附属女学校、高等女学校の「体操科教材ノ配当表」中にみられる男子のみの教材、女子のみの教材、相違点などについて、「表 3-14：『体操科教授要目取調委員報告書』中にみられる公学校と小学校の『体操科教材ノ配当表』の比較」「表 3-15：『体操科教授要目取調委員報告書』中にみられる国語学校附属女学校師範科と高等女学校の『体操科教材ノ配当』の比較」の二つの表にまとめたので、これらに基づいて、検討してみよう。

表 3-14：「体操科教授要目取調委員報告書」中にみられる公学校と小学校の「体操科教材ノ配当表」の比較

（資料説明：○は男子のみ（体操）；【】は相違の項目；{}は男子のみ（教練、遊技）；＝（二重線）は女子のみ、ただし教練における＝線は女子に課する停止間の運動とする）

運動		学年		公学校（本科、実業科）	小学校（尋常科、高等科）
体操	下肢	本科（尋常科）	第一学年		
			第二学年		
			第三学年		
			第四学年		○脚前振
			第五学年	○脚側振	○脚側振
			第六学年	○脚前伸、○脚後伸	○脚前伸、○脚後伸
		実業科（高等科）	第一学年	○足前出及挙踵半屈膝、○足左（右）出及挙踵半屈膝、○足斜前出及挙踵半屈膝、○踵上下及足前（後）出、○踵上下及左（右）出、○踵上下及足斜前（後）出	
			第二学年		
体操	頭	本科（尋常科）	第一学年		
			第二学年		
			第三学年		
			第四学年		
			第五学年		
			第六学年		
		実業科（高等科）	第一学年		
			第二学年		

体操	上肢	本科（尋常科）	第一学年		
			第二学年		
			第三学年		
			第四学年		
			第五学年	【臂前屈臂側伸、臂前屈直立、臂側開臂前屈】	
			第六学年	【臂側振臂前屈】	【臂側上下各二回伸、臂側上前下各二回伸】
		実業科（高等科）	第一学年	【臂側上下各二回伸、臂側上前下各二回伸】	【臂側（上）伸足前（側）出及挙踵、臂前（側）上挙足前（側）出及挙踵、○臂前（側）上挙屈膝足前（側）出】
			第二学年	【○臂側（上）伸足前（側）出及挙踵、○臂前（側）上挙足前（側）出及挙踵】	
体操	胸	本科（尋常科）	第一学年		
			第二学年		
			第三学年		
			第四学年		
			第五学年	【上体後屈臂上伸足前出、上体後屈臂上伸開脚、上体後屈臂上伸直立、上体後屈臂上伸閉足】	
			第六学年		
		実業科（高等科）	第一学年		【助木支持上体後屈臂上伸閉脚、挙踵助木支持上体後屈開脚、挙踵助木支持上体後屈閉脚】
			第二学年	【挙踵助木支持上体後屈開脚】	
体操	懸垂	本科（尋常科）	第一学年		
			第二学年		
			第三学年		
			第四学年		
			第五学年		
			第六学年	○懸垂挙脚、○懸垂屈膝挙股、○懸垂左右振動、○両側懸垂左右振動、○伸臂懸垂横行、○両側伸臂懸垂前行、○吊縄吊棒登降	○懸垂挙脚、○懸垂屈膝挙股、○伸臂懸垂横行、○両側伸臂懸垂前行、○吊縄吊棒登降 【○脚懸上】
		実業科（高等科）	第一学年	○逆手伸臂懸垂、○逆手屈臂懸垂、○片逆手伸臂懸垂、○片逆手屈臂懸垂、○後方斜懸垂、○両側屈臂懸垂後行、○尻上、○俯下	○逆手伸臂懸垂、○逆手屈臂懸垂、○片逆手伸臂懸垂、○片逆手屈臂懸垂、○後方斜懸垂、○両側屈臂懸垂後行、○尻上、○俯下 【○両側臂立懸垂振動、○振出】
			第二学年	○屈臂懸垂横行、○後下	○屈臂懸垂横行、○後下 【○肘懸振上、○肘懸上】
体操	平均	本科（尋常科）	第一学年		
			第二学年		
			第三学年		
			第四学年		
			第五学年		
			第六学年		【挙踵屈膝手腰閉足、挙踵屈膝屈臂閉足、挙踵屈膝手頸閉足、挙踵屈膝臂側伸閉足】
		実業科（高等科）	第一学年		【臂側上挙挙踵屈膝、平均台上屈膝挙股行進手腰、平均台上屈膝挙股行進臂側伸】
			第二学年		
体操	背	本科（尋常科）	第一学年		
			第二学年		
			第三学年		
			第四学年		
			第五学年	○屈膝足斜前（後）出体前倒手腰、 ○屈膝足斜前（後）出体前倒屈臂	
			第六学年		
		実業科（高等科）	第一学年	○屈膝足斜前（後）出体前倒臂上伸	
			第二学年		【○臂上伸屈臂屈膝足前出体前倒】

体操	腹	本科（尋常科）	第一学年		
			第二学年		
			第三学年		
			第四学年		
			第五学年		【○片脚後挙腰掛上臂立伏臥】
			第六学年	○床上臂立伏臥、○臂屈伸腰掛上臂立伏臥	【体後倒臂側伸膝立、体後倒臂上伸膝立、○片脚後挙床上臂立伏臥】
		実業科（高等科）	第一学年	【体後倒臂側伸膝立、体後倒臂上伸膝立】	【○臂屈伸床上臂立伏臥、○倒立】
			第二学年		【○片臂上挙臂立伏臥】
体操	躯側	本科（尋常科）	第一学年		
			第二学年		
			第三学年		
			第四学年		
			第五学年		
			第六学年		
		実業科（高等科）	第一学年		
			第二学年		【側臥腰掛上臂立伏臥】
体操	跳躍	本科（尋常科）	第一学年		
			第二学年		
			第三学年		
			第四学年		【臂前振前方跳躍】
			第五学年	【臂前振前方跳躍】 ○立幅跳、○立高跳、○走幅跳、○足高跳	【前進跳躍、前進転向跳躍、○斜高跳、跳上跳下初歩】
			第六学年	【前進跳躍、前進転向跳躍斜高跳】	【膝立横跳上跳下、臂側振跳上跳下初歩、○横振跳、○縦跳乗横振下、○跳下】
		実業科（高等科）	第一学年		【○開（閉）脚横跳上跳下、○縦跳上跳下、○開（閉）脚横跳、○下向横跳】
			第二学年		【○縦一（二）節跳、○斜跳】
体操	呼吸	本科（尋常科）	第一学年		
			第二学年		
			第三学年		
			第四学年		
			第五学年		
			第六学年		
		実業科（高等科）	第一学年	○臂前上挙側下前進	
			第二学年		
教練	徒手各個教練	本科（尋常科）	第一学年		【半右（左）向】
			第二学年	【半右（左）向】	
			第三学年	{歩調止メ及歩調取レ}	{歩調止メ及歩調取レ} 【駈歩間右（左）向】
			第四学年		
			第五学年	{斜行進}、{斜行進ヨリ直行進}	{斜行進}、{斜行進ヨリ直行進}
			第六学年	{駈歩間右（左）向}、{間斜行進及直行進}	{駈歩間右（左）向}、{間斜行進及直行進} 【駈歩間後向】
		実業科（高等科）	第一学年	【各個教練及隊列教練ノ一部ヲ課ス】	
			第二学年	【同上】	
教練	隊列教練	本科（尋常科）	第一学年		
			第二学年	【二列横隊距離ノ開閉】	【番号（順数番号）】
			第三学年	【番号（順数番号）、横隊ノ整頓、側面縦隊行進】	【横隊行進、{行進間後向}、側面縦隊行進（四列）、蹈換、側面縦面ノ伍ノ重複及分解、横隊間隔ノ開閉】
			第四学年	【{横隊行進}、{行進間後向}、蹈換、横隊間隔ノ開閉】 {途歩}、{途歩ヨリ速（駈）歩}	【{行進間右（左）向}、斜行進、側面縦隊停止正面向、二（一）列横隊ヨリ一（二）列横隊】
			第五学年	【{行進間右（左）向}、斜行進、側面縦隊停止正面向、側面縦面ノ伍ノ重複及分解】	【徒手小隊教練】
			第六学年	側面縦隊ヨリ同方向ニ横隊 【二（一）列横隊ヨリ一（二）列横隊】	側面縦隊ヨリ同方向ニ横隊
		実業科（高等科）	第一学年		【執銃各個教練】
			第二学年		【執銃散兵各個教練、執銃小隊教練】

遊技	競走遊技	本科（尋常科）	第一学年	【大球送リ】	【場所取鬼、柱鬼、毬入レ、腋抜ケ】
			第二学年	【場所取鬼、柱鬼、{帽子取リ}、人送リ、{隊列フットボール}、脱下ボール送リ】	【回転縄跳、大球送リ】
			第三学年	【旗送リ、片脚競走、腋下抜ケ、左右検体ボール送リ】 {俵運ビ}	【椅子鬼、{帽子取リ}、輪廻シ、股下球送リ、頭上球送リ、円列フットボール】 {俵運ビ}
			第四学年	【輪廻シ】	【片脚競走、単脚競走、人送リ、引合、左右検体、タッチボール、球抛ゲ】
			第五学年	【回転縄跳、{棒引キ}】 {障碍物}、{棒押シ}	【バスケットボール、追球送リ、隊列フットボール、{擬馬戦闘}、{方足角力}、{棒倒シ}】 障碍物、{棒押シ}
			第六学年	単脚 【フットボール（畧式）、簀垣、斜縄飛】	【キャプテンボール、フットボール】
		実業科（高等科）	第一学年		
			第二学年		
遊技	動作	本科（尋常科）	第一学年	【学校、犬】	【牛若丸、桃太郎、月】
			第二学年	【オ月様、紙鳶、月】	【浦島太郎、案山子、小馬】
			第三学年		
			第四学年		
			第五学年		
			第六学年		
		実業科（高等科）	第一学年		
			第二学年		
遊技	行進	本科（尋常科）	第一学年		
			第二学年		【十字、連鎖】
			第三学年	【十字】	
			第四学年	【連鎖】	
			第五学年		
			第六学年		
		実業科（高等科）	第一学年		【其ノ他簡易行進遊戯、ライゲンタンツノ類】
			第二学年		

出所：「体操科教授要目取調委員報告書」『台湾総督府公文類纂』1916 年 1 月 1 日十五年保存第三十巻.
により作成

表 3-15：「体操科教授要目取調委員報告書」中にみられる国語学校附属女学校師範科と高等女学校の「体操科教材ノ配当」の比較

（資料説明：【】は相違の種目）

運動		学年	国語学校附属女学校師範科（三年制）	高等女学校（四年制、第三学年まで）
体操	下肢	第一学年		【挙踵半屈膝】
		第二学年	【挙踵半屈膝】	【足前出及踵上下、足左（右）出及踵上下、足斜前出及踵上下】
		第三学年	【足前出及踵上下、足左（右）出及踵上下、足斜前出及踵上下、教授演習】	【足前出及挙踵半屈膝、足左（右）出及挙踵半屈膝、足前出及挙踵半屈膝】
体操	頭	第一学年		
		第二学年		
		第三学年	【教授演習】	【頭左右転、頭前後屈、頭左右屈】
体操	上肢	第一学年	【臂前下振】	【臂前上下振】
		第二学年	【臂側開臂前屈、臂側振臂前屈】	【臂側開、臂側振】
		第三学年	【教授演習】	

体操	胸	第一学年		
体操	胸	第二学年	【臂側挙{足前出、開脚、直立、閉足}上体後屈】	【上体後屈臂上伸{足前出、開脚、直立、閉足}、助木支持上体後屈臂上伸閉脚】
体操	胸	第三学年	【挙踵助木支持上体後屈、教授演習】	【挙踵助木支持体後屈、臂側挙{足前出、開脚、直立、閉足}上体後屈】
体操	懸垂	第一学年	【前方斜懸垂】	
体操	懸垂	第二学年	【臂立懸垂、両側臂立懸垂】	【前方斜懸垂】
体操	懸垂	第三学年	【教授演習】	【懸垂左右振動、両側懸垂左右振動、臂立懸垂、両側臂立懸垂】
体操	平均	第一学年	【平均台上徐行（屈膝）行進{手腰}】	【挙踵{手頸、臂側伸、臂上伸}{閉足、足前（斜前）出}、挙踵半屈膝{手頸、臂側伸、臂上伸}足前（斜前）出、屈膝挙股{臂上伸}閉足、脚前（側）（後）挙{臂上伸}、挙踵屈膝{屈臂、手頸、臂上伸}閉足、足尖行進{手頸、臂上伸}直立行進中】
体操	平均	第二学年	【挙踵{手頸、臂側伸、臂上伸}{直立、開脚、足前（斜前）出}、挙踵半屈膝{手頸、臂側伸、臂上伸}直立、屈膝挙股{手腰、手頸、臂側伸}閉足、脚前（側）（後）挙{臂上伸}{直立、閉足}、徐行{屈臂、手頸}、臂前（側）挙脚前（側）挙、臂前（側）挙脚前（側）挙左（右）転、挙踵屈膝{手腰直立、臂側伸直立}】	【徐行{手腰、手頸、臂側伸、臂上伸}{直立、行進中}、支持脚半屈膝{手腰、臂側伸、屈臂、手頸}脚前（側後）挙】
体操	平均	第三学年	【挙踵屈膝{手頸直立、臂上伸直立、臂側上挙}、教授演習】	【臂前（側）挙脚前（側）挙、臂前（側）挙脚前（側）挙左（右）転、臂側上挙挙踵屈膝、平均台上徐行（屈膝）行進{手腰、臂上伸}】
体操	背	第一学年		【上体前屈{手頸、臂側伸}{開脚、閉足、直立}】
体操	背	第二学年	【上体前屈{手頸、臂側伸}{開脚、閉足、直立}、臂前上下（側上下）振上体前屈】	【屈膝足前（後）出体前倒{手腰、屈臂、臂前屈、手頸、臂側伸、臂上伸}、頭左（右）転{手腰、屈臂、臂前屈}屈膝足前出体前倒、臂前（側）挙屈膝足前出体前倒】
体操	背	第三学年	【屈膝足前（後）出体前倒{手腰、屈臂、臂前屈、手頸、臂側}直立、臂前（側）挙屈膝足前出体前倒、教授演習】	【臂前上下（側上下）振上体前屈、屈膝足斜前（後）出体前倒{手腰、屈臂、手頸、臂上伸}、臂上伸屈臂上体前屈】
体操	腹	第一学年		
体操	腹	第二学年		【体後倒手腰膝立】
体操	腹	第三学年	【体後倒{手腰}膝立、教授演習】	【体後倒{臂上伸}腰掛、臂屈伸{腰掛上、臂立伏臥}】
体操	躯側	第一学年		
体操	躯側	第二学年		【上体左（右）転{臂側伸、臂上伸}足前出】
体操	躯側	第三学年	【教授演習】	【上体左（右）屈片脚側挙支持、上体左（右）転及左（右）屈、上体左（右）転及前（後）屈】
体操	跳躍	第一学年	【臂側振其場跳躍】	【臂側伸其場跳躍】
体操	跳躍	第二学年		【前進転向跳躍、跳上跳下初歩、臂側振跳上跳下初歩】
体操	跳躍	第三学年	【前進転向跳躍、教授演習】	【立幅跳、立高跳、走幅跳、走高跳、膝立横跳上跳下】
教練	徒手各個教練	第一学年		【駈歩間後向】
教練	徒手各個教練	第二学年	【駈歩間後向】	
教練	徒手各個教練	第三学年		
遊技	競走	第一学年	【回転縄跳ビ、ボール送リ、デットボール、千鳥】	【バスケットボール、綱引】
遊技	競走	第二学年	【バスケットボール】	【デットボール、キャプテンボール、センタボール】
遊技	競走	第三学年		
遊技	行進	第一学年	【方形、十字、連鎖、渦巻】	
遊技	行進	第二学年	【諸種ノ歩法、其ノ他簡易ナル行進遊戯】	【簡易ナル行進遊戯】
遊技	行進	第三学年		【行進遊戯】

出所：「体操科教授要目取調委員報告書」『台湾総督府公文類纂』1916 年 1 月 1 日十五年保存第三十巻.により作成

国語学校附属女学校の補充：1.第三学年において体操科理論の概略を授け、また実地教授演習を課す。2.技芸科並びに師範速成科においては、国語学校附属女学校師範科の教材の中から、適宜一部分を取捨して授ける。

高等女学校の補充：高等女学校は四年制であるが、比較検討のため、表中では第三学年までの内容を示している。

全体的に考察すると、表3-14、表3-15の教材内容からは、次のことが窺える。

①体操科体操の教材については、日本人生徒の小学校、高等女学校の実施種類及び程度は台湾人生徒の公学校、国語学校附属女学校師範科よりも充実しており、その標準も高く設定されている。小学校の場合には、「臂前振前方跳躍」という項目を第四学年に実施すると定められた以外、公学校と小学校第五学年以下の相違点は全く見られなかった。すなわち、1916年に至り、公学校と小学校第五学年以下の体操科体操の教材上においては、その内容が一致するようになってきたことがわかる。また、台湾人女生徒の実施制限の部分を削除すれば、公学校と小学校の体操内容は徐々に接近していった傾向が窺える。

②体操科教練の教材については、実施の学年順番が少し違っているが、加えて、駈歩間右（左）向、駈歩間後向、徒手小隊教練、執銃散兵各個教練、執銃小隊教練などの項目を実施しないと定めた以外、公学校と小学校の相違点は殆んど見られなかった。注目すべきは、国語学校附属女学校師範科と高等女学校の実施内容が全く同じになった点である。この点について、「文部省制定学校体操教授要目ニ比シ本要目ノ特ニ注意ヲ拂ヒタル諸点」は「附属女学校ニツキテハ高等女学校ニ準シ其ノ要求程度ヲ低クセリ」と国語学校附属女学校師範科の実施内容を高等女学校より低く設定するよう指示しているが、なぜその指導方針とは、異なっているのか、その理由は明らかではない[115)]。

③体操科遊技の教材については、日本人生徒の実施種類は台湾人生徒よりも充実しており、実施レベルについても高く設定されている。特に、日本人生徒の遊技内容は牛若丸、桃太郎、浦島太郎など日本色が濃厚である。

そして、表3-14、表3-15中にみられる台湾人女生徒に実施しない項目、及び台湾人女生徒のみの項目を見てみよう。

体操科体操の教材については、①下肢：足前出及挙踵半屈膝、足左（右）出及挙踵半屈膝、足斜前出及挙踵半屈膝、踵上下及足前（後）出、踵上下及左（右）出、踵上下及足斜前（後）出②上肢：臂側（上）伸足前（側）出及挙踵、臂前（側）上挙足前（側）出及挙踵③胸：上体後屈臂上伸{足前出、開脚、直立、閉足}、助木支持上体後屈臂上伸閉脚④懸垂：懸垂左右振動、両側懸垂左右振動、両側臂立懸垂⑤平均：挙踵屈膝{屈臂、手頸、臂上伸}閉足、足尖行進{手頸、臂上伸}直立行進中、支持脚半屈膝{手腰、臂側伸、屈臂、手頸}脚前（側後）挙、臂側上挙挙踵屈膝⑥背：

屈膝足斜前（後）出体前倒手腰、屈膝足斜前（後）出体前倒屈臂、屈膝足斜前（後）出体前倒臂上伸、頭左（右）転{手腰、屈臂、臂前屈}屈膝足前出体前倒、出体前倒{手腰、屈臂、手頸、臂上伸}、臂上伸屈臂上体前屈⑦腹：床上臂立伏臥、臂屈伸腰掛上臂立伏臥、体後倒{臂上伸}腰掛、臂屈伸{腰掛上、臂立伏臥}⑧軀側：上体左（右）転{臂側伸、臂上伸}足前出、上体左（右）屈片脚側挙支持、上体左（右）転及左（右）屈、上体左（右）転及前（後）屈⑨跳躍：立幅跳、立高跳、走幅跳、足（走）高跳、跳上跳下初歩、臂側振跳上跳下初歩、膝立横跳上跳下⑩呼吸：臂前上挙側下前進などの項目は、台湾人女生徒には実施されなかった。また、1914年の『公学校教授細目』の「体操科教授細目」と比較すると、女子に対する「懸垂」の制限が依然として設けられていたが、ほかの動作制限については殆んどが減少している。しかし、1916年の「体操科教材ノ配当」の教材内容は1914年の「体操科新教材配当表」のそれよりも詳しく示されているため、台湾人女生徒に実施しない項目が大幅に減少しているというわけではなく、教材内容の実施レベルの高まりと共に、台湾人女生徒に対する体操教材の実施難度が上がってきたと見なすことができる。台湾人女生徒に実施しない項目の形成理由については、後に総合的に検討する。

教練については、横隊行進、途歩、途歩より速（駈）歩は、台湾人女生徒に対して実施していなかった。このような制限は1914年の「体操科新教材配当表」と同じである。また、二列横隊距離の開閉、横隊の整頓の二つの項目は簡略化して台湾人女生徒に対して実施された。

遊技については、隊列フットボール、棒引き、綱引、キャプテンボール、センタボールなどは、台湾人女生徒に対して実施されなかった。また、回転縄跳、単脚、連鎖の三つの項目は、公学校においては台湾人女生徒のみの項目であり、小学校においては男女の別がなく実施されていた。注目すべきは、公学校においては台湾人男生徒のみに対して隊列フットボール、障碍物の二つを実施していたが、小学校においては日本人女生徒のみが行う教材であった。要するに、台湾人女生徒は、台湾人男生徒及び日本人女生徒よりも実施されていた教材が少なく、またそのレベルも低かったことが窺える。

しかしながら、台湾人女生徒と在台日本人女生徒の教練は徐々に接近していったことがわかる。一方、体操においては、実施程度の差が存在しているのみならず、台湾人女生徒に対して実施しない項目に関する記載が数多くみられる。また、これらの実施しない体操項目は、第五学年以上の下肢運動、背の運動、平均運動、跳躍運動などの運動項目に集中している。ではなぜ、これらの運動項目に相違が集中しているのだろうか。

以下、この相違項目の形成理由について、検討を試みてみよう。

①下肢運動、背の運動、跳躍運動に集中している理由について、「体操科教授要目取調委員報告書」の「体操科教材」の諸運動の効果及び目的は、「下肢運動は下肢及腰帯ノ諸筋ニ依ル運動ニシテ其ノ関節ノ運動ヲ自由ニシ下肢及腰帯ヲ発育セシメ且ツ全身ノ血液循環ヲ促進シ精神ヲ快活ナラシメ或ハ之レヲ平静ナラシムル効アリ；背の運動は背部ノ諸筋ニ依ル運動ニシテ其ノ諸筋ヲ発育セシメ以テ頭肩及胸ノ位置ヲ正シクシ脊柱ヲ真直ナラシメ胸廓ヲ拡張スル効アリ；平均運動は全身ノ調和運動ニシテ精神ヲ整ヘ其ノ支配ニヨリテ身体ノ姿勢ヲ済整ナラシムル効アリ；跳躍運動は下肢ニ依ッテ行ハルノ強大ナル全身ノ運動ニシテ身体各部ノ筋肉ヲ強健ニシ呼吸及循環ノ作用ヲ旺盛ナラシメ殊ニ身心ヲ鍛錬スル効アリ」[116] と述べている。このように、諸運動の効果及び目的中で各運動の効果を説いているにもかかわらず、「体操科教材ノ配当表」では台湾人女生徒の実施項目を減少させていることがわかる。すなわち、台湾総督府教育当局者は当時の台湾人女生徒の下肢、腰帯、関節、脊柱などの身体姿勢の状況に配慮し、下肢運動、背の運動、跳躍運動の実施項目を削減していたと考えられる。

②第五学年以上に集中している理由については、「体操科教授要目取調委員報告書」の作成された時期がおそらく台湾において纏足が全面的に禁止されてから1年半未満であり、在学者に解纏足者がまだいたことが背景にあると思われる。『[大正六年四月] 台湾総督府学校生徒及児童身体検査統計書』の統計資料によると、1917年4月に公学校12歳以上の女生徒の解纏足率は約3-4割、国語学校附属女学校の解纏足率は約4割であり[117]、このことが体操科の授業にも少なからず影響を及ぼしていたと考えられる。

以上をまとめると、1916年の「体操科教授要目取調委員報告書」はすでに纏足のことを顧慮する必要はないと述べているが、「体操科教授要目取調委員報告書」の台湾人女生徒の「体操科教材ノ配当表」からみると、解纏足女生徒に対する少なからぬ顧慮がみられる。また、このような体操運動に関する実施方式は、在台日本人女生徒の「体操科教材ノ配当表」の中にみられないものであり、台湾人女生徒の「体操科教材ノ配当表」の特徴である。

第三項「体操科教授要目取調委員報告書」公布以後の『台湾公学校体操教授要目』（1919 年）と『公学校教授細目上編』の「体操科教授細目」（1921 年）にみる学校女子体育

「体操科教授要目取調委員報告書」が公布された以降の学校女子体育はどのように進められていったのであろうか。このことを明らかにするため、以下、1919 年の『台湾公学校体操教授要目』と 1921 年の『公学校教授細目上編』の「体操科教授細目」の内容から検討していこう。

1．『台湾公学校体操教授要目』にみる学校女子体育

本項の第 1 号に述べたように、台北師範学校は「体操科教授要目取調委員報告書」に掲載された在台日本人生徒の各学校に関する内容を削除し、全体内容及び台湾人の公学校体操科教材配当表、国語学校体操科教材配当表などの内容を若干修正し、1919 年 6 月に『台湾公学校体操教授要目』を出版した[118]。

1919 年に至り、『台湾公学校体操教授要目』中の、台湾人女生徒の実施内容はどのように修正されたのだろうか。また、1919 年の『台湾公学校体操教授要目』と 1916 年の「体操科教授要目取調委員報告書」との間に相違点は存在したのだろうか。これらの問題を解決するため、1916 年「体操科教授要目取調委員報告書」と 1919 年『台湾公学校体操教授要目』中の公学校体操科教材配当表の男子のみの教材を比較してみよう（表 3-16 を参照）。

表 3-16：1916 年「体操科教授要目取調委員報告書」と 1919 年『台湾公学校体操教授要目』中の公学校体操科教材配当表の男子のみの教材の比較

（資料説明：□は新増加の部分）

学年	種目別	1916年「体操科教授要目取調委員報告書」	1919年『台湾公学校体操教授要目』
第二学年	体操		
	教練		
	遊技	帽子取リ、隊列フットボール	帽子取リ、隊列フットボール
第三学年	体操		
	教練	歩調止メ及歩調取レ	歩調止メ及歩調取レ
	遊技	俵運ビ	俵運ビ
第四学年	体操		**下肢**：脚前振
	教練	横隊行進、行進間後向、途歩、途歩ヨリ速（駈）歩	横隊行進、行進間後向、途歩、途歩ヨリ速（駈）歩
	遊技		
第五学年	体操	**下肢**：脚側振 **背**：屈膝足斜前（後）出体前倒手腰、屈膝足斜前（後）出体前倒屈臂 **跳躍**：立幅跳、立高跳、走幅跳、足高跳	**下肢**：脚側振 **背**：屈膝足斜前（後）出体前倒手腰、屈膝足斜前（後）出体前倒屈臂 **腹**：体後倒{手腰、手頸}足前出 **跳躍**：立幅跳、立高跳、走幅跳、足高跳
	教練	斜行進、斜行進ヨリ直行進、行進間右（左）向	斜行進、斜行進ヨリ直行進、行進間右（左）向
	遊技	棒押シ、棒引キ、障碍物	棒押シ、棒引キ、障碍物
第六学年	体操	**下肢**：脚前伸、脚後伸 **懸垂**：懸垂挙脚、懸垂屈膝挙股、懸垂左右振動、両側懸垂左右振動、伸臂懸垂横行、両側伸臂懸垂前行、吊縄吊棒登降 **腹**：床上臂立伏臥、臂屈伸腰掛上臂立伏臥	**下肢**：脚前伸、脚後伸 **懸垂**：懸垂挙脚、懸垂屈膝挙股、懸垂左右振動、両側懸垂左右振動、伸臂懸垂横行、両側伸臂懸垂前行、吊縄吊棒登降 **平均**：支持脚半屈膝{手腰、手頸、臂側伸}脚前挙 **腹**：床上臂立伏臥、臂屈伸腰掛上臂立伏臥
	教練	駈歩間右（左）向、間斜行進及直行進	駈歩間右（左）向、間斜行進及直行進
	遊技		
第一学年（実業科、高等科）	体操	**下肢**：足前出及挙踵半屈膝、足左（右）出及挙踵半屈膝、足斜前出及挙踵半屈膝、踵上下及足前（後）出、踵上下及左（右）出、踵上下及足斜前（後）出 **懸垂**：逆手伸臂懸垂、逆手屈臂懸垂、片逆手伸臂懸垂、片逆手屈臂懸垂、後方斜懸垂、両側屈臂懸垂後行、尻上、俯下 **背**：屈膝足斜前（後）出体前倒臂上伸 **呼吸**：臂前上挙側下前進	
	教練		
	遊技		
第二学年（実業科、高等科）	体操	**上肢**：臂側（上）伸足前（側）出及挙踵、臂前（側）上挙足前（側）出及挙踵 **懸垂**：屈臂懸垂横行、後下	
	教練		
	遊技		

出所：「体操科教授要目取調委員報告書」『台湾総督府公文類纂』1916 年 1 月 1 日十五年保存第三十卷. 台北師範学校編『台湾公学校体操教授要目』台北：晃文館,1919 年,pp.48-61.により作成

表3-16をみれば、1919年の『台湾公学校体操教授要目』の公学校体操科教材配当表には、1916年の「体操科教授要目取調委員報告書」中に載せた公学校実業科に関する女生徒の制限内容（例えば：下肢運動、懸垂運動、背の運動、呼吸運動の実施項目）を大幅に削減すると共に、腹の運動の「体後倒{手腰、手頸}足前出」、平均運動の「支持脚半屈膝{手腰、手頸、臂側伸}脚前挙」の二つの実施項目を新たに追加していたことがわかる。

さらに、下肢運動に付加された「脚前振」は、1916年の「体操科教授要目取調委員報告書」中の小学校「体操科教材ノ配当表」では、本来、在台日本人女生徒に対しては実施しない項目であった。これはおそらく台湾総督府当局者の誤筆であろうと思われる。

なお、1916年の「体操科教授要目取調委員報告書」の小学校体操科教材配当表の男子のみの教材と比較すると、台湾の公学校において男女ともに実施しない項目を除けば、1919年の『台湾公学校体操教授要目』中に存在している女子の動作制限が少なくなってきたということがわかる（例えば、公学校女生徒に実施しない項目は、第二学年の遊技の「隊列フットボール」、第四学年の「横隊行進、行進間後向、途歩、途歩ヨリ速（駈）歩」、第五学年の体操の「背の運動：屈膝足斜前（後）出体前倒手腰、屈膝足斜前（後）出体前倒屈臂；腹の運動：体後倒{手腰、手頸}足前出；跳躍運動：立幅跳、立高跳、走幅跳、足高跳」、第五学年の遊技の「棒引キ、障碍物」、第六学年の体操の「懸垂：懸垂左右振動、両側懸垂左右振動；平均運動：支持脚半屈膝{手腰、手頸、臂側伸}脚前挙；腹の運動：床上臂立伏臥、臂屈伸腰掛上臂立伏臥」）。

以上をまとめると、1919年『台湾公学校体操教授要目』の刊行によって、植民地教育当局が公学校女生徒の体操科の実施内容を大幅に改正していたことがわかる。これらの変更の理由については、『台湾公学校体操教授要目』では説明されていないが、台湾の学校において解纏足者が徐々に少なくなってきたことが背景にあると思われる。このように、公学校女生徒の体操科の実施教材内容は在台日本人女生徒と相違が少なくなってきたと言えよう。

2.『公学校教授細目上編』の「体操科教授細目」にみる学校女子体育

1919年6月、『台湾公学校体操教授要目』が出版されてからほぼ2年後、台北師範学校附属公学校は1921年4月に、『公学校教授細目上編』の「体操科教授細目」を出版した。その編製の理由について、「体操科教授細目編纂の趣意並に実施上の注意」は、「体育上其の精神を発揮するに必要なるものは、特に公学校なるの理由のもとに之を避くることなく、寧ろ時代の推移に順応して其の適切なるものは之を採用せり」[119]と述べ、1919年1月4日に「台湾教育令」の公布によって日本人と台湾人の間の差別教育を撤廃し、台湾人に対する教育の機会均等が実現された。このようにして、植民地台湾は統治政策の一環として日本内地と同一化が図られたのである。すなわち、1921年の『公学校教授細目上編』の編製は、「台湾教育令」公布後、台湾人と日本人の同一化のための措置であった。

また、「体操科教授細目編纂の趣意並に実施上の注意」には、「各運動の目的、要領、教授上の注意等…教授者は総督府発行の体操教授要目其の他を参照し、以て其の運動の目的を誤らざらんことを期せざるべからず」[120]とあり、1921年の『公学校教授細目上編』の「体操科教授細目」は各教材の実施目的及び教授注意上において1916年の台湾総督府発行の『体操教授要目』に準じていたことがわかる。さらに、同実施上の注意には、全く男女の別はなく、台湾人女生徒に対して実施上の注意点も記載されておらず、唯一の男女の相違点は、「各学年教材配当表」の総表の「懸垂：立棒登降（男子のみ）」である。つまり、1921年の『公学校教授細目上編』の「体操科教授細目」の編集者たちは台湾人女子の身体問題には特別な配慮をみせていない。

では、1921年に至り、台湾人女生徒の体操科実施内容はどのように進められていったのであろうか。以下、1921年の『公学校教授細目上編』の「体操科教授細目」の内容から検討していこう。

まず、1921年の「各学年教材配当表」の総表及び各学年学期の教程と1919年の『台湾公学校体操教授要目』の公学校体操科教材配当表の男子のみの教材を比較すると、本来、台湾人女生徒に対して実施しない制限項目について、体操の教材は脚前振、脚側振、走幅跳、足高跳、脚前伸、脚後伸、懸垂屈膝挙股、懸垂左右振動、両側懸垂左右振動、伸臂懸垂横行；教練の教材は歩調止メ及歩調取レ、横隊行進、行進間後向、途歩、途歩ヨリ速（駈）歩、斜行進、行進間右（左）向、駈歩間右（左）向；遊技の教材は帽子取リ、隊列フットボール、俵運ビ、棒押シ、棒引キなどの項目が、1921 年にはほぼ削除された[121)]。すなわち、これらの項目も台湾人女生徒に対して実施可能となった。要するに、台湾公学校において男女生徒の体操科の教材内容は規定上大幅に接近したのである。

次に、1921 年の「各学年教材配当表」の各学年学期の教程をみれば、第五学年、第六学年の教程は男女それぞれの生徒に向けた各教程があることがわかる（図 3-13 を参照）。このような男女生徒向けの各教程は 1921 年の『公学校教授細目上編』の「体操科教授細目」の大きな特徴であり、男子と女子の間には、若干の相違点が存在している。このような男女それぞれに独立した「体操科教授細目」の作成理由については、『公学校教授要目上編』では説明されていない。この点については、1922 年 4 月 1 日に公布された「台湾公立公学校規則」の第三十二条中の「体操ハ男児及女児ノ別ニ依リ其ノ授クヘキ事項ヲ斟酌スヘク又便宜運動生理ノ初歩ヲ知ラシムヘシ」[122)] という一文から、1921 年の『公学校教授細目上編』の「体操科教授細目」の女生徒向けの各教程は、「体操科教授細目」編集者が規則の公布に先立って男女心身の状況及び生理上の相違点に注目していた結果であろうと考えられる。ただし、この時期は、公学校において解纏足者に対する配慮を必要としなくなってきた時期であり、この男女の相違点が解纏足者の存在によるものとは考えにくい。

第四項　学校女子体育の実際

1．初等教育機関としての公学校女子体育の実際

この時期の公学校体操科の実施について、植民地教育当局が打ち出した重要な指導方針は三つあった。一つは、1916 年の「体操科教授要目取調委員報告書」であり、残る二つは 1919 年の『台湾公学校体操教授要目』と 1921 年の『公学校教授細目上編』の「体操科教授細目」である。この三つの体操科の指導方針が公布・出版された

後、台湾の公学校女子体育は、どのように行われていたのだろうか。また、前述のように、1915 年 4 月 15 日、台湾総督府が全面的に纏足の風習を禁止した後、学校においては纏足者及び解纏足者が徐々に減少していた。纏足による体操科の授業に及ぼす影響も次第になくなっていったものと思われる。

しかしながら、当時の公学校女子体育の状況を明らかにするための資料は少ない。ここでは、『台湾日日新報』を主要資料として、公学校女子体育に関する記事から、実際的な公学校女子体育の状況について検討を試みる。

『台湾日日新報』によると、1915 年から 1925 年にかけては公学校運動会及び聯合運動会が度々実施されており、台湾人女生徒は体操、遊戯、競走運動などの種目に参加していたことが記されている。例えば、1919 年 11 月の台北庁直轄公学校聯合運動会においては、女生徒は鳩ぽつぽつ、体操、徒競走、木の葉、雀、バスケットボール、対舞、桃太郎、旗送、合同体操、旗取、メデシンボール、浦島、輪抜ボール送、輪抜旗送、輪投、クロドリール、花飾、追入ボール、小田巻、お月様、球投などである[123]。しかし、これらは殆んど運動会の開催期日や参加学校、及び参加人数についての報道である[124]。

また、運動会以外には、彰化女子公学校の体操科授業の様子、テニス、登山などの記事がみられるが[125]、台湾人女生徒の活動実態についてその詳細を知ることは難しい。

ちなみに、1923 年 4 月 24 日に初めて開催された「全島学校聯合運動会」の記事から、対抗「リレーレース」は在台日本人男女生徒、台湾人男生徒が実施した種目であったが、台湾人女生徒には実施されていない[126]。

ではなぜ、対抗「リレーレース」という競技種目は台湾人女生徒に対して実施されなかったのだろうか。『台湾行啓記録第三十一冊』の第八節「全島学校聯合運動会場行啓」という報告書にもこのことは、明記されていないが[127]、1924 年 10 月 27 日の『台湾日日新報』から、少し手がかりを得ることができる。『台湾日日新報』は「きのふに優した圓山運動場の賑ひ　觀衆に血を沸さした對校リレー競走」という見出しを掲げ、龍山、蓬莱、大龍峒、朱厝崙、大安、東園の台北市内六公学校が参加して「女子部対校リレーレースが行はれた。その昔纏足の習慣があった本島の婦女人が徒歩競走況してリレーをするといふのであるから教育の効果は偉大なもので観衆が足を踏みならし手をたゝいて熱狂するのも決して無理からぬ事である。龍山蓬莱最初よりよく大安は東園を抜いてこれに次ぎ何れも驚く許りの疾走振りを示して見るものをして手に汗を握らしめる接戦を演じたが龍山蓬萊大安東園朱厝崙大龍峒の順序に決勝点に入り…」[128] と報じている。

このように、日本植民地政府が近代女子教育を導入した当初、台湾には女子纏足という古来の習慣があったため、リレーどころか、徒歩競走さえもできなかった状態から、女子部対校リレーレースが行われるようになったことは、台湾の観衆にとって驚くべきことであっただけでなく、台湾女子教育の素晴らしい成果であると報じたのである。つまり、1924 年に至り、台湾人女子は競技運動と無縁であった時代を打破し、ようやく競技運動の実施の基盤を形成するための身体能力を有するに至ったと言えよう。

2．国語学校附属女学校（台北女子高等普通学校、台北第三高等女学校）女子体育の実際

本章第三節に述べたように、1919 年の「台湾教育令」公布に伴い、同年 4 月 1 日に国語学校附属女学校は「台湾公立台北女子高等普通学校」として独立し、同時に彰化女子高等普通学校が新設された。また、1921 年 4 月には、台南女子高等普通学校を増設した。この三校は、1920 年代において台湾人女子中等教育機関の中核となった。

しかしながら、彰化女子高等普通学校及び台南女子高等普通学校は新たに設立されたため、資料は少なく、纏足が禁止された後の女子体育の現状を明らかにすることは困難である。

したがって、本号は台湾で最も古い女子中等教育機関―国語学校附属女学校（台北女子高等普通学校、台北第三高等女学校）の纏足と女子体育に関する問題について検討を試みる。

1）纏足を禁止した後の国語学校附属女学校の女子体育の状況（1915-1918 年）

さて、纏足を禁止した後の国語学校附属女学校体育はどのように進められたのであろうか。まず、生徒の纏足の状況から検討を始める。

1916 年に国語学校附属女学校に赴任した元第三高女教諭であった廣松良臣は、「この生徒達の中には、子供の二人三人抱へた母さんもあり、有夫者もあり…纏足の人等もあって、実に百姿万態であった」[129] と、生徒は多様であり、中には纏足者がいたことを明らかにしている。また、本章第三節に述べたように、1917 年に入り、国語学校附属女学校の生徒の中には、纏足者はいなくなったものの、解纏足者が全体の約 4 割存在していた。この状況に対し、『創立満三十年記念誌』では、「大正六年に及んで漸く纏足者を見ざるに至っている。学校体育がかゝる方面に相当の努力を要したる当時の、所謂体育なるものが如何なるものなりしかは現代人の想像の外であらう」[130] と、当初、学校体育の実施が相当困難な状況にあったことを回顧している。

一方、1917 年頃、国語学校附属女学校の学寮を観察した西岡英夫は、実際的な体育実施の状況を次のように述べている。

「八時十分前には全校が雨天体操場に集って、まづ教師への朝の挨拶が換はされ、其の日々の注意を受けると、それから六七分間位は合同体操を行ふ。これは深呼吸やら瑞典式の体操やら…食後から七時まで境内庭園又は遊歩場の散歩及び運動、校舎の後園や前庭など草花の間を相携へて語り歩いて居るものもあり、運動場には賑かに遊戯して居るものもある…」[131]

以上のことから、学校側は生徒に合同体操、スウェーデン体操、遊戯等の運動を行っていたことがわかる。しかし、同校第一二回技芸科を卒業した郭氏為治（1918）は、「多くの学科の中、大部分は興味をもって勉強したのですが、体操、造花はさほど、すきではなかったやうに覚えて居ります」[132] と述べ、体操科を好まなかった生徒もいたことがわかる。

2）台北女子高等普通学校の独立（1919 年）と台北第三高等女学校の昇格（1922）後の女子体育の状況（1919-1925 年）

①台北女子高等普通学校の体育の実際状況

1919 年、「台湾教育令」の公布後、当時の台北女子高等普通学校の体操科はどのように実施されたのか、同校の『創立滿三十年記念誌』の「生徒教養の状況」は次のように述べている。

「当校は創立以来、本島人の実生活を直視して、その伝統的趣味の那辺に存するかを考究し、之に基いて本島人女子教化に最も適切な方法を試みて来たのである。即ち内面的には旧来の思想感情及趣味を国民化することに努め、外面的には本島婦人の風俗慣習の長短を考へ、悪しきは之を助長し、併て内地婦人の長所美点は之を知らしめ、徐に我が国ぶりに同化する様に力を盡したのである…身体弱く勤労を厭ふは上中流婦人社会一般の通弊であるから、本校は特にこの点注意し正規の体操を授ける以外に、毎朝始業前に全生徒に一斉に体操を課し、更に戸外運動を指導奨励すると同時に、之に対する趣味を養ひ、自ら勤労を尊重するの美風を養成することにつとめた」[133]

以上のことから、植民地教育者は同化主義政策の教育方針として、台湾人女子に心理的、身体的な国民化の改造を行っていたことが窺える。また、同校は上中流婦人の身体の弱さや勤労を嫌がること等に注目し、正規の体操科の授業に加え、生徒に対して体操、戸外運動等を実施していたことがわかる。さらに、『創立満三十年記念誌』は日々、あるいは学校行事として、二分間体操、運動、遊戯、遠足なども行ったと述べている[134]。

ちなみに、台北女子高等普通学校教諭であった武山光規は1919年5月8日、同校に赴任してから、何度も台湾小公学校教員講習会の教育学講師を担任し、1922年同校は台北第三高等女学校に改称した後、講習科教育学担当の教員となった[135]。『創立満三十年記念誌』の「台北女子高等普通学校時代」に、武山氏は当時の台湾人女子教員養成の状況を以下のように述べている。

「一、附属女学校時代から講習科時代にかけて生徒の異変：…先づ第一に外形上の変遷を思ひ出されます。即ち附属女学校時代は、未だ何と云っても文化の普及が狭く、且つ浅かったので、本島女子最高の学府であった同校生徒といへども、尚且つ旧い伝統の殻から脱出することの出来なかったのは、又已を得ない事で、頭髪の結ひ方から服装など悠長と云ふか、軟弱と云ふか殊に未だ自然足ならぬ解纏足者の多きに至っては、元気潑溂たる児童を指導すべく、余りに沈欝優柔であって、此の点到底後期の軽快な、明るい気分の漲って居た講習科生に及ぶべくもありません…。二、教師としての本島女子：…唯体操科に至って多小異論のある処であらうと思ひます。然るに私は之に対しても矢張り其の不適任にあらざることを認めるものであります。成る程一般本島人婦人は勿論のこと、附属女学校卒業者又は初期の講習科終了者等従来の本島人女子について考へると、頗る不適任の感も致しますが、後期の講習科生などの本科に対する態度を観ると決して悲観すべきでない。

否或る点に於ては却って内地人よりも多く発展し易き素直が具って居るやうにも思はれるのであります。即ち本島人女子の本科に不適任と思はれるは、退嬰的気分と積極的に運動せざる点などが其の主なるものでありませうが、之は儒教や民族性の作った慣習の影響で、其の改善は仲々容易の事でないやうにも思はれるが、実は案外に楽で、纏足の風習など既に昔の夢となり、深窓隠遁の思想も最早や過去の迷想に終り、今は婦人に対する古き伝統の束縛から解放されて、明るい世界に闊歩せる事実を眼前に見るのであります。況んや本島人女子は前述の如く、技能の会得に必要なる特種性を有するを以って、将来文化の普及につれ栄養運動等体育方面に目覚むるに至れば、其の成績は内地婦人に優るとも劣る事なき見込があるのでありまして、指導宜しきを得ば本島人女子の本科に対する今後の進歩は、必ずや期待すべきものがあると信じます」[136]

武山の追憶からは、次のことが窺える。①国語学校附属女学校時代（1908 年 4 月-1919 年 3 月）には、同校の多くの生徒は解纏足者であった。そして、彼女たちの指導を行った教員にとって、彼女たちは卒業後教員になるにはあまりに活発でないという印象を与えていた。しかし、1922 年に台北第三高等女学校時代（講習科）に入り、このような状況は大幅に改善された。②当時の台湾人女子は儒教、民族性、纏足などの伝統的な慣習及び風習の影響を受けており、保守的な思想、外出を嫌がる習慣、積極的に運動しない傾向を持っていた。そのため、1910 年（国語学校附属女学校技芸科第一回卒業）から 1923 年（台北第三高等女学校講習科第一回卒業）の間、体操科教授について、台湾人女子教員は不適任であるとのイメージを植民地教育当局に与えていた。しかし、1915 年の纏足禁止によって台湾人女子は伝統的な束縛から解放され、栄養及び運動など体育方面での活躍が望めるようになった。また、台湾人女子は技能の会得に才能があり、将来日本人以上に体操科教授を行うことが期待できるとみていた。

②台北第三高等女学校の体育の実際状況

1922 年 2 月、台北女子高等普通学校は高等女学校に昇格した後、生徒数が急増したため(1922 年の 340 人→1923 年の 506 人)[137]、校舎が増築され、運動場が著しく狭められ、体育が実施困難となった[138]。その状況について、『創立満三十年記念誌』は、「運動場は増築又増築の為め年々狭められ、今や僅に方四〇米の空地を余すのみとなり、生徒六百人の朝会体操にも支障を来たす有様なれば、教授要目に示せる正規の競技遊戯も勿論教授不能である」[139] と述べている。

また、『創立満三十年記念誌』は、当時の「生徒体育の状況」を次のように述べている。

「過渡時代の体育は、女子高等普通学校時代に比し、体操教授時間を一時間増加して体操舞踏の向上を見た外、従前と格段の差異は無かった。即ち毎朝一斉体操を行ふことゝ、時々汽車旅行の遠足などを行ふことは、従前の通りであった。戸外運動奨励の為めに庭球コートを設けてあったが、旧慣尚固くコートに立つ生徒は極めて少なくて、当時新設した卓球台に集まって室内運動をするのを、最大の運動の如くに考へている程度に過ぎなかった」[140]

上述より、強固な旧慣は生徒に未だ影響を及ぼしており、戸外運動を行う生徒が非常に少ないため、学校は卓球台を用意し、室内運動としての卓球を実施していたことがわかる。また、この旧慣とは、当時の台湾人女子が外出を嫌がる習慣を指すと思われる。

しかし、1923 年の皇太子(後の昭和天皇)台湾訪問に伴い、全島各学校聯合運動会が開催されたことをきっかけに、台北第三高等女学校の体育はまた前進することになる。これに対して、元台北第三高等女学校教諭であった石原うさをは、当時の体育の状況を次のように回顧している。

「それから一二年して、時の皇太子殿下行啓の栄に逢ひし頃は、もはや制服も定まり学制も変更され、所謂内容外観ともに面目を一新するの機運に向って居りました。奉迎運動会のプロネードを皮切りに、ランニング、ハードル、庭球などそろそろと（ほんとうにソロソロと）運動熱が昂りはじめました。しかし運動場は狭し、学科の程度は高まるし、なかなか思ふ様には行きませんでしたが、この近年になっては、その頃ほんの一部分の人達をのけては、夢想だもしなかった舞踊、水泳、強行遠足、登山等々 ……《（ママ）》 の華々しき催し…」[141]

石原の追憶から、1923 年に運動熱が高まり始め、台北第三高等女学校はランニング、ハードル、庭球、舞踊、水泳、強行遠足、登山など様々な体育・スポーツを実施していたことが窺える。

さらに、この変化について、『創立満三十年記念誌』は、「体育の急激なる躍進」の中で当時の状況を次のように述べている。

「従来当校に於ては、多年纏足屏居の因習に抱まれたる家庭に成長する生徒当校生徒は、先天的に運動競技を厭ふ傾向強く、到底積極的体育を実施し得ざるもの丶如く認め来ったので、僅に朝会体操と卓球の自由競技を許せる外は、自然何等の体育施設も無かったのである。然るに大正十四年以降に於て、学校首脳部の交迭するや、島内体育競技界の急激なる発展を見たる当時のこと丶て、時勢の進運に促され、終に多年の屏息主義を打破して積極的体育振興の方針を採り、初めて対校競技を試みて苦心優勝し、全校主義の登山及強行遠足を敢行して意外の大成功を収め、進んで新高登山を行ひ全校の志気を鼓舞するなど、体育の急激なる躍進に、俄然面目を一新するに至った」[142)]

以上のことから、1920年代に至り、台北第三高等女学校の生徒の中には纏足をする者はいなくなった。しかし、纏足習慣のある家庭で育てられた生徒は運動競技を嫌う傾向があり、当時の生徒たちにはまだ体育の重要性や必要性が十分に理解されていなかったことがわかる。纏足が女子体育に与える影響は全て消えたわけではなかったが、1925年に入り、台湾全島での体育・スポーツの盛り上がりに伴い、台北第三高等女学校は積極的な体育方針を取り入れ、対校競技をはじめ、新高登山、強行遠足など様々な体育活動に取り組んだ。

一方、纏足から天然足への変遷について、元総督府学務課属であった長谷八太郎は、「本島女子の今昔」を次のように語っている。

「女子は一般に纏足を為して歩行自由ならず、所謂蓮歩楚々と形容せられたものであり中流以上に在りては、十歳にして男女席を同うせずの教を守り、密閉せる室内に籠居し、身体脆弱、甚だ気の毒な恵まれざる境遇に置かれたものであった。現今は、女子も男子と同じく、到る処に設けられたる初等中等学校に入学することが出来る様になり、爽快に学び、快闊に遊び、身体は健全に発育して来た。彼の校庭に於て軽妙に遊戯を為す有様などは、男子と何等異ならざる様に至ったことを見る毎に、実に涙ぐましく感ずるのである」[143)]

長谷の思い出から、植民地台湾における女子教育には、纏足期から天然足期までの変遷過程の中で、纏足からの解放後、台湾人女子の身体活動の内容は著しく変化し、台湾人女子身体の健全及び発育状態、女子教育に対する考え方の改善がもたらされたことがわかる。

第五項　台湾全島初の女子体育講習会と第六回全島陸上競技大会における女子選手の登場（1925 年）

1．台湾における女子運動熱の高まり

1920 年代頃に至り、日本内地では、女子体育に対する女子教育界の関心が再び高まるにつれ、各種の女子運動競技会が次々に開かれた（例えば、1922 年の第一回女子連合競技大会、第一回全国女子競泳選手権大会、第一回全日本女子陸上選手権大会、第一回関東女子硬式庭球トーナメント大会；1924 年の第一回全日本女子庭球大会、第一回日本女子オリンピック大会）。この時期は日本内地女子中等教育機関の急速な拡大期であったため、「女子運動熱」は多くの女生徒へ及んだのである[144]。さらに、その「女子運動熱」はまもなく植民地であった台湾に伝播した。この変化について、1925 年 9 月に出版された『国語読方科体操科教授に関する研究』は、「本島女子体育の現在の状況」の中で次のように述べている。

> 「最近我が国に於いて女子の体育が猛烈な勢を以て発展して来まして庭球、陸上競技、水泳、乗馬、バアーレーボール、バスケットボール等の運動が盛んに行はれ…本島に於いても体育熱が盛んになって色々な体育上の研究も積み其の実行もされる様になり誠に喜ばしい事でありました。女子も昔時の陋弊たる纏足を解いて解纏足となり更に天然足《(ママ)》を変って来て尚学校に於いては、学校体育をどしどしと施されているのを見ると殆ど隔世の感があります。しかしながら男子の体育と比較し内地の女子の体育と比較すれば遺憾ながらまだまだ幼稚なものであります…」[145]

このように、女子の体育が盛んになり、女子も纏足を解き、さらに天然足に変わって、学校ではテニス、陸上競技、水泳、乗馬、バレーボール、バスケットボールが盛んに行

われるようになり、このような状況は「殆んど隔世の感があります」と表現され、台湾人女子体育が著しく変化している様子を窺わせる。日本内地の女子体育熱は、当時の台湾女子体育の発展にも大いに影響を与え、これをきっかけに女子体育熱の気運が台湾全島に及んだことがわかる。また、1920 年代頃から、『台湾日日新報』は女子中等教育機関の運動会、及び各種の女子運動競技会の実施について積極的に報道した[146)]。例えば、1925 年 5 月 9 日の『台湾日日新報』では、台湾体育協会陸上競技部長であった三巻俊夫が、「適当な時機に結構な催し勿論雙手を挙げて歓迎します…庭球競技については女子選手が参加されたことを先づ何よりも喜びたい…一旦緒を開かれた女子の競技は将来は単に庭球のみならず女子のバレーボール、バスケットボール、リレー、なども盛に行はれるやうになるだらう」[147)] と述べたことを報じた。なお、1925 年の『台湾日日新報』は、「6 月 13-14 日の女子が参加した初めての全島中等学校庭球大会には、台南第二高等女学校から一人、彰化高等女学校から七人の台湾人女子参加者の姿があった。その結果は、主に台湾人女子を中心とした彰化高等女学校チームが第二位入賞であった。これは、台湾人女子が全島的な運動競技大会に初めて登場・入賞した記録である」[148)] と報じた。

しかしながら、日本内地の女子体育と比べると、そのレベルはまだ劣っていたと考えられていた。その理由を、『国語読方科体操科教授に関する研究』では、台湾人女子の体格は日本内地女子より劣位及び身体の発育不充分の傾向があること、また、台湾女子には①労働を嫌う習慣、②誤った婦人美の観念、③粗食に原因があると指摘している[149)]。

いずれにしても、1897 年に近代女子教育が実施されてから、1920 年代に至り、約 20 年間以上を経て台湾女子体育の実施内容は著しい変化を見せた。しかも、1915 年の纏足禁止後、約 5 年間で急速に「女子運動熱」が高まったと推察できる。このように、台湾女子体育の発展は日本内地の「女子運動熱」の風潮に触発され、もたらされた。

2．台湾全島初の女子体育講習会の開催

こうした女子運動熱の高まりは 1925 年台湾全島初の女子体育講習会に結び付いた。同年 8 月 11 日から 20 日まで、台湾教育会は「今年は女子体育に重きを置く」という

方針を掲げ、台湾人女子体育の向上、体操指導者の実力養成のために、二階堂トクヨが推薦した内田トハ子（奈良女高師助教授）、御笹政重（奈良女高師助教諭）、人見絹枝（京都市立第一高女講師）、西沢富子（東京二階堂体操学校卒業生）を招き、台北第一高等女学校を会場として、台湾全島初の「女子体育講習会」が開催された[150]。

女子体育講習会の講義内容については、教練（秩序運動）、体操（下肢、上肢、上下肢、頭、胸、懸垂、平均、背、腹、体側、跳躍、呼吸）、遊戯競技（遊技、競技、遊戯）の三つの運動に分類され、気ヲ付ケをはじめ、右（左）向、休メ、足尖開閉、踵上下、手腰、頭後屈、手胸開脚上体後屈、肋木登降、直立挙踵、足踏、跳上跳下、コーナーボール、星、金太郎、短距離、二百米リレーレース、走高跳、走幅跳、砲丸投までの百七十二の種類（教練 27 種類、体操 125 種類、遊戯競技 20 種類）が尋常科第一学年から高等科第二学年までの各学年に配当された。また、最初の八日間には、これらの講義内容を講習し、九日と十日には、「特種教材」が行われた[151]。この講習会の講義内容を 1921 年の『公学校教授細目上編』の「体操科教授細目」と比較すると、「体操科教授細目」には含まれていなかった短距離、リレーレース、走高跳、走幅跳、砲丸投、ホスジャンプ（三段跳）、ボール投、ローハードルなどが実施されたこと、また、走、跳、投などの運動が台湾人に対して日本人と同様に教えられたことが特徴である。

この「女子体育講習会」の開催は、素晴らしい人気であり、当初、台湾各地から選抜した女教員四十名を講習会に受け入れる予定であったが、結局、台湾全島から女学校体操科主任も参加し、八十一名にも及ぶ受講者が参加することになり、傍聴員も五六十名、教育者、奥様方などの参観者も多数いたという。「女子体育講習会」が閉会した後、一行は 21 日新竹、22 日台中、23 日台南、24 日高雄で講演、並びに実演をし、台湾各地の女子体育に刺激を与えた。この講習会は、前例をみない取り組みであるとして、『台湾日日新報』は大々的に報道した[152]。

注目すべきは、講師四名中の一人、人見絹枝である。人見絹枝は、当時、身長五尺六寸（約 170 センチ）という女丈夫で世界レコードの所有者であったため、相当な人気を誇っていた[153]。また、閉会された 20 日には、台北新公園において小体育会が開催された。その日、人見絹枝は立高跳 1 米 45（世界記録は 1 米 27）、ホスジャンプ 10 米 40（世界記録は 10 米 38）、槍投 30 米 91（世界記録は 29 米 96）という成績で三つの女子世界記録を破った。当時、台北第一高等女学校の陸上部員であった鈴木よし子

（同校 27 期卒業生）は、「人見先生は台湾総督の招請によって、台湾各地に陸上競技を普及させるためにいらっしゃったのです」[154] と書き残しており、人見絹枝が、台湾に女子運動競技を普及・宣伝する目的で訪問したことがわかる。

なお、この女子体育講習会の評価について、1926 年 3 月の『台湾日日新報』は「女子体育の向上を目的に昨年夏新らしい試みとして女子体育講習会を台北に開催以来全島の学校は非常の刺戟をうけ運動熱の機運は彌が上に挙がった、台北市ではこの機に乗じ公学校女子の体育を一層盛んにし稍もすれば幾百年間深窓に蟄居した習慣に陥ち入り易い弊を徹底的に解放する…」[155] と報道し、女子体育講習会の開催は台湾女子体育に飛躍的な発展の土台を築くきっかけになっただけでなく、伝統的な儒教文化による昔から外出を嫌がる習慣を持っていた台湾人女子をそのような習慣から解放する機会として捉えていたことがわかる。

以上を総べれば、台湾植民地教育当局は女子体育講習会を通じて台湾社会に女子が運動競技に従事する姿、あるいは新女性のイメージを宣伝し、蟄居に陥り易い習慣を打破することを意図していたと考えられる。人見絹枝はそのような新女性の象徴的な姿を台湾社会にもたらした。

3．第六回全島陸上競技大会における女子選手の登場

1925 年 8 月 20 日、女子体育講習会が閉会された約 1 月後、台湾全島の女子運動熱の盛り上がりを受けて、台湾体育協会は同年 9 月 21 日、来る 10 月 10-11 日圓山運動場において開かれる第六回全島陸上競技大会に初の女子種目（五十米競走、百米競走、四百米リレーレース、走高飛、ヴアレーボール、ホスジャンプ）を設け、『台湾日日新報』においてその参加者を募った[156]。その結果、同年 10 月 9 日の『台湾日日新報』に、台北第一高等女学校、彰化高等女学校、台南第一高等女学校の三校が参加し、約三十名の女子選手が初登場すると報道された[157]。また、翌日の『台湾日日新報』は「白熱化して来た台湾の体育熱　女流選手も今年から登場　以て意を強うするに足る　各競技の優勝は誰？」[158] という見出しを掲げ、女子選手の初登場に注目した。

『台湾体育史』によると、この競技会に参加した女子選手は、「内地人 19 名、本島人 0 名」[159] であったと記されているが、『台湾日日新報』には、女子 30 名参加が予報されており、実際の台湾人女子の参加人数については確認できない。しかし、競技結果

には台湾人女子の活躍をみることができる。台湾人女子の競技結果は、甘氏翠釵は五十米競走第一位、百米競走第二位、ホスジャンプ第三位；黄氏芸は走高飛第一位；黄氏春は走高飛第三位であった[160]。この結果に対して、台湾体育協会陸上競技部幹事であった石塚長臣は、当時の状況を次のように述べている。

「台北第一高女の選手諸嬢が最も活躍されたが遥々彰化高女から本島人諸嬢が参加して甘氏翠釵嬢が五十米（記録七秒二）に、黄氏芸嬢が走高跳（記録一米三〇）に優勝、纏足から開放された本島女性の意気を示すと共に本島女子スポーツ界に一紀元を劃したのでありました。あの本島人諸嬢の活躍は纏足のお婆さん達を狂倒させた事と思います」[161]

石塚の追憶からは、1925 年の第六回全島陸上競技大会に初めて登場した台湾人女子たちは、纏足の束縛から完全に脱し、運動場で自由自在に走る・跳ぶことができるのみならず、運動競技優勝に至るまでの運動能力を有していたことが窺える。また、天然足であった彼女たちが運動競技で活躍したことは、纏足・解纏足世代から天然足世代への著しい変遷を示しているだけでなく、台湾人女子の運動競技に対する観念の転換を示していると考えられる。すなわち、この時期は台湾女子体育史上に一時期を劃したのである。言い換えると、これをきっかけに、台湾女子体育の発展は競技スポーツの段階に至り、台湾人女子は、「三寸金蓮」の束縛から完全に抜け出し、新しい時代に踏み出したと言えよう。台湾全島初の女子体育講習会と第六回全島陸上競技大会の二つの大会が開催された 1925 年は、台湾女子体育の発展にとって重要な分水嶺である。

【引用・参考文献】

1）黄昭堂『台湾総督府』東京：教育社,1989 年,p.102.
2）蔡禎雄「日本統治下台湾における初等学校教科体育の歴史的考察」筑波：筑波大学体育科学研究科博士論文,1991 年,pp.98-99.
3）蔡禎雄「日本統治下台湾における初等学校教科体育の歴史的考察」筑波：筑波大学体育科学研究科博士論文,1991 年,p.99.
4）伊藤潔『台湾　四百年の歴史と展望』東京：中央公論社,1993 年,pp.99-100.
5）伊藤潔『台湾　四百年の歴史と展望』東京：中央公論社,1993 年,p.102.
6）蔡禎雄「日本統治下台湾における初等学校教科体育の歴史的考察」筑波：筑波大学体育科学研究科博士論文,1991 年,p.99.黄昭堂『台湾総督府』東京：教育社,1989 年,pp.132-135.1906 年には、「六三法」

はすでに「三一法」となっていたが、1920 年頃に至っても、一般に「六三法」と称していた。詳しい内容は、伊藤潔『台湾　四百年の歴史と展望』東京：中央公論社,1993 年,pp.100-104.を参照されたい。

7）矢内原忠雄『帝国主義下の台湾』東京：岩波書店,2008 年,pp.185-189.

8）台湾史料保存会『日本統治下の民族運動（上巻)』東京：風林書房,1969 年,p.746,p.752.

9）末光欣也『台湾の歴史　日本統治時代の台湾』台北：致良出版社,2004 年,p.177.

10）矢内原忠雄『帝国主義下の台湾』東京：岩波書店,2008 年,p.185.

11）伊藤潔『台湾　四百年の歴史と展望』東京：中央公論社,1993 年,pp.99-101.黄昭堂『台湾総督府』東京：教育社,1989 年,pp.106-107.

12）末光欣也『台湾の歴史日本統治時代の台湾』台北：致良出版社,2004 年,pp.179-180,pp.184-188. 吉野秀公『台湾教育史』台北：台湾日日新報社,1927 年,pp.367-368.

13）吉野秀公『台湾教育史』台北：台湾日日新報社,1927 年,pp.369-370.

14）矢内原忠雄『帝国主義下の台湾』東京：岩波書店,2008 年,pp.187-188.

15）蔡禎雄「日本統治下台湾における初等学校教科体育の歴史的考察」筑波：筑波大学体育科学研究科博士論文,1991 年,pp.101-102.伊藤潔『台湾　四百年の歴史と展望』東京：中央公論社,1993 年,pp.104-106.李園会『日據時期台湾師範教育制度』台北：南天書局,1997 年,p.111.

16）末光欣也『台湾の歴史　日本統治時代の台湾』台北：致良出版社,2004 年,pp.179-180,　pp.184-188.

17）蔡禎雄「日本統治下台湾における初等学校教科体育の歴史的考察」筑波：筑波大学体育科学研究科博士論文,1991 年,p.101,p.166.

18）蔡禎雄「日本統治下台湾における初等学校教科体育の歴史的考察」筑波：筑波大学体育科学研究科博士論文,1991 年,pp.103-107,p.165.

19）伊藤潔『台湾　四百年の歴史と展望』東京：中央公論社,1993 年,pp.118-120.

20）台湾教育会編『台湾教育沿革誌』台北：台湾教育会,1939 年,p.1018.

21）「阿罩霧の解纏足」『台湾日日新報』,1914 年 12 月 10 日:3.

22）鷲巣敦哉『台湾統治回顧談』台北：台湾警察協会,1943 年,pp.286-287.

23）台湾史料保存会『日本統治下の民族運動（上巻)』東京：風林書房,1969 年,p.746.

24）台湾教育会編『台湾教育沿革誌』台北：台湾教育会,1939 年,p.1018.

25）井出季和太『台湾治績志』台北：台湾日日新報社,1937 年,p.429.

26）台湾教育会編『台湾教育沿革誌』台北：台湾教育会,1939 年,pp.1018-1019,p.1024.呉文星『日治時期台湾的社会領導階層』台北：五南,2008 年,p.248.

27）詳しく内容は、呉文星『日治時期台湾的社会領導階層』台北：五南,2008 年,pp.240-247.を参照されたい。

28）朱阿貴「論纏足弊害及其救済策」『台湾日日新報』,1915 年 2 月 28 日:6.

29）趙雲石「第一等当選」『論纏足弊害及其救済策』台北：台湾日日新報,1915 年,p.4.趙雲石「論纏足弊害及其救済策」『台湾日日新報』,1915 年 1 月 1 日:41.

30）廖学校「第二等当選」『論纏足弊害及其救済策』台北：台湾日日新報,1915 年,p.8.廖学校「論纏足弊害及其救済策」『台湾日日新報』,1915 年 1 月 1 日:53.

31）呉文星『日治時期台湾的社会領導階層』台北：五南,2008 年,p.249.

32）台湾史料保存会『日本統治下の民族運動（上巻）』東京：風林書房,1969 年,p.746.

33）台湾総督府史料編纂会「本島婦人纏足禁止及解纏ノ事項ヲ保甲規約中ニ加ヘシム（大正四年四月十五日）」『台湾史料稿本』,不詳：台湾総督府史料編纂会,1915 年.

34）呉文星『日治時期台湾的社会領導階層』台北：五南,2008 年,pp.250-251.

35）「陋習全く改まる」,『台湾日日新報』,1915 年 8 月 26 日：7.「陋習革除続報」,『台湾日日新報』,1915 年 8 月 27 日：6. 各庁の解纏足の人数については、台北 119,930、宜蘭 22,391、桃園 44,938、新竹 41,701、台中 259,712、南投 48,833、嘉義 111,142、阿緱113,949、台東 2,752、花蓮港 4,525、澎湖 2,077であった。しかしながら、この資料は、解纏足者の定義、足の区別の方法、及び判断基準などが説明されていない。しかも、解纏足の人数は表 3-2、表 3-3、表 3-4 の統計と異なるので、ここにあげて参考に供する。

36）台湾史料保存会『日本統治下の民族運動（上巻）』東京：風林書房,1969 年,p.746.

37）台湾総督官房臨時戸口調査部『[大正四年] 第二次臨時台湾戸口調査記述報文』出版地不詳：台湾総督官房臨時戸口調査部,1917 年,p.391.

38）台湾総督官房臨時戸口調査部『[大正四年] 第二次臨時台湾戸口調査記述報文』出版地不詳：台湾総督官房臨時戸口調査部,1917 年,p.400.

39）台湾総督官房臨時戸口調査部『[大正四年] 第二次臨時台湾戸口調査集計原表（地方之部）』出版地不詳：台湾総督官房臨時戸口調査部,1917 年,pp.302-304,p.1336,p.1384.

40）台湾総督官房臨時戸口調査部『[大正四年] 第二次臨時台湾戸口調査記述報文』出版地不詳：台湾総督官房臨時戸口調査部,1917 年,p.394.

41）呉文星『日治時期台湾的社会領導階層』台北：五南,2008 年,p.253.

42）「纏足時代から自然美の時代へ　歩行の仕方でわかるお人から昔よりも活潑軽快になった」,『台湾日日新報』,1934 年 9 月 4 日：6.

43）佐藤源治『台湾教育の進展』台北：台湾出版文化株式会社,1943 年,p.120.蔡禎雄「日本統治下台湾における初等学校教科体育の歴史的考察」筑波：筑波大学体育科学研究科博士論文,1991 年,p.103.

44）末光欣也『台湾の歴史　日本統治時代の台湾』台北：致良出版社,2004 年,p.179.佐藤源治『台湾教育の進展』台北：台湾出版文化株式会社,1943 年,p.120.

45）佐藤源治『台湾教育の進展』台北：台湾出版文化株式会社,1943 年,p.120.

46）矢内原忠雄『帝国主義下の台湾』東京：岩波書店,2008 年,pp.154-155.末光欣也『台湾の歴史　日本統治時代の台湾』台北：致良出版社,2004 年,pp.179-180.

47）台湾教育会編『台湾教育沿革誌』台北：台湾教育会,1939 年,p.324.

48）佐藤源治『台湾教育の進展』台北：台湾出版文化株式会社,1943 年,p.124.

49）佐藤源治『台湾教育の進展』台北：台湾出版文化株式会社,1943 年,pp.124-125.矢内原忠雄『帝国主義下の台湾』東京：岩波書店,2008 年,pp.155-156.

50）末光欣也『台湾の歴史　日本統治時代の台湾』台北：致良出版社,2004 年,pp.206-207.蔡禎雄「日本統治下台湾における初等学校教科体育の歴史的考察」筑波：筑波大学体育科学研究科博士論文,1991 年,pp.

104-105.

51）矢内原忠雄『帝国主義下の台湾』東京：岩波書店,2008 年,pp.156-159.

52）台湾教育会編『台湾教育沿革誌』台北：台湾教育会,1939 年,pp.330-331.

53）台湾教育会編『台湾教育沿革誌』台北：台湾教育会,1939 年,pp.333-343.

54）台湾教育会編『台湾教育沿革誌』台北：台湾教育会,1939 年,pp.358-364.

55）吉野秀公『台湾教育史』台北：台湾日日新報社,1927,p.496.

56）吉野秀公『台湾教育史』台北：台湾日日新報社,1927,p.316,p.404,p.498.

57）吉野秀公『台湾教育史』台北：台湾日日新報社,1927,p.404.

58）周登新「本島女子教育の不振なる原因」『台湾教育』158 号,台湾教育会,1915 年 6 月,p.45.

59）周登新「本島女子教育の不振なる原因」『台湾教育』158 号,台湾教育会,1915 年 6 月,p.45.

60）周登新「本島女子教育の不振なる原因」『台湾教育』158 号,台湾教育会,1915 年 6 月,pp.45-46.

61）「台中本島人教育」『台湾日日新報』,1916 年 1 月 21 日:2.

62）本田茂吉「国語普及竝に民育上より観たる本島女子教育」『台湾教育』177 号,台湾教育会,1917 年 3 月,p.54.

63）「婦人の指導」『台湾日日新報』,1917 年 6 月 7 日:5.

64）「公学校女子就学奨励の急務を論ず」『台湾教育』197 号,台湾教育会,1918 年 11 月,pp.1-2.

65）「台中本島人教育」『台湾日日新報』,1916 年 1 月 21 日:2.「女子教育方針」『台湾日日新報』,1916 年 12 月 28 日:5.「桃園学事現況」『台湾日日新報』,1917 年 4 月 20 日:2.「島民就学傾向　女子就学尚少」『台湾日日新報』,1917 年 7 月 13 日:6.「富島庁長訓示　教育の発達」『台湾日日新報』,1918 年 5 月 15 日:3.

66）王則修「女子教育論」『台湾日日新報』,1918 年 12 月 8 日:5.員峯山荘主人「女子教育論」『台湾日日新報』,1918 年 12 月 6 日:6.「女子教育方針」『台湾日日新報』,1916 年 12 月 28 日:5.「桃園学事現況」『台湾日日新報』,1917 年 4 月 20 日:2.王則修「女子教育論」『台湾日日新報』,1918 年 12 月 8 日:5.許仲熹「女子教育論」『台湾日日新報』,1918 年 12 月 9 日:4.

67）小野正雄編『創立満三十年記念誌』台北：台北第三高等女学校同会学友窓会,1933 年,pp.102-103.

68）小野正雄編『創立満三十年記念誌』台北：台北第三高等女学校同会学友窓会,1933 年,p.104,pp.109-110.

69）台湾教育会編『台湾教育沿革誌』台北：台湾教育会,1939 年,pp.826-827.

70）台湾教育会編『台湾教育沿革誌』台北：台湾教育会,1939 年,pp.828-837.

71）女子高等普通学校と国語学校附属女学校の教科内容の比較については、小野正雄編『創立満三十年記念誌』台北：台北第三高等女学校同会学友窓会,1933 年,pp.112-113.を参照されたい。

72）小野正雄編『創立満三十年記念誌』台北：台北第三高等女学校同会学友窓会,1933 年,pp.127-128.

73）小野正雄編『創立満三十年記念誌』台北：台北第三高等女学校同会学友窓会,1933 年,pp.131-132.大欣鉄馬編『台北第三高等女学校創立三十五周年記念誌』台北：台北第三高等女学校同会学友窓会,1933 年,pp.19-21.

74）小野正雄編『創立満三十年記念誌』台北：台北第三高等女学校同会学友窓会,1933 年,pp.142-145.

75) 游鑑明「日據時期台湾的女子教育」台北：国立台湾師範大学歴史研究所修士論文,1987年,p.128. 原文は「その他の参考資料表5（p.298）」を参照されたい。
76) 「附属女学校通信」『台湾教育会雑誌』,155号,台湾教育会,1915年3月,p.66.
77) 「面目改れる附女」,『台湾日日新報』,1917年5月4日:7.
78) 洪郁如『近代台湾女性史　日本の植民統治と「新女性」の誕生』東京：勁草書房,2001年,p.70. 中国語の原文は、陳芳明編『楊逵的文学生涯』台北：前衛出版社,1991年,p.221.を参照されたい。
79) 「附属女学校生徒募集」『台湾総督府報』936号,台湾総督府,1916年1月28日.「附属女学校生徒募集」『台湾総督府報』1208号,台湾総督府,1917年1月30日.「生徒募集」『台湾総督府報』1795号,台湾総督府,1919年3月31日.「生徒募集」『台湾総督府報』1815号,台湾総督府,1919年4月24日.「生徒募集」『台湾総督府報』2002号,台湾総督府,1919年12月24日.「生徒募集」『台湾総督府報』2271号,台湾総督府,1920年12月14日.「学事」『台湾総督府報』2275号,台湾総督府,1920年12月18日.「生徒募集」『台湾総督府報』2613号,台湾総督府,1922年3月24日.「生徒募集」『台湾総督府報』3450号,台湾総督府,1925年2月17日.「生徒募集」『台湾総督府報』3739号,台湾総督府,1926年2月25日.
80) 「附属女学校生徒募集」『台湾総督府報』936号,台湾総督府,1916年1月28日.
81) 「生徒募集」『台湾総督府報』2002号,台湾総督府,1919年12月24日.
82) 「生徒募集」『台湾総督府報』44号,台湾総督府,1927年2月26日.
83) 台湾教育会編『台湾教育沿革誌』台北：台湾教育会,1939年,p.338.
84) 台湾教育会編『台湾教育沿革誌』台北：台湾教育会,1939年,p.338.
85) 台湾教育会編『台湾教育沿革誌』台北：台湾教育会,1939年,p.347.
86) 蔡禎雄「日本統治下台湾における初等学校教科体育の歴史的考察」筑波：筑波大学体育科学研究科博士論文,1991年,p.153.
87) 当時、体操科の教授内容の考察について、蔡禎雄「日本統治下台湾における初等学校教科体育の歴史的考察」筑波：筑波大学体育科学研究科博士論文,1991年,p.153.を参照されたい。
88) この二つの体操科の実施内容は、台湾総督府「体操科教授細目」『公学校教授細目』台北：台湾総督府,1914年.「体操科教授要目取調委員設置」『台湾総督府公文類纂』1914年12月1日永久保存第四十一巻.を参照されたい。
89) 台湾教育会編『台湾教育沿革誌』台北：台湾教育会,1939年,p.367.
90) 台湾教育会編『台湾教育沿革誌』台北：台湾教育会,1939年,p.380.
91) 蔡禎雄「日本統治下台湾における初等学校教科体育の歴史的考察」筑波：筑波大学体育科学研究科博士論文,1991年,p.149.
92) 台湾教育会編『台湾教育沿革誌』台北：台湾教育会,1939年,p.831.
93) 台湾教育会編『台湾教育沿革誌』台北：台湾教育会,1939年,p.831.
94) 台湾教育会編『台湾教育沿革誌』台北：台湾教育会,1939年,p.849.
95) 台湾教育会編「台湾教育年表」『台湾教育沿革誌』台北：台湾教育会,1939年,p.33.蔡禎雄「日本統治下台湾における初等学校教科体育の歴史的考察」筑波：筑波大学体育科学研究科博士論文,1991年,p.149.

96) 「体操科教授要目取調委員設置」『台湾総督府公文類纂』1914 年 12 月 1 日永久保存第四十一巻.

97) 「府視学前川治体操科教授要目取調委員ヲ命スルノ件」『台湾総督府公文類纂』1914 年 12 月 1 日永久保存第十二巻.「国語学校助教授菅田茂郷体操科教授要目取調委員ヲ命スルノ件」『台湾総督府公文類纂』1914 年 12 月 1 日永久保存第十二巻.「国語学校助教授甲木儀次郎体操科教授要目取調委員ヲ命スルノ件」『台湾総督府公文類纂』1914 年 12 月 1 日永久保存第十二巻.「中学校教諭池田初雄体操科教授要目取調委員ヲ命スルノ件」『台湾総督府公文類纂』1914 年 12 月 1 日永久保存第十二巻.「中学校教諭松岡辰三郎体操科教授要目取調委員ヲ命スルノ件」『台湾総督府公文類纂』1914 年 12 月 1 日永久保存第十二巻.「高等女学校教諭辻清恵体操科教授要目取調委員ヲ命スルノ件」『台湾総督府公文類纂』1914 年 12 月 1 日永久保存第十二巻.「国語学校教諭森川亀吉体操科教授要目取調委員ヲ命スルノ件」『台湾総督府公文類纂』1914 年 12 月 1 日永久保存第十二巻.「国語学校教諭井上正男体操科教授要目取調委員ヲ命スルノ件」『台湾総督府公文類纂』1914 年 12 月 1 日永久保存第十二巻.「国語学校嘱託樋口ふじ体操科教授要目取調委員ヲ命スルノ件」『台湾総督府公文類纂』1914 年 12 月 1 日永久保存第十二巻.

98) 「中学校教諭池田初雄体操科教授要目取調委員被免」『台湾総督府公文類纂』1915 年 4 月 1 日永久保存第四巻.「中学校嘱託新沼佐助体操科教授要目取調委員被命」『台湾総督府公文類纂』1915 年 4 月 1 日永久保存第四巻.

99) 「視学前川治外七名体操科教授要目取調委員ヲ免ス」『台湾総督府公文類纂』1917 年 4 月 1 日永久保存第四巻.

100) 「体操科教授要目取調委員報告書」『台湾総督府公文類纂』1916 年 1 月 1 日十五年保存第三十巻.

101) 蔡禎雄「日本統治下台湾における初等学校教科体育の歴史的考察」筑波：筑波大学体育科学研究科博士論文,1991 年,p.149.

102) 『台湾公学校体操教授要目』の詳しい内容については、台北師範学校編『台湾公学校体操教授要目』台北：晃文館,1919 年.を参照されたい。

103) 「体操科教授要目取調委員報告書」『台湾総督府公文類纂』1916 年 1 月 1 日十五年保存第三十巻.

104) 「体操科教授要目取調委員報告書」『台湾総督府公文類纂』1916 年 1 月 1 日十五年保存第三十巻.

105) 「体操科教授要目取調委員報告書」『台湾総督府公文類纂』1916 年 1 月 1 日十五年保存第三十巻.

106) 「体操科教授要目取調委員報告書」『台湾総督府公文類纂』1916 年 1 月 1 日十五年保存第三十巻.

107) 「体操科教授要目取調委員報告書」『台湾総督府公文類纂』1916 年 1 月 1 日十五年保存第三十巻.

108) 「体操科教授要目取調委員報告書」『台湾総督府公文類纂』1916 年 1 月 1 日十五年保存第三十巻.

109) 「体操科教授要目取調委員報告書」『台湾総督府公文類纂』1916 年 1 月 1 日十五年保存第三十巻.

110) 「文部省制定学校体操教授要目ニ比シ本要目ノ特ニ注意ヲ拂ヒタル諸点」の詳細については、「体操科教授要目取調委員報告書」『台湾総督府公文類纂』1916 年 1 月 1 日十五年保存第三十巻.を参照されたい。また、「文部省制定学校体操教授要目」の詳細については、文部省制定『学校体操教授要目』東京：開発社,1913 年.を参照されたい。

111) 1898 年、公学校体操科の内容に兵式体操が含まれなかった理由についての蔡禎雄の考察と同様。詳細については、蔡禎雄「日本統治下台湾における初等学校教科体育の歴史的考察」筑波：筑波大学体育科学研究科博士論文,1991 年,p.47.を参照されたい。

112）「体操科教授要目取調委員報告書」『台湾総督府公文類纂』1916 年 1 月 1 日十五年保存第三十卷.

113）蔡禎雄「日本統治下台湾における初等学校教科体育の歴史的考察」筑波：筑波大学体育科学研究科博士論文,1991 年.

114）謝仕淵「日治初期(1895-1916)台湾公学校的女子体育與放足運動」『台湾文献』55 巻 2 号,国史館台湾文献館,2000 年,pp.206-230.

115）「体操科教授要目取調委員報告書」『台湾総督府公文類纂』1916 年 1 月 1 日十五年保存第三十卷.

116）「体操科教授要目取調委員報告書」『台湾総督府公文類纂』1916 年 1 月 1 日十五年保存第三十卷.

117）具体的な天然足率、纏足率、解纏足率は本章の表 3-10,表 3-11 を参照されたい。台湾総督府内務局学務課『[大正六年四月］台湾総督府学校生徒及児童身体検査統計書』出版地不詳：台湾総督府内務局学務課,1919 年,pp.70-73,pp.318-325.

118）詳しい修正内容については、台北師範学校編『台湾公学校体操教授要目』台北：晃文館,1919 年.を参照されたい。

119）台北師範学校附属公学校編「体操科教授細目」『公学校教授要目上編』台北：不明,1921 年,p.1.

120）台北師範学校附属公学校編「体操科教授細目」『公学校教授要目上編』台北：不明,1921 年,p.1.

121）削除した項目の比較についは、台北師範学校附属公学校編「体操科教授細目」『公学校教授要目上編』台北：不明,1921 年.の「各学年教材配当表」の総表及び各学年学期の教程を参照されたい。

122）台湾教育会編『台湾教育沿革誌』台北：台湾教育会,1939 年,p.367.

123）「直轄公学校聯合運動会」『台湾日日新報』,1919 年 11 月 8 日:4.

124）公学校女生徒たちが運動会に参加する状況について、「公学秋季運動会」『台湾日日新報』,1916 年 10 月 17 日:5.「彰校運動会」『台湾日日新報』,1916 年 11 月 2 日:6.「稲江女校運動会」『台湾日日新報』,1916 年 11 月 16 日:6.「新竹両公校運動会」『台湾日日新報』,1916 年 11 月 16 日:6.「昨日の大運動会」『台湾日日新報』,1917 年 11 月 4 日:7.「咸菜硼運動会」『台湾日日新報』,1917 年 11 月 4 日:7.「運動会第二日」『台湾日日新報』,1918 年 11 月 4 日:5.「運動会の日取り決まる」『台湾日日新報』,1919 年 10 月 7 日:7.「直轄公学校聯合運動会」『台湾日日新報』,1919 年 11 月 8 日:4.「昨日の運動会」『台湾日日新報』,1919 年 11 月 14 日:7.「葫蘆墩公学校運動」『台湾日日新報』,1919 年 11 月 12 日:4.「和尚州運動」『台湾日日新報』,1919 年 11 月 25 日:7.「秋の新公園を飾る小国民の大運動会」『台湾日日新報』,1920 年 10 月 7 日：7.「運動会之盛況」『台湾日日新報』,1920 年 12 月 9 日：6.「台北市内九公学校の聯合大運動会」『台湾日日新報』,1921 年 10 月 24 日：5.「台北市内九公学校の聯合大運動会」『台湾日日新報』,1921 年 10 月 24 日：5.「小公学校運動会期」『台湾日日新報』,1922 年 10 月 8 日：6.「秋晴れの一日を楽しむ約一万の公学生」『台湾日日新報』,1922 年 10 月 25 日：9.「殿下の台覧を仰ぐ全島各学生生徒聯合大運動会」『台湾日日新報』,1923 年 2 月 27 日：7.「宜蘭公学校運動会」『台湾日日新報』,1923 年 10 月 2 日：7.「羅東男女公学校運動十七日に聯合運動会」『台湾日日新報』,1923 年 10 月 17 日：8.「老松公学校の運動会」『台湾日日新報』,1923 年 11 月 3 日：7.「枋寮公学校春期運動会」『台湾日日新報』,1924 年 2 月 14 日：7.「台中聯合運動会男女公学校」『台湾日日新報』,1924 年 3 月 10 日：2.「各学校競技順序」『台湾日日新報』,1924 年 4 月 12 日：7.「女子校の体育会」『台湾日日新

報』,1924年10月12日：5.「二十五、六両日圓山で台北小公学校聯合運動会」『台湾日日新報』,1924年10月23日：7.「賑った大運動会」『台湾日日新報』,1924年10月27日：2.「台南公学運動会」『台湾日日新報』,1924年11月16日：2.「台覧に供する華かなダンスと（女子）剛健を誇る競技（男子）台北学生聯合大運動会」『台湾日日新報』,1925年5月19日：5.「台北各学校聯合大運動会」『台湾日日新報』,1925年11月3日：2.

125) 「女生学庭球」『台湾日日新報』,1916年9月21日:6.「女生登山」『台湾日日新報』,1920年12月7日:6.

126) 全島学校聯合運動会の演技種目の詳細については、「台臨を仰いで擧行さるゝ　運動会の演技種目　順序及学校名愈々決定」『台湾日日新報』,1923年4月14日:7.

127) 全島学校聯合運動会の演出経過の詳細については、下村充郎『台湾行啓記録第三十一冊』台北：台湾総督府官房文書課,出版年不詳,頁不詳.

128) 「きのふに優した圓山運動場の賑ひ　観衆に血を沸さした對校リレー競走」『台湾日日新報』,1924年10月27日:3.

129) 小野正雄編『創立満三十年記念誌』台北：台北第三高等女学校同会学友窓会,1933年,p.445.

130) 小野正雄編『創立満三十年記念誌』台北：台北第三高等女学校同会学友窓会,1933年,p.94.

131) 西岡英夫「台湾人女学生の寄宿舎生―??附属女学校の学寮見聞記―」『台湾教育会雑誌』170号,台湾教育会,1916年8月,p.48.

132) 郭氏為治「初めて女学校の門をくゝる」『創立満三十年記念誌』台北：台北第三高等女学校同会学友窓会,1933年,p.435.

133) 小野正雄編『創立満三十年記念誌』台北：台北第三高等女学校同会学友窓会,1933年,　pp.121-122.

134) 小野正雄編『創立満三十年記念誌』台北：台北第三高等女学校同会学友窓会,1933年,　pp.124-125.

135) 武山光規の経歴については、「台湾公立高等女学校教諭　武山光規免官、俸給、補職、陞等」『台湾総督府公文類纂』1925年9月1日永久保存第五巻.を参照されたい。

136) 武山光規「今昔小話」『創立満三十年記念誌』台北：台北第三高等女学校同会学友窓会,1933年,pp.452-457.

137) 大欣鉄馬編『台北第三高等女学校創立三十五周年記念誌』台北：台北第三高等女学校同会学友窓会,1933年,p.56.

138) 小野正雄編『創立満三十年記念誌』台北：台北第三高等女学校同会学友窓会,1933年,p.142.

139) 小野正雄編『創立満三十年記念誌』台北：台北第三高等女学校同会学友窓会,1933年,p.153.

140) 小野正雄編『創立満三十年記念誌』台北：台北第三高等女学校同会学友窓会,1933年,p.145.

141) 石原うさを「御祝ひに当りて」『創立満三十年記念誌』台北：台北第三高等女学校同会学友窓会,1933年,p.475.

142) 小野正雄編『創立満三十年記念誌』台北：台北第三高等女学校同会学友窓会,1933年,　pp.161-164.

143) 長谷八太郎「不安時代の教育状況を顧みて」『創立満三十年記念誌』台北：台北第三高等女学校同会学友窓会,1933年,pp.424-425.

144) 高橋一郎「女性の身体イメージの近代化―大正期のブルマー普及」『ブルマーの社会史 女子体育へのまな

ざし』東京：青弓社,2005 年,pp.103-107.

145) 台北師範学校附属公学校研究部『国語読方科体操科教授に関する研究』台北：台湾子供世界社,1925 年,pp.609-610.

146) これらの報道の詳細については、「彰化の運動会」『台湾日日新報』,1921 年 11 月 27 日:7.「第一高女の運動会」『台湾日日新報』,1922 年 9 月 24 日:2.「高女運動会」『台湾日日新報』,1922 年 11 月 13 日:6.「庭球とコロッケ」『台湾日日新報』,1923 年 2 月 13 日:4.「四高女の豫行演習」『台湾日日新報』,1923 年 3 月 6 日:7.「南北両高女の庭球戦」『台湾日日新報』,1923 年 10 月 21 日:7.「台北第二高女運動会」『台湾日日新報』,1923 年 11 月 1 日:2.「台北第二高女運動会」『台湾日日新報』,1923 年 11 月 1 日:2.「台北第二高女開校記念式」『台湾日日新報』,1924 年 6 月 3 日:2.「台南第一高女の盛んな水泳大会」『台湾日日新報』,1924 年 9 月 15 日:2.「台中高女庭球戦」『台湾日日新報』,1924 年 9 月 15 日:2.「台北一高女の運動会」『台湾日日新報』,1924 年 10 月 24 日:5.「彰化高女運動会」『台湾日日新報』,1924 年 11 月 10 日:3.「台南第二高女運動会」『台湾日日新報』,1924 年 11 月 10 日:1.「彰化高女の運動会　甘氏翠釵台湾女子走幅飛の記録を破る」『台湾日日新報』,1925 年 10 月 26 日:2.「嘉義高女の運動会」『台湾日日新報』,1925 年 11 月 23 日:2.を参照されたい。

147) 「女子選手の参加が何よりも先づ喜ばしい　台湾体育協会陸上競技部長三巻俊夫談」『台湾日日新報』,1925 年 5 月 9 日:5.

148) 「本社主催全島庭球大会　出場学校選手名」『台湾日日新報』,1925 年 6 月 10 日:5.「栄えある月桂冠を得た台中高等女学校」『台湾日日新報』,1925 年 6 月 15 日:5.竹村豊俊編『台湾体育史』台北：台湾体育協会,1933 年,p.80.

149) 台湾人女子の体格及び台湾女子体育不振の原因の詳細については、台北師範学校附属公学校研究部『国語読方科体操科教授に関する研究』台北：台湾子供世界社,1925 年,pp.610-612.を参照されたい。

150) 当初の予定として、船田マツ子（東京女子大体操教師）を招く予定であったが、実際に来台したのは西沢富子であった。「女子体育講習会」『台湾教育会雑誌』279 号,台湾教育会,1925 年 9 月,p.63.「今年は女子体育に重きを置く　台教中等教員講習会」『台湾日日新報』,1925 年 7 月 29 日:5.

151) 詳しい「女子体育講習会」の講義内容については、「女子体育講習会講習材料一覧表」『台湾教育会雑誌』279 号,台湾教育会,1925 年 9 月,pp.64-69.を参照されたい。

152) 女子体育講習会の開催経過の詳細については、「女子体育講習会」『台湾教育会雑誌』279 号,台湾教育会,1925 年 9 月,p.63.「花の女子教員四十名が集る　体操講習」『台湾日日新報』,1925 年 8 月 9 日:5.「本島の女子体育に新生面を開く　女子体育講習会の発会式」『台湾日日新報』,1925 年 8 月 12 日:2.「長袖や美い袴で彩られ繪を見るやうな　女子体育講習会」『台湾日日新報』,1925 年 8 月 12 日:5.「クチナシ」『台湾日日新報』,1925 年 8 月 13 日:2.「女子体育講習会（第二日）　講習員も若返つて　ピアノに伴て律動する」『台湾日日新報』,1925 年 8 月 13 日:5.「参観人が押すなゝで　今後は関係者以外お断り　女子体育講習会」『台湾日日新報』,1925 年 8 月 14 日:5.「女子体育講習会　来る二十日終了の予定」『台湾日日新報』,1925 年 8 月 15 日:5.「女子体育講習会に就て　極めて喜ぶべき傾向」『台湾日日新報』,1925 年 8 月 19 日:2.「女子体育講習会」『台湾日日新報』,1925 年 8 月 20 日:5.「輝かしく横溢した元氣な躰をお土産に　廿日閉会の女子体育講習会」『台湾日日新報』,1925 年 8 月 21 日:5.を参照されたい。

153) 「女子体育講習会」『台湾教育会雑誌』279 号,台湾教育会,1925 年 9 月,p.63.

154) 竹中信子『植民地台湾の日本女性生活史　大正編』東京：田畑書店,1996 年,pp.318-319.

155) 「蟄居から解放へ　本島人女子のために　運動の好指導者が來る」『台湾日日新報』,1926 年 3 月 20 日:5.

156) 「体育協会主催　全島陸上競技大会」『台湾日日新報』,1925 年 9 月 21 日:3.

157) 「第六回全島陸上競技大会　愈々十、十一の両日挙行　参加者男子二六〇名女子三十名」『台湾日日新報』,1925 年 10 月 9 日:2.

158) 「白熱化して来た台湾の体育熱　女流選手も今年から登場　以て意を強うするに足る　各競技の優勝は誰？」『台湾日日新報』,1925 年 10 月 10 日:2.

159) 竹村豊俊編『台湾体育史』台北：台湾体育協会,1933 年,p.311.

160) 競技の成績については、「全島陸上競技大会　日本記録を破った（第二日）」『台湾日日新報』,1925 年 10 月 12 日:3.竹村豊俊編『台湾体育史』台北：台湾体育協会,1933 年,pp.307-311.を参照されたい。

161) 石塚長臣「女子スポーツとしての陸上競技」『台湾婦人界』第 4 巻 8 号，台湾婦人社,1937 年 8 月,p.6.

結　章

本研究では、日本統治前期（1895-1925 年）の植民地政策に基づき、台湾における纏足慣行期→解纏足移行期→天然足普及期の移行と学校女子教育の発展状況とを対応させつつ、日本植民地教育当局が台湾人女子に対して学校体育をどのように実施していったのかという観点から纏足と学校女子体育の関係を論じてきた。本章では、ここまで論じてきた内容を「各章の要約」及び「結論」において総括し、さらに今後の課題を示しておきたい。

1．各章の要約

1）第一章　纏足慣行期の学校女子体育（1895-1905 年）

日清戦争後の 1895 年、台湾が日本に割譲され、台湾総督府が設置されて日本の統治が始まった。

日本による統治が開始された 1895 年当時の台湾社会には、近代文明社会で非難の的となった三つの旧慣が存在していた。纏足、辮髪、アヘン吸飲である。これらの旧慣は、日本植民地政府によって台湾社会の三大陋習とみなされた。しかし、日本統治初期、台湾総督府はこれらの風俗習慣に対して、数百年の伝統を持つ風習を一朝にして改易することの困難性を認めており、加えて、台湾統治基盤の確立を大前提とし、纏足、辮髪の習慣に干渉せずという放任主義政策、及び漸禁政策を暫らく採用した。

日本統治初期には、台湾総督府は纏足を強制的には禁止しなかったが、その代わりに、マスコミの報道、内地観光の奨励を通じ、解纏足を鼓吹し、台湾人士紳の解纏足運動を誘導していた。また、台湾の近代学校教育制度は日本統治をもって台湾に導入された。これらの近代植民地学校では、速成的な解纏足方法を研究すること、父母に解纏足を勧説すること、女生徒に解纏足を奨励すること、教科書で解纏足を宣伝すること、運動の重要性を強調する教育が行われ、緩やかに解纏足を奨励した。

このように、台湾の中・上流階級士紳の解纏足運動、及び学校教育から纏足風習を改良しようとする運動が開始されたが、1905 年には、台湾の纏足女子はおよそ 6 割に達していた。さらに、1902-1905 年の統計資料によれば、台北庁下各公学校には 9 割以上の女生徒に纏足がみられた。纏足という風習は根強い旧慣であり、一朝一夕には取り除くことはできなかったのである。

一方、台湾における学校教育の一環としての体操科は、日本の台湾統治及び学校教育の開始に伴い、導入された。台湾人の男子校であった国語学校附属学校（第一、第二、第三）と日本人のための国語学校第四附属学校（男女共学）では、体操は必修教科として規定された。しかし、1897 年に設置された台湾人女子のための学校である国語学校第一附属学校女子分教場では、体操は必修教科と規定されなかった。その理由は明記されていないが、国語学校第一附属学校女子分教場教諭は、纏足女子の足の状態では運動や遠足を行うことは無理であったと回想している。

1898 年 8 月、「台湾公学校規則」の公布に伴い、体操科は必修教科と規定され、遊戯と普通体操が実施されることになった。この規定に男女の別はなく、台湾の女子に体操が制度的に位置づけられた。しかし、国語学校第一附属学校女子分教場から国語学校第三附属学校へ改称された台湾人女子のための学校は、台湾のほかの学校と異なり、体操を必修教科とすることはなかった。ただ、「第三附属学校教科本科課程表・備考」において、毎日約 30 分の遊戯の実施が規定され、纏足女子に運動をさせようとする方針が示された。「台湾総督府国語学校第三附属学校規則」には、体操が必修教科とされなかったが、体操教科が実際に行われていたことが、当時の同校生徒たちの回想から確認された。また、同校は纏足女子に身体運動をさせることや将来的に女子体育を実施するために、纏足女子の足の状況を考慮し、簡単な整頓進行、唱歌遊戯、表情遊戯、競走遊戯などを試みていた。さらに、遠足とは称さず、寺廟参拝と名づけて附近へ出掛け、一面は運動に資し、一面は纏足の不便を体験させるという施策を実施していた。すなわち、同校は当時の台湾唯一の模範女学校として、女生徒の纏足に対処する様々な施策を先導的に考案したことが窺える。しかし、同校女生徒たちの思い出から、当時はまだ健康の重要性や体操の必要性が理解されておらず、体操に対する嫌悪感や適応できなかった実態を知ることができる。

1898 年の「台湾公学校規則」公布から 3 年を経た 1901 年、台湾教育会は、女子の体操は場合によっては欠いてもよいという決議を行った。1902 年においても女生徒の纏足の割合が依然 90%以上であったことが背景にあったと思われる。

1904年3月、「台湾公学校規則」が改正され、女子の体操科は遊戯のみと改正され、その運動レベルも低く設定された。この変更理由は明記されていないが、就学数が増加するにつれ、初等学校への纏足女子の入学者が急増したことが背景にあったと考えられる。同年、台湾総督府は、纏足女子への体操科の実施は身体の状況によって判断すべきという見解を示し、翌1905年台北庁は纏足女子に対しては体操をせず適当な遊戯を実施するという明確な方針を示した。このように纏足女子への体操の実施が困難である中、台湾の女子初等教育のための研究校である国語学校第一附属学校女子部では、纏足女子の関心や足の状況などを考慮した段階的な体操の授業（遊戯・普通体操など）が行われていたことが当時の教諭の回想から確認された。

以上を総べれば、日本統治初期には、台湾の中・上流階級、及び近代植民地学校は、様々な方面から解纏足運動を推進し始めていたが、1905年に至っても、台湾社会の纏足の風習は依然として存在していた。このような状況下で、台湾の女子に体育を実施することは困難を極めたと考えられる。したがって、纏足女子へ体操を如何に実施するかという問題は日本植民地教育者の重大な関心事にならざるを得なかった。

1895-1905年には、このように体操実施が困難な状況から、体操に代わって遊戯を適宜実施するという方針に変更された。この時期が日本統治期台湾の女子体育における遊戯実施の確立期とされていることには、このような背景がみられたのである。また、国語学校第一附属学校女子部は初等教育の研究校として、主として遊戯と簡単な体操を行った。この経験は纏足と体操のあり方を考慮する上で必要な多くの現実的示唆を与え、次の段階での普通体操実施に向けた基盤を形成することに繋がったと考えられる。

2）第二章　解纏足移行期の学校女子体育（1906-1914年）

1905年の日露戦争後、台湾社会民心が次第に静穏になり、台湾の産業、交通、衛生、教育などの各方面は一定程度近代化が進み、社会の面目を一新した。生活水準が徐々に向上するにつれ、風俗改良の教化運動も始まり、台湾社会の解纏足気風も徐々に盛り上がっていた。

この時期には、纏足慣行期と同じく、当時の台湾総督府は漸進政策に基づいて強制的な禁止措置を採用しなかったが、台湾社会の纏足風潮を改善するため、学校教育、マスコミ報道、民間団体などの様々な施策を通じて、間接的に解纏足運動を推進していた。特に、台湾総督府は『台湾日日新報』というマスコミの報道を利用して台湾社会に解纏足運動の最新状況、解纏足の観念、近代文明としての解纏足女性のイメージ、解纏足後の利益を宣伝し、解纏足運動を誘導していた。

1911 年以降、中国大陸の辛亥革命の刺激を受け、断髪の風潮が急激に台湾全島を風靡するにつれ、解纏足運動の気運も台湾全島の各地方で盛り上がりをみせた。注目すべきは、1911 年以後の解纏足会の発起者は男性だけでなく、各地方リーダーの妻たちが解纏足会を発起し、纏足解放を唱える会を組織した例もみられることである。しかし、この時期の解纏足の状況は台湾各地方による解纏足運動を推進するやり方が不統一であったため、解纏足運動は台湾全島において一大風潮を形成するには至らなかった。

1904 年以後、学校における体操科の実施方針は明確になりつつあったが、1909 年 6 月の段階で、台湾における学校の女子纏足の比率は 57.76%を占めており、台北庁管内の公学校は 82.1%に達していたため、台湾の女子に体育を実施するには、多くの困難が存在していたと考えられる。

しかし、台湾総督府国語学校助教授に 1907 年着任した浜崎伝造は、欧米人のコルセット、日本人の跪座、中国人の纏足など各地に存在する悪習に対する生理的な発育の影響に注目し、特に、纏足が女子の生理的な発育に悪影響を及ぼすことに配慮し、纏足女子に下肢運動を奨励する体育指導法を工夫し、改善策を提案した。浜崎は内地の体操教科書を参考にしながら、台湾人女子の体格や纏足の問題に配慮した新しい体操指導法を考案し、台湾島向けの最初の体操教科書原本である「台北庁体操法教程」を作成した。これは「異常状態ノ矯正＝特殊ノ方法」という「台北庁体操法教程」の目的、あるいは「台北庁体操法教程」の内容から、集合、歩長、速度、駈歩の踏替などの標準軽減、開脚跳躍、交叉跳躍、置歩跳躍などの実施免除、及び左右転向、転回などを省いて踵にかかる負担を軽減する特別な運動方法を採用し、纏足・解纏足に向けた体操法の工夫を施しており、当時の纏足・解纏足の台湾人女生徒に対して実施する特別な普通体操の動作を規定していた。

ちなみに、1910 年 4 月 19 日、台湾各学校身体検査規程が公布された後、台湾各学校が生徒に「第一回台湾各学校身体検査」を施行し始めた。その検査結果によると、公学校女生徒の纏足率は約 61%であり、天然足率は約 39%であった。また、纏足習慣のある台湾人女生徒の体格は台湾の小学校女生徒、及び日本の小学校女生徒より劣位の傾向がみられた。特に、体重、及び胸囲には、纏足が身体発育に影響を及ぼしていたことが示された。

1912年11月、「台湾公学校規則」が改正され、体操科では1904年の「台湾公学校規則」中における「女児ニハ適当ノ遊戯ヲ為サシムヘシ」という一節が削除された。台湾において解纏足運動が進んでいくにつれ、公学校において纏足女生徒が徐々に少なくなり、体操科の規則を変更する必要があったことによるとみられる。すなわち、この変更は少なくとも公学校の女生徒にも普通体操を実施できる段階に至ったと総督府が認識したことが窺える。

1912年の「台湾公学校規則」が改正された2年後、『公学校教授細目』の「体操科教授細目」が刊行された。1914年「体操科教授細目」には、男女を区別して実施する動作がまだ存在している。1907年、浜崎伝造が作った「台北庁体操法教程」と比較すると、女子の動作制限が少なくなっており、女子動作の簡略化という傾向は見受けられなくなっていた。また、1913年、内地の『学校体操教授要目』と比較すると、女子の動作制限の実施方式は、内地の『学校体操教授要目』の中には、みられないものであり、「体操科教授細目」の一つの特徴である。なお、このような女子の動作制限には、台湾において纏足が全面的に禁止されていなかったことが背景にあると思われる。「公学校児童の辮髪及び纏足に就きて」の統計資料によると、1914年10月に女生徒の纏足率は28.67%、解纏足率は13.09%であり、以前より減少しているものの、纏足が少なからず体操の授業に影響を及ぼしていたものと考えられる。

この時期の新聞、雑誌に掲載された運動会、遠足、修学旅行及び生蕃の見学などの記事は、公学校女生徒の体操授業が次第に軌道に乗り始めていること、授業以外の体育的行事も活発に行われ始めていたことを示している。また、1912年の大稲埕女子公学校の「体育の奨励」という記事は、植民地教育当局が台湾人女子に対して体操科の方法を模索・実験し、一定の経験を積んだ上で、遊戯や体操を台湾人女子に実施することができるようになったこと、また、台湾人女生徒と日本人女生徒の体操科の程度は徐々に接近しており、台湾人女生徒は体操や運動を好むようになっていると報じている。

一方、1906年4月「台湾総督府国語学校第二附属学校規程」において、体操が初めて必修教科となり、台湾の女子中等教育機関に体操が制度的に位置づけられた。しかし、1907年と1908年の同校技芸科卒業生の回想によれば、当時の生徒の中には、纏足により、体操をうまく行うことができず、嫌悪感を抱いていたこと、「美観」にまつわる伝統的な文化風習の中で、纏足を受け入れており、体操への問題を抱いていた者もいたことがわかる。

しかしながら、1909 年頃から、その美観に対して疑問を抱く生徒も現れ始めた。同校のある纏足女生徒が運動会に参加した際、自身の身体不便を自覚し、纏足から解纏足への明確な意志を両親に表明した。すなわち、運動会への参加は纏足習慣を見直す機会を提供した。

その後、台湾社会における解纏足運動が拡大し、1913 年 12 月までの同校の女子纏足率（纏足者は 12.6%；解纏足者は 58.8%；天然足者は 28.6%）は 1906 年 9 月（纏足者は 43.4%；解纏足者は 36.1%；天然足者は 20.5%）より減少し、解纏足者は約 6 割に達していた。したがって、女子纏足の問題が同校の体操科の授業に与える影響は少なくなっていったことが推測できる。

この時期の中等教育機関としての国語学校第二附属学校（附属女学校）は体操科の授業以外にも生徒に運動会や遠足など様々な方法を用いて身体活動をさせる工夫を凝らしていた。1910 年頃、同校では纏足の身体が改善され、女生徒の体力も向上したとされている。1914 年 12 月に至り、同校においては纏足女生徒がいなくなっていたが、解纏足をしたものの、纏足と類似している状態の女生徒が多かった。加えて、同校女生徒の体格が日本人女生徒より劣っていたため、同校は放課後の二三十分間の体操を女生徒に課するという方法で女生徒の身体改善を図ろうとしていた。

以上をまとめると、1906 年から 1914 年までは解纏足が奨励されており、纏足習慣がある台湾人女生徒ないし解纏足者の女生徒に対して実施する体操科のあり方が模索された時期である。浜崎伝造の「台北庁体操法教程」は纏足・解纏足に向けた初めての体操指導書であった。さらに、1912 年の「台湾公学校規則」は公学校における纏足女生徒の体操科に対する制限的配慮を不要とし、纏足習慣が学校体操科の授業に与える影響力が徐々に小さくなってきたことを示している。

これらの経験は、天然足期の女子体育に向けた基盤を形成することとなった。言い換えると、この時期の台湾女子体育は纏足の影響から徐々に抜け出し始めており、天然足へ向かっていく段階に達したと言えよう。

3）第三章　天然足普及期の学校女子体育（1915-1925年）

第一次世界大戦に至り、日本の台湾植民地統治は既に約20年を経過していた。そして、日本政府は第一次世界大戦時に勃興したデモクラシー、民族自決主義及び「朝鮮の三・一独立運動」や「中国の五・四運動」などの諸情勢に鑑み、植民地台湾の統治政策に対して従来の差別政策から内地延長主義を強調する同化主義へと方向を転換した。すなわち、台湾総督府は法律、経済、教育などの方面から台湾人にも均等の機会を与え始めていた。これにより、台湾の社会はさらに近代化し、住民の生活水準も向上していった。しかしながら、台湾の政治、経済、教育などの面は完全に植民地化され、依然として日本に従属するものとなったことも見逃せない。

一方、台湾の風俗旧慣に対し、1914年風俗改良会が設立されてから、断髪運動、解纏足運動は台湾全島において一大風潮となり、台湾総督府は纏足、辮髪という弊風を徹底的に一掃しようとした。そのため、1915年4月15日、台湾総督府は全面的に纏足の習慣を禁じ、台湾の各地方の保甲制度を通して纏足禁止と解纏足奨励を実施した。このように公権力の介入によって、解纏足運動を厳格に執行した結果、解纏足は台湾の各地方で着々と進められ、成果を上げた。その後、解纏足者の数字は逐年増加の傾向を示し、台湾における纏足風習は徐々に終焉へ向かっていった。

『台湾総督府学校生徒及児童身体検査統計書』によれば、台湾の公学校及び国語学校附属女学校においては、1917年に至り、纏足がほぼ消滅したが、公学校女生徒の解纏足率は21.57%、国語学校附属女学校の生徒解纏足率は39.66%であり、纏足の影響は台湾の諸学校に根強く残っていたと考えられる。解纏足者がいなくなるまでにこの後幾年かを要したのである。1927年度の台北第三高等女学校の入学身体検査書には、天然足、解纏足の区別という検査項目が全て削除されており、植民地教育当局は1927年には、台湾の学校において纏足の影響がすべて排除されるに至ったと認識していたことが窺える。

台湾総督府が纏足の禁止を進めるにつれ、台湾における初等機関としての公学校、及び中等教育機関としての女子高等普通学校（高等女学校）の体操科の目的、内容、方法については、在台日本人のものにますます接近し、大きく飛躍していった。こうして、1922年、「台湾公立高等女学校規則」の改正に伴い、ついに台湾人女子と日本人女子の体操科の目的、実施内容は、内地延長主義政策の下、法規上での統一が達成されたのである。

1916年7月20日に「体操科教授要目取調委員報告書」として台湾総督府に提出された体操科教授要目は、台湾の気候風土及び学校生徒身体の発育状態を配慮・考案しており、初めて台湾に在住する日本人、台湾人の各段階学校生徒に向けた台湾独自の府定体操教科書と言えるものである。1916年の「体操科教授要目取調委員報告書」はすでに纏足のことを顧慮する必要はないと述べているが、「体操科教授要目取調委員報告書」の台湾人女生徒の「体操科教材ノ配当表」をみると、解纏足女生徒に対する少なからぬ顧慮がみられる。このような配慮は、在台日本人女生徒の「体操科教材ノ配当表」の中にみられないものであり、台湾人女生徒の「体操科教材ノ配当表」の特徴である。

1919年『台湾公学校体操教授要目』においては、公学校女生徒の体操科の実施内容は在台日本女生徒との相違が一層少なくなった。さらに、1921年『公学校教授細目上編』の「体操科教授細目」が刊行されるに至り、1916年にみられた台湾人女生徒に対して実施しない制限項目は、ほぼ削除された。要するに、1921年に至り、公学校において解纏足者に対する配慮も不要になったものと考えられる。

『台湾日日新報』によると、1915年から1925年にかけては公学校運動会及び聯合運動会が度々実施されており、台湾人女生徒は体操、遊戯、競走運動などの種目に参加していたことが記されている。特に、1924年の台北市内六公学校聯合運動会において初の女子部対校リレーレースが行われるに至り、台湾人女子は競技運動と無縁であった時代を打破し、ようやく競技運動の実施の基盤を形成するための身体能力を有するに至ったと言えよう。

一方、国語学校附属女学校の生徒の体育は1915年以前より進められ、学校側は生徒に合同体操、スウェーデン体操、遊戯等の運動を実施していた。1920年代に至り、台北第三高等女学校の生徒の中には纏足をする者はいなくなったが、『創立満三十年記念誌』には、強固な旧慣は当時の生徒に未だ影響を及ぼしており、戸外運動を行う生徒が非常に少なかったと述べられており、纏足が女子体育に与える影響は全て消えたわけではなかったものと考えられる。

しかし、1923年の皇太子台湾訪問を契機に運動熱が高まり始め、特に1925年以降、台北第三高等女学校は纏足の影響を脱し、積極的な体育方針を採用し、対校競技をはじめ、新高登山、強行遠足など様々な体育活動が実施された。

このように、1920 年頃から、台湾女子体育の発展は日本内地の「女子運動熱」の風潮に乗って新たな段階に至った。特に、1925 年には、初の台湾全島の女子体育講習会が開催された。また同年、女子運動競技の宣伝として人見絹枝が来台して世界記録を樹立した。さらに、第六回全島陸上競技大会で女子選手が初めて登場した。このように、様々な体育行事の開催は、当時の台湾女子体育の発展にも大いに影響を与え、これをきっかけに女子体育熱の気運が台湾全島に及んだ。

とりわけ、第六回全島陸上競技大会は、天然足であった台湾人女子たちが運動競技で活躍し、台湾人女子の運動競技に対する観念の転換を象徴した。まさに、台湾人女子の活躍は纏足のお婆さんたちを狂倒させたのであった。これをきっかけに、台湾女子体育の発展は競技スポーツの段階に至り、台湾人女子は、「三寸金蓮」の束縛から完全に抜け出し、新しい時代に踏み出したと言えよう。そのような、新時代の女性像を体現するものであった。

2．結論

纏足の風習は、旧中国における女性を所有物にする伝統的な礼教規範に端を発し、敢えて足部に不自由を与える身体改造施術であり、台湾でも古くから行われてきた。一方、日本が女子体育を学校に導入することは、富国強兵に基づいて近代国家の一国民として丈夫な身体を持った母体を生み出す国家管理だった。日本の帝国主義化による植民地の拡大に伴い、纏足と体育は日本の植民地―台湾で出遭った。こうした結果、日本統治前期において纏足の気風や習慣を改めることと、纏足女子へ矯正を如何に実施するかという問題は日本植民地政府の重大な関心事にならざるを得なかった。また、纏足による行動の不自由は、台湾で学校女子体育を実施する際に解決しなければならない厄介な難題であった。加えて、殖産興業を支える国家的身体への規律訓練という身体改造工程にとって克服しなければならない大前提であった。

本研究は纏足から天然足へ移行する時期の学校女子体育を取り上げた。総括的にみると、近代文明教化としての植民地台湾における学校女子体育は、台湾人女子に対して纏足から解放された身体の一つの例というだけではなく、纏足慣行期から天然足普及期までの変遷過程の中で、台湾人女子の身体活動の内容が著しい変化、及び台湾における体育と纏足の関係を窺い知ることができる。その中で、以下の三点が明らかになった。

第一に、1895-1925 年には、日本の台湾植民地政策は、国内・外の時勢に鑑み、恩威並行政策→人種差別政策→内地延長主義政策へとその方針を変遷させていった。纏足の問題では、1895 年の放任主義、1897 年の漸禁政策、1915 年の強制的な纏足禁止の方針へと解纏足運動の強化を図った。その結果、台湾社会の纏足率は 1905 年の約 6 割から 1915 年の約 2 割へと大幅に減少した。1915 年の纏足禁止によって纏足習慣は一挙に打破され、台湾の纏足者は漸減したものの、1917 年に至っても、解纏足者が未だ数多く存在したため、纏足の影響は台湾社会から直ちに消えたわけではなかった。

漸禁政策から纏足禁止へ移行する時期について、台湾総督府は強制的には纏足を禁止しなかったが、水面下で様々な方面から解纏足運動を推し進めていた。注目すべきは、1906 年以後、解纏足運動の推進者たちは纏足が身体・社会・経済において悪影響を及ぼすことを指摘すると共に、体育学の観点からも解纏足を奨励するようになってきた点である。要するに、台湾社会では、一部の知識階級ではあったが、女子体育の重要性が少しずつ認識され始めたと言える。

第二に、日本統治初期には、台湾社会において伝統的な儒教の観念、纏足風習、女子教員の不足などが女子教育の発展を阻害する要因となっていたが、台湾人女子が纏足の束縛から解放された後、植民地当局は纏足の問題から転じて女子教育について注目するようになり、台湾女子教育を積極的に奨励し始めた。なぜなら、植民地当局は、台湾女子教育の発展が台湾人の同化政策を推進する上で大きな効果があると認識していたためである。しかし、1925 年に至っても、公学校女生徒の就学率はわずか 12.55% に過ぎなかった。

一方、学校側の解纏足の状況について、日本統治初期には、公学校女生徒の纏足率は約 9 割だったが、現場の教員の努力によって在校生の解纏足者が次第に増加してきた。特に、学校において知識として纏足の不便さを女生徒に教えることと、体操、運動、旅行などの活動を通じて身体の不便さを実際に体験させるという解纏足への取り組みは、当時の解纏足運動に多くの実践的・理論的示唆を与えたと考えられる。また、公学校国語教科書に載せられた纏足に関する課文には、解纏足を勧める目的だけでなく、纏足の事例を通じて近代体育の概念を生徒たちに伝えようとした意図も窺える。

第三に、纏足から天然足へ移行する時期には、学校においては纏足者及び解纏足者が減少するにつれ、纏足が学校の体操科の授業に与える影響は徐々になくなっていった。また、植民地教育当局は、纏足→解纏足→天然足という足の状態の変化を考慮し、台湾人女子の体育に関して様々な研究を実施した。これによって、女子体育の実施内容も漸次変化していった。すなわち、①纏足慣行期(1895-1905 年)には、整頓進行、唱歌遊戯、表情遊戯、行進遊戯、競走遊戯のような遊戯が中心に行われた。②解纏足移行期(1906-1914 年)には、踵にかかる負担を軽減する轉回の二段階化、挙踵の省略のように工夫を加えた体操が実施された。③天然足普及期(1915-1925 年)には、体操、遊戯、教練をはじめ、テニス、リレーレース、五十米競走、百米競走、走高飛、三段跳までの競技スポーツが実施された。

すなわち、学校体育が導入された当初、台湾人女生徒は纏足習慣があったため、体操に対する嫌悪感を持ち体操に適応できないという状況に加え、健康の重要性や体操の必要性を理解していなかった。そして、足の状態が徐々に改善されていくにつれ、台湾人女生徒は次第に体操、運動を好む本来の姿を取り戻していったのである。1920 年代前半には、台湾女生徒は纏足の影響から完全に脱し、台湾女子体育は日本内地の女子運動熱と同様に急速な発展を遂げ、競技運動への障壁を打破するに至った。

一方、植民地学校の教育者たちは、女子体育が導入された当初、台湾人女子の纏足習慣の改善策に着目したが、女生徒身体の纏足問題を考慮し、体操に代わる遊戯を適宜実施するという消極的な方針を採用した。やがて、本田茂吉、藤黒総左衛門、浜崎伝造などの教員たちは台湾人女生徒に対する体操科の方法を模索・実験し、一定の経験を積んだ後、纏足の問題を徐々に克服することに成功し、遊戯及び体操を台湾人女生徒に実施することができるようになった。注目すべきは、1907 年に浜崎伝造が「異常状態ノ矯正＝特殊ノ方法」という観点で作った「台北庁体操法教程」である。これは、纏足女生徒の身体状況に配慮した纏足・解纏足に向けた体操法であり、おそらく世界初の纏足者・解纏足者向けの体操指導書である。また、学校教育中における体操、運動、遠足、旅行などの身体活動の実施は、纏足女生徒に実際に不便を体験させるのみならず、解纏足運動を積極的に推進する上で重大な役割を演じたと考えられる。

以上のことから、台湾人女子の纏足→解纏足→天然足という三段階の変化は、纏足問題への対応が如何に重要であったかを示している。こうした、障害を有する身体から健全な身体までの身体改造工程を考慮した体育の変容は、日本女子体育史にはみられない現象であり、台湾女子体育史の特徴である。

最後に、日本植民地政府はもともと殖産興業や労働力養成などの経済上の観点から台湾における纏足問題を改革するという意図を持っていたことは周知の事実であるが、その一方で、近代女子体育の立場からみると、女子の身体解放、近代的な衛生、健康及び体育などの観点から纏足問題の改革が図られたことも疑いのないことである。

3．今後の課題

1）日本統治下（1895–1945年）台湾における学校女子体育の研究について

本研究では、纏足から天然足へ移行する日本統治前期（1895-1925年）台湾における学校女子体育、及び纏足と女子体育の関係を明らかにしてきた。この時期以降、台湾人女子の運動に対する観念の転換、学校女子体育実施の進展及び学校運動施設の充実に伴い、台湾における学校女子体育の飛躍的な成長に向けた土台を築くこととなった。また、1937年、日中戦争が勃発し日本において軍事化が進む中、台湾の学校体育の目的、内容、方法なども徐々に軍事色を強めた。しかし、本研究では纏足と女子体育の関係に焦点を当てたため、日本統治後期（1926-1945年）台湾における学校女子体育は触れていない。日本統治下（1895-1945年）台湾植民地時代の学校女子体育の全般的な変遷過程を明らかにするために、日本統治後期台湾における学校女子体育を解明する必要がある。このことは、戦後台湾の学校女子体育を考える上で重要である。

2）中国における纏足と学校女子体育に関する研究について

本論文の第二章第四節に明らかにしたように、1907年8月、浜崎伝造は下肢運動を実施することで纏足女子に自身の身体不便を自覚させ、纏足風習をなくすために、台湾向けの最初の体操教科書原本である「台北庁体操法教程」を作成した。一方、同年の3月8日、清朝の「学部奏定女子小学堂規則」の公布によって、女子初等教育機関であった小学堂は一律に纏足を禁止することになった[1]。これにより、1907年以後の中国における纏足と学校女子体育の問題がどのように進展したかについては興味深い問題である。しかし、先行研究の検討で述べたように、今までの中国における纏足と学校女子体育に関する研究についての解明は不十分であり、一次史料の発掘なども含めて、さらに検討することが今後の課題である。また、中国の状況を究明することができれば、台湾と中国における纏足と学校女子体育の比較研究が可能であろう。

3）世界各地方の女性の身体的風俗習慣と体育・スポーツ史の研究について

本研究では纏足→解纏足→天然足の移行と学校女子体育の発展状況を検討し、世界各地方の女性の身体的風俗習慣（例えば、コルセット、日本人の跪座、中国の纏足など）と体育・スポーツの関係の一部分を明らかにした。これまで必ずしも明らかでなかった世界各地方の女性の身体的風俗習慣に関する体育・スポーツ史研究にとって大きな手がかりになろう。纏足の事例と同様に、欧米人のコルセット、日本人の跪座などの女性の身体的風俗習慣が盛んだった世界各地方において、これらの風習によって身体動作が不便になった女子に体育を実施することは、ある程度の困難があっただろうと思われる。しかし、纏足以外の身体的風俗習慣と身体活動及び体育の関係についての検討はまだ不十分であり、今後の課題としなければならない。

【引用・参考文献】

1）中国女性史研究会編『中国女性の100年―史料にみる歩み』東京：青木書店,2004年,p.25.湯志鈞、陳祖恩、湯仁澤編『中国近代教育史資料匯編 学制演變』上海：上海教育出版社,2007年,p.585.

あとがき

本書は、2013年3月に金沢大学大学院人間社会環境研究科より博士（学術）学位を授与された博士論文「纏足から天然足へ：日本統治前期（1895～1925年）台湾における学校女子体育に関する研究」を一部加筆修正したものである。現在（2014年2月～2015年2月）、私は兵役の身にあり、日本国内で出版できるようになったことは、大久保英哲先生のご尽力の賜物である。心から厚く御礼を申し上げたい。

台湾帰国後、もし将来日本で「纏足から天然足へ－日本統治前期台湾の学校女子体育」を出版することができたら、あとがきに「植民地台湾における体育・スポーツ史の研究が私の人生を変えたと書かなければならない」と両親に話したことがある。特に、植民地台湾における学校女子体育と纏足の研究を始めたことがきっかけで、博士号を取得する希望はついに実現され、現在の勤務先（高雄師範大学）に就職する機会を得た。それは私にとって、思いも寄らぬ出来事であった。

筆者はおよそ12年前、台湾師範大学修士課程に進学する際、体育・スポーツ史を研究し始めたが、将来何を研究するのかについてかなり悩んでいた。当時の指導教官蔡禎雄先生（逝去、元台湾体育・スポーツ史学会会長）はいつも「日本統治時期は台湾近代体育・スポーツの発展にとっては非常に大切な源流であり、いろいろな歴史の事実を必ず明らかにしなければならない」と言っておられた。その言葉をきっかけに、私は「植民地台湾における近代体育・スポーツ史」の研究を志し、日本語の勉強を始めた。しかし、台湾国内で日本における社会・文化の背景知識を得ることに限界を感じ、より深く掘り下げて研究するため、交換留学生として日本の金沢大学に一年留学し（2005～2006年）、関連する知識や背景を学んだ。帰国後、「日本統治時代初期における台湾初等学校運動会の歴史的考察（1895～1911）」をテーマに卒業論文を執筆した。修士課程修了後は、台湾師範大学博士課程に進み、約二年間関連研究を継続したが、研究すればするほど、植民地研究の奥は深く、日本における明治維新から第二次世界大戦後までの社会・歴史・文化の背景知識・理解を必要とすることがわかった。そのため、2010年からは博士課程の正式学生として金沢大学に留学し、大久保英哲教授のもとで、地方からの日本体育史および日本（植民母国）と台湾（植民地）両地の近代体育・スポーツ史の比較研究という視点・見方を教えられた。また、日本に留学中の三年間、先生は丁寧に『台湾総督府公文類纂』『台湾日日新報』『台湾教育会雑誌』などの史料解読の方法を教えてくださったのみならず、いつもさまざまな面でサポートしていただいた。

顧みれば、蔡禎雄先生と大久保英哲先生のおかげで、私は研究者の道に飛び込んでいくことができ、大学教員として研究者として生きていくことになった。このお二人の師の導きがなければ本研究はなかった。深甚の謝意を申し上げたい。

私の人生をこれほど大きく変えた「纏足から天然足へ－日本統治前期台湾の学校女子体育」という研究課題ではあるが、この研究課題に取り組むきっかけはまさに偶然によるものであると言ってよい。2010 年 5 月、日本体育史学会の「春の定例研究集会」の懇親会で、当時の広島大学教授・楠戸一彦先生（元日本体育史学会会長）にお会いし、「2009 年東北アジア 体育・スポーツ史学会に発表した纏足から競技へ（纏足と近代女子体育）の研究は、まだ続けていますか。この研究成果は、ぜひ国際専門誌に投稿してください。」と声をかけていただいたのである。当時の私は植民地台湾における運動会という研究テーマを博士論文とする予定であったため、纏足と近代女子体育の研究には消極的であった。私の気持ちに気づいた楠戸先生は大久保先生と相談、大久保先生からも「とりあえず、一本の投稿論文として纏足と近代女子体育に関する研究をやってみよう」と話があった。その後、私は国立台湾図書館、国史舘台湾文献館、国立公共資訊図書館、国立国会図書館で纏足および台湾の植民地史の関係資料を集め、懸命にそれらの史料の解読・理解に努めていたが、研究すればするほど、纏足と近代女子体育に関連する問題や疑問が生じ、私の博士論文の研究テーマはいつの間にか植民地台湾における運動会から纏足と近代女子体育へと移っていった。楠戸先生からは実に貴重なご助言をいただいたことになる。また、金沢大学寶学淳郎先生には植民地政策・植民地教育・植民地体育という三層の観点からご意見をいただいた。さらに、私が先生には、金沢大学に進学した当初から、さまざまなアドバイスや激励をいただき、懇切なご指導を賜った。両先生にも心から御礼を申し上げたい。

さらに学位論文の審査段階から完成に至るまでの過程では、論文審査を担当してくださった金沢大学の古畑徹先生、岩田礼先生、松下良平先生、加藤和夫先生から、ご専門の立場の様々な観点で学位論文の問題点や不足点など有益なご助言をいただいた。心から感謝の意を表したい。

また私がここまでこられたのは数えきれない先生方や先輩・友人にめぐり逢えたおかげである。台湾師範大学教授・林玫君先生には長年にわたってご指導と激励をいただいた。また、台湾師範大学体育・スポーツ史研究室の皆さん（陳麗娥先生、鄭国銘先生、陳衍和さんなど）には、いつも家族のように応援していただいた。さらに、金沢大学博士課程に在学中は、榎本雅之さん、山脇あゆみさん、野中雄太さん、湯浅真梨也さんなどさまざまな友達とも出会い、私の稚拙な日本語文章を根気よく直していただいた。そのほか多くの先生、先輩と学友の皆さんに、この機会を利用して深謝の意を述べたいと思う。

2014年5月17日、筆者の祖母朱沈花が他界した。自身の纏足・解纏足の体験は、解纏足者に関する「身体活動の状況」を知る上で極めて有益であった。感謝の念と共に、本書の完成を喜んでくれているであろう祖母の墓前にこの書を捧げたい。

最後に忘れがたい金沢の思い出がある。雪で一面が真っ白くなったある冬の朝、台湾出身の後輩張維烝さんから「先輩、なぜいつも研究室で連続二日間も徹夜して論文を書くことができるのですか」と問われた。単身留学の身であった私は、一言「私は家に帰りたい」と吐露、しばし胸が詰まった。今振り返ると、凛冽の気がみなぎる金沢の冬は、台湾出身の私にとって、厳しく自らを叱咤激励する人生の第二の故郷の最も忘れがたい季節である。これまで長い間私を見守り支援してくれた両親、そして私の夢を支えてくれた最愛の妻鍾佳青に、感謝と共に本書を捧げたい。

2014年5月30日

金　湘斌

索　引

人　物

【あ行】

【か行】

【さ行】

【た行】

【な行】

【は行】

【ま行】

【や行】

【ら行】

【わ行】

事　項

【あ行】

【か行】

【さ行】

【た行】

【な行】

【は行】

匪徒刑罰令…40, 127

【ま行】

【ら行】

資料1：日本統治前期（1895-1925年）台湾教育年表

西暦年（年号）	月	日	一　　般	教　　育	備考
1884（光緒10年）			カナダ人宣教師マカイが淡水に淡水女学堂を創設		
1887（光緒13年）			イギリス長老教会が台南に新楼女学校を創設		
1895（明治28年）	5	8	日清媾和条約批准交換		
	5	10	下関条約公布		
			樺山資紀を台湾総督に任命		
	5	21	台湾総督府仮条約発布（民政局、学務部）	伊沢修二を学務部長心得に任命	
			水野を辨理公使民政局長心得に任命		
	6	2	台湾島の授受完了する		
	6	14	総督府を台北に移す		
	6	17	始政の祝典を挙げる	伊沢修二台北に着く	
	6	18		大稲埕の一民家に学務部の事務を設置する	
	6	26		学務部を芝山岩に移す	
	6	28	地方官仮官制発布（三県、一庁）		
	7	16		芝山岩学務部学堂授業開始	近代台湾教育の嚆矢
	8	1	「運動注意訓示」（樺山総督は炎熱に拘らず体育運動に注意すべき旨【極暑地であることを考慮し体育運動をすべき旨】を訓示する）		
	8	6	台湾総督府条令（陸達70号）発布軍政を実施す		
	9	未詳		台北県立日本語学校授業開始	
	9	7	軍人軍属軍夫の阿片烟吸食禁止を諭告す		
1896（明治29年）	1	30	台湾阿片令発布		
	3	30	法律六三号公布		
	3	31	台湾総督府条例（勅令第88号）公布	台湾総督府直轄諸学校官制（勅令第94号）公布（国語学校及国語伝習所を設立する）	
	4	13		芝山岩学堂を国語学校附属芝山岩学堂と改称	現在の台北市立教育大学
	4	15		講習員授業開始（第一期の講習員45名）	
	5	21		国語伝習所名称位置（府令第4号）発布、国語学校及附属学校名称位置（府令第5号）発布	最初の台湾人の初等教育機関
	6	1		芝山岩学堂を国語学校第一附属学校と改称	
	6	2	桂太郎を台湾総督に任命		
	6	22		国語伝習所規則（府令第15号）発布	
				民政局事務官町田則文を国語学校長に任命	
	9	25		国語学校規則（府令第38号）発布	
	10	14	乃木希典を台湾総督に任命		
1897（明治30年）	3	2		公学校模範学校規則取調委員任命	
	4	30		国語学校第一附属学校分教場規則（女子）仮定	
	5	15		伊沢部長が教育に関する具申書提出	
	5	25		国語学校第一附属学校女子部開設、入学者48名	台湾女子教育の嚆矢
	5	27	地方官官制改正（勅令第152号）公布（六県、三庁）		
	6	26		国語学校第四附属学校設置（府令第27号）	最初の日本人初等教育機関
				国語学校第四附属学校規程（府令第28号）発布	
	7	14		国語学校規則中改正（府令第35号）発布	
	7	20	水野民政局長退任、曾根静夫を心得に任命		
	7	21		国語学校官制（勅令第242号）発布	
				国語伝習所官制（勅令第243号）発布	
	7	29		伊沢修二学務部長退任	
	7	30		児玉喜八学務部長事務取扱を命ぜらる	
	8	5		伊沢修二学務顧問を嘱託さる	
	9	10		国語学校規則中改正（府令第42号）発布	
	10	30		国語伝習所規則中改正（府令第52号）発布	
	11	1		児玉喜八学務部長心得に任命	
1898（明治31年）	2	1		柯秋潔以下芝山岩学堂卒業生6名断髪を実行	
	2	26	児玉源太郎を台湾総督に任命		
	3	2	後藤新平を民政局長に任命		
	3	4		国語学校規則中改正（府令第7号）発布	
				国語学校第四附属学校規程中改正（府令第8号）尋常中学科を設置	
	4	2		国語学校第四附属学校中学科授業開始	現在の台北市立建国高校
	6	7		国語学校第四附属学校規程中追加（府令第30号）発布	
	6	18	地方官官制改正（勅令第108号）公布（三県、三庁）		
	7	28		台湾公学校令（勅令第178号）公布	
				台湾公学校官制（勅令第179号）公布	
				台湾小学校官制（勅令第180号）公布	
	8	16		国語学校規則中改正（府令第77号）発布	
				国語学校附属学校名称位置改正（告示第53号）	
				国語伝習所名称位置中廃止（告示第54号）	
				台湾公学校規則（府令第78号）発布	
				台湾小学校規則（府令第81号）発布	

	8	20		国語学校第一附属学校規則（府令第84号）発布	
				国語学校第二附属学校規則（府令第85号）発布	
	8	28		国語学校第三附属学校規則（府令第86号）発布	台湾人の女子学校（現在の台 北市立中山女子高校）
	9	30		国語伝習所廃止（恒春、台東、澎湖島を除く）	
	10	1		台湾公学校令実施	
	10	30		国語学校第三附属学校規程中改正（府令第100号）発布	
	11	6		台湾公学校規則中改正（府令第103号）発布	
1899 （明治32）	3	24		国語学校規則中改正（府令第18号）発布	
	3	31		台湾総督府師範学校官制（勅令第97号）公布	
	4	9		師範学校名称位置（告示第39号）発布（台北、台中、台南に三師範学校創立）	
	4	13		台湾総督府師範学校規則（府令第31号）発布	
	6	28		女子教場特設（公学校に於いて女子教育の為の教場を特設する件内訓あり）	
	7	9		学事視察規程（訓令第31号）発布	
	7	28		台湾公学校女子教育に関する件（府令第84号）発布	
	8	28		台湾公学校女子教場設置（府令第84号）発布	
1900 （明治33）	1	31		国語学校第三附属学校手芸科第一回卒業生12名を出す	
	2	6	黄玉階台北天然足会を設立する		
	3	1	大稲埕中街張方の下婢剪絨が初めて解纏足を実施す		
	3	20	天然足会発会式		
	4	18		国語学校規則中改正（府令第39号）発布	
	6	未詳	許廷光が台南天足会を設立する		
	6	25		児玉喜八学務課長休職、木村匡を学務課長兼文書課長に任命	
	7	3		国語学校長任命に関する件（勅令第291号）公布	
	7	27		諸学校規則改正取調委員任命	
	8	10		国語学校卒業生服務規則府令第62号）発布	
	8	16		台湾公学校読本を「台湾教科書用書国民読本」と改称	
1901 （明治34）	2	28		木村匡学務課長休職、松岡弁が学務課長兼務を命ぜらる	
	5	1	地方官制中改正（勅令第87号）公布（三県、四庁）		
	6	5		国語学校教授田中敬一が国語学校長に任ぜらる	
	6	16		台湾教育会発会式	
	8	22		国語学校卒業生服務規則に関する件（訓令第276号）発布	
	9	3		台湾公学校設備規程（訓令第295号）発布	
				台湾公学校編制規程（訓令第296号）発布	
	10	25	臨時台湾旧慣調査会規則公布、（法制及び農工商経済に関する旧慣を調査す）		
	11	11	地方官制中改正（勅令第202号）公布（二十庁）	台湾公学校規則中改正（府令第76号）発布	
				台湾公学校設置廃止程則中改正（府令第77号）発布	
				台湾総督府師範学校官制中改正（勅令第203号）公布	
				台湾小学校官制中改正（勅令第204号）公布	
				台湾総督府師範学校規則中改正（府令第81号）発布	
				台湾公学校中改正（勅令第205号）公布	
				台湾公学校官制中改正（勅令第206号）公布	
				台湾公学校設備規程中改正（訓令第375号）発布	
				台湾公学校編制規程中改正（訓令第376号）発布	
1902 （明治35）	1	31		佐藤弘毅を学務課長心得に任命	
	3	20		台北、台中両師範学校廃止	
	3	30		国語学校附属学校名称位置中改正（告示第34号）第二附属学校廃止	国語学校第三附属学校（ 子）を国語学校第二附属学 と改称
	4	1		台湾小学校規則（府令第24号）発布	
	5	17		台湾小学校官制（勅令第152号）公布	
	7	6		国語学校規則改正（府令第52号）中学部設置	
				国語学校第二附属学校規定（府令第54号）発布	
				国語学校及師範学校卒業生服務規則（府令第56号）発布	
1903 （明治36）	1	9		台湾公学校規則中改正（府令第1号）発布	
	1	11	体育倶楽部発起人会開催		
	3	15	台北風俗改良会発会式を挙行する		
	4	1		国語学校第一附属学校分教室を艋舺龍山寺に設け、全女生徒を収容	
	4	30		国民読本完成	
	4	25		師範学校規則改正（府令第28号）発布	
	5	1		台湾公学校規則中改正（府令第33号）発布	
	9	18		台湾公学校規則中改正（府令第63号）発布	

	11	未詳	許梓桑が基隆天然足会を設立する		
	12	17		佐藤弘毅が学務課長心得を免ぜらる	
				持地六三郎が学務課長兼務を命ぜらる	
1904（明治37）	2	10	日露戦争起る（宣戦布告）		
	3	11		台湾公学校規則改正（府令第24号）発布	
	3	24		台湾公学校編成規程改正（訓令第110号）発布	
	4	16		台湾公学校令中改正（勅令第117号）発布	
	4	17		台湾小学校規則中改正（府令第42号）発布	
	4	18		台湾公学校官制中改正（勅令第126号）公布	
	7	8		師範学校官制廃止（勅令第187号）公布	
	7	10		台南師範学校廃止	
	7	29		台湾公学校設備標準配布	
	9	22		国語学校規則中改正（府令第66号）第三附属学校設置	
				国語学校及附属学校名称位置中追加（告示第123号）	
				国語学校第三附属学校規程（府令第67号）	
	10	3		国語学校第三附属学校を台北第二小学校分教室内に設置内地人に女子高等普通教育を実施する	日本人の女子学校（現在の台北市立第一女子高校）
	12	28		国語学校長職務規程中改正（訓令第316号）発布	
1905（明治38）	1	27		台湾公学校規則中改正（府令第4号）発布	
				国語学校第一附属学校の教則に関する件（府令第5号）発布	
				国語学校第二附属学校規程中改正（府令第6号）発布	
				国語学校第三附属学校規程中改正（府令第７号）第三附属の下に高等女の三字を加える	
	2	25		台湾公学校規則中改正（府令第11号）発布	
	3	10		国語学校規則中改正（府令第15号）中学部に補習科を附設する	
	10	1	全島に臨時戸口調査を実行する		
	12	13		国語学校規則中改正（府令第91号）発布	
1906（明治39）	2	28		台湾公学校編成規程中改正（訓令第40号）発布	
	4	5		国語学校第二附属学校規程改正（府令第25）発布	
	4	11	佐九間左馬太を台湾総督に任命		
	11	13	祝辰己を民政局長に任命		
1907（明治40）	2	26		台湾公学校令（律令第1号）発布	
				台湾公学校規則中改正（府令第5号）発布	
				台湾公学校編成規程中改正（訓令第25号）発布	
	3	8		台湾公学校設立廃止規程（府令第8号）発布	
	3	13		台湾公学校・学務委員規程（府令第10号）発布	
	3	30		国語学校第三附属高等女学校規程中改正（府令第18号）一箇年の補習科を置く	
	4	20		台湾公学校官制中改正（勅令第130号）公布	
	5	20		国語学校規則中改正（府令第33号）中学科及第三附属女学校規程削除	日本人の女子学校
				国語学校長及び中学校長職務規程中改正（訓令第89号）発布	
				台湾総督府高等女学校規則（府令第34号）発布	
				国語学校名称位置中第三附属高等女学校削除（告示第81号）	
	10	8		台湾小学校規則（府令第81号）発布（義務教育年限延長）	
	12	25		国語学校規則中改正（府令第115号）発布	
1908（明治41）	4	1		台湾小学校義務教育年限延長実施	
	5	1		台湾公学校設備規程中改正（訓令第70号）発布	
	5	30	大島総務局長を民政局長に任命		
	7	3		国語学校長及び中学校長職務規程中改正（訓令第103号）発布	
	8	14		台湾公学校学務委員規程中改正（府令第42号）発布	
1909（明治42）	2	17		台湾公学校設立廃止規程中改正（府令第4号）発布	
	2	24		台湾公学校編成規程中改正（訓令第16号）発布	
	3	29		台湾総督府高等女学校官制（勅令第47号）公布（中学より独立）	日本人の女子学校
	4	1		国語学校長及び中学校長職務規程中改正（訓令第43号）発布	
	5	4		総督府官制中改正（勅令第127号）視学官編修官を置く	
	5	30		台湾総督府高等女学校規則（府令第44号）公布	
	6	6		国語学校長中学校長高等女学校長職務規程中改正（訓令第86号）発布	
	10	25	地方官官制改正（勅令第282号）公布（一二庁）		
			持地六三郎が通信長学務課長兼任を命ぜらる		
1910（明治43）	4	未詳		大稲埕女子公学校設置	
	4	19		台湾小学校児童身体検査規程（府令第29号）発布	
				台湾公学校児童身体検査規程（府令第30号）発布	
				国語学校竝附属学校生徒身体検査施行の件（府令第31号）発布	

				中学校生徒身体検査施行の件（府令第32号）発布	
				高等女学校生徒身体検査施行の件（府令第33号）発布	
	5	7		国語学校規則中改正（府令第41号）発布	
				国語学校第一附属学校を附属公学校と改称（府令第42号）発布	
				国語学校附属小学校規程（府令第43号）発布	
				国語学校附属学校名称位置中第二附属学校を附属女学校と改称（告示第58号）	
				国語学校第二附属学校規程中改正（府令第44号）発布	
	8	19		台湾小学校官制中改正（勅令第316号）公布	
	8	22	内田嘉吉を民政長官に任命		
	12	27		持地六三郎が学務課長兼務を免ぜらる	
	12	28		台湾公学校編成規程中改正（訓令第261号）発布	
1911 （明治44）	2	8		台湾小学校規則中改正（府令第7号）発布	
	2	10	黄玉階・謝汝銓断髪不改装会を設立する		
	2	11	大稲埕公学校に於いて百余人と公学校生徒三十人の断髪を挙行する		
	2	17		隈本繁吉を国語学校長兼視学官兼学務課長に任命	
	4	未詳		台南女子公学校設立	
	8	14	陳宇卿台北解纏足会を設立する（解纏足発会式を艋舺公学校で開催）		
	10	16		隈本繁吉を学務部長心得兼学務課長に任命	
	10	27		台湾公学校設立廃止規程中改正（府令第81号）発布	
1912 （明治45） （大正元年）	1	1	中華民国成立		
	1	未詳	黄張氏宜蘭解纏足会を設立する		
	1	20		台湾公学校規則中課程改正並び実業教育に関する件内牒	
	2	5		台湾公学校設備標準に関し通達	
	3	3		内地小学校令改正に伴う注意方法通牒	
	4	11		台湾公学校規則中課程改正並び実業教育に関する件につき各庁の意見を調査する	
	5	15		台湾小学校児童身体検査規程中改正（府令第42号）発布	
	7	30	明治天皇崩御、大正天皇践祚		
			大正と改元		
	11	28		台湾公学校規則改正（府令第40号）発布	
				台湾公学校規則改正につき内訓	
	12	6		台湾公学校設備規程及び公学校編制規程廃止（訓令第81号）発布	
	12	17		台湾小学校児童身体検査規程中改正（府令第49）号）発布	
				台湾公学校児童身体検査規程中改正（府令第50号）発布	
1913 （大正2）	1	28		「学校体操教授要目発布」（日本内地）	
	2	13		国語学校附属小学校名称位置中追加（告示第24号）	
				台北第三小学校の付属学校代用廃止（4月1日より実施）	
	2	14		国語学校規則中改正（府令第14号）発布	
				高等女学校規則中改正（府令第16号）発布	
				台湾小学校規則中改正（府令第17号）発布	
				国語学校長・中学校長高等女学校長職務規程中改正（訓令第28号）発布	
	4	9		国語学校附属公学校規程（府令第38号）発布	
				国語学校附属小学校規則中改正（府令第42号）発布	
	8	19		国定教科書使用に関する件（天長節・祝日）通達	
	8	20		国語学校規則中改正（府令第80号）発布	
				高等女学校規則中改正（府令第82号）発布	
				台湾小学校規則中改正（府令第83号）発布	
	9	20		台湾公学校規則中改正（府令第90号）発布	
1914 （大正3）	2	10		公学校分校の教授程度等に関する件照会	
	3	9		私立淡水中学校設立許可	
	3	12	台中庁下に風俗改良会設立		
	4	14		国語学校官制中改正（勅令第60号）公布	
	4	18		國語學校附属公學校「公學校體操教授細目」公佈	
	5	11		高等女学校官制中改正（勅令第84号）公布	
	7	28	第一次世界大戦勃発		
	7	30		国語学校において夏季海浜教育を実施	
	11	20	台湾同化会発会式（板垣退助来台）		
	11	25	楊吉臣夫人が彰化解纏足会を設立する		
	12	未詳	林献堂夫人が台中解纏足会を設立する		
	12	16		体操科教授要目取調委員設置の件を定める	
1915 （大正4）	1	未詳	鹿港解纏足会を設立する		
	1	15	宜蘭庁下に於いて七万三千余人の断髪を実施する		
	2	26	台湾同化会解散		
	3	16		国語学校規則中改正（府令第15号）発布	
	4	未詳		新竹女子公学校、彰化女子公学校設置	
	4	15	本島婦人纏足禁止及解纏の事項を保甲規約中に加えられた		
	5	1	安東貞美を台湾総督に任命	公立台中中学校開校式	
	5	6		高等小学校教科目及び教則（府令第30号）発布	

	6	16	台北庁下に風俗改良会・国語普及会設立		
	6	17	始政二十年記念日		
	7	17	始政二十年記念事業として断髪・解纏足を実施		
	8	31	始政二十年記念事業の一として6月17日より断髪・解纏足を実施し其数百二十一万人に達する		
	10	1	戸口調査（第二回を執行）		
	10	7		国語学校女教員講習会終了	
	10	20	下村宏を民政長官に任命		
	12	未詳		静修女学校設置	
1916（大正5）	2	3		台湾小学校規則中改正（府令第5号）発布	
	8	7		体操科教授要目取調委員報告書提出	
	10	12		国語学校規則中改正（府令第56号）発布	
	12	15		静修女学校設立許可	
1917（大正6）	2	3		体操科教授要目（訓令第9号）を定める	
	3	12		私立台湾商工学校設立許可	
	4	未詳		嘉義女子公学校、東勢角女子分校設置	
	5	17		高等女学校台南分教室設置（告示第56号）	
	6	14		私立台湾商工学校開校式	
	6	15		台湾公学校規則中改正（府令第27号）発布	
	9	28		高等女学校官制改正（勅令第170号）公布	
	9	30		高等女学校名称改定（告示第114号）台南高等女学校独立	
				高等女学校台南分教室廃止（告示第115号）	
	10	11		台南高等女学校開校式	
1918（大正7）	3	14		公学校教科目教授要目調査委員設置	
	3	31		台湾公学校規則中改正（府令第17号）発布	
	4	1		屏東高等女学校新設	
	6	6	明石元二郎を台湾総督に任命		
	6	17	宜蘭庁下に国語普及会設立		
	7	12		国語学校官制中改正（勅令第284号）	
				台南分校設置	
	7	19		国語学校規則中改正（府令第61号）発布	
	8	26		国語学校台南分校開校式	
	12	7		国語学校規則中改正（府令第85号）発布	
1919（大正8）	1	4		台湾教育令（勅令第1号）公布	
	2	1		教育令実施期日を4月1日と定める	
	3	31		台湾小学校規則中改正（府令第21号）発布	
				師範学校規則（府令第23号）発布	
				師範学校附属小学校規則（府令第25号）発布	
				師範学校附属公学校規則（府令第26号）発布	
	4	1		台湾公立女子高等普通学校官制（勅令第67号）公布	
				台湾公立高等女学校官制（勅令第68号）公布	
				台湾小学校官制（勅令第71号）公布	
				台湾公学校官制（勅令第72号）公布	
	4	2		女子高等普通学校及び附属学校名称、位置（告示第46号）公布	
				高等普通学校及び女子高等普通学校師範科生徒の学資給与等の件（府令第29号）発布	
	4	10		台湾公学校規則中改正（府令第32号）発布	
	4	11		国語学校を師範学校に改める（府令第39号）	
	4	20		女子高等普通学校規則（府令第47号）発布	
	4	26		台湾小学校規則中改正（府令第51号）発布	
				高等女学校規則中改正（府令第52号）発布	
	5	3		高等女学校規則（府令第63号）発布	
	5	10	大稲埕同風会設立		
	5	27		彰化女子高等普通学校開校式	
	6	1		台中高等女学校開校式	
	6	24		生徒身体検査方法並び標準に関する通達	
	6	29		鼓包美を学務課長に任命	
	8	21		公学校令中改正（律令第8号）発布	
	9	26		嘉義農林学校開校式	
	9	27		商業専門学校開校式	
	10	29	田健治郎を台湾総督に任命		
	11	10		片山秀太郎を学務課長に任命	
	12	27		台湾人の内地人諸学校入学に関する内訓	
				内地人児童の公学校入学に関する件通達	
1920（大正9）	3	13		内台人共学に関する取扱手続を定める	
	4	5		私立女子職業学校設立許可	
	4	17		台湾公学校規則中改正（府令第24号）発布	
	7	27	地方官官制改正（勅令第218号）公布（五州二庁）		
	7	30	州市街庄制施行の件（府令第43号）発布		
	9	17		生駒事務官を学務課長に任命	
	10	17	台湾体育協会発会式		
	10	21	第一回全島陸上競技大会		

1921（大正10）	3	5		高等小学校教科目及び教則に関する件廃止（府令第24号）発布	
	3	8		女子高等普通学校規則中改正（府令第25号）発布	
	3	18		学校生徒児童身体検査規則（府令第35号）発布	
	3	26		台湾小学校規則中改正（府令第44号）発布	
	4	1		官立中等学校（師範学校を除く）を州に移管する	
	4	24		台湾公学校規則改正（府令第74号）発布	
				公学校令廃止（律令第6号）発布	
	4	25		台南女子高等普通学校設立許可	
				台湾小学校官制中改正（勅令第132号）公布	
				台湾公学校官制中改正（勅令第133号）公布	
				高等女学校官制（勅令第129号）公布	
				女子高等普通学校官制中改正（勅令第135号）公布	
				台北第一工業学校設立許可	
	4	27		高等女学校規則（府令第88号）発布	
	5	25		女子高等普通学校名称、位置（告示第86号）公布	
				高等女学校名称、位置（告示第90号）公布	
				台北商業学校設立許可	
	6	1		台南女子高等普通学校開校式	
	7	11	賀来事務官を民政長官に任命		
1922（大正11）	2	6		台湾教育令（勅令第20号）公布	
	2	22		学校教授要目調査委員任命	
	3	13		内台人共学に関する手続中改正通達	
	3	31		台湾総督府諸学校官制（勅令第157号）公布	
				台湾公立学校官制（勅令第158号）公布	
	4	1		新教育令実施に関する諭告を発する	
				公立小学校規則（府令第64号）発布	
				公立公学校規則（府令第65号）発布	
				公立高等女学校規則（府令第67号）発布	
				公立高等女学校演習科及び講習科規則（府令第80号）発布	
	4	6		公立高等女学校名称、位置、修業年限及び設立団体名（告示第52号）公布、嘉義高等女学校新設、女子高等普通学校は高等女学校と改称	
	5	1		高雄中学校授業開始	
	5	8		台北第二中学校開校式	
	10	27		私立淡水中学、同女子職業学校、同商工学校設立許可	
	10	30		第一回教育デー	
	11	4		私立淡水女学院設立許可	
	11	9		台南長老教中学、静修女学校設立許可	
	11	24		台南長老教女学校設立許可	
1923（大正12）	4	6		諸学校官制中改正（勅令第148号）公布	
				台中師範学校名称、位置（告示第114号）公布	
	4	16	皇太子基隆御上陸		
	4	24		第一回全島学校聯合運動会の開催	
	4	27	皇太子基隆発御還啓		
	9	6	内田嘉吉を台湾総督に任命		
1924（大正13）	1	8		高等女学校規則中改正（府令第2号）発布	
	3	31		基隆中学校設立許可	
	4	1		嘉義中学校、新竹高等女学校、高雄高等女学校新設	
	4	24		基隆高等女学校開校式	
	6	1		花蓮港中学校設立許可	
	7	6		彰化高等女学校生徒新高山登頂	
	7	20		小学校規則中改正（府令第59号）発布	
				公学校規則中改正（府令第60号）発布	
				高等女学校規則中改正（府令第62号）発布	
	9	1	伊沢多喜男を台湾総督に任命		
1925（大正14）	3	5		高等女学校規則中改正（府令第8号）発布	
	4	1		諸学校軍事教練実施	
	5	16		学校生徒児童身体検査規則中改正（府令第32号）	
	6	16	始政三十年記念展覧会開催		
	6	17		小学校規則中改正（府令第35号）発布	
				公学校規則中改正（府令第36号）発布	
	8	11		第一回全島「女子体育講習会」の開催（内田トハ子、御笹政重、人見絹枝、西沢富子来台）	
	10	10	第六回全島陸上競技大会（女子選手の初登場）		

出所：台湾教育会編『台湾教育沿革誌』台北：台湾教育会, 1939年. 吉野秀公『台湾教育史』台北：台湾日日新報社, 1927年. 台湾経世新報社編『台湾大年表』台北：台湾経世新報社, 1938年. 岸野雄三『近代日本学校体育史』東京：日本図書センター, 1983年. 台湾女性史入門編纂委員会『台湾女性史入門』京都：人文書院, 2008年.『台湾日日新報』により作成

資料2：日本統治前期（1895-1925年）台湾における女子教育の目的

年度	程度	教育機関の名称	目　　的
1896	初等	国語伝習所	国語伝習所ハ本島人ニ国語ヲ教授シテ其日常ノ生活ニ資シ且本国的精神ヲ養成スルヲ以テ本旨トス
1897	初等	国語学校第一附属学校女子部	当場ハ本島ノ女子ニ手芸及ビ普通ノ学科ヲ授クル所トス
	中等		
	初等	国語学校第四附属学校（内地人）	本校ハ台湾総督府国語学校規則第四条ニ依リ本島ニ在ル内地人ノ児童ヲ教育スル所トス
1898	初等	公学校	公学校ハ本島人ノ子弟ニ徳育ヲ施シ実学ヲ授ケ以テ国民タルノ性格ヲ養成シ同時ニ国語ニ精通セシムル以テ本旨トス
	初等	国語学校第三附属学校	本校ハ台湾総督府国語学校規則第四条ニ依リ本島ノ女子ニ普通学及手芸ヲ授クルヲ以テ目的トス
	中等		
1902	初等	小学校（内地人）	小学校ハ児童身体ノ発達ニ留意シテ道徳教育及国民教育ノ基礎竝其ノ生活ニ必須ナル普通ノ知識技能ヲ授クル以テ本旨トス
1904	初等	公学校	公学校ハ本島人ノ児童ニ国語ヲ教ヘ徳育ヲ施シテ国民タルノ性格ヲ養成シ竝生活ニ必須ナル普通ノ知識技能ヲ授クルヲ以テ本旨トス
	中等	国語学校第三附属学校（内地人）	本校ハ台湾総督府国語学校規則第六条ニ依リ内地人ノ女子ニ高等普通教育ヲ施スヲ以テ目的トス
1906	中等	国語学校第二附属学校	本校ハ本島人女子ニ師範教育又ハ技芸教育ヲ施スヲ以テ目的トス
1907	中等（四年制）	台湾総督府高等女学校（内地人）	高等女学校ハ地人ノ女子ニ須要ナル高等普通教育ヲ為スヲ以テ目的トス
1912	初等	公学校	公学校ハ本島人ノ児童ニ国語ヲ教ヘ徳育ヲ施シテ国民タルノ性格ヲ養成シ竝身体ノ発達ニ留意シテ生活ニ必須ナル普通ノ知識技能ヲ授クルヲ以テ本旨トス
1919	初等	公学校	公学校ハ児童ニ普通教育ヲ施シ生活ニ必須ナル知識技能ヲ授クル所トス
	中等	高等女学校（内地人）	公立高等女学校ハ内地人ノ女子ニ高等普通教育ヲ施シ主トシテ家政ニ関スル知識技能ヲ授クルヲ以テ目的トス
		女子高等普通学校	女子高等普通学校ハ女子ニ高等普通教育ヲ施シ婦徳ヲ養成シ生活ニ有用ナル知識技能ヲ授クル所トス
1921	中等	高等女学校（内地人）	高等女学校ハ内地人ノ女子ニ須要ナル高等普通教育ヲ為スヲ以テ目的トシ特ニ国民道徳ノ養成ニ努メ婦徳ノ涵養ニ留意スヘキモノトス
1922	初等	公学校	公学校ハ児童ノ身体ノ発達ニ留意シテ之ニ徳育ヲ施シ生活ニ必須ナル普通ノ知識技能ヲ授ケ国民タルノ性格ヲ涵養シ国語ヲ修得セシムルコトヲ目的トス
	中等	高等女学校	高等女学校ニ於テハ高等女学校令第一条ノ旨趣ニ依リ生徒ヲ教育シ殊ニ国民道徳ノ養成、婦徳ノ涵養ニ関連セル事項ハ何レノ学科目ニ於テモ常ニ留意シテ教授セムコトヲ要ス 各学科目ノ教授ハ其ノ目的及方法ヲ誤ルコトナク互ニ相連絡シテ補益セムコトヲ要ス

出所：台湾教育会編『台湾教育沿革誌』台北：台湾教育会，1939年．吉野秀公『台湾教育史』台北：台湾日日新報社，1927年．
により作成

資料3：日本統治前期（1895-1925年）台湾における女子教育の制度

年度	程度	教育機関の名称	修業年限	入学資格と就学年齢	教科目	備考
1896	初等	国語伝習所	4年	8-15才（本島人の児童）	国語、読書、作文、習字、算術（土地ノ状況ニ依リ乙科ノ生徒ニハ地理、歴史、唱歌、体操ノ一科目若ハ数科目ヲ加ヘ女児ノ為ニハ裁縫ヲ加フルコトヲ得）	女子の就学者は一、二人のみ
1897	初等中等	国語学校第一附属学校女子部		乙組：7-14才；甲組：15-30才（本島人の女子）	修身、国語、習字、裁縫、編物、造花、唱歌	
	初等	国語学校第四附属学校	6年	内地人の児童	修身、読書、作文、習字、算術、日本地理、日本歴史、理科、図画、唱歌、体操、裁縫（女児）	
1898	初等	公学校	6年	8-14才（本島人の児童）	修身、国語、作文、読書、習字、算術、唱歌、体操	1899年7月28日，凡そ二十人以上の女児を教育する学校にありては、必ず男児と教室を区別すべき旨内訓し、同日又府令第八四号を以て「公学校に於テ女子教育ノ為別ニ教場ヲ設置スルトキハ其学科目教授ノ要旨及程度ハ1898年8月府令第八六号台湾総督府第三附属学校規程ニ準拠スベシ」と発布された。
	初等	国語学校第三附属学校	本科：6年	本科：8-14才（本島人の女子）	本科：修身、国語、読書、習字、算術、唱歌、裁縫	
	中等	国語学校第三附属学校	手芸科：3年	手芸科：14-15才（本島人の女子）	手芸科：修身、国語、裁縫、編物、造花、刺繡、読書、習字、算術、唱歌（但造花、刺繡ノ二科目ハ生徒ノ志望ニ依リ其一ヲ課スルモノトス）	
1902	初等	小学校	尋常小学校：4年；高等小学校：2-4年	6-14才（内地人の児童）	尋常小学校：修身、国語、算術、唱歌、体操、裁縫（女児） 高等小学校：修身、国語、算術、日本歴史、地理、理科、図画、唱歌、体操、裁縫（女児）	
1904	初等	公学校	6年	7-16才（本島人の児童）	修身、国語、算術、漢文、体操、裁縫（女児）（土地ノ状況ニ依リ唱歌、手工、農業、商業ノ一科目又ハ数科目ヲ加ヘ漢文、裁縫ヲ闕クコトヲ得）	全校女児ノ数三十人以上ナルトキハ男女ニ依リ学級ヲ別ツ
1907	初等	公学校	6年（但シ土地ノ状況ニ依リ四箇年又八箇年ト為スコトヲ得）	7-20才（本島人の児童）	修身、国語、算術、漢文、体操、裁縫（女児）（八箇年ノ公学校ニハ理科、図画及男児ノ為ニ手工,農業,商業ノ一科目若ハ数科目ヲ加フ）	第五学年以上ノ女子生徒三十人以上ナルトキハ男女ニ依リ学級ヲ別ツヘシ
	初等	小学校	尋常小学校：6年；高等小学校：2-3年	6-14才（内地人の児童）	尋常小学校：修身、国語、算術、日本歴史、地理、理科、図画、唱歌、体操、裁縫（女児）（土地ノ状況ニ依リ手工ヲ加フルコトヲ得）	
1904	中等	国語学校第三附属学校	4年	12才以上,高等小学校卒,同等以上の学力（内地人の女子）	修身、国語、英語、歴史、地理、数学、理科、図画、家事、裁縫、音楽、体操	
1906	中等	国語学校第二附属学校	技芸科：3年	技芸科：13-25才,公学校第四学年の課程を修了（本島人の女子）	技芸科：修身、国語、算術、理科、裁縫、造花、刺繡、習字、図画、唱歌、体操（但シ造花、刺繡ノ二科目ハ生徒ノ志望ニ依リ其ノ一ヲ課ス）	
	中等	国語学校第二附属学校	師範科と技芸科：3年；師範部速成科：2年	師範科と師範部速成科：14-25才,公学校卒（師範部速成科は公学校第四学年の課程を修了）	師範科と師範部速成科：修身、教育、国語、漢文、歴史、地理、算術、理科、家事、習字、図画、唱歌、体操	師範科と師範部速成科は制度上に存するのみで実際生徒を入学せしむるには至らなかった
1907	中等	台湾総督府高等女学校	4年	12才以上,尋常小学校卒,同等以上の学力（内地人の女子）	修身、国語、英語、歴史、地理、数学、理科、図画、家事、裁縫、音楽、体操（前項ノ学科目ノ外随意科トシテ教育,手芸ノ一科目又ハ二科目ヲ加フルコトアルヘシ）	

1912	初等	公学校	4-6年	7-12才（本島人の児童）	6年制：修身、国語、算術、漢文、理科、手工、図画、農業、商業、唱歌、体操、裁縫、家事（農業、商業は其の一男児に課し、裁縫及家事は女児に課す） 4年制：修身、国語、算術、漢文、農業、手工、図画、唱歌、体操、裁縫、家事（農業は男児に裁縫及家事は女児に課す）	第三学年以上ノ女子ノ数四十人以上ナルトキハ男女ニ依リ学級ヲ別ツヘシ
1915	初等	高等小学校			修身、国語、算術、日本歴史、地理、理科、家事、図画、唱歌、体操、実業、裁縫（理科及び実業は男児に、家事及び裁縫は女児に課す）	
1918	初等	公学校	4-6年	7-12才（本島人の児童）	修身、国語科の教授時数の増加 地理科の新設 図画科の独立（従来は手工科の一部） 手工、農業、商業を一括して実業科となる	
1919	初等	公学校	4-6年	7-12才（本島人の児童）	6年制：修身、国語、算術、漢文、地理、理科、図画、実科、唱歌、体操、裁縫、家事（実科は男児に課し、裁縫及家事は女児に課す） 4年制：修身、国語、算術、漢文、図画、唱歌、体操、裁縫、家事（裁縫及家事は女児に課す）	第四学年以上ノ女子ノ数四十人以上ナルトキハ男女ニ依リ学級ヲ別ツヘシ
	中等	台湾総督府高等女学校	4年	12才以上、尋常小学校卒、同等以上の学力（内地人の女子）	修身、国語、英語、歴史、地理、数学、理科、図画、家事、裁縫、音楽、体操	
		台湾公立高等女学校	2年	14才以上、高等小学校卒、同等以上の学力（内地人の女子）	修身、国語、数学、家事、裁縫、図画、音楽、実業、体操（図画、音楽、実業ハ之ヲ随意科目ト為スコトヲ得）	
		女子高等普通学校	3年	修業年限6年の公学校卒、同等以上の学力（本島人の女子）	修身、国語、歴史、地理、算術、理科、家事、裁縫、手芸、図画、音楽、体操（随意科目トシテ漢文、教育ヲ加フルコトヲ得）	
			師範科：1年	女子高等普通学校卒	修身、教育、国語、漢文、地理、算術、理科、家事、裁縫、手芸、図画、音楽、体操	
1921	初等	公学校	4-6年	7-12才（本島人の児童）	同上	第五学年以上ノ女子ノ数四十人以上ナルトキハ男女ニ依リ学級ヲ別ツヘシ
1922	初等	公学校	3-6年	6-12才（日台共学）	6年制：修身、国語、算術、日本歴史、地理、理科、図画、唱歌、体操、実科、裁縫、家事 4年制：修身、国語、算術、図画、唱歌、体操、裁縫、家事 3年制：修身、国語、算術、唱歌、体操、実科 （実科は農業、商業、手工に分け、その一種または二種を男児に課し、裁縫及家事はこれを女児に課す）	第五学年以上ニ於テ女子ノ数四十人以上ナルトキハ男女ニ依リ学級ヲ別ツヘシ
		小学校	尋常小学校：6年；高等小学校：2-3年	6-14才（日台共学）	尋常小学校：修身、国語、算術、日本歴史、地理、理科、図画、唱歌、体操、実科、裁縫、家事 高等小学校：修身、国語、算術、日本歴史、地理、理科、唱歌、体操、裁縫	
	中等	高等女学校	本科：3-5年	12才以上、尋常小学校卒、同等以上の学力（日台共学）	修身、国語、外国語（英語またはフランス語）、歴史、地理、数学、理科、図画、家事、裁縫、音楽、体操（随意科目トシテ台湾語ヲ加フ）	
			講習科：1年	高等女学校卒（日台共学）	修身、教育、国語、台湾語、外国語、歴史、地理、数学、理科、家事、裁縫、手芸、音楽、体操	

資料4：日本統治前期（1895-1925年）台湾における女子体育の目的と内容

年度	程度	教育機関の名称	目的	内容	備考
1896	初等	国語学校附属学校（男子校）	体操ヲ授クルニハ姿勢ヲ正クシ支體ノ成長ヲ均齊ニシ常ニ健康ナル身体ト快活ナル精神トヲ保チ能ク規律ヲ守ルノ習慣ヲ得シメンコトヲ要ス	普通体操	必修
1896	初等	国語伝習所	なし	体操に関しては、授業時間の隙を計り之を行ひ、専ら姿勢を矯正し、整列及歩調を練習せり.	女子の就学者はただ一、二人
1897	初等 中等	国語学校第一附属学校女子部	なし	なし	
	初等	国語学校第四附属学校（内地人）	体操ハ身体ノ成長ヲ均齊ニシテ健康ナラシメ精神ヲ快活ニシテ剛毅ナラシメ兼テ規律ヲ守ルノ習慣ヲ養フヲ以テ要旨トス	遊戲、普通体操	必修
1898	初等	公学校	体操ヲ授クルニハ常ニ生徒ノ姿勢ニ注意シ支体ノ成長ヲシテ均一ナラシメ且健康ナル身体ト快活ナル精神トヲ保チ能ク規律ヲ守ルノ習慣ヲ養成センコトヲ要ス	遊戲、普通体操	必修
	初等 中等	国語学校第三附属学校	なし	毎日大凡三十分間遊戲ヲ課スヘシ	
1902	初等	小学校（内地人）	体操ハ身体ノ成長ヲ均齊ニシテ健康ナラシメ精神ヲ快活ニシテ剛毅ナラシメ兼テ規律ヲ守ルノ習慣ヲ養フヲ以テ要旨トス	遊戲、普通体操	必修
1904	中等	国語学校第三附属学校（内地人）	学科ノ程度及毎週教授時数ニ関シテハ明治三十四年文部省令第四号高等女学校令施行規則第一章ノ規程ヲ準用シ		必修
1904	初等	公学校	体操ハ身体各部ヲ均斉ニ発育セシメ四肢ノ動作ヲ機敏ナラシメ以テ全身ノ健康ヲ保護増進シ精神ヲ快活ニシ兼テ規律ヲ守リ協同ヲ尚フ習慣ヲ養フヲ以テ要旨トス	此ノ科ヲ授クルニハ初ハ適宜ニ遊戲ヲ為サシメ漸ク普通体操ヲ加フヘシ、女児ニハ適当ノ遊戲ヲ為サシムヘシ	必修
1906	中等	国語学校第二附属学校	なし	師範科と師範部速成科：遊戲；技芸科：単音唱歌と遊戲	必修
1907	中等（四年制）	台湾総督府高等女学校（内地人）	学科ノ程度及毎週教授時数ニ関シテハ明治三十四年文部省令第四号高等女学校令施行規則第一章ノ規程ヲ準用シ		必修
1912	初等	公学校	体操ハ身体各部ヲ均斉ニ発育セシメ動作ヲ機敏動作ヲ快活ニシ以テ健康ヲ増進ニシ以テシ兼テ規律ヲ守リ節制ヲ重ムスルノ習慣ヲ養フヲ以テ要旨トス	体操ハ初ハ遊戲ヲ課シ漸ク進ミテハ普通体操体ヲ加フヘシ	必修
1919	中等	女子高等普通学校	体操ハ身体各部ノ発育ヲ均斉ニシテ健康ヲ増進シ兼テ規律ヲ守ルノ習慣ヲ養フヲ以テ要旨トス	体操ハ体操ヲ主トシ遊戲及教練ヲ加フヘシ	必修
1921	初等	公学校	体操ハ身体ノ各部ヲ均斉ニ発育セシメ動作ヲ機敏ニシ精神ヲ快活ニシ以テ健康ヲ増進シ兼ネテ規律ヲ守リ節制ヲ重ムスルノ習慣ヲ養フヲ以テ要旨トス	体操ハ初ハ遊戲ヲ課シ漸ク進ミテハ普通体操ヲ加フヘシ、体操ノ教授ニ依リテ習成シタル姿勢及規律ハ常ニ之ヲ保タシメムコトヲ務ムヘシ	必修
1922	初等	公学校	体操ハ身体ノ各部ヲ均斉ニ発育セシメ動作ヲ機敏ニシ以テ健康ヲ保護増進シ精神ヲ快活ニシテ剛毅ナラシメ兼テ規律ヲ守リ協同ヲ尚フノ習慣ヲ養フヲ以テ要旨トス	体操ハ体操、教練及遊戲ニ付簡易ナル動作ヨリ始メ漸ク其ノ程度ヲ進メテ之ヲ授クヘシ高等科ニ於テハ前項ニ準シ一層其ノ程度ヲ進メテ之ヲ授クヘシ体操ハ男児及女児ノ別ニ依リ其ノ授クヘキ事項ヲ斟酌スヘク又便宜運動生理ノ初歩ヲ知ラシムヘシ 土地ノ情況ニ依リ体操ノ教授時間ノ一部又ハ教授時間ノ外ニ於テ適宜ノ戸外運動ヲ為サシメ又ハ水泳ヲ授クルコトアルヘシ	必修
	中等	高等女学校	体操ハ身体ノ各部ヲ均斉ニ発育セシメテ之ヲ強健ナラシメ四肢ノ動作ヲ機敏ナラシメ容儀ヲ整ヘ精神ヲ快活ニシ兼テ規律ヲ守リ協同ヲ尚フノ習慣ヲ養フヲ以テ要旨トス	体操ハ体操、教練、遊戲ヲ授ケ又便宜運動生理ノ大要ヲ知ラシムヘシ	必修

出所：台湾教育会編『台湾教育沿革誌』台北：台湾教育会, 1939年.

【著者紹介】

金　湘斌（チン　シャン　ピン）

1980 年　台湾台北市生まれ

2003 年　高雄師範大学体育学部学士

2007 年　台湾師範大学大学院体育研究科修士

2013 年　金沢大学大学院人間社会環境研究科修了　博士（学術）

【現在】

高雄師範大学体育学部助理教授

「纏足到競技-日治時期（1895～1945 年）臺灣學校女子運動史（邦訳：纏足から競技まで-日本統治下（1895～1945 年）台湾の学校女子スポーツ史－）」により、2009 年東北アジア体育・スポーツ史学会優秀論文賞受賞

大久保英哲（おおくぼ　ひであき）

1950 年　青森県生まれ

1982 年　筑波大学大学院修士課程体育研究科修了（体育史）

盛岡大学文学部講師を経て

【現在】

金沢大学人間社会研究域　学校教育系教授

博士（学術）

「近代日本体育史における林正十郎『木馬の書』（推定 1867 年）の意義」（1993 年）により、1994 年日本体育学会賞受賞

【主な著書】

大久保英哲『明治期比較地方体育史研究』東京：不昧堂書店, 1998 年（平成 10 年度科学研究補助金　研究成果公開促進費交付）

Okubo, Hideaki (ed.). *Local Identity and Sport. Historical Study of Integration and Differentiation.* Sankt Augustin: Academic Verlag, 2004 など

纏足から天然足へ－日本統治前期台湾の学校女子体育

平成 27 年 2 月 27 日　初版発行　　**定価（本体 4,900円＋税）**

著 者
金 湘斌 ・ 大久保 英哲
発 行 者　　　　印 刷 所
宮脇 陽一郎　　　**音羽印刷（株）**

発行所　（株）**不昧堂出版**　〒112-0012 東京都文京区大塚 2-14-9
TEL 03-3946-2345　FAX 03-3947-0110　振替 00190-8-68739

ISBN978-4-8293-0506-5　E-mail:fumaido@tkd.att.ne.jp　Printed in Japan